Das große Buch

Internet- & Netzwerkrouter

Andreas Lerg, Julian Scheel

DATA BECKER

Copyright © by DATA BECKER GmbH & Co. KG
Merowingerstr. 30
40223 Düsseldorf

Produktmanagement und Lektorat Lothar Schlömer

Produktionsleitung Claudia Lötschert
(cloetschert@databecker.de)

Umschlaggestaltung Inhouse-Agentur DATA BECKER

Druck Media-Print, Paderborn

E-Mail buch@databecker.de

ISBN 3-8158-2508-3

Wichtiger Hinweis

Die in diesem Buch wiedergegebenen Verfahren und Programme werden ohne Rücksicht auf die Patentlage mitgeteilt. Sie sind für Amateur- und Lehrzwecke bestimmt.

Alle technischen Angaben und Programme in diesem Buch wurden von den Autoren mit größter Sorgfalt erarbeitet bzw. zusammengestellt und unter Einschaltung wirksamer Kontrollmaßnahmen reproduziert. Trotzdem sind Fehler nicht ganz auszuschließen. DATA BECKER sieht sich deshalb gezwungen, darauf hinzuweisen, dass weder eine Garantie noch die juristische Verantwortung oder irgendeine Haftung für Folgen, die auf fehlerhafte Angaben zurückgehen, übernommen werden kann. Für die Mitteilung eventueller Fehler sind die Autoren jederzeit dankbar.

Wir weisen darauf hin, dass die im Buch verwendeten Soft- und Hardwarebezeichnungen und Markennamen der jeweiligen Firmen im Allgemeinen warenzeichen-, marken- oder patentrechtlichem Schutz unterliegen.

Inhalt

1. Die unterschiedlichen Routertypen und ihre Einsatzgebiete

Auch für den Small Office Home-Office-Sektor (SOHO), gibt es zahlreiche bezahlbare Router für Netzwerkinfrastruktur. Doch wie arbeiten Router? Welche Typen von Routern gibt es? Wozu nutzt man Sie? Welche Fähigkeiten sind wichtig, auf welche kann man eher verzichten? Was unterscheidet den Router für unter 200 Euro von dem, der fast 1.000 Euro kostet? Auf all diese und weitere grundsätzliche Fragen gibt Ihnen dieses Kapitel Anworten.

1.1 Unterschiedliche Routertypen

Das ist in der Tat eine gute Frage, denn mittlerweile gibt es am Markt sehr viele Geräte, die sich Router nennen. Zunächst einmal gehören Router in die Kategorie der Netzwerkinfrastrukturgeräte. In dem Wort Router steckt die Antwort im Prinzip schon drin: „Route". Es werden also Routen gesucht oder genutzt. Ziehen wir zunächst einmal ein Computer-Fachwörterbuch zurate:

Lexikalische Definition eines Routers

Ein Router ist ein Verbindungselement zwischen verschiedenen Segmenten eines Netzwerks, in dem Funktionen zur optimalen Suche einer Route enthalten sind. Unter einer Route versteht man dabei den Weg, den ein Datenpaket zwischen zwei Netzwerkknoten zurücklegt. Dazu tauschen die Router untereinander Informationen über die jeweiligen Teilrouten aus. Ein Router überstreicht die Funktionen der untersten drei Schichten des OSI-Schichtenmodells bis hin zur Netzwerkschicht.

ISDN-Router oder DSL-Router sind spezielle Geräte, mit denen man anderen Rechnern in einem lokalen Netzwerk eine Internetverbindung „hinüberroutet", diese also über das interne Netzwerk ans Internet anschließt. Den primären Internetanschluss übernimmt dabei meist der Router als kleines, eigenständiges Gerät über einen ISDN- oder DSL-Anschluss und verfügt in Ergänzung dazu über einen zusätzlichen Netzwerkanschluss (Westernstecker).

Quelle: Das große PC & Internet Lexikon 2003, DATA BECKER – ISBN 3-8158-2254-8.

Aus dieser, zugegebenermaßen etwas trockenen Erklärung lässt sich zunächst einmal ableiten, dass ein Router dafür sorgt, dass Daten von der Quelle über die schnellste und beste Route zum Ziel gelangen. In der Erläuterung findet auch bereits eine Unterscheidung statt.

Netzinterner Router

Es wird zwischen einem Router innerhalb eines großen Netzwerks und einem Router zwischen Netzwerken unterschieden. Der netzwerkinterne Router optimiert die Datenströme, die in großen Netzwerken, die in Teilnetze segmentiert sind, zwischen den verschiedenen Clients oder zwischen den Clients und einem Server laufen.

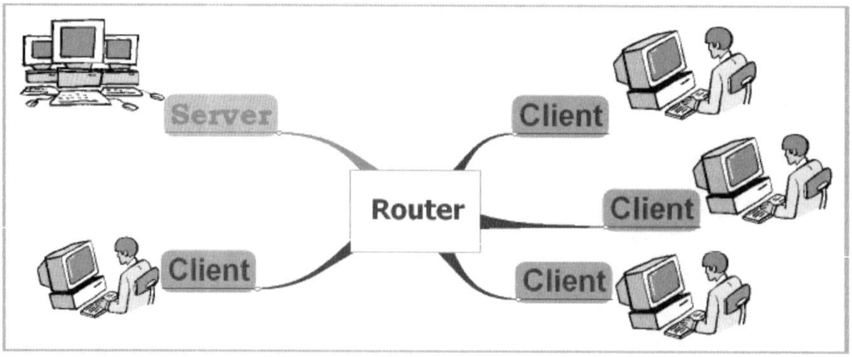

Der netzwerkinterne Router optimiert den Datentransfer innerhalb des geschlossenen Netzes.

Netzwerkverbindungsrouter

Anders Router zwischen Netzwerken. Diese haben die Aufgabe, dafür zu sorgen, dass die Daten aus einem Netzwerk heraus über eine Verbindungsroute in ein anderes Netzwerk gelangen. Stellen Sie sich eine Universität vor, in der es in den verschiedenen Fachbereichen eigene Netze gibt, die dann über eine übergeordnete Netzwerkinfrastruktur zu dem gesamten Universitätsnetz verbunden werden. Hier würde jetzt in jedem dieser Teilnetze, auch Subnetz (engl. Subnet) genannt, ein Router für die Anbindung an die übergeordnete Netzwerkinfrastruktur sorgen. Solche Router kommen auch dann zum Einsatz, wenn ein großes Netzwerk in mehrere selbstständige Teilnetze untergliedert wird, die jeweils eigene IP-Adressbereiche haben sollen.

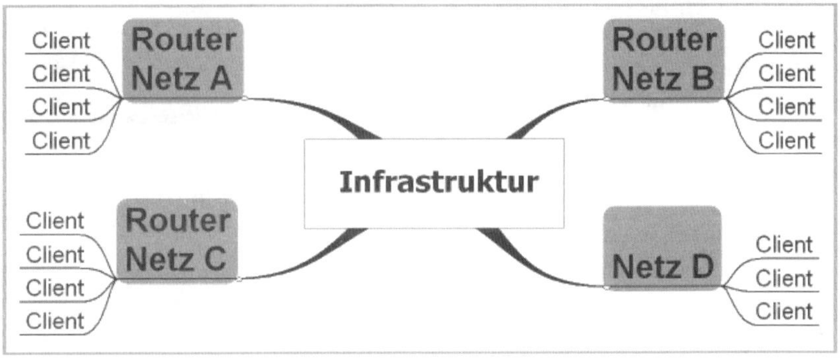

Hier sorgen Verbindungsrouter dafür, dass Teilnetze mit einer übergeordneten Netzwerkinfrastruktur verbunden werden.

WAN-Router

Der **W**ide **A**rea **N**etwork-Router, kurz WAN-Router, macht im Prinzip das Gleiche wie der Verbindungsrouter. Allerdings hängen die einzelnen Netze hier nicht an einer übergeordneten Netzwerkinfrastruktur, wie bei unserem Universitätsbeispiel. Hier ist es so, dass die Netze geografisch weiter auseinander liegen und daher nicht mehr mit einer normalen Netzwerkverbindung aneinander hängen, sondern beispielsweise über eine (direkte) Standleitung der Telekom, über eine DSL-Verbindung oder ISDN-/Modemverbindung (über Telefon- oder Internetleitung).

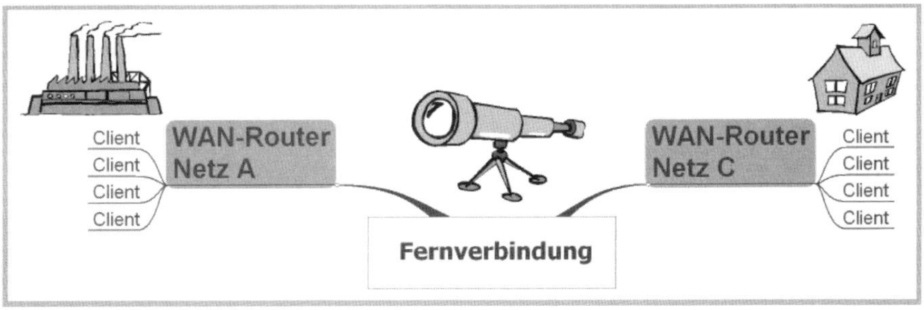

WAN-Router verbinden zwei Netzwerke über große Entfernungen mittels Standleitung oder anderer Verbindungen (z. B. DSL).

Breitbandrouter

Ein bestimmte Art dieser WAN-Router ist besonders interessant. Es handelt sich um den Router, der einem Netzwerk den gemeinsamen Zugang ins Internet verschafft.

Praktisch werden hier auch zwei Netzwerke miteinander verbunden, bei Verbindungen ins Internet ist nur das eine (Internet) sehr viel größer als das andere (SOHO-Netz).

Da diese Router im Bereich der Heimnetzwerke und kleinen Firmennetzwerke vor allem zusammen mit dem DSL-Dienst genutzt werden, also breitbandige Verbindungen ins Internet nutzen, spricht man meist von Breitbandroutern.

Sonderfall T-DSL

DSL ist eine ganze Familie von Diensten und wird deshalb auch xDSL genannt. Grundsätzlich wird zwischen symmetrischen und asymmetrischen DSL unterschieden, so ist z. B. ADSL (Asymmetric DSL), asymmetrisch, weil Hin- und Rückkanal (Up- und Downstream) unterschiedlich schnell sind. Die deutsche Telekom vermarktet einen beliebten ADSL-Dienst mit 768 KBit/s Download und 128 KBit/s Upload unter dem Markennamen T-DSL.

Auch die englische Übersetzung Broadband-Router ist gebräuchlich. Ebenso häufig finden Sie, gerade auch in den Elektronik- und Computerläden hierzulande, den Begriff DSL-Router.

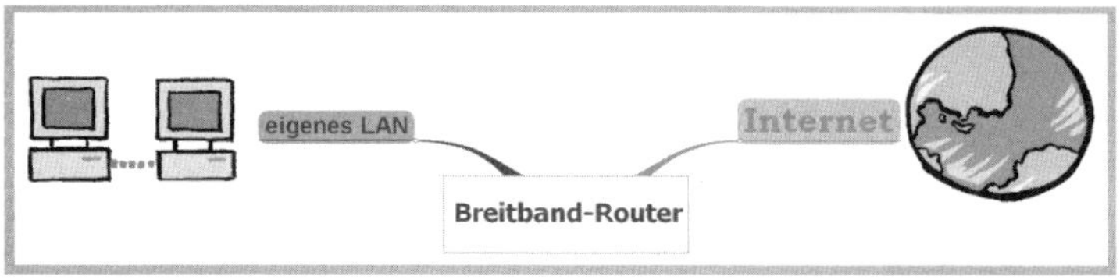

Breitbandrouter erschließen das Internet für eine vernetzte Nutzung.

Breitbandrouter sorgen in der Regel nicht nur für die Internetanbindung, sondern übernehmen auch die Aufgabe eines Switch, indem Sie die Clients innerhalb des Netzes miteinander verbinden. Dazu haben diese Breitbandrouter meist vier oder sechs RJ45-Netzwerkanschlüsse. Üblicherweise können Breitbandrouter nicht nur an einem DSL-Anschluss betrieben werden, sondern auch an einem Kabelanschluss, sodass auch die Besitzer eine Breitbandkabel-Internetzugangs diese Router nutzen können. Dann gibt es auch Modem- und ISDN-Router, die eine Analog- oder ISDN-Verbindung ins Internet zur Verfügung stellen. Allerdings sollten in einer solchen Konstellation nicht zu viele Clients gleichzeitig das Internet nutzen, denn die 64 KBit/s des ISDN-Netzes sind schnell erschöpft.

WLAN-Router

WLAN steht für Wireless LAN, also die gängige Funknetzwerktechnologie nach der Normengruppe IEEE 802.11. Zu den Details dieser Funknetzwerktechnologie lesen Sie mehr in Kapitel 12. Hier nur Grundsätzliches zu diesen speziellen Routern. Ein WLAN-Router ist von der Funktionalität her das Gleiche wie die soeben beschriebenen Breitbandrouter. Nur dass hier noch die „drahtlose“ Komponente hinzukommt.

Der WLAN-Router bindet in der Regel sowohl per Kabel (LAN) angebundene Clients als auch drahtlos (WLAN) vernetzte Clients an das Internet an. Das geschieht ebenfalls meist über DSL, Kabel beziehungsweise auch ISDN- oder Modemeinwahlverbindungen.

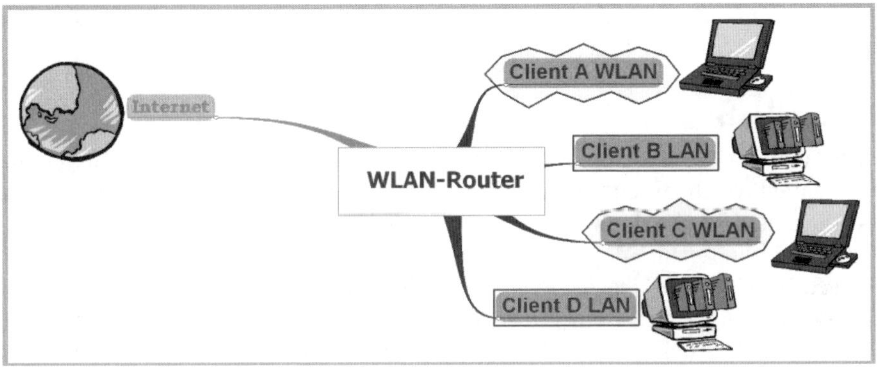

Wie die Breitbandrouter sorgen auch die meisten am Markt erhältlichen WLAN-Router dafür, dass die Clients im Netz untereinander verbunden werden. Das ist sehr sinnvoll, denn über diesen WLAN-Router können drahtlose Rechner, beispielsweise mobile Notebooks, auch mit den „verdrahteten" Clients, wie fest installierten Arbeitsplatz-PCs oder dem Server im Netzwerk, Daten austauschen. Dieses Buch widmet sich den Breitband- und WLAN-Routern, also den Infrastrukturgeräten, mit denen Sie Ihr Netzwerk kollektiv an das weltweite Internet anschließen, damit alle Clients über einen Zugang problemlos surfen können.

1.2 Kombiausstattung der Router

Die „Router-Basics" sind damit besprochen. Jetzt wird es Zeit, einmal einige Geräte in Augenschein zu nehmen. Wenn Sie einen PKW kaufen, dann können Sie oft Modelle mit Sonderausstattungen bekommen. Ähnlich ist es auch bei Routern, denn die Hersteller packen neben den eben beschriebenen üblichen Funktionen oft noch weitere Leistungsmerkmale in ihre Geräte. Es gibt einige dieser Sonderausstattungen, auf die man keinesfalls verzichten sollte. Andere wiederum sind nett, aber nicht unbedingt nötig. Einige der Funktionen, die jetzt erläutert werden, sind heute Standard, andere sind nur bei einigen Geräten am Markt zu finden. Manchmal bieten Router so viele Features und Funktionen, dass sie quasi zum „Eier legenden Wollmilch-Router" werden, wenn die Abwandlung dieses Ausspruchs erlaubt ist.

Unterschiede zwischen Hub und Switch

Wie bereits erwähnt, sorgen viele Breitband- und WLAN-Router nicht nur für die Verbindung ins Internet, sondern auch für die Verbindungen innerhalb des lokalen Netzwerks. Dazu enthalten die Router in der Regel einen Hub oder Switch, üblicherweise mit vier bis acht RJ45-Anschlüssen. Hubs und Switches zählen ebenfalls zu den Infrastrukturgeräten in einem Netzwerk.

Sie empfangen Daten von einem Quellclient inklusive der Adresse eines anderen Zielclients im Netz und sorgen für die korrekte Weiterleitung der Daten.

Da über ein Netzwerk sehr viele Daten übertragen werden, sorgen Hub und Switch dafür, dass alle Clients im Netz miteinander kommunizieren und die Netzbandbreite gemeinsam nutzen können.

Der einfache Hub

Ein Hub ist dabei ein Verteiler ohne Eigenintelligenz, der alle Teilnehmer miteinander verbindet und die Erreichbarkeit herstellt. Der Hub ist so etwas wie eine Verteilerdose in einer Elektroinstallation, die dafür sorgt, dass auf allen Leitungen Strom ist. Hubs besitzen einen festen Verteilerchip, der nur eine Geschwindigkeit fahren kann (z. B. 10 MBit), ein Dual-Speed-Hub benötigt deshalb zwei Chips, der Zweite steuert dann z. B. 100 MBit. Auch ein Dual-Speed-Hub kann nur entweder mit 10 oder mit 100 MBit betrieben werden. Ein 10-MBit-Netzdrucker am Hub zieht dann das gesamte Netzwerk auf 10 MBit. Darüber hinaus unterstützen Hubs nur Halfduplex, können also nicht gleichzeitig senden und empfangen.

Der Hub teilt die im Netzwerk verfügbare Bandbreite in gleich große Stücke auf und weist jedem aktiven Client dann ein solches zu. Wenn also in einem 100 MBit schnellen Netzwerk zehn Clients eingebunden sind, bekommt jeder von den 100 MBit Gesamtbandbreite 1/10, sprich 10 MBit zugewiesen. Der Hub leitet den Datenverkehr und damit jedes IP-Datenpaket, das ankommt, in das gesamte Netzwerk einfach weiter und überlässt es dem Zielrechner, sich „sein“ Datenpaket abzugreifen. Der große Nachteil besteht darin, dass alle Informationen an jedem Rechner abgegriffen werden können und dass das Netz durch das hohe (und unnütze) Datenaufkommen sehr stark belastet wird. Da der Hub jederzeit jedes Datenpaket weiterleitet, kommt es auch ständig zu Kollisionen im Netzwerk. Solche kollidierten Datenpakete müssen erneut gesendet werden und erhöhen wiederum das Datenaufkommen.

In kleinen Heimnetzen, in denen nicht ständig große Datenmengen bewegt werden, ist ein Hub aber prinzipiell ausreichend.

Schneller Schalten mit dem Switch

Der Switch hingegen ist ein intelligenter Verteiler, er analysiert den Datenverkehr und die jeweils benötigte Bandbreite und sorgt durch extrem schnelles „Schalten“ von Verbindungen dafür, dass jedem Client immer die maximale Übertragungsleistung zur Verfügung steht. Ein Switch wird auch oft als aktiver Hub oder Switching Hub bezeichnet. Als Vergleich bietet sich eine Telefonzentrale an, die sozusagen den Datentransfer gezielt zwischen den einzelnen Teilnehmern im Netz reguliert. Dabei ermittelt der Switch eigenständig die Zieladresse, an die ein IP-Datenpaket gerichtet ist, und leitet dieses dann nur dorthin weiter. Es wird also blitzschnell immer dann eine Verbindung geschaltet, wenn diese benötigt wird. Dadurch, dass der Switch jedes Mal eine Punkt-zu-Punkt-Verbindung aufbaut und Datenpakete nur an den Zielclient und nicht das gesamte Netz leitet, wird die Übertragung auch sicherer, denn würden die Datenpakete, wie beim Hub, im gesamten Netz verteilt, könnten sie leichter abgefangen werden.

Gerade wo hohe Bandbreite genutzt werden soll, sind Switches nützlich, denn eine Verbindung wird immer nur dann geschaltet, wenn sie gezielt benötigt wird. Diese Schaltungen erfolgen sehr schnell. Für diese „Schaltzeit" steht die volle Bandbreite des Netzes zur Verfügung. Betrachten wir ein Beispiel. Um E-Mails aus dem Netz zu holen und zu lesen, reicht eine sehr geringe Bandbreite aus. Wenn Sie jedoch große Videodateien innerhalb des Netzwerks verschieben, brauchen sie möglichst viel Transferrate. Hängen mehrere Clients an einem Switch, dann bekommt der Client, der nur E-Mails abholt, durch das kurzfristige Schalten einer Verbindung nur dann die Bandbreite freigeschaltet, wenn er diese benötigt. Der Client, der gerade das Service Pack zu Windows XP kopiert, bekommt längerfristige Verbindungen freigeschaltet, sodass er mit hoher Transferkapazität die Daten laden kann. Das Ganze geschieht dabei dynamisch, steigt der Bedarf bei einem Client und sinkt er bei einem anderen, passt der Switch sein Schaltverhalten automatisch an.

Der Switch arbeitet mit Vollduplex, kann also auf derselben Leitung gleichzeitig senden und empfangen. Im günstigsten Fall können so über einen 100-MBit-Anschluss 200 MBit Daten übertragen werden. Da die Preisunterschiede zwischen Hubs und Switches nur noch sehr gering ausfallen, sollten Sie beim Kauf eines Breitbandrouters immer darauf achten, dass er einen Switch enthält und nicht nur einen Hub.

Diese Unterschiede gelten aber in dieser Darstellung nur für den SOHO-Bereich. Wenn Sie überlegen, sich einen professionellen Hub für 24.000 Euro zu kaufen, spielen noch weitere interessante Punkte eine Rolle ;-)

Modem, ISDN, ISDN-Fallback und LAN-CAPI

Während reine ISDN- oder Modemrouter (also ohne Hub/Switch) für den SOHO-Bereich meist unpraktisch sind und Zug um Zug vom Markt verschwinden, um Kombiroutern den Weg zu ebnen, sind immer mehr DSL-/Kabelrouter mit ISDN-Adaptern als Reserveverbindung ausgestattet (ISDN-Fallback). Manche verfügen auch über eingebaute Modems oder zumindest einen Anschluss für ein analoges Modem, das ebenfalls als Reserve dient. Breitbandrouter mit eingebautem ISDN-Adapter können diesen zum Faxen und für die externe Einwahl, beispielsweise für Wartungszwecke nutzen; reine DSL-Router eignen sich nicht zum Faxen.

Wenn Sie einen DSL-Router haben und diesen so konfigurieren, dass die eingebaute ISDN-Fallback-Funktion aktiviert ist, dann wird das Gerät über ISDN eine Wählverbindung ins Internet aufbauen, wenn das DSL-Netz einmal störungsbedingt ausfällt. Wenn eine möglichst hohe Verbindungssicherheit wichtig für Sie ist, sollten Sie einen Breitbandrouter mit ISDN-Fallback nutzen.

Mehrere DSL-Anschlüsse verwalten

Mittlerweile gibt es auch bezahlbare Router, die zwei völlig unabhängige DSL-Anschlüsse verwalten können, z. B. der All1297 der Firma Allnet (*www.allnet.de*). Damit sind Sie zumindest nicht mehr auf einen Provider allein angewiesen. Für kleinere Firmen dürfte jedoch interessanter sein, dass die Anschlüsse gebündelt werden können und ein Loadbalancing möglich ist. Das heißt, dass die Bandbreite auf die LAN-Anschlüsse aufgeteilt werden kann.

Dient Ihr Breitbandrouter mit ISDN auch dazu, dass alle Clients im Netzwerk Faxe versenden können, dann müssen Sie darauf achten, dass der Router eine LAN-CAPI-Schnittstelle bietet.

Das ist keine Anschlussbuchse, sondern eine Softwareschnittstelle in der Firmware (beiliegende CD). Durch die LAN-CAPI können die Clients die ISDN-Funktion des Routers wie eine normale ISDN-Adapterkarte nutzen. Faxsoftware auf dem Client kann dann darauf zugreifen, als wäre die ISDN-Karte direkt im PC eingebaut.

Das hat einen wesentlichen Vorteil. Sie müssen nicht für jeden PC im Netzwerk eine separate ISDN-Karte anschaffen und einbauen und diese an die Telefonleitung oder besser die Telefonanlage anschließen. Alle Clients nutzen eine zentrale ISDN-Hardware im Breitbandrouter.

Firewalls und Sicherheit

Breitbandrouter sind eine zentrale Schnittstelle zum Internet, Hacker können also an diese Stelle angreifen, um in Ihr Netzwerk einzudringen. Wenn Sie einen WLAN-Router nutzen, könnten Angreifer nicht nur über das Internet auf Ihr Netz losgehen, sondern auch direkt über die Funkschnittstelle, indem Sie versuchen, aus der Nähe mit einem WLAN-tauglichen Notebook in Ihr Netz zu gelangen.

Ein Breitband- bzw. WLAN-Router, der jeden unerwünschten Gast mit offenen Armen auf das Herzlichste willkommen heißt, taugt nichts.

Daher gehört heute mindestens eine in die Firmware des Geräts integrierte Firewall und eine Verschlüsselungsfunktion zur Mindestausstattung. Diese Firewalls gibt es in verschiedenen Qualitätsstufen, die von simplen Paketfiltern über Stateful Packet Inspection und Intrusion Detection System reichen.

Einige Hersteller bezeichnen die NAT-Funktionalität des Routers bereits als Firewall. Bei WLAN-Geräten muss wenigstens die neuste WEP-Verschlüsselung (**W**ireless **E**qivalent **P**rivacy) zur Absicherung der Funkverbindungen an Bord sein. Das Thema WLAN behandeln wir in Kapitel 12.

DHCP-Serverfunktion

DHCP steht für **D**ynamic **H**ost **C**onfiguration **P**rotocol. DHCP erledigt die Zuweisung von IP-Adresse und Subnetzmaske an die Clients im Netzwerk. Was bedeutet das?

Nun, damit ein Computer in einem Netzwerk arbeiten kann, braucht er eine eindeutige IP-Adresse, über die er ansprechbar ist und die er mitschickt, wenn er andere Ziele im Netz anspricht, damit das Ziel weiß, wohin es die evtl. Antwort schicken muss.

In kleinen Netzen, die sich nicht ändern, vergibt man diese Adressen oft fest und von Hand. Doch in großen Netzen, in denen sich häufig die Anzahl der Rechner ändert, wäre das sehr mühsam.

Man vergibt die IP-Adressen und die dazugehörige Subnetzmaske deshalb automatisch. Genau das erledigt die DHCP-Serverfunktion, die heute fast jeder Breitband- und WLAN-Router bietet. Zu den Details dieser Adressvergabe und der Netzwerkeinrichtung lesen Sie ab Seite 76 mehr!

Printserver

Manche Router bieten ein zusätzliches Feature an, das schön, aber nicht zwingend nötig ist. Es handelt sich um einen eingebauten Printserver. Dabei hat der Router eine eigene, meist parallele, Druckerschnittstelle, an die jeder beliebige Drucker angeschlossen werden kann. Dann kann jeder Client direkt über das Netzwerk auf den Drucker zugreifen und drucken.

Auch Drucker, die selbst nicht netzwerktauglich sind, können so vernetzt genutzt werden, denn der Printserver im Router benimmt sich gegenüber dem Drucker wie ein PC.

Das bedeutet, für den Drucker ist es so, als bekäme er die Druckaufträge von einem normalen PC und nicht vom Netzwerk.

Gerade kleine Firmen, in denen eine Netzwerkstruktur neu aufgebaut wird und die schon einen vernünftigen Drucker ohne eigene Netzwerkfähigkeit haben, können von einem solchen Router mit Printserver profitieren, denn es muss kein neuer und teurer Netzwerkdrucker angeschafft werden. Die Installation eines Druckers über diesen Printserver beschreiben wir ab Seite 38.

Das macht Geräte teuer: Backplane, managed etc.

Wie bereits erwähnt, wenn Sie in den Media Markt, Promarkt oder in andere Elektronikläden gehen, bekommen Sie verschiedene Router. In diesen Märkten sind in der Regel die Geräte für den SOHO-Bereich zu finden. Die Preise beginnen zum Teil schon bei unter 100 Euro. Doch in Fachgeschäften und bei Netzwerkprofis bekommt man auch Router, Switches und andere Netzwerkinfrastrukturgeräte für richtig viel Geld. Diese sind eher für große Netze und aufwendige Installationen gedacht und eignen sich kaum für zu Hause oder das kleine Büro. Dennoch die Frage: Was macht diese Geräte so teuer? Es sind verschiedene Faktoren, die hier die SOHO-Spreu vom Profi-Weizen trennen. Schauen wir uns einige davon an.

Backplane

Hinter Backplane verbirgt sich eine Art „generelle Bauweise“. Dabei kommt eine Art Basiseinheit zum Einsatz, in die dann Geräte mit verschiedenen Funktionen als Einschubplatine eingesetzt werden. Die Platine, in die diese Einschübe eingesteckt werden, wird als Backplane bezeichnet. Sie versorgt die Einschübe mit Strom und natürlich auch den zu bearbeitenden Daten und bindet sie auch gleichzeitig in die Gesamtkonfiguration ein. Router als Backplane-Geräte sind demnach keine Stand-alone-Router, sondern vielmehr Steckmodule, die in diese beschriebenen Basiseinheiten eingesteckt werden. Diese Basisgeräte befinden sich meist in Netzwerkschränken, den so genannten Racks. Diese Geräte sind für den Profieinsatz in großen Netzwerken ausgelegt und nicht allein wegen der genormten Backplane-Anschlüsse teurer.

Meist haben sie auch deutlich mehr Funktionen, sind teilweise mit redundanten (doppelt vorhandenen) Baugruppen ausgelegt, damit das Gerät beim Ausfall einer Baugruppe über die zweite weiter Betrieben werden kann. Außerdem kommen in diesen Geräten optimierte, hochwertigere Komponenten zum Einsatz, die den SOHO-Geräten überlegen sind.

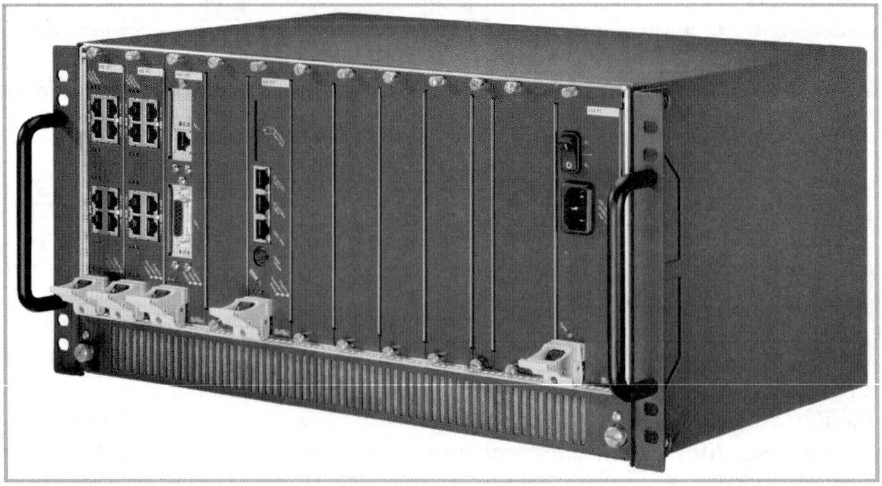

Hier sehen Sie, wie Backplane-Geräte von vorn aussehen. Diese einzelnen Einschübe haben den Anschluss an Strom und Infrastruktur als Steckleiste für die Backplane auf der Rückseite. Quelle: BinTec X8500.

Managed

Managed-Router bedeutet, dass der Benutzer in die Art- und Weise, wie das Gerät arbeitet, steuernd eingreifen kann. Erinnern Sie sich an das, was wir zum Thema Switch besprochen haben? Bei einem „gemanageten" Switch handelt es sich um ein Gerät, das einen eigenen Prozessor und rudimentäre Computerfunktionen hat (meist auch einen eigenen Prozessor), mit dem die Funktionalität konfiguriert und gesteuert werden kann.

Eine Benutzeroberfläche bietet dem Netzwerkadministrator an, den einzelnen Anschlüssen des Switches bestimmte Bandbreiten zuzuweisen. Er kann beispielsweise einer Sekretärin nur eine geringe Bandbreite zuweisen, weil diese nur E-Mails bearbeitet.

Anderen Mitarbeitern, die viel Onlinepower brauchen, weist er mehr Bandbreite zu. So kann genau konfiguriert werden, welcher Arbeitsplatz im Netz wie viel Bandbreite maximal nutzen darf. Der Vorteil liegt auf der Hand: Die Nutzung der vorhandenen Bandbreite kann deutlich effektiver gestaltet werden.

Die Router und Switches, die Sie in den Massenmärkten für den Heimgebrauch oder die kleine Firma bekommen, sind „unmanaged", also in Sachen Bandbreitenkontigent nicht konfigurierbar, reichen aber für den ihnen zugedachten Einsatzbereich vollkommen aus.

VPN-Funktionalität

Viele Geräte aus dem SOHO-Bereich versprechen leistungsfähiges **V**irtual **P**rivate **N**etwork (VPN). Doch gerade die SOHO-Geräte bieten oft nur das so genannte VPN-Passthrough. Das bedeutet, dass eine VPN-Verbindung durchgeleitet werden kann.

Sie brauchen also einen VPN-Server hinter dem Router, wenn eine VPN-Einwahl von außen erfolgen soll, oder einen VPN-Client, wenn Sie selbst eine VPN-Verbindung zu einem anderen Netzwerk aufbauen wollen.

Hochwertige und damit teurere Geräte hingegen können als vollwertiges VPN-Gateway benutzt werden, da sie die Funktionalität des VPN-Servers integriert haben und somit als eigenständige Gegenstelle für eine VPN-Verbindung dienen können.

Der Preis steigt also auch mit der Qualität der VPN-Ausstattung. Dem Thema VPN widmen wir uns in Kapitel 9. Zu VPN gehört auch IPsec, eine Protokollfamilie, die VPN-Verbindungen absichert. Die einfachen, billigen Router sind selten mit diesem recht zuverlässigen Sicherheitssystem ausgestattet.

Die folgende Matrix soll als eine kleine Übersicht über die wichtigsten Funktionsausstattungen dienen. Natürlich ergeben sich weitere Funktions- und Ausstattungsmerkmale, beispielsweise dadurch, dass sich LAN und WLAN überschneiden, Sie also sowohl bestimmte LAN-Funktionen als auch bestimmte WLAN-Funktionen in einem Gerät haben wollen, weil Sie ein gemischtes Netzwerk haben.

Gerätefunktion	Einsatzzweck
Hub/Switch	Soll der Router auch die einzelnen Rechner vernetzen, benötigt er einen Hub oder Switch. Dem Switch ist hierbei der Vorzug zu geben, da er schneller und sicherer arbeitet und nur wenig mehr kostet. Es ist darauf zu achten, dass für die Grundausstattung genügend RJ45-Anschlüsse vorhanden sind bzw. sie durch einen zusätzlich angeschlossenen externen Switch leicht erweitert werden können.
ISDN-Modem-Fallback	Benötigt man eine Ausfallsicherung, falls es zu DSL-Leitungstörungen kommt, sollte man auf einen ISDN- bzw. Modem-Fallback-Anschluss achten. Zu beachten ist, dass der richtige Anschluss schon im Gerät vorhanden ist. Oft sitzt noch eine serielle Schnittstelle am Router und kein USB. Wenn Sie faxen wollen, benötigen Sie ebenfalls einen ISDN- bzw. Modemanschluss und zusätzlich die CAPI-Schnittstelle.
Printserver	Wird benötigt, wenn ein Drucker zentral im Netzwerk zur Verfügung stehen soll, ohne dass er an einem permanent eingeschalteten Client-PC hängen darf.
„Echte" Firewall	Wird bei hohen Ansprüchen an die Absicherung des Netzwerks gegen unbefugte Zugriffe aus dem WWW benötigt. Hochwertige Firewalls bieten einen mehrschichtigen Schutz, der NAT, Paketfilterung und Stateful Packet Inspection einschließt.
Intrusion Detection	Kann als zusätzlicher Schutz vor Eindringlingen sinnvoll sein, um eine noch weitere Absicherung zu implementieren.
VPN	Abhängig vom Bedarf reicht ein Router, der VPN-Passthrough bietet, also Virtual Private Network-Verbindungen durchschleust. Soll hingegen der Router selbst als „VPN-Vermittlungsstelle" dienen, dann muss es ein Gerät mit voller VPN-Funktionalität sein, das eigenständig als VPN-Server agieren kann.
Portmapping	Portmapping ist ein notwendiges Ausstattungsdetail, das für verschiedene Funkitionen, beispielsweise im Bereich Filesharing, Videokonferenzing, aber auch für zahlreiche Onlinegames unverzichtbar ist. Portmapping, auch Portforwarding genannt, sorgt dafür, dass bestimmte Anwendungen aus dem Internet direkt auf einen bestimmten Port eines Clients durchgeleitet werden.
Demilitarized Zone (DMZ)	Diese Funktion kann für einige Anwendungen, die das Internet einbinden, nötig sein. So gibt es beispielsweise manche Onlinespiele, die nur auf einem als DMZ eingerichteten Client das WWW nutzen können. Aber auch bestimmte Serveranwendungen können eine DMZ erforderlich machen. Eine DMZ birgt allerdings auch ein hohes Sicherheitsrisiko.

1.3 Windows-Client für kleine Netzwerke einrichten

Einen Windows-PC für ein kleines Netzwerk einzurichten ist recht einfach. Wir gehen davon aus, dass die nötige Netzwerkhardware im PC bereits installiert ist und Sie zunächst ein kleines Netzwerk mit manuell vergebener IP-Adresse einrichten wollen. Wenn Sie die Netzwerkhardware noch nicht eingabaut haben, informieren Sie sich bitte in entsprechenden Fachbüchern z. B. „PC aufrüsten & reparieren" aus dem Hause DATA BECKER.

1 Öffnen Sie über den *Start*-Schalter den Bereich *Netzwerkumgebung* und klicken Sie dort im linken Auswahlfenster auf *Netzwerkverbindungen anzeigen*.

Dann klicken Sie mit der rechten Maustaste auf die angezeigte Verbindung und wählen in dem erscheinenden Kontextmenü *Eigenschaften* an.

2 Im Eigenschaften-Fenster wählen Sie den Eintrag *Internetprotokoll (TCP/IP)* an und klicken dann auf den Schalter *Eigenschaften*.

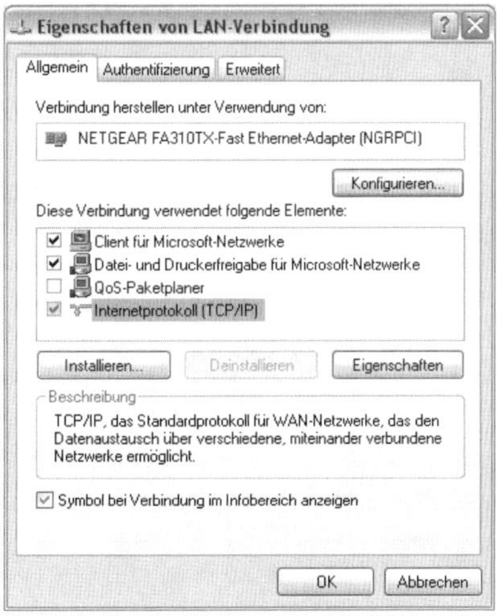

3 Tragen Sie jetzt eine IP-Adresse aus der für private Netzwerke nutzbaren IP-Range 192.168.0.1 bis 192.168.255.255 ein.

Beginnen Sie der Einfachheit halber mit der niedrigsten IP-Adresse für den ersten Rechner in Ihrem Netz, also z. B. 192.168.0.2.

Achten Sie aber darauf, nicht die Standard-IP-Adresse des Routers an einen Netzwerkclient zu vergeben.

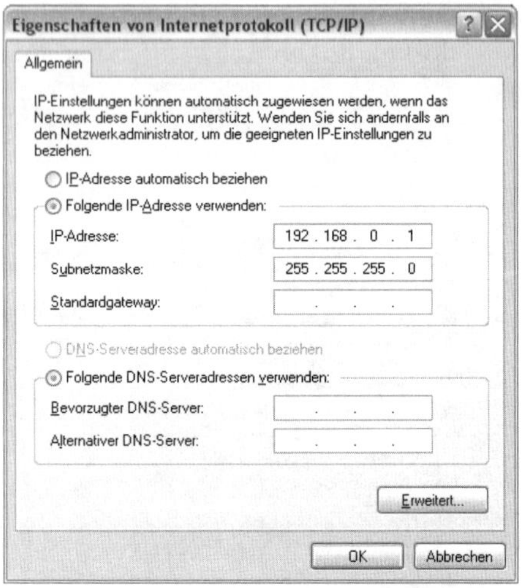

Die Subnetzmaske wird in der Regel von Windows automatisch eingetragen.

Klicken Sie hier und im vorigen Fenster auf *OK*, um die Einrichtung abzuschließen.

Natürlich sind das hier nur die ersten Schritte, also die Basiskonfiguration, um einen Windows-Client netzwerktauglich zu machen.

Wenn Sie mehr zum Thema Netzwerke einrichten wissen wollen, lohnt sich ein Blick in Bücher wie „Netzwerke mit Windows XP“ (Schnellanleitung, DATA BECKER, ISBN: 3-8158-2263-7).

IP-Adresse auch Automatisch beziehen

Wenn Sie Ihren Client so konfigurieren wollen, dass er sich eine IP-Adresse automatisch vom Router über DHCP zuweisen lässt, dann müssen Sie *IP-Adresse automatisch beziehen* anklicken. Wie Sie die DHCP-Serverfunktionalität im Router einschalten, erfahren Sie ab Seite 76.

1.4 Linux-Client für kleine Netzwerke einrichten

Auch ein Rechner mit Linux muss, wenn er nicht in einem Netzwerk mit zentralem DHCP zum Einsatz kommt, eine IP-Adresse nebst Subnetzmaske zugewiesen bekommen.

Die Einrichtung ist eigentlich genauso einfach und doch schwieriger, denn die Menüs und Konfigurationen unterscheiden sich bei den vielen verschiedenen Linux-Distributionen, die es gibt.

Daher zeigen wir die Einstellungen hier anhand von YaST 2 aus der SuSE-Linux-Distribution.

1 In der Netzwerkkonfiguration von YAST finden Sie ähnliche Einstellungen wie bei Windows.

Wenn Sie die IP-Adresse manuell festlegen wollen, klicken Sie *Konfiguration der statischen Adresse* an.

Tragen Sie dann IP-Adresse und Subnetzmaske entsprechend ein.

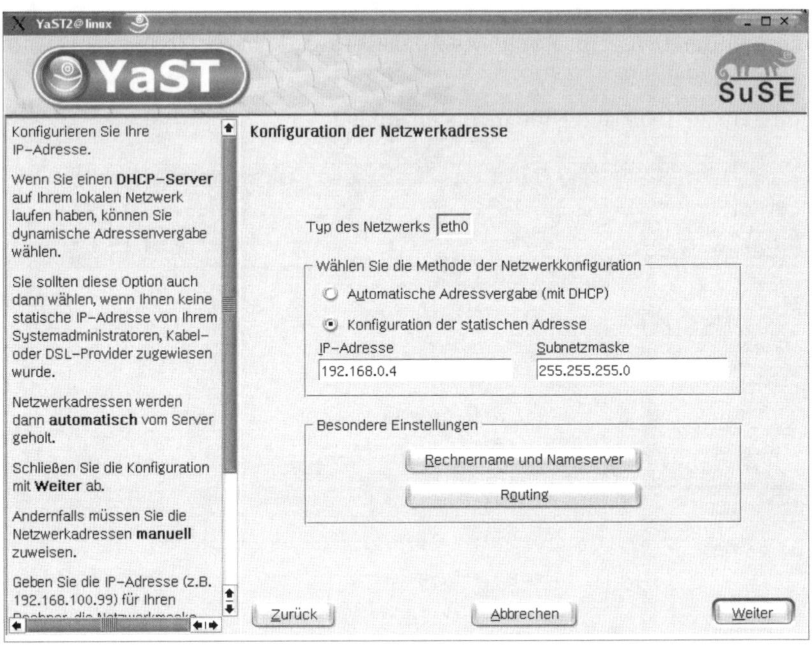

2 Dann teilen Sie der Konfiguration mit, unter welcher IP-Adresse das Standardgateway zu finden ist.

Das wird in der Regel die IP-Adresse Ihres Routers sein.

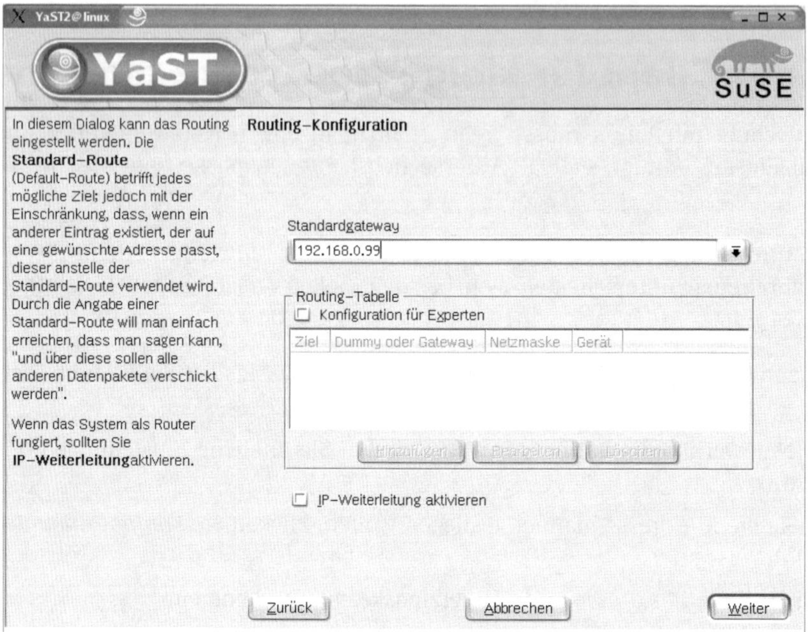

3 Soll hingegen der DHCP im Router genutzt werden, klicken Sie hier auf *Automatische Adressvergabe (mit DHCP)*.

Sonst müssen Sie in diesem Falle nichts einstellen.

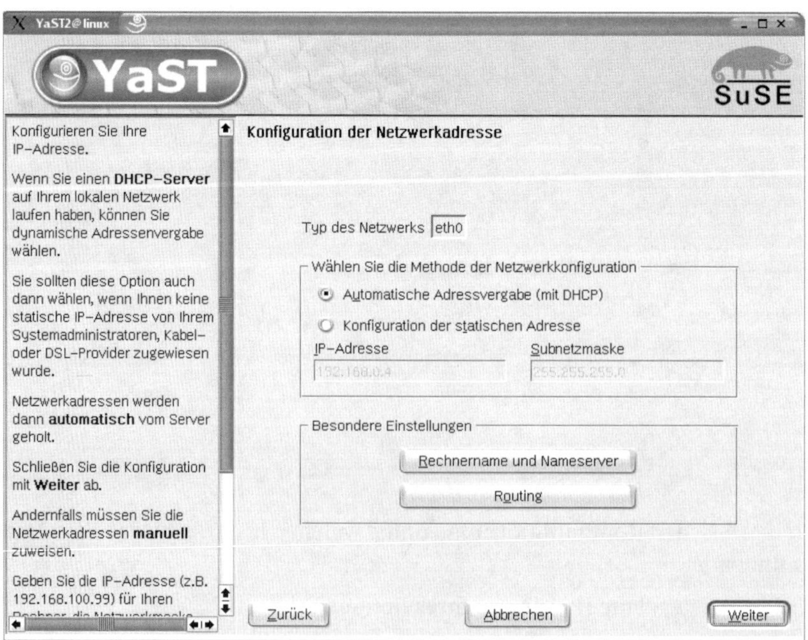

Wie bereits erwähnt, werden Sie bei anderen Linux-Distributionen eine „andere Optik" vorfinden. An den Grundsätzen dieser Einstellung jedoch ändert sich nichts.

2. Anschlüsse und Verkabelung des Routers

Stecker rein und fertig! Ist der Anschluss eines Routers wirklich so einfach? Ja, wenn man weiß, welcher Stecker wo hinein gehört. Das herauszubekommen ist nicht allzu schwer. Genormte Stecker und meist einleuchtende Beschriftungen machen die Sache einfach. Dennoch kann es hier und da ein wenig kniffelig werden, beispielsweise, wenn man einen Router in eine bestehende Infrastruktur einklinken will. Aber auch das ist leicht zu schaffen.

2.1 Anschluss an DSL

Auch wenn es ISDN- oder gar Modemrouter gibt, so macht die vernetzte Nutzung des WWW für mehrere Nutzer über einen Router erst ab DSL Sinn.

Warum? Zum einen ist ISDN oder eine Modemverbindung für gemeinsames Surfen viel zu langsam. Wenn es nur um den Download und Versand von E-Mails geht, kann das durchaus noch funktionieren.

Doch sobald intensiv von mehreren Clients aus gesurft wird, ist eine ISDN- oder Modemleitung viel zu mager. Zum anderen findet man hierzulande kaum Flatrates für ISDN- und Modemverbindungen, sodass Minutenpreise fällig werden.

Auch hier gilt, dass das okay ist, solange nur kurzfristig E-Mails geholt oder verschickt werden. Bei mehreren „Heavy Usern" im Netzwerk würden die Minutenpreise aber schnell die monatlich fixen Kosten einer Flatrate übersteigen.

Sobald die Anwender im Netz das WWW intensiv nutzen, empfiehlt sich eine DSL-Flatrate, um eine optimale Kombination aus Preis und Geschwindigkeit zu nutzen. Der Anschluss an DSL, aber auch Internet per Kabel ist recht einfach.

Die Anschlussbuchse für die DSL-/Kabelanbindung ist meist mit der Abkürzung „WAN" beschriftet. Bei Geräten mit eingebautem DSL-Modem steht hier meist „DSL", „ADSL" oder Ähnliches.

Auf der Anschlussseite eines Breitband- oder WLAN-Routers finden Sie eine RJ45-Buchse, die meist mit WAN (**W**ide **A**rea **N**etwork) beschriftet ist. Diese ist für die Verbindung mit einem DSL- oder Kabelmodem vorgesehen.

Sollten Sie einen Breitbandrouter mit eingebautem DSL-Modem haben, dann werden Sie an dieser Stelle eine RJ11-Buchse (meist mit ADSL beschriftet) finden.

Optisch ist sie mit der RJ45-Buchse identisch, unterscheidet sich aber bezüglich der Schaltung, oder besser Belegung.

An diese Buchse wird das Kabel, das vom DSL-Splitter kommt, angeschlossen.

Hier in der Tabelle sehen Sie die Belegung der Anschlusspins dieser DSL-Anschlussbuchse des Routers mit eingebautem DSL-Modem.

Pin 1 & 2	nicht belegt
Pin 3	DSL-Ader B
Pin 4	DSL-Ader A
Pin 5 bis 8	nicht belegt

An den Router ohne DSL-Modem schließen Sie an der WAN-RJ45-Buchse das Netzwerkkabel an, das vom DSL- oder Kabelmodem kommt.

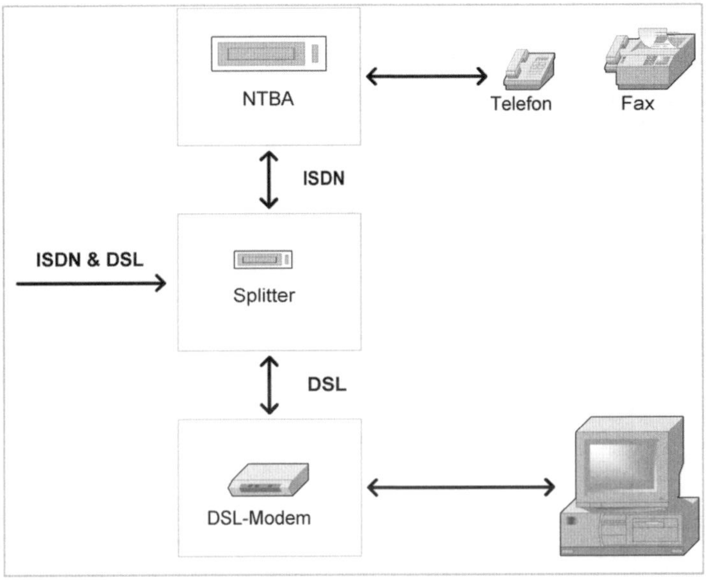

Schema 1: Hier zunächst der „normale" Einfachanschluss, bei dem nur ein einzelner PC über DSL und Netzwerkkarte an das Internet angebunden ist.

Im Schema 1 sehen Sie zunächst den Anschluss von nur einem einzelnen PC ohne Router.

Nach dem so genannten „Hausübergabepunkt" (Anschluss) wird der so genannte Splitter angeschlossen.

Dieser splittet ISDN- und DSL-Signale auf und separiert sie. Die DSL-Signale werden an das DSL-Modem weitergeleitet und von diesem für den angeschlossenen PC nutzbar gemacht.

Die ISDN-Signale gehen an den Netzterminator-Basisanschluss, kurz NTBA, weiter, der nach dem Splitter angeschlossen wird.

Dieser bereitet die ISDN-Signale, die von draußen kommen, für die hausinterne Nutzung auf.

Die ISDN-Signale werden nach dem NTBA an ISDN-Endgeräten, wie Telefone, Faxgeräte oder Telefonanlagen weitergeleitet.

Das zweite Schema zeigt einen Breitbandrouter, der anstelle eines PCs an das DSL-Modem angeschlossen wurde, um so mehrere Computer, die als Clients in einem Netzwerk verbunden sind, gemeinsam über den zentralen DSL-Anschluss ins Internet zu bringen.

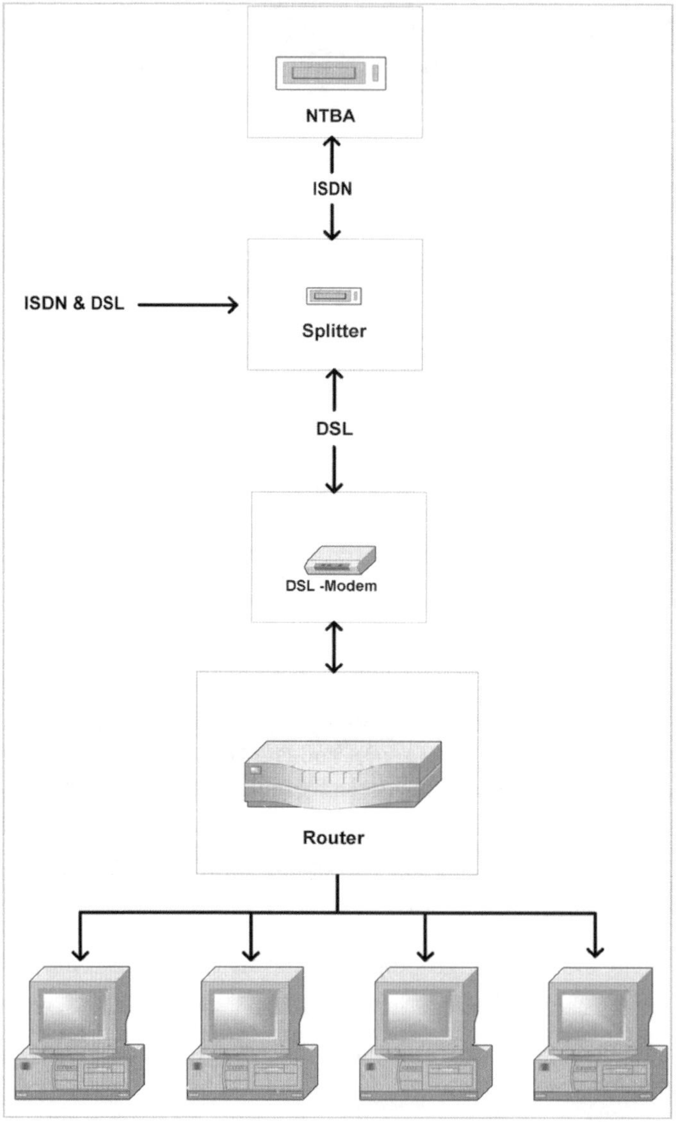

Schema 2: In dieser Abbildung ist nach dem DSL-Modem ein Router (inkl. Hub/Switch) angeschlossen, um mehrere Clients in einem Netzwerk gemeinsam ins Internet zu bringen.

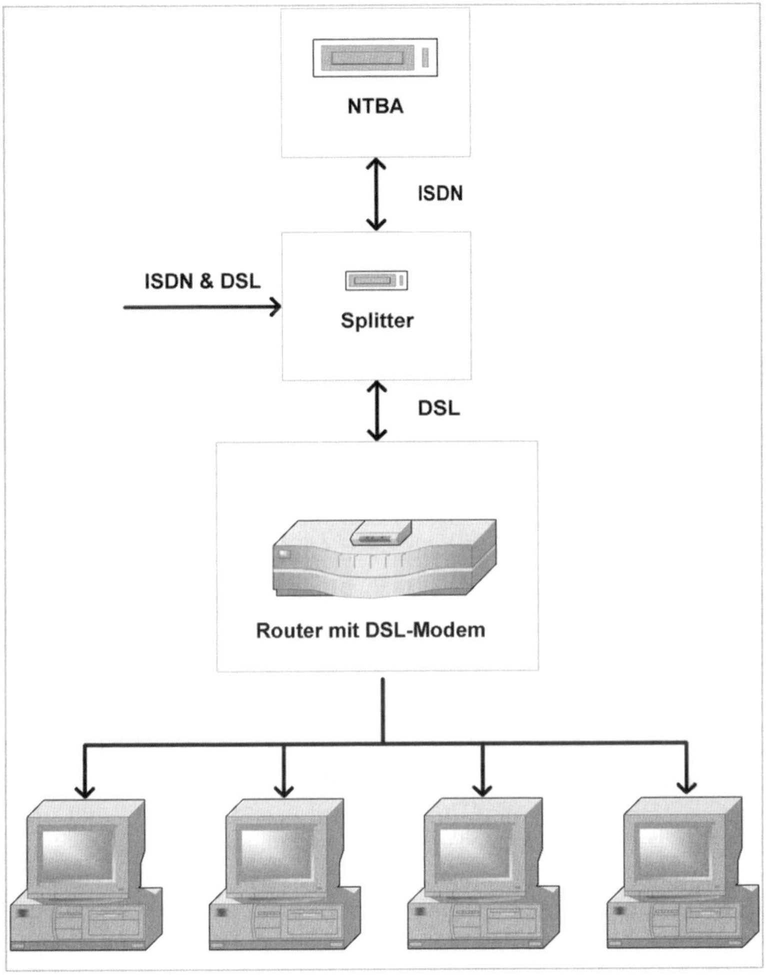

Schema 3: Hier sehen Sie die Variante mit einem Breitbandrouter, der über ein eingebautes DSL-Modem verfügt.

Dieses dritte Schema schließlich stellt die Konfiguration mit einem Breitbandrouter dar, der über ein eingebautes DSL-Modem verfügt.

Hier entfällt das separate DSL-Modem und der Router wird direkt an den Splitter angeschlossen.

Die Router verfügen in der Regel über eine Reihe von Status-LEDs, die verschiedene Betriebszustände anzeigen. Diese wollen wir Ihnen hier kurz in Tabellenform erklären. Zunächst eine Tabelle für einen Router ohne eingebautes DSL-Modem, aber mit ISDN und dann eine für einen mit integriertem DSL-Modem.

Gruppe	LED	Bedeutung (wenn leuchtet)
	Power	Aktiv, sprich Router ist eingeschaltet.
ISDN	LNK	ISDN-Verbindung funktioniert und ist aktiv.
ISDN	B1	1. B-Kanal belegt.
ISDN	B2	2. B-Kanal belegt.

Gruppe	LED	Bedeutung (wenn leuchtet)
	WAN	Wide Area Network-Verbindung funktioniert.
	Broadband	Breitbandverbindung ist aktiv (online).
LAN	P1	LAN-Port 1 ist aktiv.
LAN	P2	LAN-Port 2 ist aktiv.
LAN	P3	LAN-Port 3 ist aktiv.
LAN	P4	LAN-Port 4 ist aktiv.

Gruppe	LED	Bedeutung (wenn leuchtet)
	Power	Aktiv, sprich Router ist eingeschaltet.
ISDN	LNK	ISDN-Verbindung funktioniert und ist aktiv.
ISDN	B1	1. B-Kanal belegt.
ISDN	B2	2. B-Kanal belegt.
ADSL	Line	Die vom Splitter kommende Verbindung funktioniert.
ADSL	Data/ACT	Online, das eingebaute DSL-Modem sendet und empfängt Daten.
LAN	P1	LAN-Port 1 ist aktiv.
LAN	P2	LAN-Port 2 ist aktiv.
LAN	P3	LAN-Port 3 ist aktiv.
LAN	P4	LAN-Port 4 ist aktiv.

Natürlich sind die LEDs nicht immer in exakt dieser Art und Weise beschriftet und manche Geräte haben auch weniger oder mehr LEDs. So finden Sie statt der Bezeichnung „Power“ auch „On“ oder „Active“. Aber die Grundaussagen der Status-LEDs sind meist sehr ähnlich. Bei manchen Geräten bedeutet eine dauerhaft leuchtende LED den Status aktiv oder funktionstüchtig, während eine blinkende LED Störungen anzeigt. Bei anderen Geräten bedeutet das Blinken keine Störung, sondern dass gerade im Moment Daten übertragen werden. Sie müssen diesbezüglich auf alle Fälle in die Bedienungsanleitung des jeweiligen Geräts schauen.

TK-Anlagen mit integriertem DSL-Modem

Auch die Hersteller von Telefonanlagen springen auf den DSL-Zug auf und bieten mittlerweile TK-Anlagen an, in die ein DSL-Modem und/oder ein Splitter eingebaut ist.

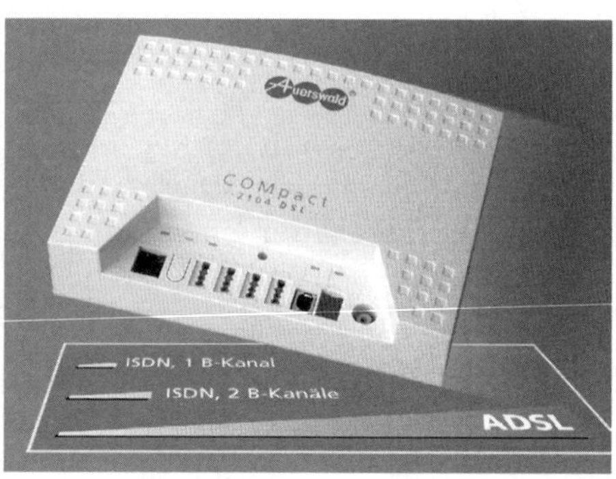

Diese werden dann entweder nach dem Splitter oder anstatt des Splitters eingebaut und mit dem Rest der Installation verbunden.

Hat eine TK-Anlage ein eingebautes DSL-Modem, werden Sie einen RJ45-Netzwerkanschluss finden, über den Sie einen PC oder in unserem Fall einen Router anschließen.

2.2 Fallback als Reserve

Fallback bedeutet, dass der Router beim Ausfall der DSL-/Kabelverbindung auf eine Reserve zurückgreift, die in der Regel aus einer ISDN- oder Modemwählverbindung besteht.

Fallback per ISDN einrichten

Viele Breitbandrouter haben mittlerweile einen ISDN-Adapter (ISDN-Modem) serienmäßig an Bord. Der Anschluss ist mit „ISDN“ gekennzeichnet. Es handelt sich um einen RJ11-Anschluss. In der Regel liegt den Routern mit ISDN an Bord auch ein geeignetes ISDN-Kabel bei.

Die Buchse, über die Sie den Breitbandrouter mit eingebautem ISDN-Adapter an Ihren ISDN-Anschluss anschließen, ist sinnigerweise mit „ISDN“ gekennzeichnet.

Sie müssen nur die Kabelverbindung zwischen der ISDN-Buchse des Routers und einer ISDN-Anschlussdose herstellen. Die restliche Konfiguration erfolgt dann über die Setup-Software oder das Webinterface des Routers. Zu den Details kommen wir später.

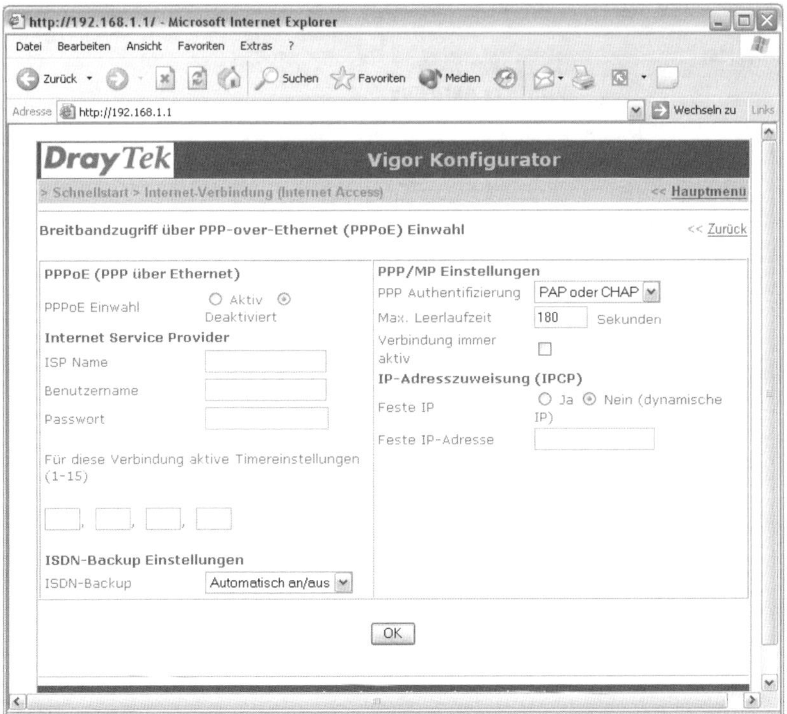

Hier sehen Sie die ISDN-Fallback-Einstellung unten links als ISDN-Backup-Einstellungen.

Fallback per Modem einrichten

Um ein Fallback-Modem nutzen zu können, muss der Breitbandrouter entweder über eine serielle Schnittstelle (COM-Port) verfügen oder alternativ über einen USB-Anschluss. Zusätzlich muss in der Firmware des Geräts auch die Nutzung eines Modems für Fallback vorgesehen sein.

Hier sehen Sie den als COM bezeichneten Anschluss, an den ein Fallback-Modem angeschlossen werden kann.

Ist das Modem angeschlossen, muss es im Router konfiguriert werden. Diese Konfiguration ist weitestgehend mit der für einen PC vergleichbar.

Auch der Router muss die Einwahlnummer und die Zugangsdaten kennen, um über das Modem online gehen zu können.

Zusätzlich werden auch die modemspezifischen Daten wie vor allem die realisierbare Geschwindigkeit eingestellt. Die Details der Konfiguration finden Sie in Kapitel 4.3.

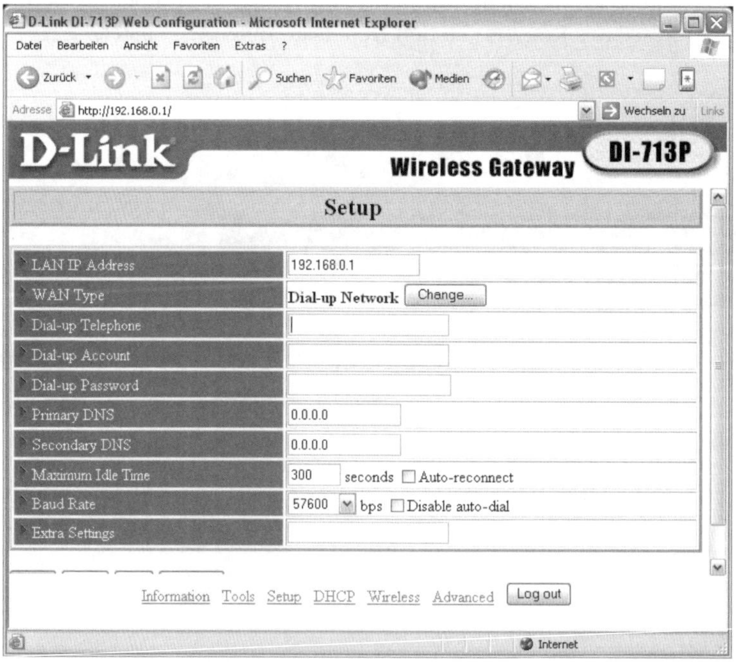

Hier sehen Sie die Konfigurationseinstellung eines Routers für eine Wählverbindung.

Auf Autoreconnect verzichten

Wenn Sie ohne Flatrate online gehen, egal ob als Hauptverbindung oder Fallback-Verbindung, dann sollten Sie die Funktion *Autoreconnect* im Router deaktivieren. Diese Funktion sorgt für die automatische Wiederanwahl, wenn die Verbindung unterbrochen wird. Da Einwahlverbindungen meist Minutenpreise verursachen, würde durch Autoreconnect die Modem- oder ISDN-Verbindung permanent laufen bzw. wieder hergestellt werden. Da brummt dann der Gebührenzähler und Ihr Provider freut sich, dass er Ihnen eine hohe Rechnung schicken darf.

2.3 Anschluss der PCs an den Router

Für den Anschluss der Clients an den Router verbinden Sie einen der RJ45-Netzwerkanschlüsse des Routers über ein normales Netzwerkkabel (Kategorie 5 oder höher, Kat 5/Cat 5) mit der Netzwerkkarte des jeweiligen PCs.

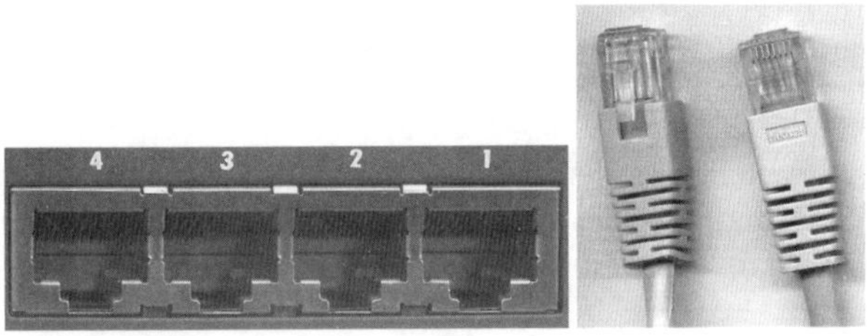

RJ45-Buchsen und die passenden RJ45-Stecker. Diese genormten Anschlüsse sind heute üblich und überall zu bekommen.

RJ45-Kabel bekommen Sie, fertig konfiguriert und in diversen Längen, in jedem guten Computerfachgeschäft, aber auch in den Massenmärkten wie Mediamarkt, Promarkt etc. Ältere Netzwerkkarten weisen manchmal noch einen alten BNC-Stecker auf, der ist aber für den Einsatz an aktuellen Routern nicht zu gebrauchen. Sie sollten daher beim Kauf von Netzwerkkarten für Ihren PC auf die RJ45-Anschlüsse achten.

2.4 Integration des Routers in bestehende Netzwerkinfrastrukturen

Wer ein kleines Heimnetzwerk mit drei oder vier PCs aufbaut, sollte sich einen Breitbandrouter mit eingebauten Switch kaufen, wie in Kapitel 1 empfohlen. Gängig sind Geräte mit vier bis acht Netzwerkanschlüssen, sodass bis zu vier/acht Clients direkt angeschlossen und über den Router vernetzt werden können. Bei bestehenden oder größeren Netzwerken hingegen wird der Router meist nur für den Internetzugang benutzt und in eine bestehende Infrastruktur eingebunden. Das geschieht, indem der Router auf vorhandene Switches oder Hubs aufgeschaltet wird. Hier zur Verdeutlichung die Schemadarstellung.

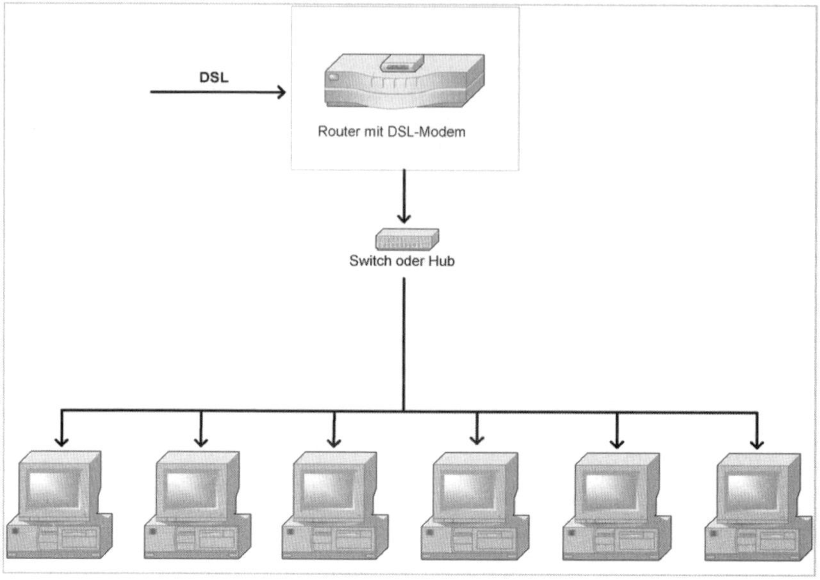

Hier wird der Router in eine bestehende größere Netzwerk-infrastruktur eingebunden.

Die Verbindung des Routers mit dem Switch oder der Hub ist unproblematisch. Dennoch gibt es zwei Varianten. Zum einen die Nutzung eines Uplink-Ports, wenn der Switch oder Hub über einen solchen verfügt. Zum anderen ein gekreuztes Netzwerkkabel (Crosscable), wenn es keinen Uplink-Port gibt.

Verbindung mit gekreuztem Kabel

Die einfachste Verbindung zwischen zwei Netzwerkinfrastrukturgeräten ist das gekreuzte Kabel. Würde ein normales Netzwerkkabel verwendet, käme es quasi zu einer Art Datenkurzschluss. Warum? Nun, ein normales Kabel würde grob gesagt Eingang mit Eingang und Ausgang mit Ausgang verbinden. Es könnten keine Daten fließen. Sie müssen also den Ausgang des einen Geräts mit dem Eingang des anderen verbinden und umgekehrt. Das folgende Schaubild eines gekreuzten Kabels, auch Crosscable, Cross-Patch oder Kreuzkabel genannt, und die Tabelle im Anschluss verdeutlichen das.

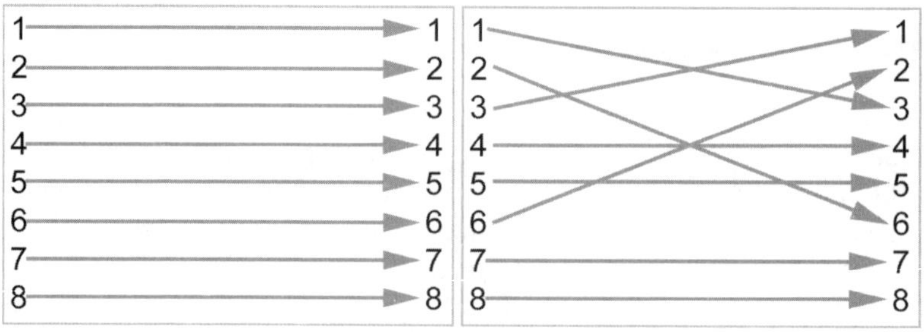

Links das Sachaltbild des normalen Kabels, rechts das des gekreuzten Kabels.

Warum diese „Kreuzung" nötig ist, ergibt sich aus der Anschlussbelegung, die Sie gleich in der folgenden Tabelle sehen. Es wird Ihnen auffallen, dass von den acht Pins/Leitungen tatsächlich nur vier Stück für das LAN verwendet werden, nämlich 1, 2, 3 und 6.

RJ-45-Buchse	Belegung
1	TX+ (Sendung Daten +)
2	TX- (Sendung Daten -)
3	REC+ (Empfang Daten +)
4	nicht belegt
5	nicht belegt
6	REC- (Empfang Daten -)
7	nicht belegt
8	nicht belegt

Die Kreuzung sorgt dafür, dass wechselseitig immer TX+ mit REC+ und TX- mit REC- verbunden wird.

Wenn Sie einen PC an einen Switch anschließen, dann geschieht das mit dem normalen Kabel. Den Router schließen Sie mit dem gekreuzten Kabel an einen freien Netzwerkanschluss des Switches an.

Kreuzkabel in anderer Farbe kaufen

Damit Sie das gekreuzte Kabel nicht mit den normalen LAN-Kabeln verwechseln, ist es ratsam, dieses in einer anderen auffälligen Farbe zu kaufen. Sind alle Ihre normalen Netzwerkkabel z. B. grau, kaufen Sie ein rotes Kreuzkabel.

Verbindung über einen Uplink-Port

Bessere Hubs/Switches haben einen Uplink-Port. Im Prinzip macht der Uplink-Port exakt das Gleiche wie das gekreuzte Kabel. Nur dass hier nicht die Adern im Kabel gekreuzt werden, sondern die Belegung des Steckers im Gerät diese „Kreuzung" aufweist. Oft haben Switches, Hubs oder auch Router einen schaltbaren Uplink-Port, den Sie von der normalen Belegung auf die gekreuzte Belegung umschalten können. Um den Router an den Uplink-Port eines Switches anzuschließen, wird jetzt wieder ein normales Kabel verwendet, da die Kreuzung ja im Uplink-Port erfolgt.

Hier sehen Sie eine kleinen Hub mit Anschluss Nummer 4 als umschaltbaren Uplink-Port.

In der Regel sind heute alle marktgängigen Geräte mit einem Uplink-Port ausgestattet, sodass Sie selten zum gekreuzten Kabel greifen müssen, um zwei Infrastrukturgeräte zu verbinden. Highend-Geräte wie z. B. einige BinTec-Router schalten sogar auf allen Switch-Ports automatisch in den Uplink-Modus.

Die Clients im Netzwerk, die an dem Switch hängen, können nach dem Anschluss des Routers an den Switch – und natürlich der Konfiguration des Routers – über den Router ins Internet gelangen.

2.5 Printserver parallel und USB

Router mit eingebautem Printserver erschließen den Drucker für die vernetzte Nutzung.

Der Drucker wird entweder an eine herkömmliche parallele Druckerschnittstelle oder an einen USB-Anschluss im Router angeschlossen.

Hier sehen Sie den parallelel Druckeranschluss (Printer) eines WLAN-Breitbandrouters.

Das soll hier am Beispiel des Routers SMC Barricade 7004ABR mit paralleler Schnittstelle gezeigt werden.

1 Zunächst wird der Printservermonitor installiert. Das ist zum einen das Monitoring-Tool für den Printserver und zum anderen auch der Treiber zur Ansteuerung des Druckers über das Netzwerk.

Legen Sie die mitgelieferte CD ein und führen Sie die Datei *setup.exe* aus, falls die Installation nicht automatisch startet.

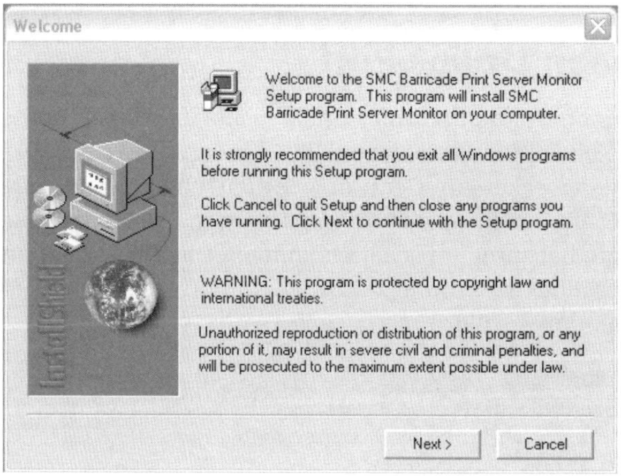

2 Der Installationsvorgang läuft automatisch ab. Nur an einem Punkt müssen Sie einen Namen eintragen, den der Netzwerkanschluss für den Drucker haben soll.

Nehmen Sie etwas Griffiges.

Beenden Sie die Installation mit dem geforderten Neustart des Rechners.

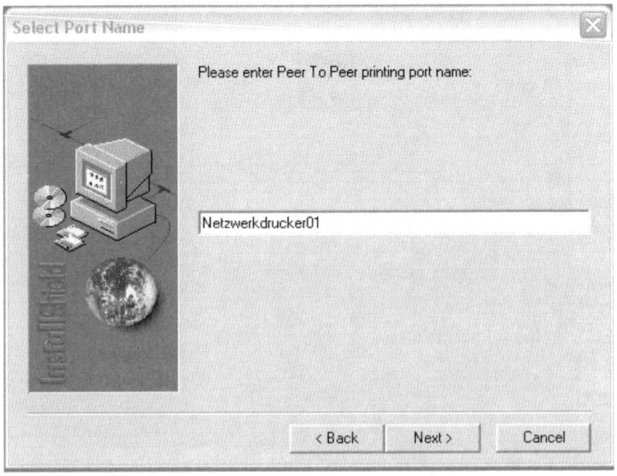

3 Um jetzt den Netzwerkdrucker zu installieren, öffnen Sie über den *Start*-Schalter die Funktion *Drucker und Faxgeräte.*

Bei älteren Windows-Versionen öffnen Sie die Druckerfunktionen über die Systemsteuerung.

Klicken Sie auf *Drucker hinzufügen.*

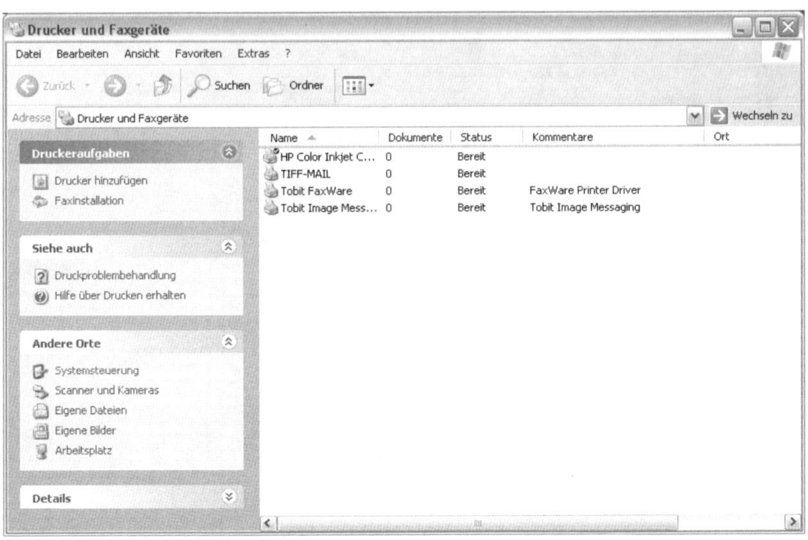

4 Auch wenn Sie einen Netzwerkdrucker installieren wollen, wählen Sie unbedingt *Lokaler Drucker, der ...* aus, denn der Drucker wird vom Betriebssystem wie ein lokaler Drucker angesteuert.

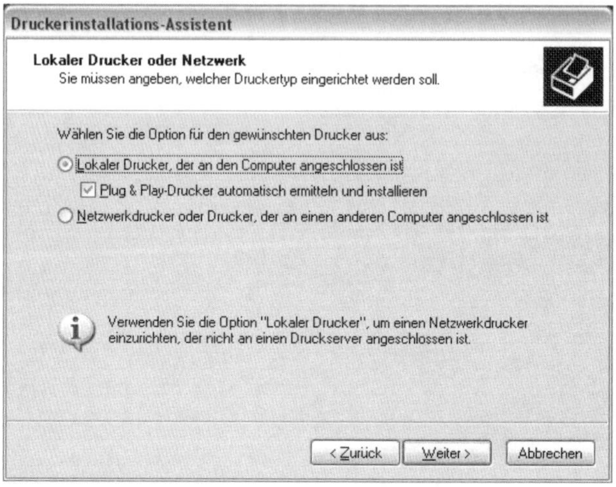

5 Sie sehen jetzt die Anschlussauswahlliste.

Scrollen Sie in dieser, bis Sie den Anschluss, den Sie vorher bei der Installation des Printservermonitors benannt haben, sehen, und wählen Sie diesen aus.

Sie erkennen diesen Anschluss auch daran, dass in Klammern *(SMC Barricade)* dahinter steht.

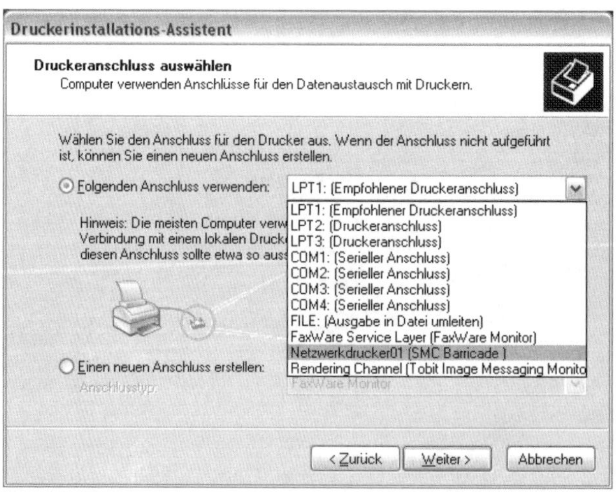

6 Jetzt geht die Installation des Druckers ganz normal weiter, indem Sie die Druckertreiber des Herstellers auswählen und die Installation beenden.

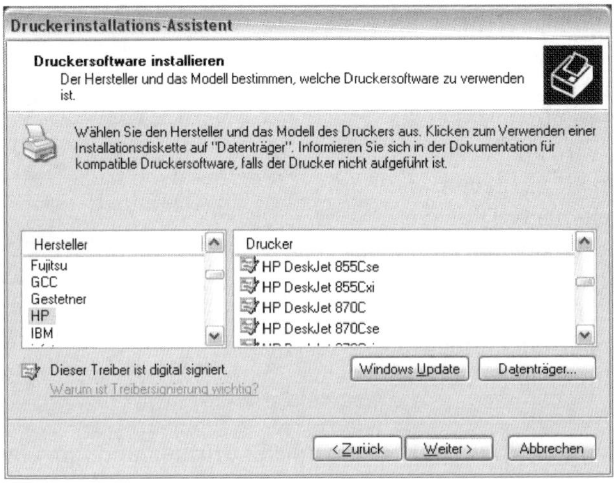

7 Öffnen Sie jetzt die Eigenschaften des soeben installierten Druckers und klicken Sie auf *Anschlüsse*.

Dort muss der Drucker am Netzwerkanschluss über den Router angezeigt werden.

Klicken Sie mit der Maus einmal auf die entsprechende Zeile und klicken Sie dann auf *Konfigurieren*.

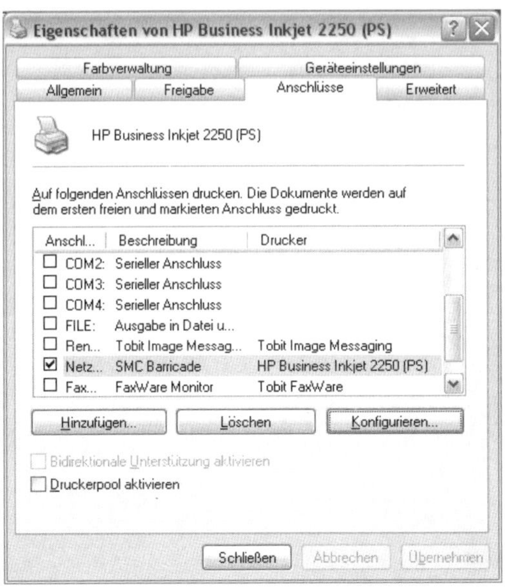

8 Jetzt öffnet sich das Printservermonitor-Fenster. Hier sehen Sie die IP-Adresse des Routers, an dem der Drucker angeschlossen ist. Auch der Name des Anschlusses, den Sie ja selbst vergeben haben, wird angezeigt. Mit dem *Retry Interval* können Sie einstellen, wie lange gewartet wird, bis ein neuer Druckversuch startet, falls das Drucken über das Netzwerk mal verzögert werden sollte. Die Bannerfunktion dient dazu, auf der ausgedruckten Seite ein kleines Banner einzudrucken, beispielsweise mit dem *User Name*, den Sie hier festlegen können.

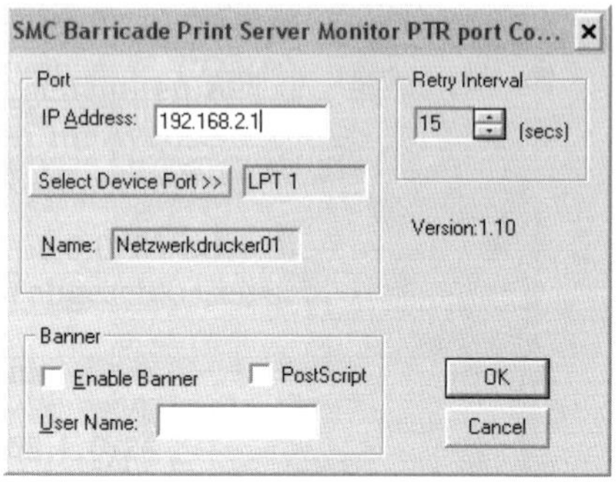

Das mag nützlich sein, wenn viele Leute auf dem Drucker drucken und ihre eigenen Ausdrucke dann über das Banner identifizieren.

Unter Windows 2000 und XP können einige Printserver z. B. die SMC Router auch ohne spezielle Software direkt über die LPR-Schnittstelle drucken, die allerdings nicht standardmäßig installiert ist.

1 Zuerst muss der Druckdienst für UNIX über *Systemsteuerung/Software/Windows-Komponenten hinzufügen/Weitere Datei- und Druckdienste* installiert werden.

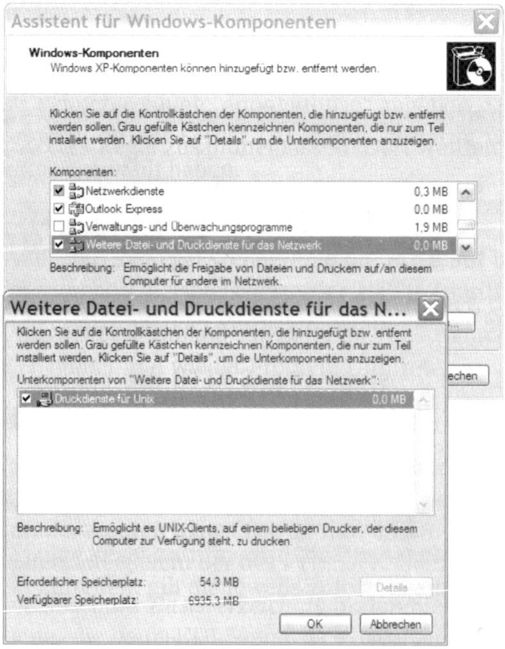

2 Dann wird ein neuer Drucker mit dem Druckerinstallationsassistenten hinzugefügt. Geben Sie einen lokalen Drucker und kein Plug & Play an. Geben Sie als neuen Anschluss *LPR-Port* an.

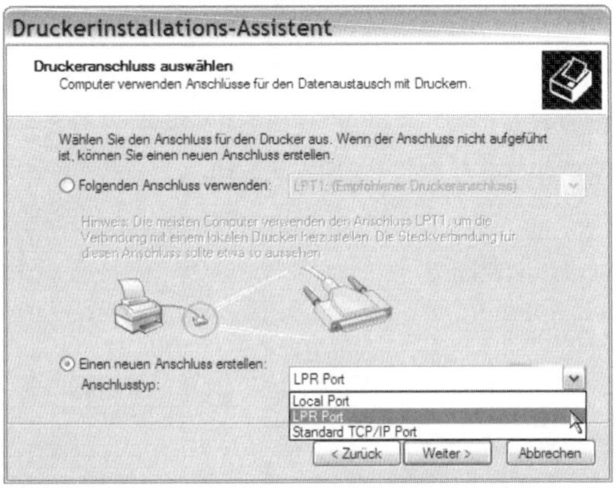

3 Die Serveradresse ist die IP-Adresse des Printservers, also des Routers.

Als Druckername geben Sie *lp* an.

LPR-kompatible Printserver sollten jetzt funktionieren (meist ohne bidirektionale Unterstützung).

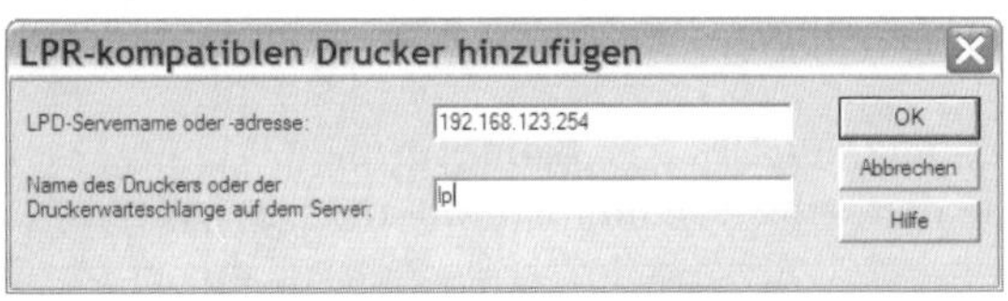

Diese Vorgehensweise ist bei anderen Routern ähnlich, aber nicht identisch. Sie sollten also jeweils die Bedienungsanleitung lesen.

Diese Art der Netzwerkinstallation eines Druckers hat auch einen Nachteil. Oft steht die bidirektionale Kommunikation zwischen PC und Drucker über das Netz nur eingeschränkt oder gar nicht zur Verfügung. Moderne Drucker schicken Meldungen an den PC zurück, beispielsweise, dass Tintentanks leer sind.

Diese Funktion fällt meist bei der Netzwerknutzung über den Printserver weg. Auch ECP und EPP werden in der Regel nicht unterstützt. Das bedeutet auch, dass man den Drucker „allein" an dem Printserver anschließen muss und nicht mehr hinter einem anderen Gerät wie einem Scanner anschließen kann, wie es am Parallelport des PCs möglich wäre.

Auch Drucker, die nur einen USB-Anschluss haben, können oft nur mit einem Adapter angeschlossen werden.

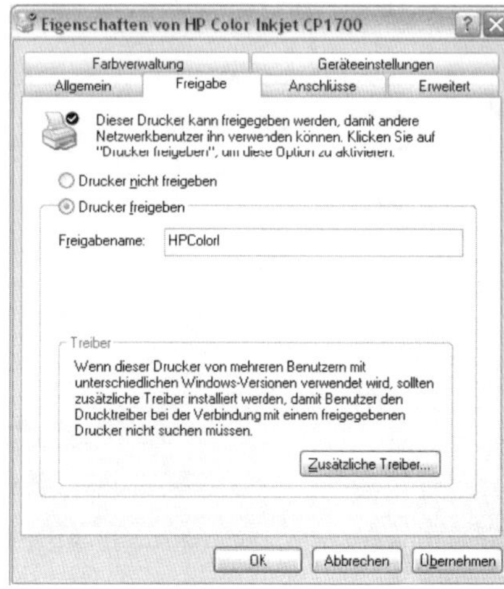

Sollten Sie einen Router ohne Printserver haben, aber dennoch im Netz drucken wollen, haben Sie zwei Möglichkeiten.

Sie kaufen einen teuren Drucker mit eingebauter Netzwerkkarte.

Oder Sie benutzen ganz simpel die Druckerfreigabe von Windows, mit der Sie einen lokalen Drucker im Netzwerk freigeben können.

Öffnen Sie dazu die Eigenschaften Ihres Druckers und klicken Sie das Register *Freigabe* an.

Dort klicken Sie auf *Drucker freigeben* und ordnen dem Gerät einen *Freigabenamen* zu, damit andere Anwender im Netz das Gerät schneller identifizieren können.

Dann müssen Sie auf jedem Client nur über die normale Druckerinstallation den freigegebenen Drucker als Netzwerkdrucker installieren.

Das Ganze hat allerdings einen Nachteil: Der Drucker kann nur dann genutzt werden, wenn der PC, an den er angeschlossen ist, eingeschaltet ist. Mit anderen Worten, dieser PC muss im Prinzip immer laufen.

3. Verbindungsaufbau mit dem Router

Das Erste, was Sie machen werden, nachdem Sie Ihren Router ausgepackt und angeschlossen haben, ist das Aufbauen einer ersten Verbindung, um die Grundkonfiguration des Routers durchzuführen.

In diesem Kapitel werden Sie die verschiedenen Möglichkeiten kennen lernen, die Ihnen die Router bieten. Dabei gilt es, die für Sie bequemste Lösung zu wählen.

Außerdem müssen Sie bei diversen Routern, wenn Sie auch die verstecktesten Features nutzen wollen, oftmals auf weniger komfortable Methoden als ein Webinterface zugreifen. Verbreitet sind Zugänge über das Telnet-Protokoll sowie über serielle Schnittstellen.

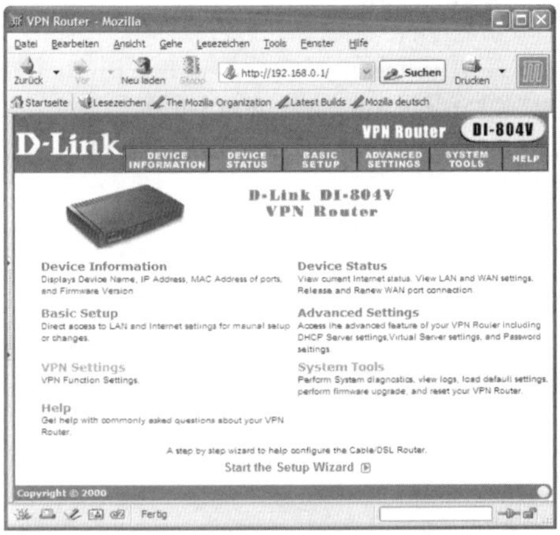

3.1 Verbindung mit dem Webinterface aufnehmen

Die meisten Router im Home-User-Bereich können und sollen über ein einfaches Webinterface konfiguriert werden.

Um dieses Webinterface zu erreichen, muss der Router lediglich über eine Verbindung zu Ihrem LAN verfügen. Allerdings ist nicht immer alles so einfach, wie es auf den ersten Blick zu sein scheint.

So kollidiert der Router oftmals mit einer bereits vergebenen IP-Adresse, der Router befindet sich nicht im gleichen Teilnetz wie das übrige LAN oder der Verbindungsaufbau wird aus einem anderen Grund abgelehnt.

IP-Adressenkonflikte vermeiden

Um solche Ärgernisse zu verhindern, sollten Sie, bevor Sie Ihren Router das erste Mal mit dem Netzwerk verbinden, im beiliegenden Handbuch die Standard-IP-Adresse des Routers kontrollieren.

Wenn diese Adresse in Ihrem Netzwerk bereits vergeben ist, haben Sie zwei Möglichkeiten. Entweder Sie nehmen den PC, der die Konfliktadresse verwendet, zeitweise komplett vom Netzwerk oder weisen ihm eine neue IP-Adresse zu.

Ersteres ist leicht erledigt, schalten Sie den PC entweder komplett aus oder ziehen Sie einfach das Netzwerkkabel aus der Karte heraus.

Wenn der PC jedoch eingeschaltet bleiben soll, müssen Sie zwangsweise die Netzwerkadresse ändern.

Für Windows 2000/XP können Sie die folgende Schritt-für-Schritt-Anleitung verwenden:

1. Machen Sie einen Rechtsklick auf die Netzwerkumgebung und wählen den Punkt *Netzwerkumgebung*.

   Ein neues Fenster erscheint. In diesem Fenster bekommen Sie alle installierten Netzwerke aufgelistet. Im Idealfall existiert nur eine LAN-Verbindung.

   Sollten mehrere LAN-Verbindungen aufgelistet werden und Sie nicht wissen, welche die entscheidende ist, bleibt Ihnen nichts anderes übrig, als alle zu kontrollieren und anhand der eingestellten IP-Adresse festzustellen, welche die IP-Adresse belegt.

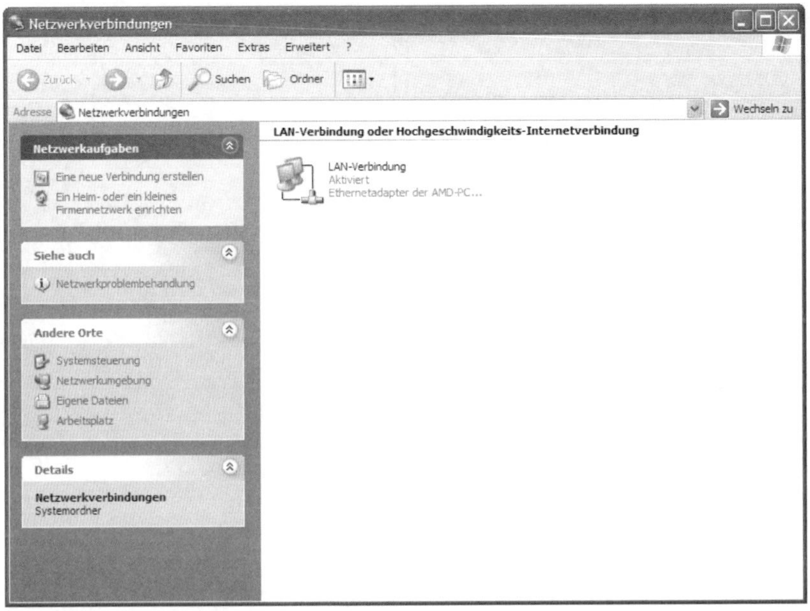

2 Klicken Sie erneut mit der rechten Maustaste auf den Eintrag *LAN-Verbindung* bzw. den für Sie passenden Eintrag und wählen Sie im Kontextmenü den Punkt *Eigenschaften*. Es erscheint ein neues Fenster, in dem der Name der Netzwerkkarte sowie die installierten Fähigkeiten der Karte aufgelistet werden.

3 Wählen Sie in der Liste den Punkt *Internetprotokoll (TCP/IP)* und klicken Sie auf den Schalter *Eigenschaften*. Es erscheint ein weiteres neues Fenster, in dem Sie die IP-Adresse anpassen können.

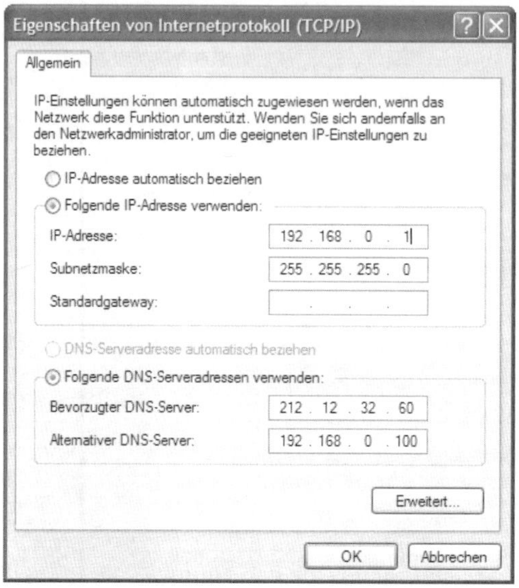

4 Falls nicht schon geschehen, wählen Sie den Punkt *Folgende IP-Adresse verwenden*. Damit verwenden Sie auf jeden Fall eine feste IP-Adresse, sodass der Rechner nicht erneut eine kollidierende Adresse bekommt. Danach tragen Sie im Feld *IP-Adresse* einen neuen Wert ein. Dabei sollten Sie idealerweise nur den letzten Eintrag ändern. Hier hängt der zu verwendende Wert natürlich davon ab, welche IP Sie frei machen möchten. In diesem Beispiel verwendet der Router die IP 192.168.0.1, ebenso wie der PC, sodass die Adresse des PCs zum Beispiel auf 192.168.0.2 gestellt werden könnte. Vorausgesetzt, diese IP wird nicht von einem anderen Rechner verwendet. Die Subnetzmaske sollten Sie auf 255.255.255.0 belassen und das Gateway leer lassen.

5 Nachdem Sie mit *OK* bestätigt haben, ist die neue IP-Adresse aktiviert und Sie können den Router anschließen.

Die Verbindung aufnehmen

Wenn Sie den Router angeschlossen haben und die Link-Lampe des Routers leuchtet, können Sie sich mit einem Webbrowser Ihrer Wahl an das Interface machen.

Starten Sie dazu den Browser und rufen Sie die Adresse *http://192.168.0.1* auf. Wobei Sie die IP-Adresse evtl. durch die Ihres Routers austauschen müssen.

In manchen Fällen ist es auch notwendig, einen speziellen Port anzugeben, da das Konfigurationsinterface nicht auf dem Standard-HTML-Port 80 läuft, um diesen für einen echten Webserver freizuhalten. Oftmals wird dann Port 8080 verwendet.

In dem Fall müssen Sie die Adresse *http://192.168.0.1:8080* aufrufen, wobei Sie auch hier evtl. IP und Port ändern müssen. Den tatsächlich verwendeten Port entnehmen Sie ebenfalls dem Handbuch Ihres Routers.

Wenn alles glatt geht, sollte eine Passwortabfrage erscheinen, in der Sie den Benutzernamen sowie das Passwort eintragen müssen, das vom Hersteller eingestellt wurde. Beliebt sind hier die Kombinationen „admin“ ohne Passwort sowie „admin“ und der Name des Routerherstellers als Passwort. Die korrekten Daten entnehmen Sie wieder einmal Ihrem Handbuch.

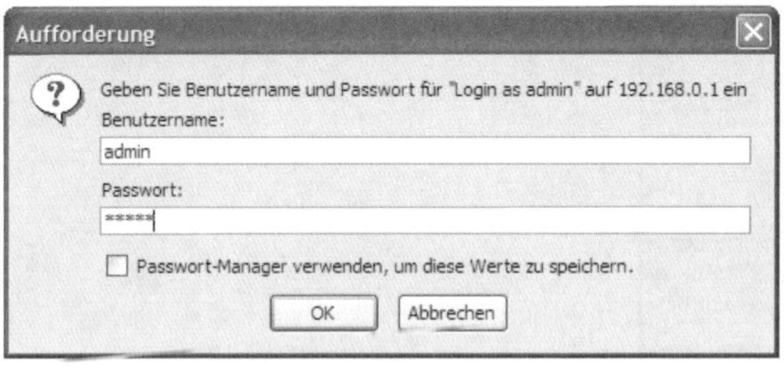

Anmeldedialog für ein Routerinterface.

War der Login erfolgreich, sollte die Administrationsoberfläche erscheinen. Werden Ihre Login-Daten nicht akzeptiert, kontrollieren Sie noch einmal, ob Sie die korrekten Benutzerdaten eingegeben haben. Sollte der Zugang immer noch nicht klappen, besteht die Möglichkeit, dass Sie ein „Tauschgerät“ erwischt haben, also schon einmal ein Benutzer damit gearbeitet hat und die Daten vor dem Neuverkauf nicht wieder zurückgesetzt wurden. Bei den meisten Routern können Sie sich sehr leicht selbst helfen, da die Router meist über einen kleinen Knopf zum Zurücksetzen der Daten verfügen. In den meisten Fällen handelt es sich dabei um kleine „Bleistiftknöpfe“, die Sie nur mit einem dünnen Stift eindrücken können. Die Knöpfe sollten gut erkennbar mit „Factory Reset“ o. Ä. beschriftet sein.

3.2 Verbindung mit Telnet aufnehmen

Die zweite verbreitete Möglichkeit, um Router zu warten, besteht darin, eine Verbindung über Telnet aufzubauen. Telnet ist ein Protokoll, das es erlaubt, Konsolenprogramme an einem entfernten Rechner bzw. in unserem Fall Router auszuführen. Ein kleiner Telnet-Client ist bereits im Lieferumfang von Windows und kann aus der Eingabeaufforderung durch Eingabe von „telnet <IP-Adresse>“ aufgerufen werden. <IP-Adresse> müssen Sie natürlich durch die IP-Adresse ihres Routers ersetzen.

Wenn Ihnen das Hantieren mit der Eingabeaufforderung zu umständlich ist, können Sie auch einen zusätzlichen Telnet-Client mit komfortabler GUI verwenden. Wobei Sie von dieser GUI nur bis zum Verbindungsaufbau etwas haben, danach müssen Sie nämlich auch dort mit einer einfachen Kommandozeile auskommen. Empfehlenswert ist das kostenlose Programm PuTTY.

Sie können es von *http://www.chiark.greenend.org.uk/~sgtatham/putty/* herunterladen. Das Programm kommt ohne Installation aus und kann direkt gestartet werden. PuTTY unterstützt mehrere Profile, sodass Sie durch einen einfachen Klick die Verbindung zu verschiedenen Rechnern aufbauen können.

Geben Sie im Feld *Host Name (or IP address)* die IP-Adresse des Routers ein und wählen Sie *Telnet* als Protokoll. Der Port wird automatisch eingetragen.

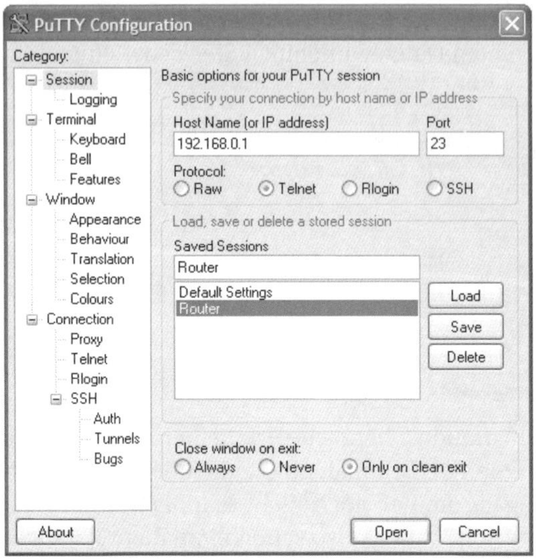

PuTTYs Konfigurationsdialog.

PuTTY bietet zahlreiche zusätzliche Konfigurationsmöglichkeiten an, die Sie aber für eine einfache Telnet-Verbindung nicht benötigen und die daher hier nicht näher erläutert werden.

Auch bei einer Telnet-Session müssen Sie sich einloggen. Die Benutzerdaten sollten dabei dieselben sein, die Sie auch für das Webinterface benutzt haben. Haben Sie sich erst einmal auf dem Router angemeldet, werden Sie sich im ersten Moment vermutlich recht verloren vorkommen. Ein blinkender Cursor wartet auf eine Eingabe Ihrerseits, ohne auch nur auf die Idee zu kommen, Ihnen Hilfe anzubieten. Oftmals bringt die Eingabe von „help" oder „?" ein wenig Besserung der Situation durch eine Liste der verfügbaren Befehle. Viele Router bieten auch ein Tool für die grundlegenden Konfigurationsoptionen unter dem Namen „setup" an. Hier hilft oft ein wenig Probieren. Mehr zu den Möglichkeiten der Konsolenadministration finden Sie ab Seite 58.

3.3 Verbindungsaufbau über eine serielle Konsole

Viele Router bieten zusätzlich die Möglichkeit, die Systemkonsole, die Sie über Telnet ansprechen können, auch über einen seriellen Anschluss verfügbar zu machen. Das ist immer dann nützlich, wenn der Router gar nicht erst ins Netzwerk kommt oder Sie die IP des Routers ändern möchten, bevor Sie ihn einhängen, um Adresskonflikte zu vermeiden. Je nach Router wird am Gerät ein herstellerspezifischer oder ein normaler, neunpoliger serieller Stecker verwendet. Wenn es sich um einen herstellerspezifischen Stecker handelt, sollte ein Kabel beigelegt sein, oder Sie müssen es direkt über den Hersteller beziehen. Wenn es sich um ein normales serielles Kabel handelt, bekommen Sie es, wenn keines beiliegt, im Computerfachgeschäft. Um eine Verbindung aufzunehmen, befolgen Sie die folgende Schritt-für-Schritt-Anleitung.

1 Verbinden Sie den Router über das serielle Kabel mit Ihrem PC.

2 Schalten Sie den PC ein und starten Sie Ihr Betriebssystem wie gewohnt. Anschließend müssen Sie, wenn noch nicht geschehen, eine Software zur Kommunikation über den seriellen Port installieren. Ihrem Router sollte eine solche Software beiliegen.

Wir verwenden in dieser Anleitung HyperTerminal Personal Edition, das Sie kostenlos von *http://www.hilgraeve.com/htpe/* herunterladen können.

Allerdings sind sich diese Programme alle recht ähnlich, sodass Sie keine Schwierigkeiten haben sollten, auch mit einer anderen Software dieser Anleitung zu folgen.

3 Wenn Sie die Software durch Ausführen der Setup-Anwendung installiert haben, starten Sie das Programm.

Sie werden gefragt, ob eine neue Verbindung eingerichtet werden soll.

Wählen Sie einen Namen und ein Symbol für die neue Verbindung.

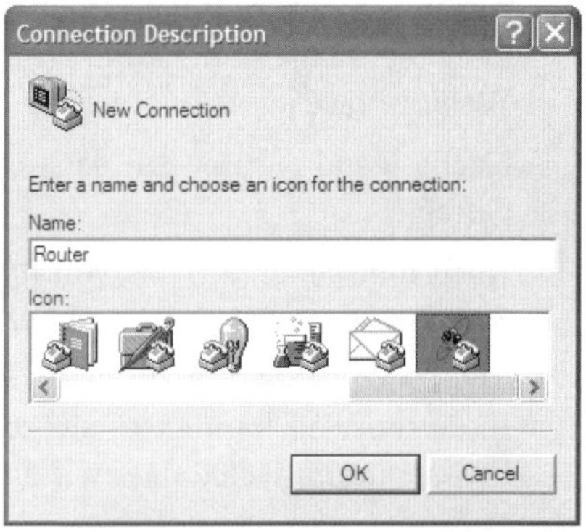

4 Nachdem Sie Ihre Auswahl mit *OK* bestätigt haben, werden Sie nach dem Typ der Verbindung gefragt.

Wählen Sie *COM1* als Schnittstelle.

5 Nach der erneuten Bestätigung müssen Sie einige Angaben zur eigentlichen Verbindung machen.

Hier variieren die Werte je nach Router sehr stark. So verwendet fast jeder Router unterschiedliche Geschwindigkeiten.

Die nötigen Informationen entnehmen Sie dem Handbuch Ihres Routers.

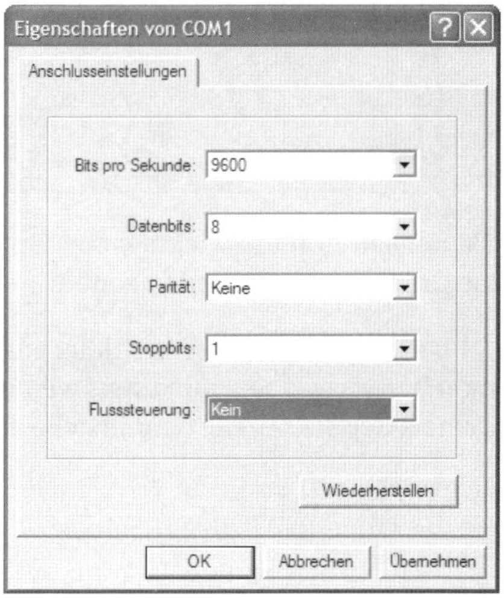

6 Nachdem Sie die Einstellungen bestätigt haben, wird automatisch eine Verbindung zum Router aufgebaut. Zuerst sehen Sie nur ein weißes Fenster mit blinkendem Cursor.

Durch einfaches oder evtl. auch mehrfaches Drücken von [Enter] erscheint der Text *login* auf dem Bildschirm.

Geben Sie hier den Benutzernamen ein, mit dem Sie sich bereits über Telnet oder das Webinterface eingeloggt haben.

Nachfolgend werden Sie nach dem Passwort gefragt.

Passworteingabe

Unter Umständen werden Sie bei der Eingabe Ihres Passworts keinerlei Reaktion feststellen. Anders als bei Windows üblich, werden unter vielen alternativen Betriebssystemen sowie auf diversen Routern keine Sterne für eingegebene Buchstaben angezeigt. Das verhindert, dass ein Außenstehender die Länge des Passworts erkennen kann. Ihre Eingaben kommen also beim System an, werden lediglich nicht angezeigt.

Auch hier geben Sie das von Ihnen eingestellte, bzw. falls noch nicht geändert, das Standardpasswort an. Anschließend befinden Sie sich auf dem Router und können mit der Arbeit beginnen.

In diesem Fall handelt es sich um einen Router der Firma BinTec, der uns vorsorglich darauf hinweist, dass wir das Standardpasswort dringend ändern sollten.

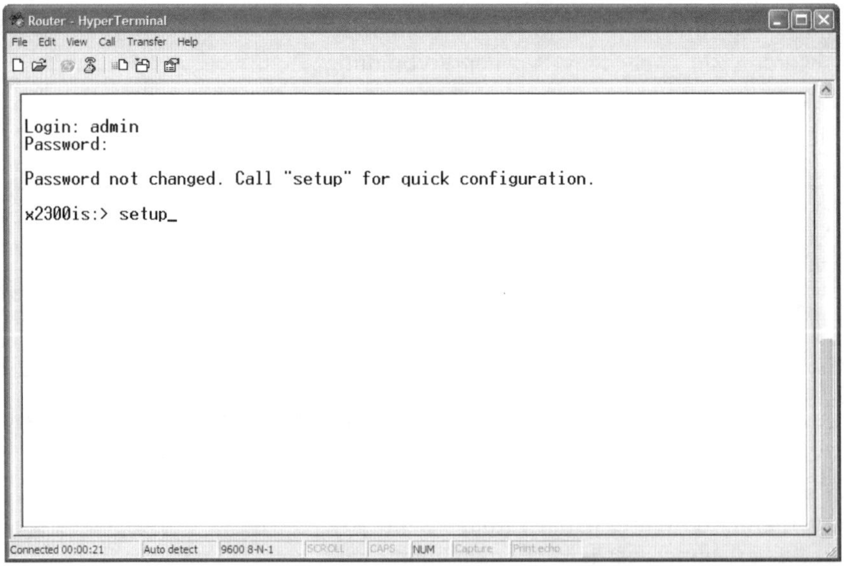

Sie kennen nun die wichtigsten Möglichkeiten, auf Ihren Router zuzugreifen, um administrative Aufgabe zu erledigen.

An vielen Stellen in den nachfolgenden Kapiteln gehen wir davon aus, dass Sie das Webinterface verwenden, allerdings werden Sie an einigen Stellen auch eine Verbindung über Telnet oder die serielle Schnittstelle aufbauen müssen.

3.4 Firmware-Upgrade

Die unterschiedlichen Routerhersteller verbauen in aktuellen Routern praktisch ausschließlich Flashbausteine, um jederzeit die Firmware auf geänderte Bedürfnisse hin ändern zu können. Die Aktualisierung der Firmware ist mittlerweile sicher geworden und kein eigentliches Problem, wenn man einige grundlegende Hinweise beachtet.

Zuerst soll anhand eines SMC-Routers kurz ein Firmware-Upgrade in der Praxis durchgespielt werden.

Zuerst sehen Sie auf der offiziellen Internetseite nach, ob eine neue Firmwareversion vorhanden ist. Die Versionen werden in der Regel mit einem herstellerspezifischen Schlüssel durchnummeriert, z. B. 1.95a, 1.95b, 1.95c ...

Routereinstellungen sichern

Einige Router verlieren beim Upgrade alle gespeicherten Informationen, wie Verbindungsprotokoll und Zugangsdaten. Deshalb ist es sinnvoll, soweit möglich, diese Daten vor dem Upgrade zu exportieren und nach dem Upgrade wieder zu importieren. Sollte der Router diese Funktion nicht unterstützen, müssen die Daten erneut von Hand eingegeben werden. Auch das Zugangspasswort und die IP-Adresse werden häufig auf die Standardeinstellungen (Auslieferungszustand) zurückgesetzt.

Downloaden Sie die entsprechende Datei. Normalerweise handelt es sich um eine ZIP-Datei, in der sich zwei Dateien befinden. Einmal die eigentlichen Firmwaredaten, die an den Router übermittelt werden, und zum anderen ein kleines Programm, das automatisiert die Übertragung vornimmt.

Sollte Letzteres fehlen, sehen Sie noch mal auf der Supportseite Ihres Herstellers nach, ob sich solch ein Übertragungsprogramm separat finden lässt.

Wenn nicht, müssen Sie Ihr Handbuch bemühen. Oft werden die Daten dann mit HyperTerminal oder einem ähnlichen Programm übertragen.

In der Abbildung sehen Sie das Programm für einen SMC-Router.

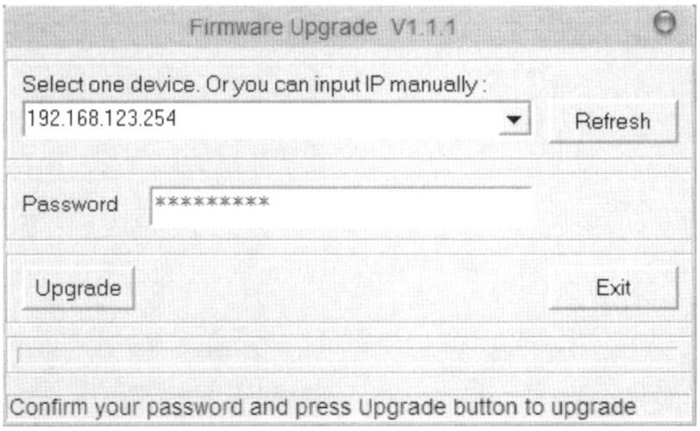

Die IP-Adresse des Routers wird automatisch erkannt, es muss nur noch das Routerpasswort eingetragen werden.

Das Programm scannt automatisch das Netzwerk und erkennt den Router selbstständig. Sie müssen in dem Datei-Dialog nur noch die Firmwaredatei auswählen. Der Rest geht völlig automatisch.

Das Programm meldet den Erfolg der Übertragung. Der Rooter wird dann anschließend selbstständig neu booten. Evtl. kann der Router **nach** erfolgtem Upgrade auch kurz aus- und wieder eingeschaltet werden.

Checkliste Firmware-Upgrade

Zum Schluss eine kurze Checkliste, was grundsätzlich beim Firmware-Upgrade zu beachten ist:

- Verändern Sie die Firmware nur dann, wenn es wirklich notwendig ist. Wenn der Router zur Zufriedenheit läuft, gibt es keinen Grund, ein Update durchzuführen. Der Hersteller führt neue Features des Routers meist in einer Liste im Internet auf.
- Beziehen Sie die neue Firmware immer nur von der offiziellen Homepage des Herstellers. Für einige Router gibt es im Intrernet auch so genannte inoffizielle Firmware. Von der Verwendung können wir nur dringend abraten.
- Während des Upgrades darf die Verbindung zum Router keinesfalls gestört werden oder gar abreißen. Beenden Sie vor dem Upgrade alle anderen Windows-Programme. Sollte Ihr Betriebssystem bereits mehrfach durch Abstürze aufgefallen sein, bringen Sie erst das Betriebssystem wieder in Ordnung. Früher wurden aus Sicherheitsgründen Firmware-Upgrades auch nur mit Bootdiskette unter DOS abgewickelt.
- Der Router darf während des Upgrades natürlich nicht ausgeschaltet werden ;)
- Installieren Sie immer nur neuere Firmwareversionen. Sollte aus irgendeinem Grund ein Downgrading sinnvoll sein, kontaktieren Sie vorher den Support des Herstellers. Einige Router unterstützen das Downgrading nicht.
- Vorsichtshalber alle Routerinformationen, wie Passwort, Zugangsdaten, Einstellungen etc., notieren.

4. Grundeinstellungen des Routers

Der Router ist angeschlossen, die wichtigsten Vorarbeiten sind erledigt, nun geht es an die Grundeinstellungen. Zuerst braucht der Router eine eigene IP-Adresse innerhlab des Netzwerks. Wir müssen den Internetzugang des Providers einrichten. DHCP soll für Ihr Netz genutzt werden und natürlich sollen auch die Sicherheitsfunktionen „scharf" gemacht werden. Je gründlicher diese Grundeinstellungen erfolgen, um so mehr Probleme werden von vornherein vermieden!

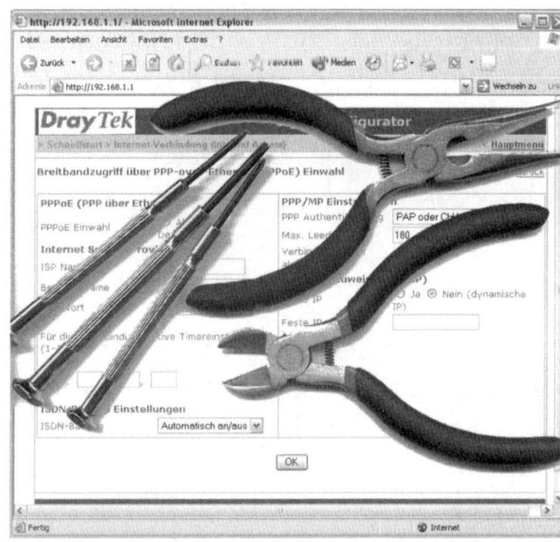

4.1 Grundsicherung – Systempasswort umstellen

Der erste Schritt auf dem Weg zu einem geschützten Router ist, dass Passwort umzustellen. Die Standardpasswörter bieten Ihnen keinerlei Sicherheit, da sie meistens für alle Geräte des Herstellers identisch sind, sodass man das Passwort sehr schnell herausfinden kann. Bevor Sie ein neues Passwort einstellen, sollten Sie sich allerdings einige Gedanken über die Wahl eben dieses Passworts machen. Denn nicht jedes Passwort ist sicher. Sehr beliebt als Passwörter sind noch immer Geburtsdaten, Namen von Kindern, Lebensgefährten und Haustieren und andere Werte aus dem täglichen Leben. Bei genauerer Betrachtung fällt allerdings auf, dass auch diese Passwörter nicht besonders sicher sind. Denn alle eben aufgezählten Daten lassen sich von Außenstehenden recht einfach in Erfahrung bringen.

Sicheres Passwort

Sicher fragen Sie sich jetzt: Was ist denn dann ein sicheres Passwort? Nun, diese Frage ist nicht ganz einfach zu beantworten. Um ein sicheres Passwort zu erstellen, müssen Sie mehrere Kriterien beachten. Zum einen sollten Sie niemals zusammenhängende Wörter, wie Sie sie im Wörterbuch finden, verwenden. Zum anderen bringt Ihnen das beste Passwort nichts, wenn Sie es sich aufschreiben müssen, um es nicht zu vergessen.

Sie müssen also ein Passwort finden, das Sie sich leicht merken können, ohne dass es für andere schnell zu erraten ist.

Um ein solches Passwort zu erstellen, gibt es mehrere Möglichkeiten. Eine zugleich einfache und effektive ist es, sich einen Satz auszudenken, den man sich leicht merken kann, und vom jedem Wort aus diesem Satz einen Buchstaben zu verwenden. Welchen Buchstaben man jeweils verwendet, kann variieren. Beispielsweise kann man immer den ersten Buchstaben verwenden, was sich empfiehlt, um sowohl groß als auch klein geschriebene Buchstaben im Passwort zu haben. Sie können auch aus dem ersten Wort den ersten Buchstaben, aus dem zweiten Wort den dritten usw. verwenden. Hat ein Wort bei dieser Methode weniger Buchstaben, als es bräuchte, um den passenden Buchstaben zu wählen, zählen Sie das Wort erneut durch, sodass Sie als Buchstaben 6 beispielsweise den echten Buchstaben 2 verwenden. Es gibt noch unendlich viele weitere Kombinationen, die Sie verwenden können. Allerdings sollte die Kombination nicht zu ausgefallen sein, damit Sie nicht vergessen, wie Sie das Passwort zusammensetzen müssen. Der Satz, den Sie sich ausdenken, sollte nach Möglichkeit auch Zahlen enthalten, um die Vielfalt der unterschiedlichen Zeichen zu erhöhen.

Als Beispiel für ein solches Passwort können wir aus dem Satz „Ich finde meinen im Jahre 2003 gekauften Router spitze." ein Passwort erzeugen. Mit dem ersten Vorschlag, immer den ersten Buchstaben zu benutzen, sähe das erzeugte Passwort folgendermaßen aus:

```
IfmiJ2gRs
```

Wenn Sie das Passwort nun für sich betrachten, sieht es nicht gerade nach einem leicht zu merkenden oder leicht zu erratenden Passwort aus.

Leicht zu erraten ist es wahrlich nicht. Aber Sie sollten es sich leicht merken können, da Sie sich den verwendeten Satz recht einfach einprägen können.

Das Passwort per Webinterface umstellen

Nachdem Sie nun ein Passwort kreiert haben, sollten Sie dieses als neues Systempasswort eintragen. Loggen Sie sich dazu mit Ihrer bevorzugten Administrationsmethode auf dem Router ein.

Je nach Router und gewählter Methode unterscheiden sich die Wege zum Ändern des Passworts. In einem Webinterface sollten Sie nach einem Punkt *System-Einstellungen* oder *Administrations-Einstellungen* suchen.

Meist finden Sie dort die Möglichkeit, das Passwort umzustellen.

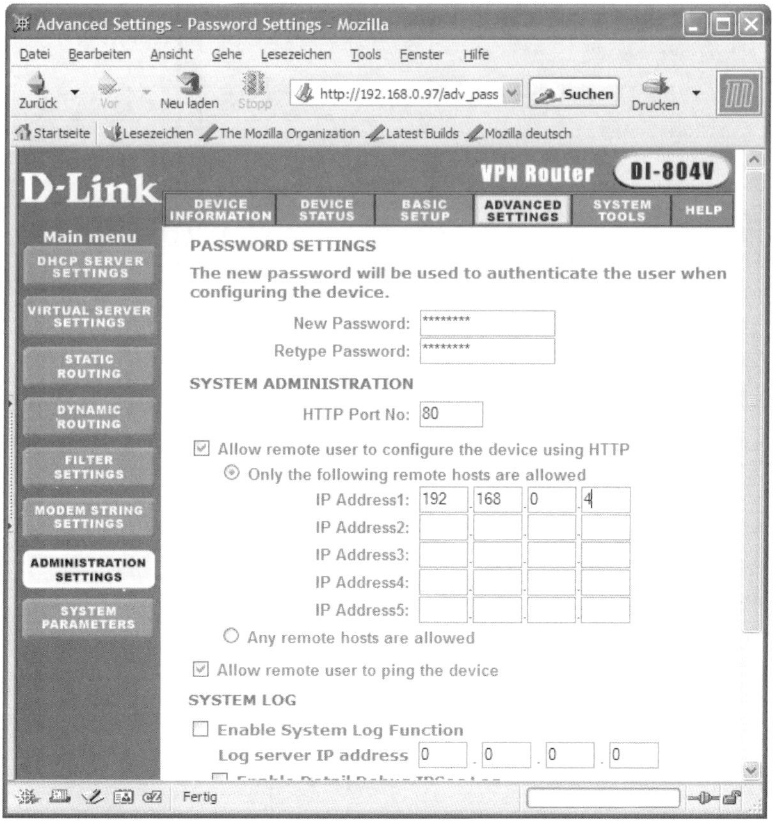

Systemkonfiguration des D-Link DU804V-Routers.

Zusätzlich bieten einige Router, wie der oben abgebildete D-Link-Router, die Möglichkeit, den Zugang zum Administrationsinterface auf bestimmte IP-Adressen zu beschränken, sodass Sie den Zugriff beispielsweise auf Ihren eigenen Rechner beschränken können, damit niemand anders Veränderungen an der Konfiguration vornehmen kann.

Passwort per Telnet/serieller Konsole umstellen

Wenn Ihr Router über kein Webinterface verfügt, wie beispielsweise die BinTec-Router, die insgesamt über deutlich mehr Funktionen verfügen und eher an Administratoren mit gewissen Netzwerkkenntnissen gerichtet sind, müssen Sie die Konfiguration an einer Telnet- oder einer seriellen Konsole vornehmen.

Die nachfolgende Anleitung zeigt das Vorgehen an einem BinTec-x2300is-Router, Sie sollten sie aber leicht auch auf ähnliche Router adaptieren können.

1 Bauen Sie, wie ab Seite 50 erklärt, eine Verbindung zum Router auf und geben Sie bei der Passwortabfrage das Passwort, das Sie der Anleitung des Routers entnehmen, ein.

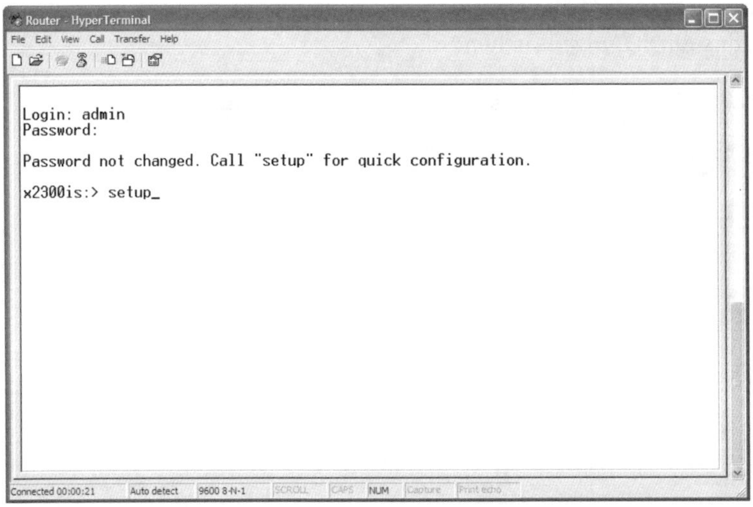

2 Starten Sie das Konfigurationsprogramm durch Eingabe von „Setup". Es erscheint das Hauptmenü des Setup-Programms. Wählen Sie dort den Punkt *Configuration Management*.

```
BinTec Router Setup Tool                         BinTec Communications AG
                                                                 MyRouter

Licenses                   System

LAN :              CM-100BT, Fast Ethernet

WAN :              CM-1BRI, ISDN S0

xDSL :             CM-10BT, Ethernet

ADSL :             CM-ADSL, ADSL

Serial WAN :       CM-SERIAL, Serial

WAN Partner
IP      PPP        X.25     CREDITS      CAPI      ATM      QoS      VoIP

Configuration Management
Monitoring and Debugging
Exit

Press <Ctrl-n>, <Ctrl-p> to scroll through items, <Return> to enter
```

3 Anschließend erscheint das Systemkonfigurationsmenü.

Dort können Sie auswählen, welches Passwort Sie ändern möchten, und dieses durch Auswahl von *Change Passwort* ändern.

Wenn Sie diese Schritte durchgeführt haben, sollte Ihr Router ausreichend geschützt sein, um mit dem Anschließen und Experimentieren zu beginnen.

4.2 Grundeinstellungen IP, Subnetzmaske und DHCP

Jedes Gerät in einem Netzwerk braucht eine IP-Adresse, um im Netz ansprechbar zu sein. Das gilt für jeden Client, jeden Server und natürlich auch für einen Router.

Der braucht nicht allein deshalb eine IP-Adresse, damit man ihn über das Webinterface, das heutzutage fast alle Router bieten, bequem von einem PC aus konfigurieren kann. Der Router braucht vor allem deshalb eine IP-Adresse, da auch er am Datenverkehr teilnimmt, Ziel und Quelle von Datenübertragungen ist.

Daher wenden wir uns zunächst den netzwerkbezogenen Grundeinstellungen zu und besprechen diese anhand eines Routers von Draytek, dem Vigor2200.

Was hier gezeigt wird, ist exemplarisch. Bei anderen Routern sehen die Menüs und Bezeichnungen etwas anders aus, die Funktionen sind aber meist die gleichen.

Praktisch alle Router besitzen eine werksseitig voreingestellte IP-Nummer, über die eine erste Kontaktaufnahme erfolgen kann, bitte entnehmen Sie die konkrete IP-Nummer Ihrem Handbuch. Typische Werte sind z. B. 192.168.0.1 oder 192.168.1.1.

1 Durch die Eingabe der werksseitig voreingestellten IP-Adresse gelangen Sie in das Webinterface, sprich die browsergestützte Konfiguration des Geräts.

Sie sollten das werksseitig voreingestellte Passwort auf alle Fälle in ein neues abändern, denn die Werkseinstellungen sind im Allgemeinen auch unbefugten Personen bekannt.

Daher wenden wir uns in der *Basiskonfiguration* zunächst dem Schritt *Ethernet* zu.

Klicken Sie also dort auf den Textlink *Ethernet*.

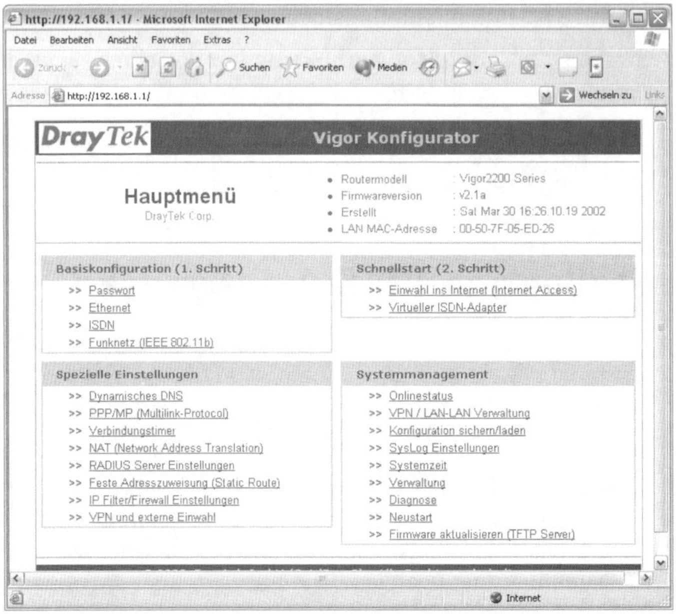

2 Sie sehen hier die werksseitig eingestellte IP-Adresse. Diese können Sie auch beibehalten und den Router somit immer unter dieser Adresse ansteuern. Die untere Einstellung *2. IP-Adresse* ist vorerst einmal uninteressant.

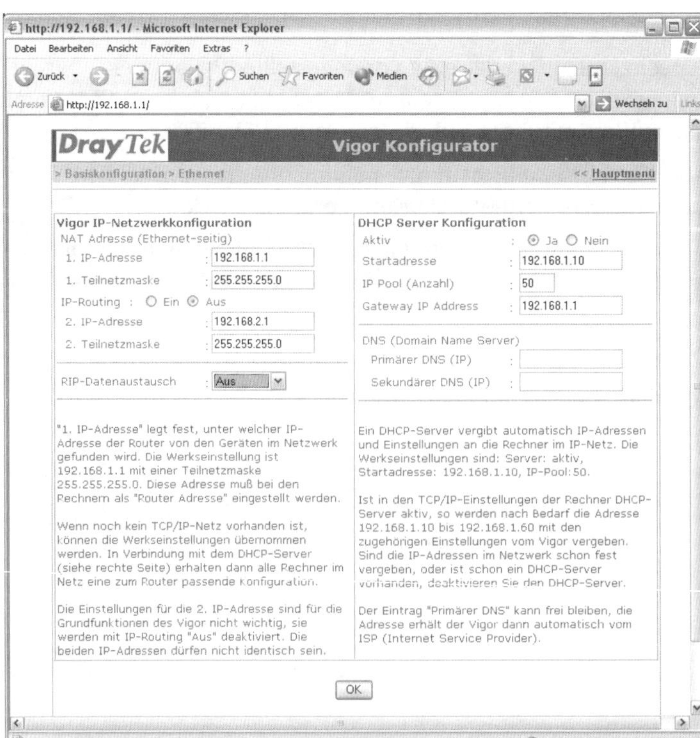

3 Auf dieser Konfigurationsseite finden Sie rechts auch gleich die Einstellungen für DHCP. Legen Sie eine Startadresse fest, ab der aufwärts der Router den Clients im Netz eine IP-Adresse zuweisen wird. Sie können z. B. bei 192.168.100.2 beginnen, wenn 192.168.100.1 die IP-Adresse des Routers ist. Bei *IP Pool (Anzahl)* können Sie festlegen, wie viele IP-Adressen per DHCP vergeben werden können. Wenn Sie nur fünf Rechner im Netzwerk haben, könnten Sie hier den Pool auch auf fünf IP-Adressen begrenzen. Eventuell nimmt man noch ein paar Reserven dazu. Auf jeden Fall muss die Zahl hier mindestens so groß sein wie die Anzahl aller Clients im Netz, die IP-Adressen über DHCP beziehen sollen. Die *Gateway IP-Address* muss mit der IP-Adresse des Routers identisch sein, denn der Router dient ja auch als Gateway für die Internetverbindung.

Wichtig: IP-Adresse des Routers und Startadresse für DHCP angleichen!
Es ist wichtig, dass Sie die IP-Adresse des Routers und die Startadresse für DHCP angleichen. Wenn Sie die Router-IP von 192.168.1.1 auf 192.168.100.1 ändern, dann muss die Änderung von 1 auf 100 im dritten Nummernblock auch für die Startadresse erfolgen. Sonst würden die Clients zu einem anderen Teilnetz gehören und entsprechend „falsche" IP-Adressen bekommen, sodass Sie nicht mit dem Router kommunizieren könnten. In unserem Beispiel ist es also wichtig, dass auch die Startadresse auf 192.168.100.10 geändert wird.

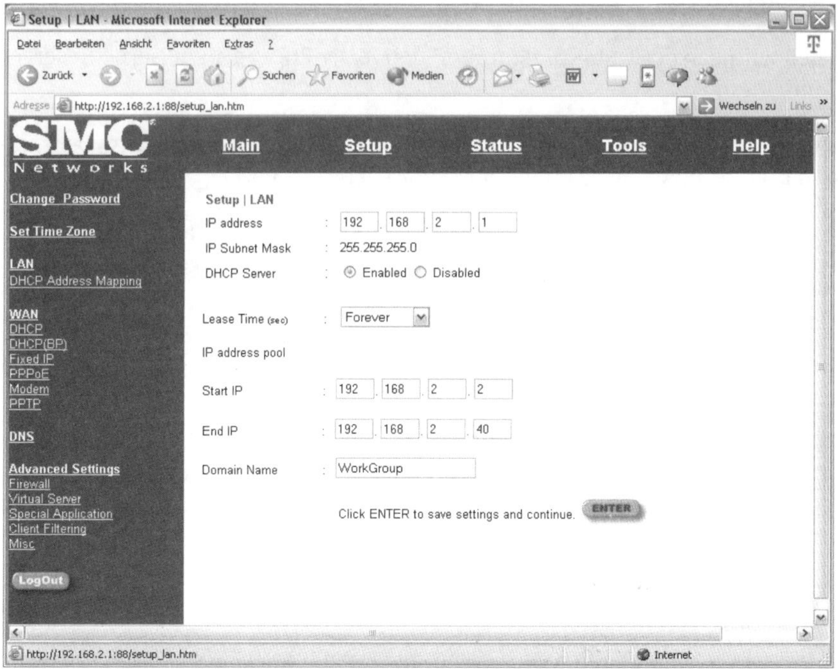

Damit Sie auch einen Vergleich zu einer anderen möglichen Konfigurationsansicht haben, hier die gleichen Einstellungen bei einem Router von SMC.

Was ist ein Gateway?

Unter Windows bezeichnet das Standardgateway die Schnittstelle nach außen, also in den Regel den Router. Wenn Sie also einen DSL-Router zur Verbindung mit dem Internet installiert haben, müssen Sie dessen IP-Adresse als Standardgateway eintragen. Der Computer sendet dann alle Datenpakete im Netz, die nicht für das lokale Netzwerk bestimmt sind (ersichtlich aus der IP-Adresse), an das Standardgateway.

Damit alles einwandfrei funktioniert, muss das Standardgateway immer zum gleichen Subnetz gehören wie die Computer, die über das Gateway Verbindung ins Internet aufnehmen sollen.

4.3 Grundeinstellung Internetzugang

Nachdem wir diese Netzwerkeinstellungen erledigt haben, geht es jetzt darum, den Internetzugang auf dem Router einzurichten.

Wir gehen dabei von einem DSL-Zugang aus, denn wer nur eine ISDN- oder Modemverbindung hat, wird mit vernetztem Surfen per Router wenig Vergnügen haben.

PP oder PPP?

Im Internet findet man sowohl die Bezeichnung PPoE bzw. PPTP als auch PPPoE bzw. PPPTP. Beide Bezeichnungen beziehen sich auf den gleichen Gegenstand. Wir bevorzugen PPPoE und PPTP.

Dennoch werden wir nach der DSL-Konfiguration den ISDN-Zugang als „eiserne Reserve" für Fallback einrichten.

Es gibt zwei wichtige Protokolle für die Nutzung von DSL-Verbundungen. In Deutschland ist **P**oint to **P**oint **P**rotocol **o**ver **E**thernet (PPPoE) gebräuchlich.

Dabei wird die DSL-Verbindung über eine Ethernet-ähnliche Verbindung aufgebaut. Vor allem in Österreich wird das **P**oint to **P**oint **T**unneling **P**rotocol (PPTP) genutzt.

Mehr zu PPTP lesen Sie in Verbindung mit VPN in den Kapiteln 9 und 12.

1 Gehen Sie über das Hauptmenü und dort den Punkt *Einwahl ins Internet (Internet Access)* auf die Konfigurationsseite für den Webzugang.

Hier finden Sie oben den Bereich für die ISDN-Wählverbindungen. Wir wollen uns aber jetzt dem Punkt *DSL / Verbindung über einen Breitbandanschluß (ADSL/T-DSL)* widmen.

In Deutschland wird von praktisch allen wichtigen Providern das Protokoll PPPoE (**P**oint to **P**oint **P**rotocol **o**ver **E**thernet) genutzt.

Klicken Sie auf den Textlink *PPPoE*.

Sollte Ihr Provider eine anderen Methoden nutzen, dann klicken Sie auf den jeweiligen Link.

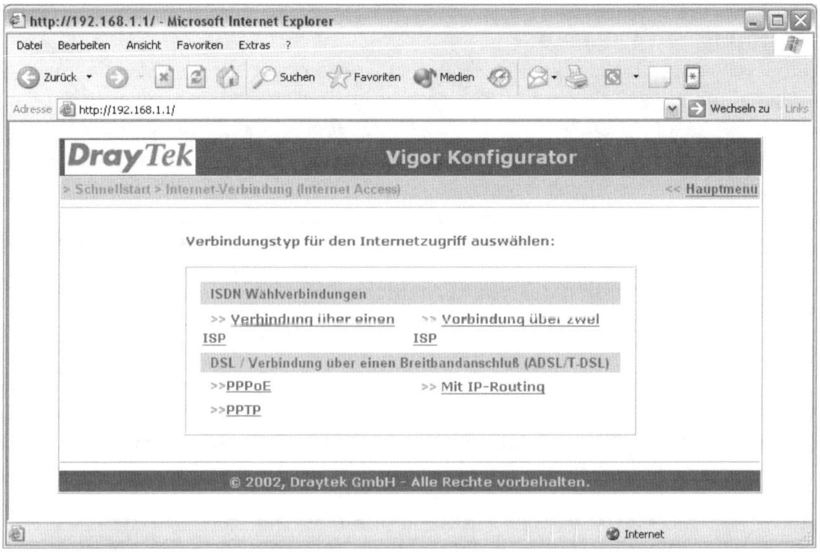

2 Uns interessiert zunächst die linke Seite *PPPoE (PPP über Ethernet)*. Aktivieren Sie die *PPPoE Einwahl* mit einem Mausklick bei *Aktiv*. Tragen Sie darunter den Namen Ihres Internetproviders hinter *ISP Name* ein. Bei *Benutzername* tragen Sie den Benutzernamen ein, den Sie vom Provider mit den Zugangsdaten erhalten haben.

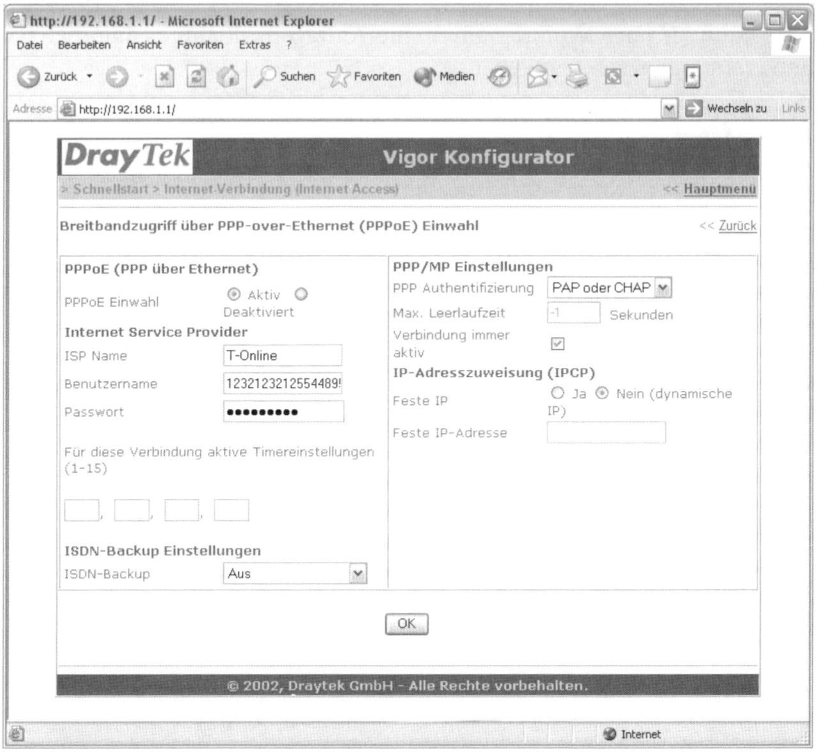

Zugangskennung von T-Online

Bei T-Online ist das eine Kombination, die sich aus Benutzerkennung, Anschlussnummer und Mitbenutzerkennung zusammensetzt, die einfach hintereinander gehängt werden. So sieht der Benutzername beispielsweise aus: *00012345678911111111111110001@t-online.de bzw. 00012345678 91111111111#0001@t-online.de.* Wenn die Anschlussnummer weniger als zwölf Stellen hat, muss noch das Trennungszeichen # eingefügt werden. Das „@t-online.de" muss an das Ende gesetzt werden, damit bei der Einwahl klar ist, dass eine DSL-Verbindung zu T-Online hergestellt wird.

3 Bei *Passwort* wird schließlich das vom Provider zugeteilte Passwort eingetragen.

Wenn Sie das Passwort hier nicht eingeben, kann sich der Router nicht selbstständig ins Internet einklinken.

4 Auf der rechten Seite müssen Sie nachschauen, dass bei *Feste IP* die Einstellung *Nein (dynamische IP)* angewählt ist, denn nur wenige DSL-Anbieter weisen Ihren Nutzern eine feste, dauerhafte IP-Adresse zu.

Sollten Sie tatsächlich eine feste IP-Adresse vom Provider bekommen haben, müssen Sie diese Einstellung auf *Ja* ändern und die IP-Adresse bei *Feste IP-Adresse* eintragen.

5 Sollten Sie keine „echte" Flatrate haben, sondern eine mit Volumenbegrenzung, dann empfiehlt es sich, das Häkchen bei *Verbindung immer aktiv* zu löschen und darüber die *Maximale Leerlaufzeit* auf einen sinnvollen Wert, beispielsweise 30 Sekunden, einzustellen, damit die Onlineverbindung gekappt wird, wenn sie nicht benötigt wird.

Sobald ein Browser oder Mailprogramm eine Anfrage in Richtung Internet schickt, wird die Verbindung wieder aufgebaut.

Ab und zu wird PPTP benötigt

Einige wenige Provider/Routerhersteller benutzen statt des PPPoE-Protokolls für die DSL-Einwahl das PPTP-Protokoll. Das kann bei manchen DSL-Modems von Alcatel der Fall sein. In Österreich wird allerdings meist PPTP für DSL-Verbindungen benutzt.

Genaueres sollten Sie bei Ihrem Provider erfragen, wenn aus den Unterlagen, die Sie zu Ihrem Anschluss bekommen, nicht hervorgeht, welches Protokoll Sie nutzen sollen. Sind Sie unsicher, versuchen Sie zuerst PPPoE.

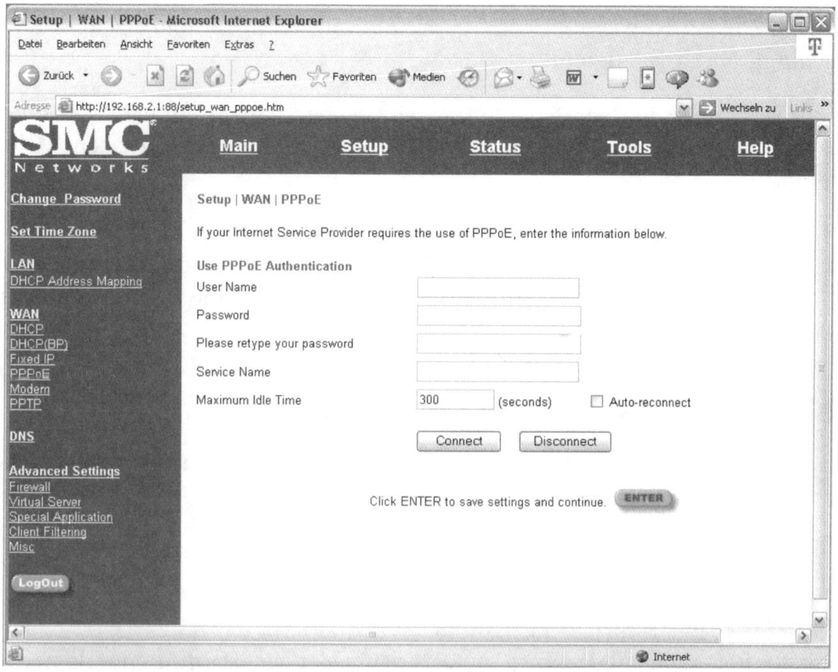

Auch hier zum Vergleich das PPPoE-Setup beim SMC ...

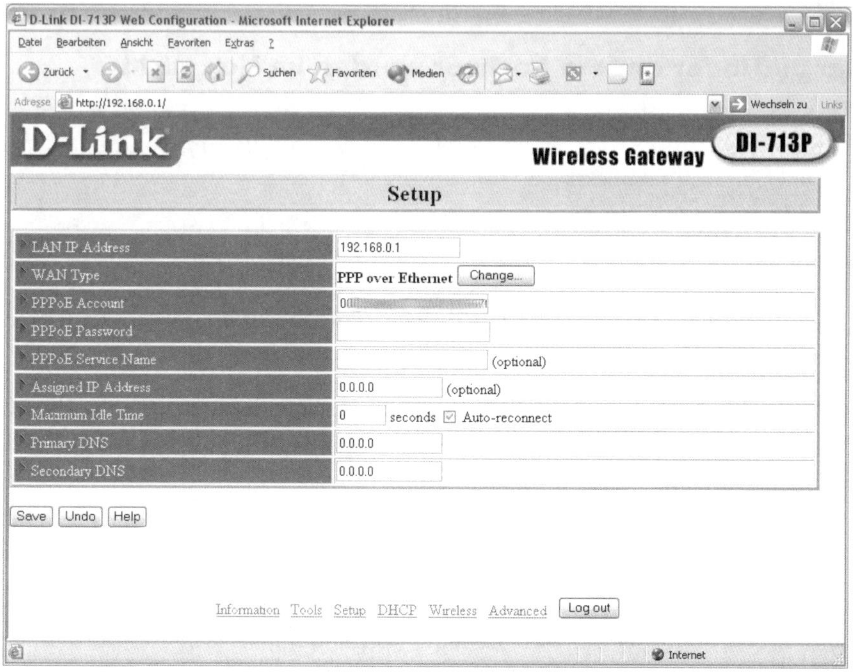

... und beim D-Link DI-713P.

Damit ist der DSL-Zugang bereits konfiguriert. Die Einwahl erfolgt automatisch, sobald ein Programm auf das Internet zugreift.

Das kann ein Browser sein, in dem Sie eine URL eingegeben haben, um eine Webseite anzusteuern. Das kann das Mailprogramm sein, das bei Ihrem Provider nach Mails schaut.

Wenn Schritt 4 für Sie nicht in Frage kommt, Sie also dank Flatrate eine Dauerverbindung halten können, dann sorgt die Routereinstellung dafür, dass die Verbindung immer besteht und auch wieder aufgebaut wird, sobald z. B. vom Provider die Zwangstrennung nach 24 Stunden erfolgt.

Troubleshooting: Systematisch vorgehen

Manchmal hat man scheinbar alles richtig gemacht, aber dann klappt es doch nicht. Das liegt oft nur an Kleinigkeiten, die man übersehen hat.

Hier daher einige der typische Problemfälle, die relativ schnell zu lösen sind.

Router antwortet nicht auf einen Ping

Wenn sich der Router nicht anpingen lässt, liegt entweder ein Hardwareproblem vor (Netzkarte, Kabel oder Router) oder eine grundlegende Fehlkonfiguration in den Netzwerkeinstellungen.

Der Router und/oder andere Rechner werden im Netz nicht gefunden

Wurde der Router als DHCP-Server eingerichtet, sind evtl. die IP-Adressen der Clients noch nicht aktualisiert. Mit den Befehlen

- ipconfig /release und
- ipconfig /renew

in der Eingabeaufforderung (*Alle Programme/Zubehör/Eingabeaufforderung*) werden die IP-Adressen neu zugewiesen.

Eine weitere Möglichkeit ist, dass der Router nicht im gleichen Teilnetz wie die Clients hängt, bitte überprüfen Sie IP-Adressbereich und Subnetzmaske in den Eigenschaften des TCP/IP-Protokolls unter *Netzwerkeigenschaften*.

Leuchtet am Router die WAN-LED auf?

Wenn nicht, liegen wahrscheinlich Probleme am DSL-Modem oder am Modemkabel vor.

Manchmal hilft schon ein Reset des DSL-Modems (Verbindung TAE-Splitter kurz unterbrechen).

Die WAN-LED leuchtet, aber die Internetseiten werden nicht geladen

Ist auf dem Rechner eine Private-Firewall installiert? Wenn ja, bitte vorübergehend komplett deaktivieren oder sogar deinstallieren.

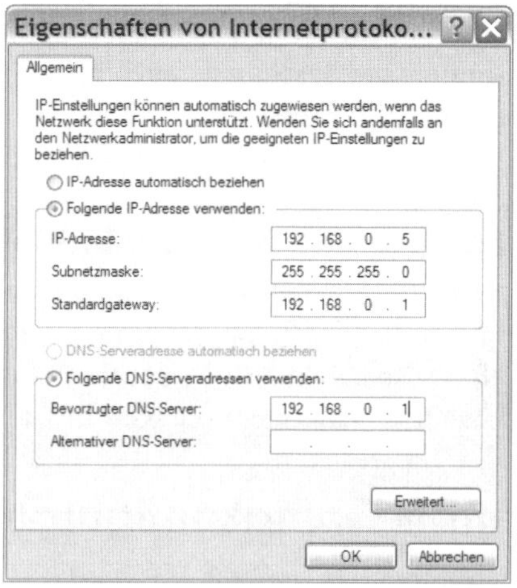

Wenn die Internetseiten anschließend geladen werden, kann man die Firewall meist wieder installieren und moderate Einstellungen wählen; evtl. auch die Sicherheitseinstellungen im Explorer überprüfen.

Der Router muss bei festen IP-Adressen als Standardgateway und auch als DNS-Server eingetragen sein.

Verbindung kommt nicht zustande, obwohl die Providerparameter korrekt eingetragen sind

Es könnten Fehler in der Verbindung zwischen Router und dem DSL-Modem oder dem DSL-Modem und dem Splitter bestehen. Prüfen und korrigieren Sie die Anschlussprobleme.

Liegen keine Verbindungsfehler vor, ist es wahrscheinlich, dass Sie das falsche Verbindungsprotokoll eingestellt haben.

In Deutschland ist PPPoE üblich. Prüfen Sie, ob stattdessen ein anderes Protokoll eingestellt ist.

In Österreich kommt oft PPTP im Einsatz, sodass hier PPPoE falsch ist.

Der DSL-Router geht online, die angeschlossenen Clients kommen aber nicht ins Internet

Wenn Probleme wie fehlende Kabelverbindungen ausgeschlossen werden können, liegt es oft an der Konfiguration der Clients. Meist ist hier die IP-Adresse des Routers nicht als Gateway auf dem Client eingetragen. Tragen Sie also zusätzlich diese IP-Adresse bei den erweiterten TCP/IP-Eigenschaften als Gateway-IP-Adresse ein.

Weiterhin sollte die Verbindung im Internetbrowser so konfiguriert sein, dass kein Proxy-Server verwendet wird. Prüfen Sie also, ob die Einstellungen stimmen. Sollte nämlich ein Proxy-Server konfiguriert sein, der in Ihrem Netz aber nicht vorhanden ist, dann scheitert die Verbindung auch daran. Dann sollten Sie prüfen, ob die IP-Adresse Ihres Routers bei den Clients auch als DNS-Server eingetragen ist. Ist das nicht der Fall, tragen Sie die IP-Adresse in der Clientkonfiguration entsprechend ein. Alternativ können Sie auch die IP-Adressen der DNS-Server Ihres Providers eintragen.

Log-Dateien und Verbindungstest nutzen

Viele Router haben Log-Dateien, die zur Fehleranalyse ausgewertet werden können. Wenn Sie den Support anrufen müssen, kann Ihnen die Log-Datei vielleicht wichtige Hinweise geben. Einige Router unterstützen auch einen selbstständigen Verbindungstest – welche Fehlermeldung wird hier angezeigt?

ISDN-Grundkonfiguration

Jetzt widmen wir uns der Konfiguration des ISDN-Zugangs, der vom Router als Fallback genutzt werden soll.

1 Abermals gehen Sie über das Hauptmenü und dort den Punkt *Einwahl ins Internet (Internet Access)* auf die Konfigurationsseite für den Webzugang. Diesmal wählen Sie oben im Bereich für die ISDN-Wählverbindungen den Punkt *Verbindung über einen ISP* aus, indem Sie auf den entsprechenden Link klicken.

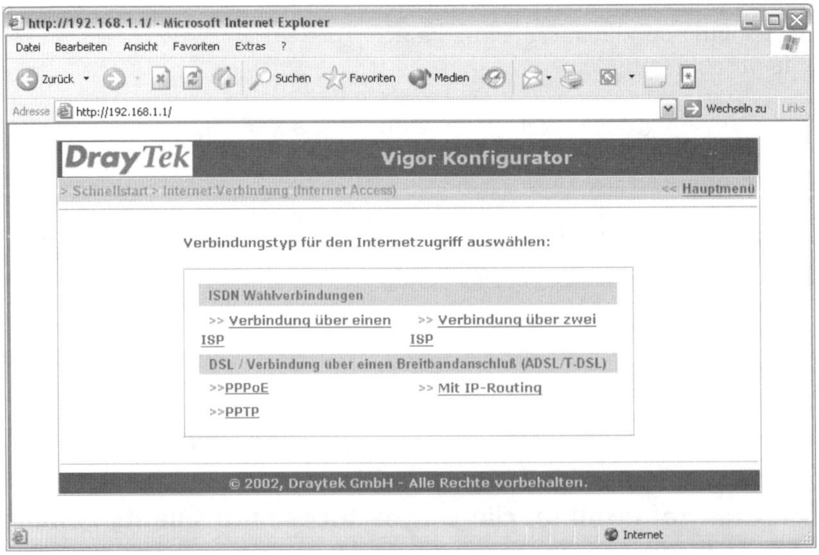

2 Im Bereich *Internet Service Provider* tragen Sie den *ISP Name*, die *Rufnummer*, sowie *Benutzername* und *Passwort* ein. Falls Sie einen Provider haben, der eine Rückrufverbindung aufbaut (Ihre Anwahl löst den Rückruf aus), können Sie das durch ein Häkchen bei *Rückruf durch ISP anfordern (CBCP)* aktivieren. Das wird jedoch bei kaum einem Provider der Fall sein.

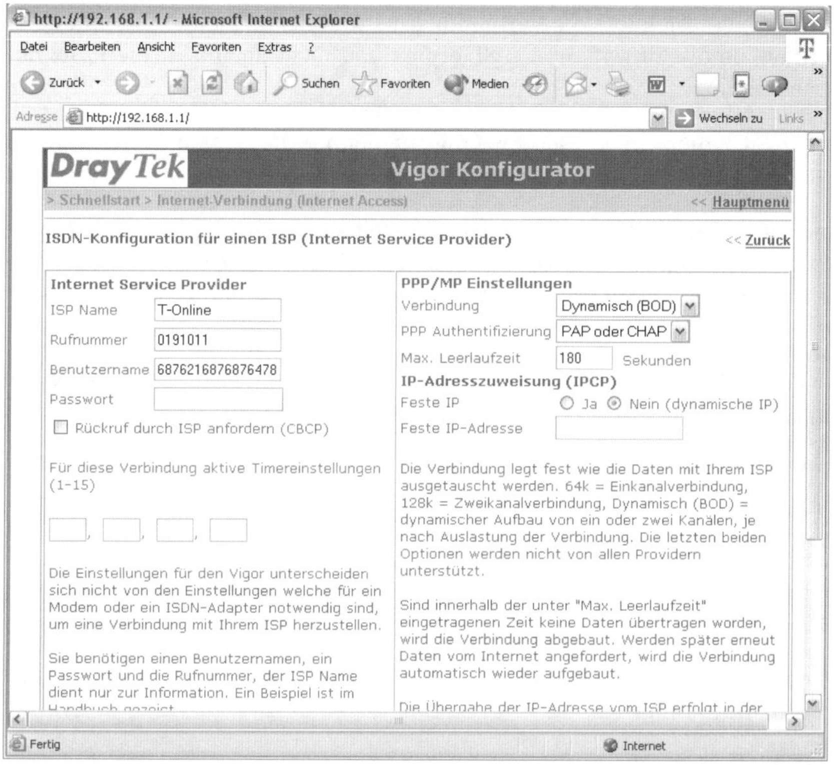

3 Auf der rechten Seite müssen Sie abermals nachschauen, dass hier bei *Feste IP* die Einstellung *Nein (dynamische IP)* angewählt ist, denn bei Wählverbindungen ist es absolut unüblich, eine feste IP-Adresse vom Provider zu bekommen. Außerdem sollten Sie hier konfigurieren, dass die Verbindung nach einer bestimmten Laufzeit gekappt wird, indem Sie bei *Max. Leerlaufzeit _ Sekunden* einen geeigneten Wert eintragen. Wählverbbindungen werden hierzulande nach Minutenpreisen abgerechnet und kaum als Flatrate angeboten.

Damit ist auch die ISDN-Verbindung konfiguriert. Damit der Router primär über DSL online geht und die ISDN-Einwahl als Fallback nutzt, fehlt jetzt noch eine kleine Einstellung.

1 Gehen Sie noch einmal über das Hauptmenü und *Einwahl ins Internet (Internet Access)* auf die Konfigurationsseite für den Webzugang. Gehen Sie hier abermals über den Link *PPPoE* auf die Konfigurationsseite für den DSL-Zugang.

2 Ganz unten links sehen Sie die *ISDN-Backup Einstellungen*. Diese stehen auf *Aus*. Klicken Sie auf das Dropdown-Menü und wählen Sie *Automatisch* an und klicken Sie auf *OK*. Ab jetzt wird ISDN als Fallback-Verbindung genutzt.

Jetzt ist die Grundeinstellung zur Verbindung ins Internet vollständig. Dennoch sollten Sie nachprüfen, ob die Einwahl über DSL erfolgt und nicht doch über die ISDN-Einwahl als Primärverbindung.

Das erkennen Sie einmal an der Geschwindigkeit, denn ISDN ist beim Laden von Webseiten ca. zwölfmal langsamer als ein DSL-Anschluss mit 768 KBit/s.

Wenn Sie Ihre Internetverbindungsgeschwindigkeit einmal messen wollen, können Sie sich aus dem Internet Messtools wie den Trafficmonitor (*http://www.trafficmonitor.de*) oder DFÜ-Speed (*http://www.voodooclub.de/dfue-speed.html*) herunterladen.

Dann verrät eines der beiden ISDN-B-Kanalkontrolllämpchen am Router in der Regel, dass und welche ISDN-Leitung belegt wurde. Stellen Sie damit sicher, dass ISDN wirklich nur als Fallback genutzt wird.

Auch die Funktion können Sie prüfen, indem Sie, während Sie online sind, die Verbindung zwischen Router und DSL-Modem durch Ziehen des Steckers trennen.

Dann müsste der Router auf die ISDN-Einwahl „zurückfallen". Wenn Sie einen Breitbandrouter mit Modemanschluss haben, dann erfolgt die Konfiguration sehr ähnlich wie bei der ISDN-Einwahl.

Daher hier nur ein kurzer Blick auf die entsprechende Konfigurationsseite eines SMC Barricade 7004ABR-Routers.

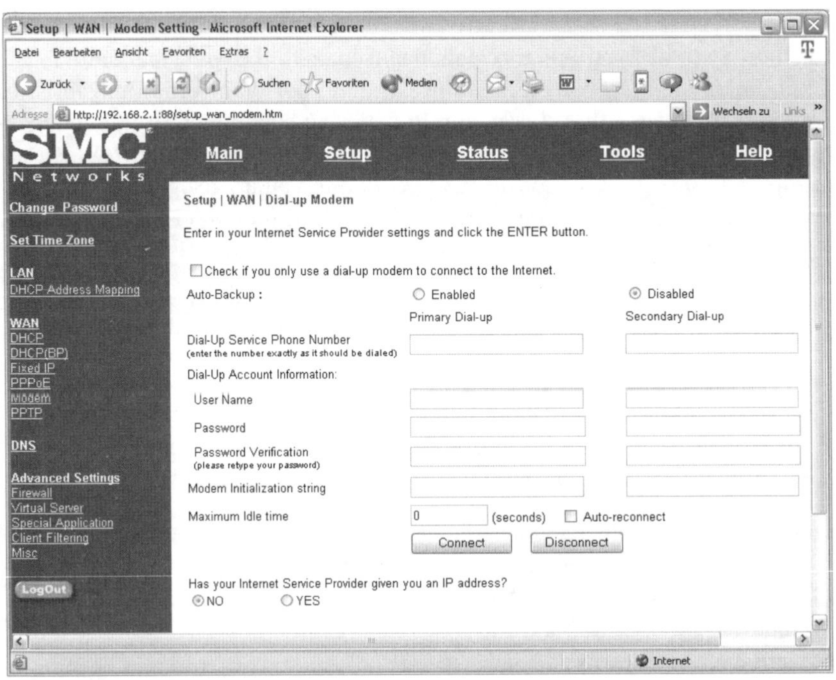

Die Konfiguration der Modemeinwahl unterscheidet sich, wie Sie sehen, kaum von der Konfiguration der ISDN-Einwahl.

Auch hier gilt es im Wesentlichen, die Einwahlnummer (*Dial-Up Service Phone Number*), den Benutzernamen (*User Name*) und das Passwort (*Password*) einzutragen. Sie können eventuell noch eine Zeichenfolge, die als Modeminitialisierungsbefehl vor dem Wählen an das Modem geschickt wird, eingeben. Das aber ist selten nötig.

Falls doch, finden Sie die nötigen Infos meist in der Anleitung des Modems, auf den FAQ-Seiten der Hersteller oder in einem der vielen Modemforen im Internet, (z. B *http://www.tomtomweb.de/technik/modem/modem_at.htm*). Hier in diesem Konfigurationsmenü ist aber noch eine Einstellung sehr wichtig! Prüfen Sie, dass kein Häkchen bei *Check if you only use a dial-up modem to connect to the internet* gesetzt ist!

Wenn hier ein Häkchen ist, bedeutet das für den Router, dass Sie grundsätzlich per Modem ins Internet gehen. Ohne Häkchen wird die Modemeinwahl nur als Fallback genutzt.

4.4 Die Nutzung der Routing-Basics

Moderne Breitbandrouter unterstützen eine ganze Reihe von Routingprotokollen.

Da wäre zunächst TCP/IP. Das ist quasi die Mutter aller Protokolle und dient für den Netzwerktransfer als Basis. Darauf setzen verschiedene andere Protokolle auf, die vor allem der Sicherheit des Datentransfers dienen.

Bevor wir uns die Konfiguration der diversen Protokolle ansehen, hier kurz einige grundsätzliche Erläuterungen zu TCP/IP.

TCP/IP – das wichtigste Protokoll in Netzwerken

Das TCP/IP-Protokoll ist die Grundlage für moderne Netzwerke. TCP steht für **T**ransmission **C**ontrol **P**rotocol und IP für **I**nternet **P**rotocol.

TCP ist vor allem dafür zuständig, Daten in kleine Datenpakete zu zerhacken und somit transportfähig zu machen beziehungsweise ankommende Pakete wieder in die ursprünglichen Daten zusammenzusetzen.

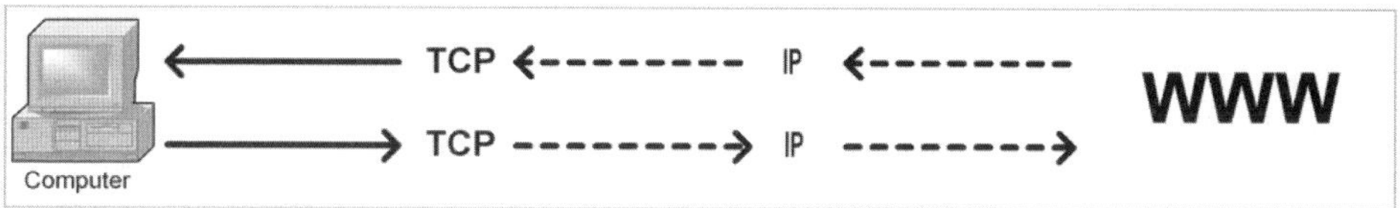

TCP und IP kümmern sich als Gespann um den Versand von Daten. Daten werden von TCP in einzelne Datenpakete zerhackt und über IP verschickt. Das Ganze funktioniert auch umgekehrt für ankommende Datenpakete.

IP kümmert sich dann um den Versand dieser Daten über das Internet wie auch über lokale Netzwerke. Jeder Client in einem Netzwerk, egal ob er im heimischen oder firmeninternen Netzwerk oder im Internet ist, benötigt eine eindeutige Adresse, um in dem Netzwerk Daten versenden und empfangen zu können.

Diese Adresse wird IP-Adresse genannt, angelehnt an das IP-Protokoll. Über eine solche IP-Adresse werden sowohl Webseiten im WWW als auch Server und Clients im Internet sowie Clients oder Server in lokalen Netzen eindeutig adressiert. Ohne diese eindeutige Adressierung wäre keine Kommunikation möglich. Demnach steckt hinter jeder URL im Internet, hinter jedem Mailserver, hinter jedem Providereinwahlserver und auch Ihrem PC eine solche IP-Adresse. Die IP-Adresse besteht aus vier Nummerngruppen, von denen jede mindestens eine und maximal drei Stellen haben kann. Die Nummerngruppen werden jeweils durch einen Punkt getrennt.

Eine IP-Adresse sieht also wie folgt aus: 123.123.123.123. Jede Nummerngruppe besteht aus Zahlen zwischen 0 und 255. Dabei werden nur die wirklich genutzten Zahlen geschrieben. Hat einer Nummerngruppe also den Wert 1, wird nicht 001, sondern 1 geschrieben. Hat Sie den Wert 57, werden auch nur diese beiden Ziffern geschrieben. Alles, was größer als 99 ist, wird dann dreistellig geschrieben. Daraus ergibt sich, dass die kleinste mögliche IP-Adresse 0.0.0.0 ist und die größte 255.255.255.255. Wenn Sie fit in Mathematik sind, können Sie sicher die beeindruckenden Kombinationsmöglichkeiten errechnen, die damit machbar sind.

Trotzdem geht auch diese große Anzahl an Möglichkeiten irgendwann zu Ende. Das Internet nähert sich diesem Ende, weil die Anzahl der Rechner im Internet in letzter Zeit dramatisch gestiegen ist.

Grundsätzlich wird man dieses Problem mit der Einführung von IPv6 lösen, das eine noch sehr viel größere Menge an Adressen bereitstellen wird. IP-Adressen werden wie im folgenden Beispiel aussehen: 3ffe:400:280:0:0:0:0:1. Aber bis es so weit ist, arbeitet man mit einigen Tricks.

IP-Adressen müssen immer exakt eindeutig sein, damit der Empfänger ebenso exakt bestimmt werden kann. In privaten Netzwerken kann aber natürlich nicht jedes Mal überprüft werden, ob irgendwo auf der Welt bereits ein Rechner mit den IP-Adressen läuft, die verwendet werden sollen. Zum Glück ist das aber auch nicht nötig. Man unterscheidet deshalb zwischen privaten und öffentlichen Adressen. Viele private Netzwerke haben gar keinen Zugang zum öffentlichen Internet oder wenn dann über einen Router. Dem öffentlichen Netz ist dann nur die Adresse des Routers bekannt. Das private Netz hinter dem Router ist für das Internet unsichtbar.

Deshalb können in privaten Netzwerken IP-Adressen benutzt werden, die nur in diesem privaten Netzwerk eindeutig sind. Ein privates Netzwerk in München kann z. B. die gleichen IP-Adressen benutzen wie ein privates Netzwerk in Düsseldorf, da sich diese Netzwerke nie „begegnen" werden. Deshalb kann es auch nicht zu Verwechslungen kommen. Sollten diese Firmen jemals durch eine direkte Leitung miteinander Verbunden werden, müste man weitergehende Maßnahmen ergreifen. Diese Adressbereiche für private Netze werden im öffentlichen Netz nicht verwendet.

Drei wichtige Bereiche wurden für private Netze festgelegt.

- Bereich 10.X.X.X
- Bereich 172.16.X.X
- Bereich 192.168.X.X

Die IP-Adressen werden in Klassen unterteilt:

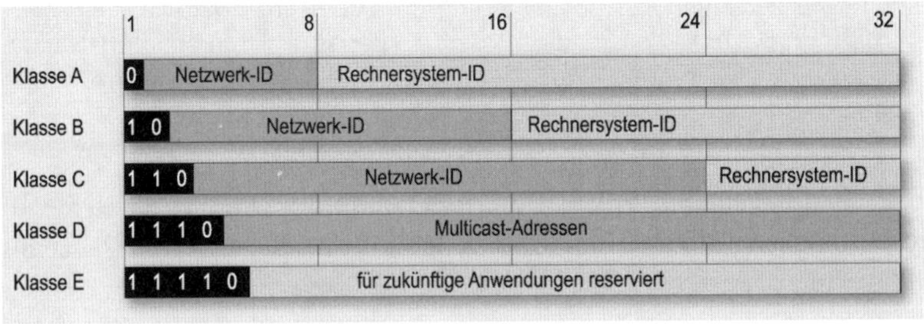

Die drei Adressklassen A, B und C und zwei weitere Adressbereiche für Multicast und zukünftige Anwendungen.

Für private Netze werden die Klassen A, B und C, auch „Range" genannt, verwendet. Klasse-DNetze sind für den Multicast-Betrieb vorgesehen und Klasse-E-Netze für den Testbetrieb.

Für kleine Netzwerke wird am häufigsten ein Klasse-C-Netzwerk verwendet, in dem bis zu 254 lokale Adressen vergeben werden können.

Auch Null zählt!
Auch die 0 ist eine gültige Ziffer bei der Adressierung. Daher wird Sie auch mitgezählt, sodass bei einem Zahlenbereich von 0 bis 255 insgesamt 256 Zahlen zur Verfügung stehen. Dennoch sind aus technischen Gründen für den Endanwender die 0 und die 255 in der letzten Nummerngruppe nicht nutzbar.

Was ist die Subnetzmaske?

Damit ein Netzwerk mit der Aufteilung in Subnetze (Teilnetze) korrekt umgehen kann, wird die Subnetzmaske benötigt. Sie finden dafür auch oft die Ausdrücke Netmask, Subnetmask oder Netzmaske.

Anhand der Subnetzmaske wird in einem Netzwerk bestimmt, ob eine Adresse im gleichen Netzwerk liegt oder über das Gateway (z. B. den Router) angesprochen werden muss.

In SOHO-Netzwerken wird häufig der Adressbereich 192.168.X.X mit der Standardsubnetzmaske 255.255.255.0 verwendet

Diese Subnetzmaske besagt grob formuliert, dass in dem Gesamtnetz nur ein einziges Subnetz vorhanden ist, also keine Zerteilung in Unternetze erfolgt, und dass maximal 254 Clients vorhanden sein können. 254 mögliche Netzwerkadressen sollten auch für kleinere, mittelständische Unternehmen ausreichen.

In größeren Unternehmen wird die Subnetzmaske meist dazu genutzt, separate Teilnetze eines gesamten Netzwerks abzuspalten. Das kann nützlich sein, wenn die Netze so voneinander getrennt werden sollen, dass Sie nur indirekt miteinander kommunizieren dürfen.

TCP/IP – Adressierung und Subnetze
Eine hervorragende und dabei kurze und knappe Einführung in die schwierige Materie liefert der Microsoft Knowledge Base Article 164015, Grundlagen der TCP/IP-Adressierung und Erstellung von Teilnetzen. Sie finden ihn unter der Adresse *http://support.microsoft.com/default.aspx?scid=kb%3Bde%3BD37034.*

Damit genug TCP/IP-Grundlagen. Sie müssen für die Praxis nur wissen, dass Sie IP-Adresse und Subnetzmaske entweder von Hand an Clients vergeben oder per DHCP automatisiert verteilen lassen.

Als Merkregel gilt:

Merkregel: Jede IP-Adresse in einem Netz darf nur ein einziges Mal vergeben werden.

Betrachten wir jetzt die weiteren Routingprotokolle, die von heutigen Routern unterstützt werden.

Nicht jeder Router unterstützt immer alle Protokolle, aber die gängigen sind heute Standardausstattung.

Die Ports

Mit IP-Adresse und Subnetzmaske sind Clients jetzt adressierbar. Aber es gibt ja mehrere Datendienste und Funktionen, die man gleichzeitig zwischen Rechnern hin- und herschicken kann. Das beginnt bei Mails und Internetseiten und geht über FTP bis hin zu Instant Messaging oder Onlinegames.

Damit diese spezifischen Daten von einem Client richtig verarbeit werden können, muss definiert werden, für welchen Dienst oder für welche Funktion diese Daten gedacht sind. Daher ist jedem Dienst ein so genannter Port zugewiesen. Diese Portzuweisung ist eindeutig, es kann also kein Port verschiedenen Diensten zugewiesen sein.

In jedem TCP/IP-Datenpaket ist hinterlegt, von welchem Quellport (Sourceport) und damit von welcher Anwendung das Paket abgeschickt wurde und an welchen Zielport (destinationport) und damit an welchen Dienst es gesendet wird. Anbei eine Tabelle mit den wichtigsten Ports in der Übersicht:

Portnummer	Funktion	Bedeutung
20	FTP - data	Datenübertragung per File Transfer Protocol
21	FTP - control	Datenübertragung per File Transfer Protocol
23	Telnet	Telnet-Verbindungen
25	SMTP Send Mail	E-Mails abschicken
53	DNS	IP-Adressen und URL über den Domain Name Service aufschlüsseln
80	HTTP	Surfen im Internet
8080	HTTP-alt	Alternative zu Port 80
110	POP3	E-Mails

Portnummer	Funktion	Bedeutung
113	AUTH	Autentifizierungsdienste
443	HTTPS (SSL)	Sichere Internetverbindung
458, 554, 6970-6999, 7071	QuickTime	Apples QuickTime Player
5190	AOL Instant Messenger	Chatten mit dem AOL-Instant Messenger
4000-4009	ICQ	Chatten mit ICQ
27960	RealAudio	RealPlayer

Was sind UDP-Ports?

Viele der Ports, die Sie hier und auch in der großen Tabelle im Anhang finden, sind TCP-Ports. Doch Sie finden auch etliche Ports, die mit UDP gekennzeichnet sind. Was ist UDP? UDP steht für **U**ser **D**atagram **P**rotocol und ist eng mit TCP verwandt und macht eigentlich das Gleiche, nämlich Daten in kleine Pakete hacken und versandfertig machen. Bei UDP allerdings unterbleibt im Gegensatz zu TCP die Kontrolle, ob die Zustellung des Datenpakets erfolgreich war. UDP ist nämlich im Gegensatz zu TCP „verbindungslos". Es kommt zu keiner fest aufgebauten Verbindung. Die Daten werden in Form von Datagrammen übermittelt, ohne dass verifiziert wird, wer diese am anderen Ende empfängt. Während TCP auf eine „Empfangsquittung" wartet, um festzustellen, ob das Datenpaket erfolgreich übertragen wurde, schickt UDP das Paket ab, ohne sich dessen Empfang bestätigen zu lassen. Daher ist UDP etwas schneller, hängt aber von der Zuverlässigkeit der Anwendung ab, die das Datenpaket erzeugt. Da UDP diese Verwaltungsdaten nicht braucht, kann ein Datenpaket eine größere Nutzlast an Daten transportieren.

RIP-1 und RIP-2

RIP steht für **R**outing **I**nformation **P**rotocol. RIP ist heute die Basis in IP-basierten Netzwerken für alle Routingprozesse und sorgt dafür, dass die kürzeste oder beste Route für die Weiterleitung von Datenpaketen gesucht wird. Dabei geschieht das Routing dynamisch, indem die Clients und der Router über RIP Informationen über das Routing austauschen. Dadurch erfährt der Client stets aktuell, welche Router derzeit der optimale ist. RIP sorgt so dafür, dass Datenpakete stets über die gerade optimale Route befördert werden.

RIP funktioniert über eine Art Rundsendung, in der alle am Routing beteiligten Instanzen Informationen bezüglich der nutzbaren Routen austauschen. Es gibt dabei einen normalen Modus und einen „Silent Mode". Bei Letzterem analysiert ein Router die RIP-Rundsendung und aktualisiert seine dynamische Routingtabelle, gibt selbst aber keine Informationen über seine eigenen Routen heraus.

Remote Access Service (RAS)

Der Remote Access Service ermöglicht einen Fernzugriff auf ein Netzwerk. Zum einen dient RAS für den Zugriff auf das Internet, zum anderen auch für den „Ein-wahlzugriff" von außen, bei dem sich ein Anwender von außen per Wählverbindung in das Netzwerk einklinken und es so nutzen kann, als wäre er im Netzwerk direkt eingeloggt. Der sich einwählende Rechner wird, als RAS-Client bezeichnet, der Rechner, der angewählt wird als RAS-Server. Bei der Einwahl läuft eine Authentifizierungsroutine ab, mit der sich der RAS-Client gegenüber dem RAS-Server identifiziert. Dabei sendet der Client Benutzername und Kennwort an den Server, der diese Daten mit dem netzinternen Benutzerkonto des sich einwählenden Clients abgleicht.

Danach wird die Verbindung in der Regel über das **P**oint to **P**oint **P**rotocol (PPP) oder mit unter auch über das **S**erial **L**ine **I**nterface **P**rotocol (SLIP) aufgebaut. SLIP dient der Übertragung von Datenpaketen über eine telefonische Einwahlverbindung. Bevorzugt wird aber PPP, da PPP mehrere LAN-Dienste parallel abwickeln kann und zudem eine Kennwortverschlüsselung, Datenkomprimierung und eine Fehler-behandlung bietet.

DHCP vergibt IP-Adresse und Subnetzmaske

DHCP haben wir ja vorhin bei den Grundeinstellungen schon kurz angesprochen. Das Dynamic Host Configuration Protocol nimmt Ihnen die Arbeit der IP-Adressvergabe ab. In einem kleinen Netz mit einer Hand voll Clients ist die manuelle Vergabe der IP-Adressen unspektakulär. Doch in einem größeren Netz, in dem es vielleicht noch wechselnde Clients (z. B. mobile Mitarbeiter, die ab und zu ihr Notebook ins Netz hängen, aber nicht dauerhaft damit verbunden sind) gibt, gelingt die manuelle Vergabe dieser Adressen kaum noch. Dieser administrative Aufwand kann durch DHCP automatisiert werden. Wenn Sie einen Windows-PC so konfigurieren, dass er die IP-Adresse automatisch bezieht, dann müssen Sie sich nicht darum kümmern, dass die Clients an eindeutige IP-Adresse und Subnetzmaske kommen.

DHCP hat eine Reihe von Vorteilen. Wie bereits erwähnt, ersparen Sie sich die manuelle Konfiguration der einzelnen Clients. DHCP weist den Clients neben der IP-Adresse auch das Gateway, die Subnetzmaske und den DNS-Nameserver zu. Das Netzwerk kann recht einfach auf eine andere IP-Range umkonfiguriert werden, ohne dass an einzelnen Clients gearbeitert werden muss. Zudem kann dass Netz problemlos wachsen, solange der IP-Adressvorrat nicht zur Neige geht.

Wenn neue Services oder beispielsweise neue oder andere DNS-Serveradressen für das Netzwerk definiert werden, reicht DHCP die Einstellungen automatisch an die Clients durch. Mobile Clients (Notebooks) können problemlos vom Netz getrennt und wieder eingegliedert werden, ohne dass dabei Konfigurationsaufwand entsteht. Das funktioniert auch per der Ferneinwahl. Der IP-Adressvorrrat wird dynamisch vergeben. Nicht mehr verwendete Adressen fallen an den DHCP zur Neuvergabe zurück.

DHCP erlaubt trotzdem die feste Vergabe von IP-Adressen für bestimmte Zwecke wie Server oder Ähnliches:

1 Öffnen Sie zunächst über den *Start*-Schalter den Bereich *Netzwerkumgebung* und klicken Sie dort auf *Netzwerkverbindungen anzeigen*. Dann klicken Sie mit der rechten Maustaste auf die angezeigte Verbindung und wählen in dem erscheinenden Kontextmenü *Eigenschaften* an.

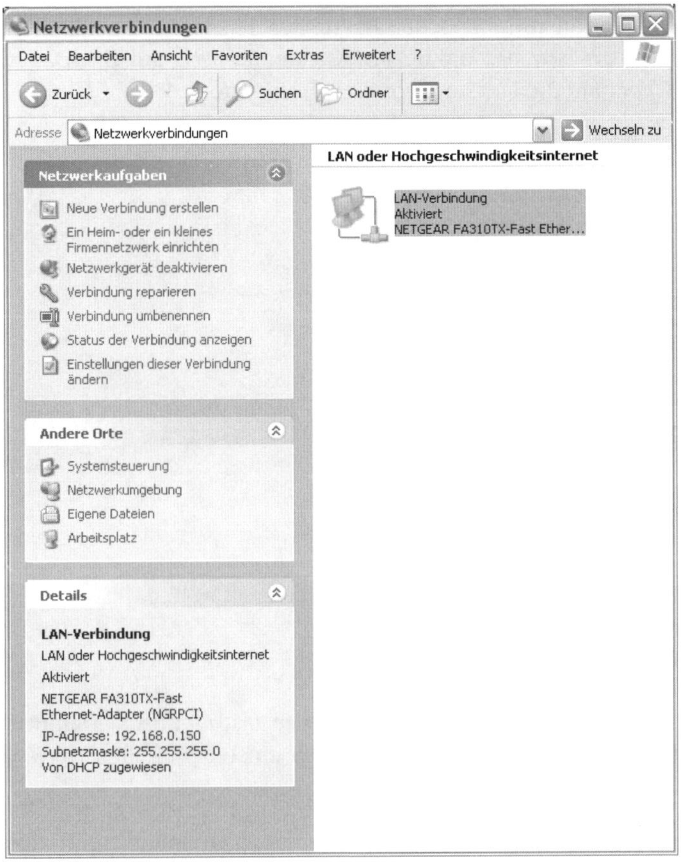

2 Hier im Eigenschaften-Fenster wählen Sie nun den Eintrag *Internetprotokoll (TCP/IP)* an und klicken auf den Schalter *Eigenschaften*.

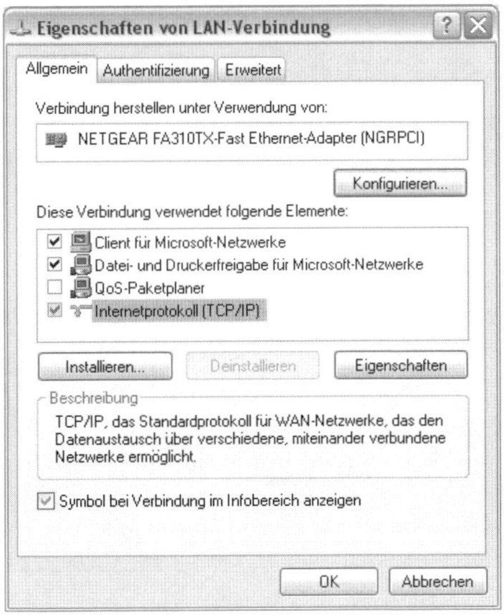

3 Hier müssen Sie jetzt auf den automatischen Bezug der IP-Adresse umstellen, indem Sie *IP-Adresse automatisch beziehen* anklicken. Klicken Sie jetzt auf *OK*. Das war es schon, jetzt ist der Client auf die Nutzung von DHCP eingestellt.

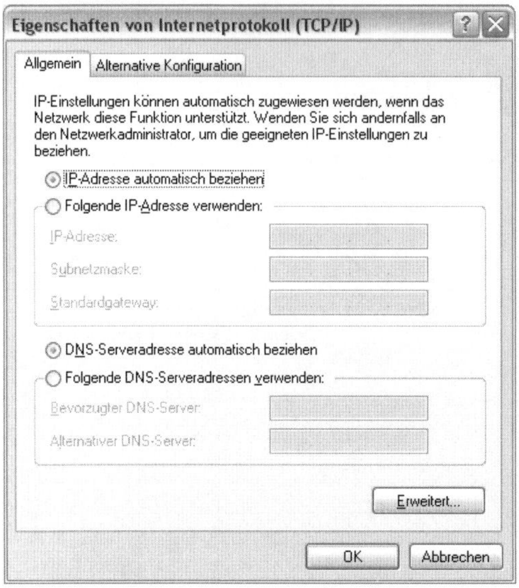

Die Einstellungen sind bei den älteren Windows-Versionen fast identisch. Damit ist seitens der Clients alles eingestellt. Wie Sie DHCP am Router einstellen, haben wir ja schon gezeigt.

Aber die DHCP-Einstellungen vieler Router erlauben noch ein paar Sonderfunktionen.

So können Sie beispielsweise bestimmten Rechnern im Netzwerk eine feste IP-Adresse durch den Router zuweisen lassen. Das nennt sich Fixed Mapping.

DHCP und Fixed Mapping

Der Client bekommt die IP-Adresse dann zwar immer noch vom DHCP, aber Sie legen exakt fest, welche IP-Adresse er bekommt. Das ist beispielsweise für einen Server nützlich, der eine reservierte IP bekommen soll.

Wie Sie Fixed Mapping konfigurieren, sehen Sie hier am Beispiel des D-Link DI 713P. Vorab aber noch kurz die Erklärung, was eine MAC-Adresse ist.

Die MAC-Adresse ist eine fest in die Hardware eine Netzwerkschnittstelle eingebaute, einmalige Adresse, also quasi eine physikalische Adresse der Netzwerkhardware.

Nun aber zur Konfiguration von Fixed Mapping.

1 Loggen Sie sich über das Webinterface ein. Klicken Sie unten auf die Menüauswahl *DHCP*.

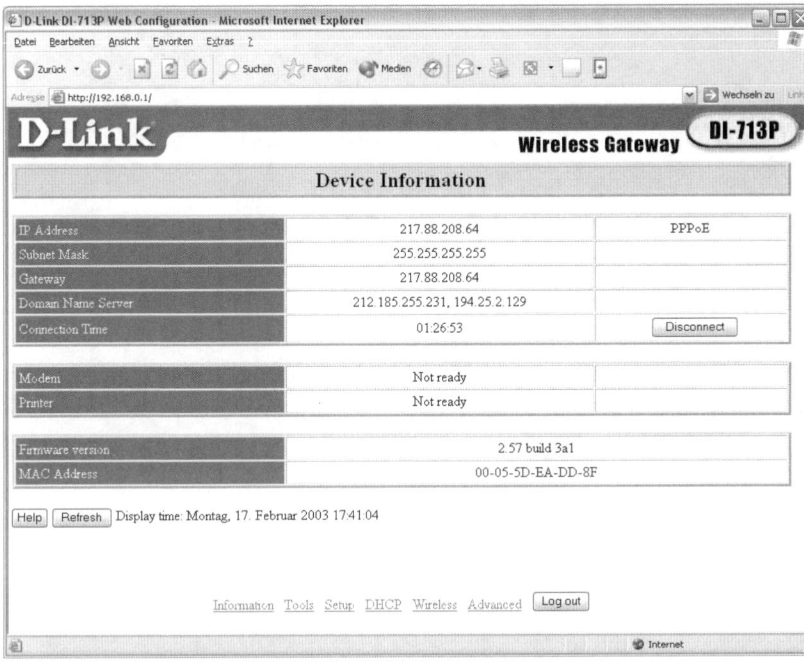

2 Im Bereich *DHCP Server* klicken Sie auf den Schalter *Fixed Mapping*.

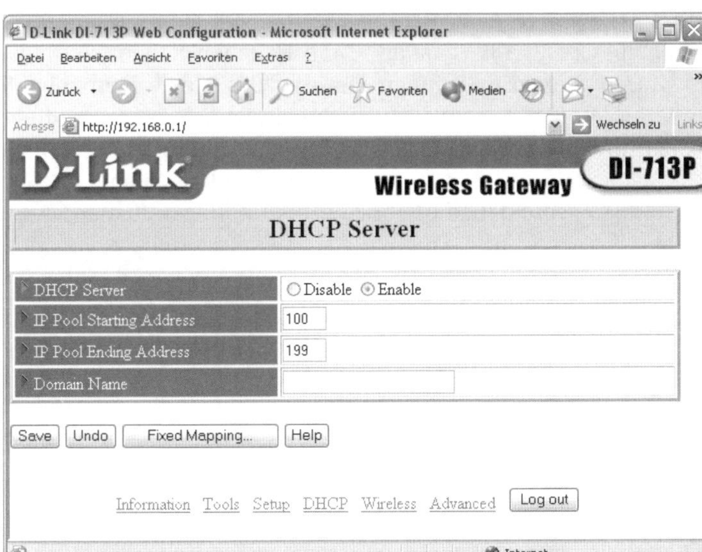

3 Sie gelangen jetzt in den Bereich *MAC Address Control*. Setzen Sie durch Anklicken zunächst oben bei *Enable* ein Häkchen, um diese Funktion zu aktivieren.

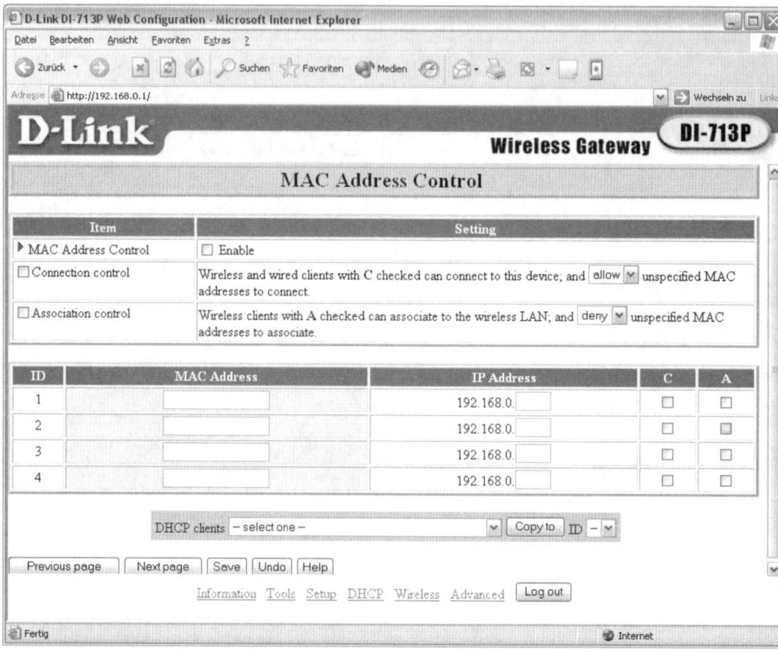

4 Die beiden nächsten Einstellungen sind recht wichtig, denn damit können Sie den Zugriff des entsprechenden Clients genau steuern. Die erste Zeile *Connection Control* (Verbindungskontrolle) definiert, dass drahtlose (es handelt sich um einen WLAN-Router) und verdrahtete Clients, die hier bei *C* ein Häkchen haben, sich mit dem Router verbinden dürfen. Weiterhin können Sie über das kleine Dropdown-Menü auswählen, ob andere Clients mit einer nicht spezifizierten MAC-Adresse über den Router mit dem Client, für den diese Einstellungen gelten, Verbindung aufnehmen dürfen. Wählen Sie *allow* aus (erlauben), dann dürfen andere Clients im Netz zu dem per Fixed Mapping angebundenen Client eine Verbindung aufbauen. *Deny* hingegen verhindert das.

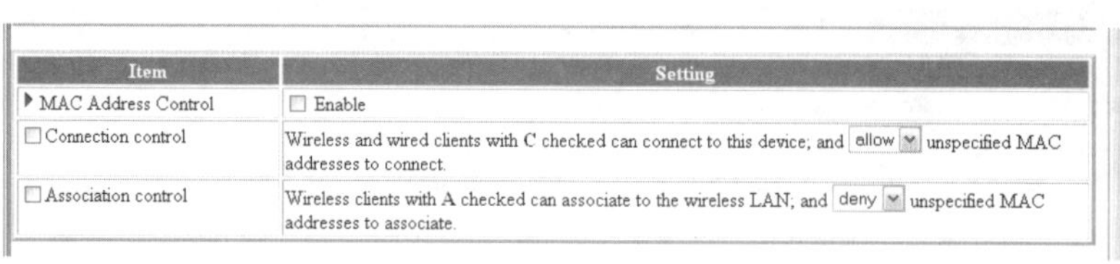

5 Die nächste Zeile *Association Control* gilt hier für WLAN-Clients. Diesen wird, wenn der Buchstabe *A* in der Einstellung „abgehakt" ist, erlaubt, sich mit dem drahtlosen WLAN über Fixed Mapping zu assoziieren. Über *allow* und *deny* können Sie jetzt definieren, ob andere Clients mit nicht spezifizierten MAC-Adressen mit dem drahtlosen Client in Verbindung treten dürfen.

Diese Einstellungen ähneln also denen bei *Connection Control*, betreffen aber nur die drahtlos angebundenen Clients.

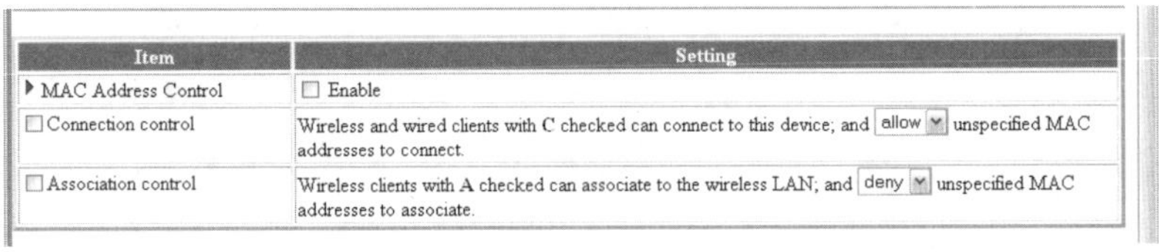

6 Jetzt geht es daran, den Client zu finden, den Sie mit einer festen IP-Adresse versorgen wollen. Das geschieht über die MAC-Adresse. Unten finden Sie eine Zeile *DHCP-Clients*.

Klicken Sie auf das Dropdown-Menü und Sie sehen die MAC Adresse aller Rechnern, die derzeit mit dem Router verbunden sind.

Suchen Sie die gewünschte Maschine aus, wählen Sie hinten über das kleine Dropdown-Menü eine *ID*, sprich eine der vier Zeilen darüber aus und klicken Sie auf den Schalter *Copy to*.

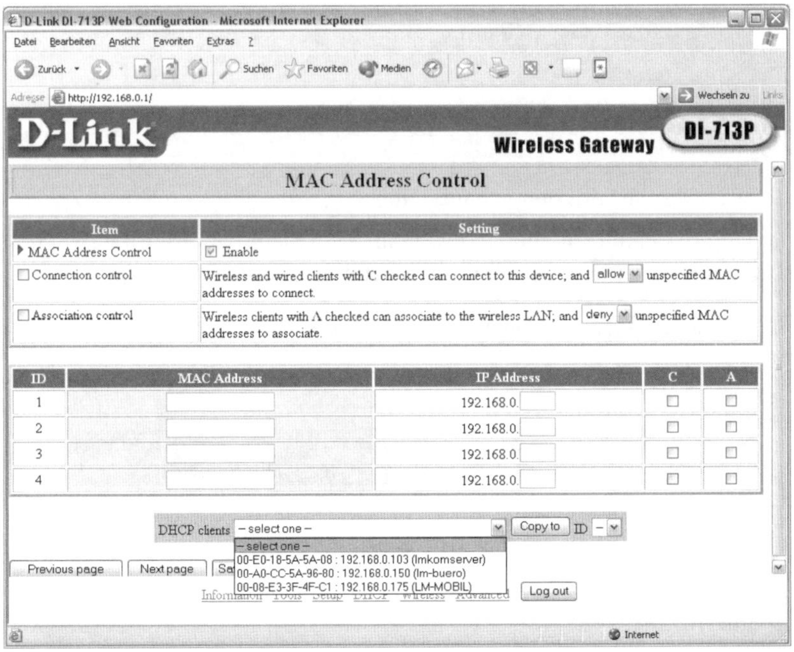

7 Jetzt erscheint die MAC-Adresse in der entsprechenden Zeile. Sie sehen auch die bisher zugewiesene IP-Adresse, die Sie jetzt manuell ändern und festlegen können.

Durch Anklicken von *C* und *A* können Sie die beiden Einstellungen, die Sie in Schritt 4 und 5 gemacht haben, aktivieren oder deaktivieren.

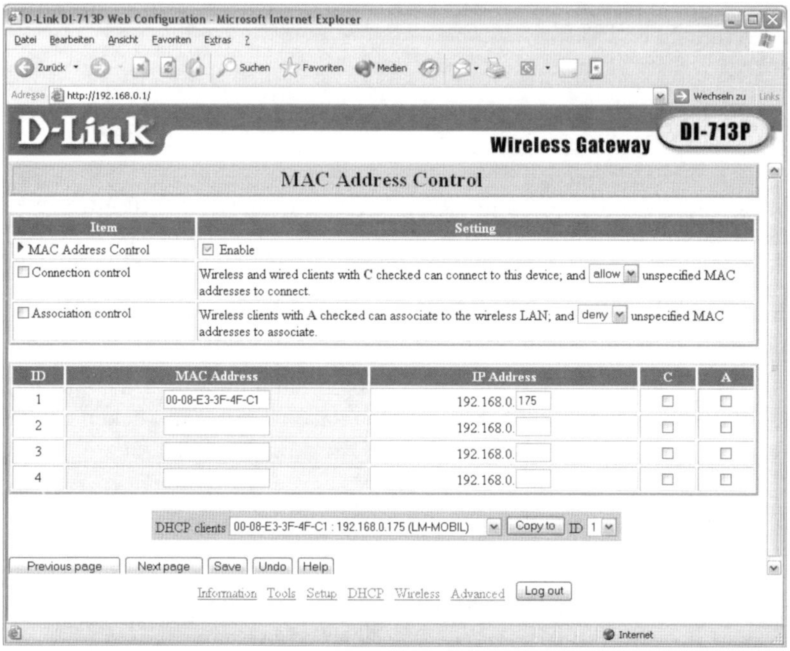

8 Zum Schluss klicken Sie auf den Schalter *Save*.

Danach taucht ein Schalter namens *Reboot* auf, den Sie ebenfalls anklicken müssen, um die eben getätigten und gespeicherten Einstellungen zu aktivieren.

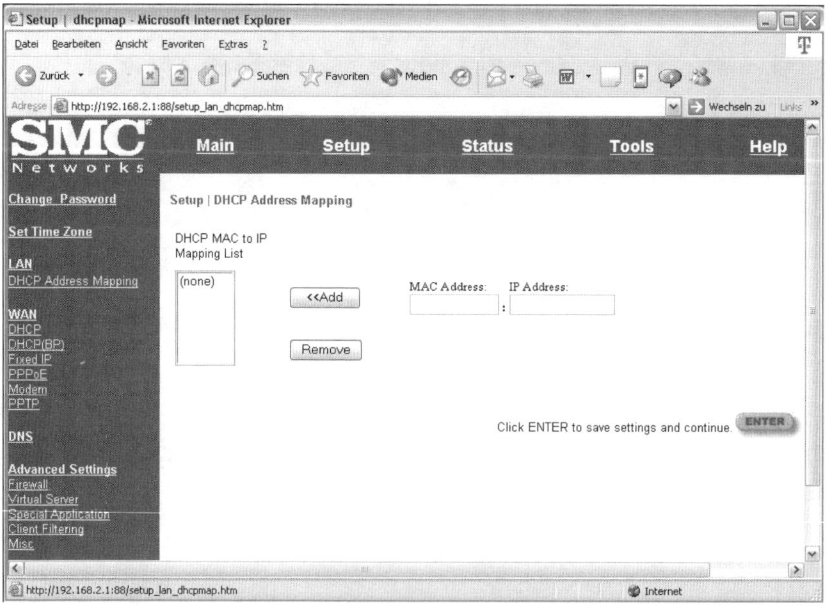

So sieht die Konfiguration für Fixed Mapping beispielsweise beim SMC 7004ABR aus.

Damit haben Sie jetzt einem Client in Ihrem Netzwerk eine feste IP-Adresse zugewiesen, die er ab jetzt immer über den DHCP bekommt. Noch kurz eine Antwort auf die Frage, wozu dieses Fixed Mapping nützlich sein soll. Zunächst können Sie so Einfluss nehmen, wenn ein bestimmter Rechner, beispielsweise der Server in Ihrem Netz, eine ganz bestimmte IP-Adresse haben soll. Dann kann es manchmal Anwendungen geben, die eine feste IP-Adresse brauchen.

Server mit separater IP-Adresse außerhalb der DHCP-Range
Es bietet sich an, per DHCP den Clients in einem Netzwerk IP-Adressen aus einer bestimmten Range zuzuweisen. Beispielsweise 192.168.0.50 bis 192.168.0.99. Dem Server in Ihrem Netzwerk weisen Sie hingegen per Fixed Mapping eine Adresse außerhalb dieser Range zu, damit die Server-IP nicht mit der automatisierten Vergabe des DHCP-Servers im Router kollidiert. Aber Achtung, die IP-Adresse des Servers muss im gleichen Subnetz sein, für unser Beispiel könnte das also z. B. 192.168.0.10 sein (192.168.0.1 ist häufig vom Router selbst besetzt).

IP-Lease – Adresse auf Zeit

Wer ein Auto per Leasing erwirbt, der bekommt den Wagen quasi auf Zeit. Endet der Leasingvertrag, wird der Wagen zurückgegeben und eventuell ein neuer geleast. IP-Lease beschreibt etwas Vergleichbares. Die von DHCP zugewiesene IP-Adresse können Sie auch auf Zeit vergeben. Manche Router bieten diese Funktion, bei der im DHCP-Setup die Leasingdauer für eine IP-Adresse entweder auf eine befristete Zeit oder auch für immer festlegen können.

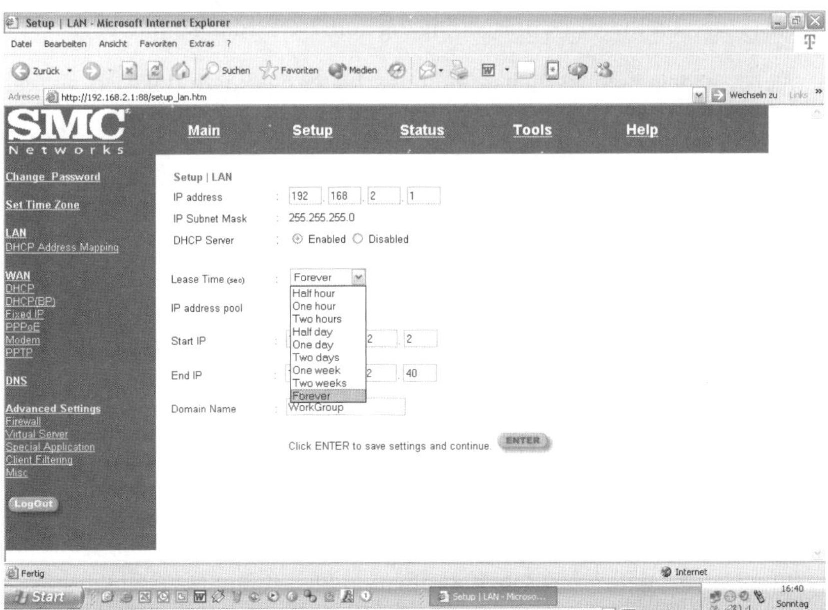

Der SMC 7004 ABR bietet die Möglichkeit, die IP-Leasezeit zu definieren. Bei anderen Geräten ohne diese Funktion wird die IP-Adresse auf unbestimmte Zeit (dauerhaft) vergeben.

Wozu kann das zeitlich begrenzte Vergeben einer IP-Adresse nützlich sein? Nun, es sind mehrere Szenarien vorstellbar. Nehmen wir ein öffentliches Netz (Uni), in dem sich auch Gäste mit Ihrem PC oder Notebook einloggen können.

Vorstellbar wäre ein Netz in einem Hotel oder auf einer Messe. Hier macht eine kurze IP-Leasezeit sehr viel Sinn, denn die dem Gast zugewiesene IP-Adresse wird schnell wieder für andere Gäste frei.

Kurze IP-Leasezeiten könnten aber auch Bestandteil eines Sicherheitskonzepts sein.

Wenn ein Client in einem Netzwerk regelmäßig eine neue IP-Adresse erhält, wird es Unbefugten erschwert, eine IP-Adresse im Netzwerk anzugreifen und einzudringen.

Wäre eine IP-Adresse dauerhaft vergeben, dann wären die Chancen für einen Angriff größer.

IP-Lease gegen Adressknappheit

Für ein privates Netz steht ja nur eine eingeschränkte IP-Range zur Verfügung. In sehr großen Netzwerken können die IP-Adressen knapp werden, wenn sie fest und auf Dauer vergeben werden. Mit kurzen IP-Leasezeiten kann auch erreicht werden, dass ungenutzte IP-Adressen schnell wieder frei und an andere Clients ausgegeben werden können.

Das kann man sich vor allem in einem Wireless LAN als zusätzliche Sicherheitsoption zunutze machen. Während es Hackern in einem Kabelnetz schwer fällt, in dieses einzudringen, reicht in einem WLAN ein Notebook mit WLAN-Karte, das in Reichweite gebracht werden muss, um zumindest technisch Zugang zum Netz zu bekommen.

Neben den für WLAN gängigen Sicherheitsfunktionen bietet die kurze IP-Leasezeit weiteren Schutz an. Sobald eine IP-Adresse abgelaufen ist, holt sich der Client beim Router eine neue ab, die dann wieder für die vorgegebene IP-Leasezeit gilt. Im Idealfall merken Sie von diesen Vorgängen nichts.

Network Address Translation (NAT)

Network Address Translation, kurz NAT, ist eine Methode, mit der IP-Adressen eines Netzes, es ist in der Regel das private Netzwerk, auf die IP-Adressen eines anderen, meist öffentlichen Netzes, sprich das WWW, umgesetzt werden.

NAT, auch als IP-Masquerading bezeichnet, ermöglicht es vernetzten Clients, über einen einzigen Anschluss gemeinsam auf das Internet zuzugreifen.

Was bedeutet das? In einem privaten Netzwerk gibt es viele Clients mit je einer eigenen IP-Adresse. Bei der Internetverbindung wird dem Anschluss, also dem Router, aber nur eine webseitige IP-Adresse zugewiesen. Die Koordination übernimmt NAT und das funktioniert wie folgt:

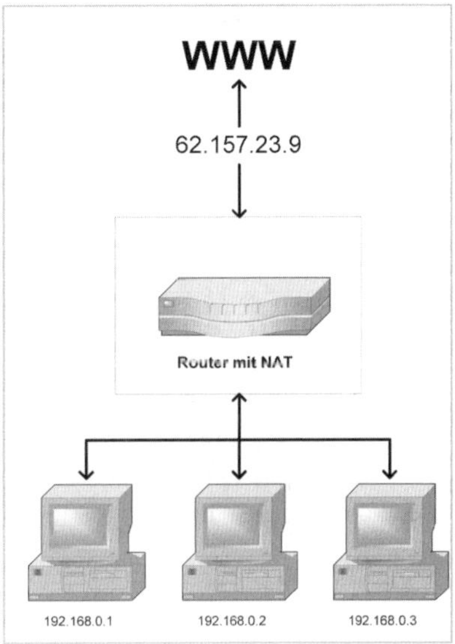

Wenn Sie sich ins Internet einwählen, wird Ihnen dafür eine öffentliche IP-Adresse zugewiesen.

Wenn nur ein PC das WWW nutzt, ist das unproblematisch. Sind es aber mehrere, geht das so ohne weiteres nicht, da die externe IP-Adresse immer nur einem Endgerät zugewiesen werden kann.

Die NAT wird diese externe Adresse vom Provider nicht einem PC, sondern dem Router zuweisen, der als zentrale Zugangsstelle dient.

Alle Anfragen der verschiedenen Clients aus dem privaten Netzwerk werden mit der IP-Adresse, die der Client in diesem Netzwerk hat, an den Router geschickt.

Dieser setzt die Anfrage auf die externe IP-Adresse vom Provider um. Kommen Daten zurück, dann macht NAT die „Rückübersetzung".

Die Daten, die von dieser einen externen IP-Adresse kommt, werden aufgeschlüsselt, sodass jeder Client im Netz die für ihn bestimmten Daten aus dem Internet bekommt.

Das Schema verdeutlicht das Funktionsprinzip von NAT.

NAT hat dabei aber auch einen ganz wesentlichen Vorteil in Sachen Sicherheit! Wenn ein PC direkt am Internet hängt, dann ist ihm die externe IP-Adresse des Providers zugewiesen. Wenn ein Hacker diese Adresse erfolgreich angreift, landet er direkt auf dem PC seines Opfers. NAT jedoch verbirgt die Clients mit deren interner IP-Adresse hinter dem Router. Greift der Hacker also die vom Provider zugewiesene externe IP-Adresse an, landet er auf dem Router. Die Clients im Netzwerk jedoch bleiben ihm verborgen, es sei denn, er würde den Router knacken.

Und so ein Router ist um einiges schwerer zu knacken als ein PC, denn während der PC ein ganzes Arsenal von Funktionen und Anwendungen hat, die alle Schlupflöcher haben können, ist ein Router nur auf die Erfüllung seiner Funktion ausgelegt und bietet viel weniger Angriffspunkte. Das liegt vor allem daran, dass der Router dank NAT die IP-Adressen und auch die Ports „hinter sich", also im Netzwerk, nach außen abschirmt.

Wie genau funktioniert diese NAT-Übersetzung?

Wenn ein Client ein per TCP/IP geschnürtes Datenpaket mit dem Ziel Internet an den Router schickt, dann übersezt die **N**etwork **A**ddress **T**ranslation NAT die Clientadresse in die vom Provider zugewiesene öffentliche IP-Adresse, indem der Router die interne Adresse des Pakets gegen die externe Adresse tauscht, gleichzeitig merkt er sich, von wo die Anfrage kam.

Dann sendet er das Datenpaket über die externe IP-Adresse ins Internet. Kommt die Antwort auf dieses Datenpaket zurück, dann erkennt der Router, vom welcher internen

IP-Adresse die Anfrage kam, und versieht das eintreffende Datenpaket wieder mit der entsprechenden internen IP- und Portadresse des Clients und leitet es dann an diesen weiter.

Wieviele dieser Adresspaare ein Router verwalten kann, ist eines der Gütekriterien des Routers.

Wenn ein Client als Sender ein Datenpaket abschickt, dann kennt er zwar die Zieladresse, doch wie das Datenpaket dort hin kommt, weis er nicht. Das NAT-Routing sorgt dafür, dass über eine Routingtabelle die richtige Route ermittelt wird.

Diese Routingtabelle enthält verschiedene Informationen. Hier das Grundschema einer solchen Routingtabelle:

Bezeichnung	Bedeutung
Destination	Zieladresse. Hier ist die IP-Adresse des Ziels hinterlegt
Gateway	Die IP-Adresse Gateways, über den das Ziel erreicht werden kann
Flags	Routencharakteristik: H: Route zu einem Rechner G: Route läuft über ein Gateway U: Route steht und ist nutzbar
Refcnt	Zählt die Häufigkeit, mit der diese Route für Verbindungen eingesetzt wurde
Interface	Bezeichnung des Netzwerkinterfaces für die Route
Metric	Zähler für die Anzahl der Gateways, die zwischen Quelle und Ziel liegen

4.5 Static Route einrichten

Eine statische Route dient der festen Verbindung zwischen zwei Netzwerken. Sie wird vor allem benutzt, um zwei Netzwerke über ein Infrastrukturnetzwerk zu verbinden. Aber auch die Anbindung von Servern geschieht oft über eine Static Route.

Bei der statischen Route wird eine fest vorgegebene Route sozusagen erzwungen, während beim dynamischen Routing wechselnde optimierte Routen verwendet werden. Bei der statischen Route ist der Weg von der Quelle zum Ziel fest vorgegeben, und die Datenpakete nehmen immer ein und denselben Weg.

Das hat aber den Nachteil, dass nicht automatisch auf Überlastungen oder Störungen und Ausfälle im Routing reagiert werden kann. Das dynamische Routing hingegen kann bei Störungen Ausweichrouten wählen.

Zudem müssen bei Änderungen im Netzwerk auch die statischen Routen manuell angepasst werden, während das dynamische Routing sebständig darauf reagiert.

Nehmen Sie eine Firma als Beispiel, die zwei Firmengebäude hat, das Bürohaus und die Fabrikation. Im Bürohaus ist ein Netzwerk etabliert und in den Fabrikation ein zweites.

Dann gibt es ein übergeordnetes Infrastrukturnetzwerk, das beide Netze verbinden und an das Internet anbinden soll. Hier würden drei Router benötigt. Einer in jedem Netz und ein dritter für die Infrastruktur. Hier zunächst eine schematische Darstellung.

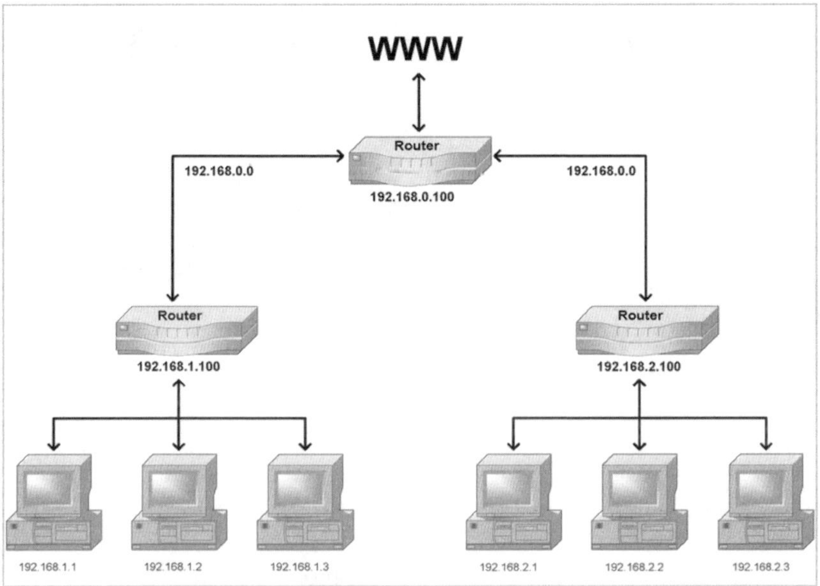

Wie Sie sehen, haben wir hier zwei Netzwerke mit eigenen IP-Adressbereichen. LAN A hat den Adressbereich 192.168.1.X und LAN B den Bereich 192.168.2.X.

Die Infrastruktur, die beide miteinander und mit dem Internet verbindet, hat die 192.168.0.X. Alle Router haben jeweils die 100 als letzte Gruppe der IP-Adresse.

Die Verbindung ins Internet baut der Router 192.168.0.100 auf, der damit auch für alle Beteiligten als Standardgateway für die Internetverbindung dient.

Die beiden anderen sind nur für das netzwerkinterne Routing zuständig.

Damit diese jetzt die Internetverbindung nutzen können, muss jeweils eine Static Route zwischen den beiden Netzwerkroutern und dem Internetzugangsrouter aufgebaut werden.

Sollen die beiden Netzwerke verbunden werden, muss auch zusätzlich eine Static Route zwischen den beiden Netzwerkroutern hergestellt werden.

1 Loggen Sie sich in das Webinterface des Routers ein und suchen Sie den Link *Feste Adresszuweisung (Static Route)*.

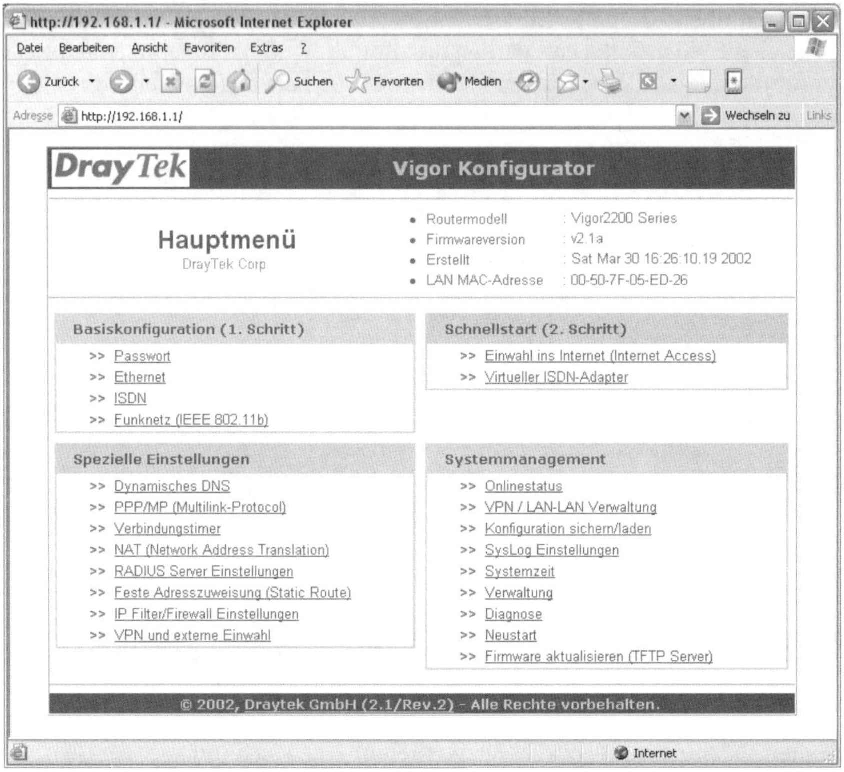

2 Sie sehen die zehn möglichen statischen Routen, die Sie vergeben können. Klicken Sie auf die *1.*, um die erste Route anzulegen.

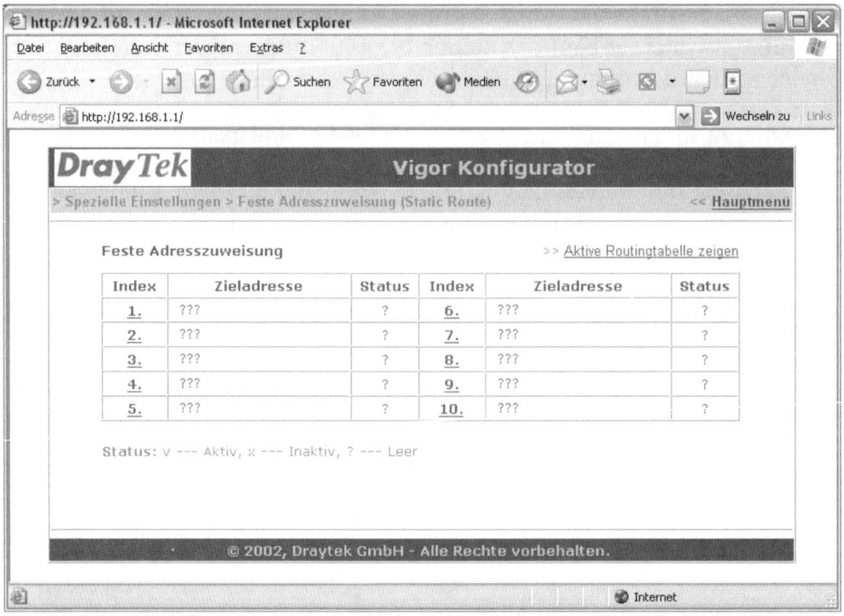

3 Wählen Sie bei *Status/Aktion* die Option *Aktiv/Hinzufügen* aus. Dann tragen Sie bei *Ziel-IP-Adresse* die IP-Adresse des Internetzugangsrouters ein. Die *Teilnetzmaske* ist 255.255.255.0. Auch die *Gateway-IP-Adresse* müssen Sie angeben. Es ist die IP-Adresse des Internetzugangsrouters.

Dann definieren Sie noch den *Netzwerkanschluß*. Da alle Beteiligten miteinander verbunden sind, wählen Sie hier *LAN* aus. Klicken Sie auf *OK* und Ihre erste Static Route ist fertig.

Eine solche Static Route kann aber nicht nur innerhalb eines Firmennetzwerks eingerichtet werden. Wenn Sie im Konfigurationsfenster (Schritt 3) bei *Netzwerkanschluss* statt *LAN* die Funktion *WAN* wählen, dann wird die „Gegenstelle" in einem Widearea Network angesteuert.

Dass könnte auch eine fest vergebene IP-Adresse im Internet sein, mit anderen Worten Ihre Standleitung ins Internet. Solche Standleitungen sind allerdings ein sehr teurer Spaß.

Oder aber Sie haben eine Standleitung, deren Ziel beispielsweise eine geografisch entfernte Zweigstelle einer Firma ist, die so angebunden wird.

Demilitarisierte Zone (DMZ)

Eine „Demilitarized Zone", auch DMZ genannt, ist nicht etwa ein befriedetes Kriegsgebiet oder eine Zone ohne Feindhandlungen.

In Netzwerken ist die DMZ eine bestimmte IP-Adresse oder ein Adressbereich, für den Schutzmaßnahmen nicht gelten. Ein Client, der zur DMZ gemacht wird, steht sozusagen mit heruntergelassener Hose im Internet.

Die Schutzfunktionen von NAT oder andere Sicherheitseinstellungen gelten nicht für diese IP-Adresse. Die DMZ steht quasi „zwischen" dem Internet und dem durch den Router bzw. NAT geschützten LAN und wird somit von diesem LAN getrennt.

Daher findet man ab und zu für DMZ auch die Bezeichnung Grenznetz, worunter ein vom restlichen LAN entkoppeltes Teilnetzwerk verstanden wird.

Eine DMZ wird auch bei Servern oder Clients eingesetzt, die außerhalb der das LAN schützenden Firewall laufen sollen oder müssen, um zu funktionieren. Zu den Risiken lesen Sie unbedingt auch Kapitel 9.

Aber warum macht man das, warum klammert man einen Client so vollständig aus den Schutzmechanismen, die ein Router bietet, aus? Das ist häufig bei solchen Rechnern nötig, die spezielle Dienste im Internet nutzen, die von den Schutzmechanismen gestört oder blockiert würden, weil die Verbindung zwischen Ziel und Quelle nicht direkt, sondern über den „Umweg" NAT erfolgt.

Paradebeispiel sind beliebte Games, die online gegen andere gespielt werden. Aber auch Videokonferenzen, die über das Internet laufen, oder bestimmte Filesharingdienste können eine DMZ erfordern.

Die Einrichtung einer DMZ ist sehr einfach.

1 Loggen Sie sich über das Webinterface auf Ihrem Router ein und klicken Sie auf den Link *NAT (Network Address Translation)*.

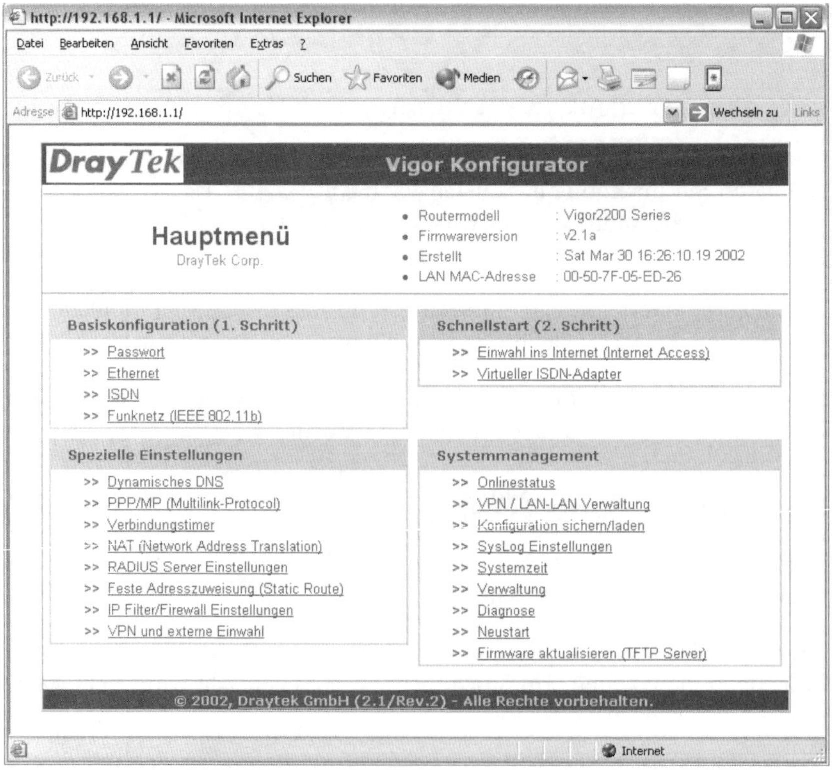

2 Klicken Sie jetzt auf den Link *DMZ-Rechner einstellen*.

3 Setzen Sie das Häkchen bei *Aktivieren* und geben Sie die *Lokale IP* entweder von Hand ein oder klicken Sie auf *PC wählen* und wählen Sie die entsprechende IP-Adresse aus.

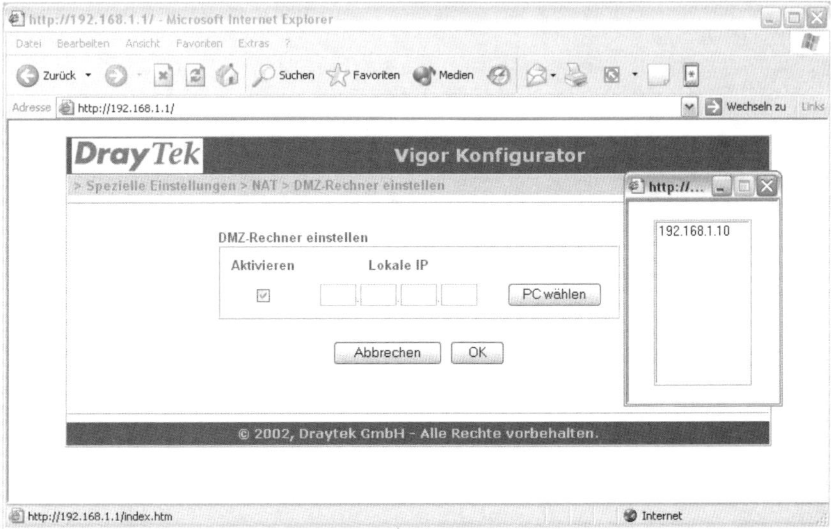

4 Klicken Sie dann auf *OK*. Damit ist ein Rechner zur DMZ geworden.

Achtung: DMZ ist vollkommen schutzlos

Der zur DMZ konfigurierte Client ist jetzt sozusagen schutzlos dem Internet ausgeliefert. Das ist nicht nur für die Games nützlich, sondern auch schädlich. Denn Hacker könnten diesen DMZ-Client als Einflugschneise in Ihr Netzwerk missbrauchen.

Daher ist es sehr zu empfehlen, die DMZ-Einstellung nur so lange zu aktivieren, wie es nötig ist. Ist die Game-Session, die Videokonferenz etc. beendet, dann deaktivieren Sie DMZ wieder, indem Sie in der oben gezeigten Einstellung das Häkchen bei *Aktivieren* löschen.

Diese Gefahr entsteht aus einer Schwäche, die die üblichen SOHO-Router in Sachen DMZ haben. Normalerweise sollte eine DMZ in einem eigenen, abgeschlossenen Teilnetz mit eigenem IP-Adressbereich aufgesetzt werden, das vom eigentlichen privaten Netzwerk durch eine interne Firewall abgegrenzt ist.

Diese vollständige Trennung von DMZ und dem restliche LAN bieten die SOHO-Router nicht.

Das birgt die Gefahr, dass ein Hacker, dem es gelingt, in den DMZ-Rechner einzudringen, auch in das gesamte LAN vordringen kann.

Gerade deshalb sollte auf die Nutzung von DMZ so weit wie möglich verzichtet werden.

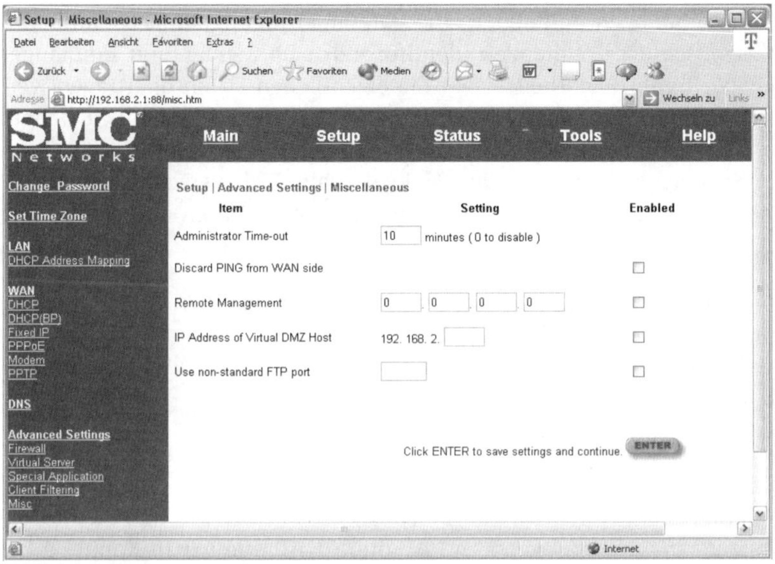

Auch hier zum Vergleich noch einmal das Setup für DMZ bei einem anderen Router.

IPSec sorgt für Sicherheit

IPSec steht für **I**nternet **P**rotocol **Sec**urity. IPSec setzt sich aus eine Gruppe mehrerer Protokolle zusammen (s. a. RFC 2401-2409), die für eine höhere Sicherheit bei Datentransfer über TCP/IP sorgen. Die zwei wesentlichen Bestandteile sind ESP (**E**ncapsulated **S**ecurity **P**ayload), und AH (**A**uthenticitation **H**eader). Durch diese beiden Protokolle wird zum einen eine Authentifizierung der Daten, die über IP versendet werden, sichergestellt und zum anderen eine Integritätsprüfung und ein Wiedergabeschutz erreicht. Ziel ist es, die Daten sowohl vor der Fälschung als auch vor dem Abhören zu schützen.

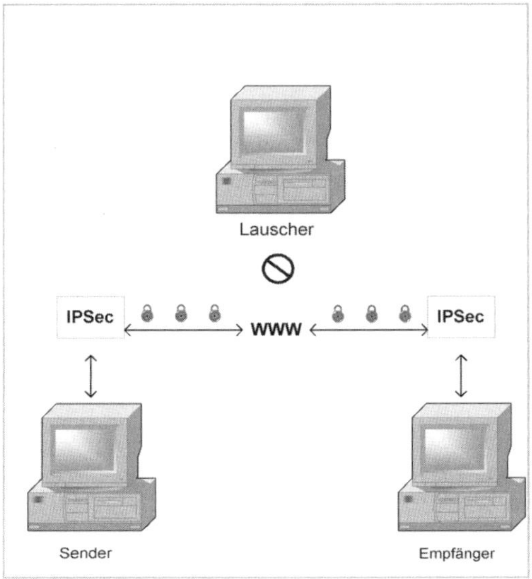

IPSec benutzt Schlüsselsequenzen, mit denen eine Datenübertragung zunächst authentifiziert wird. Mit diesen Schlüsselsequenzen identifizieren sich Sender und Empfänger und verifizieren gegenseitig ihre Echtheit, bevor die eigentlichen Daten übertragen werden. Das Ganze lässt sich grob mit **P**retty **G**ood **P**rivacy (PGP) bei E-Mails vergleichen. Der Authenticitation Header verifiziert die Echtheit der Daten, um diese vor Verfälschungen zu schützen. Und Encapsulated Security Payload schließlich verschlüsselt die eigentlichen Daten, sodass sie während der Übertragung unlesbar werden und somit nicht abgehört werden können.

IPSec wird meist im Zusammenhang mit **V**irtuellen **P**rivaten **N**etzwerken (VPN) benutzt. Ein VPN dient dazu, eine sichere Verbindung über das Internet zu einem Netzwerk herzustellen, damit man diese Verbindung so nutzen kann, als wäre man direkt mit diesem Netzwerk verbunden.

IPSec soll dabei für möglichst hohe Sicherheit sorgen, indem es, wie oben beschrieben, die übertragenen Daten gegen Abhören und gegen Verfälschung schützt. Die Konfiguration von IPSec ist nicht schwer. Nachteilig an IPSec ist, dass dieses Protokoll keine Benutzeridentifikation unterstützt. Dazu gehören PAP und CHAP, die wir in Kapitel 9 behandeln.

Außerdem ist die Konfiguration durch ihre Komplexität fehleranfällig.

1 Loggen Sie sich über das Webinterface auf Ihrem Router ein und klicken Sie auf den Link *VPN und externe Einwahl*. Im nächsten Fenster klicken Sie auf den Auswahllink *VPN IKE/IPSec Einstellungen*.

2 Zunächst müssen Sie oben bei *Einstellungen für die Einwahl in diesem Vigor* (gemeint ist der Router) den *IPSec-Schlüssel* eingeben und bestätigen. Sie sollten, wie auch bei Passwörtern, eine zufällige Folge von Zahlen und Buchstaben wählen und keine leicht zu erratenden Schlüsselwörter benutzen. Wenn der Schlüssel aus dem Namen Ihres Haustieres besteht, ist dieser zu leicht zu erraten.

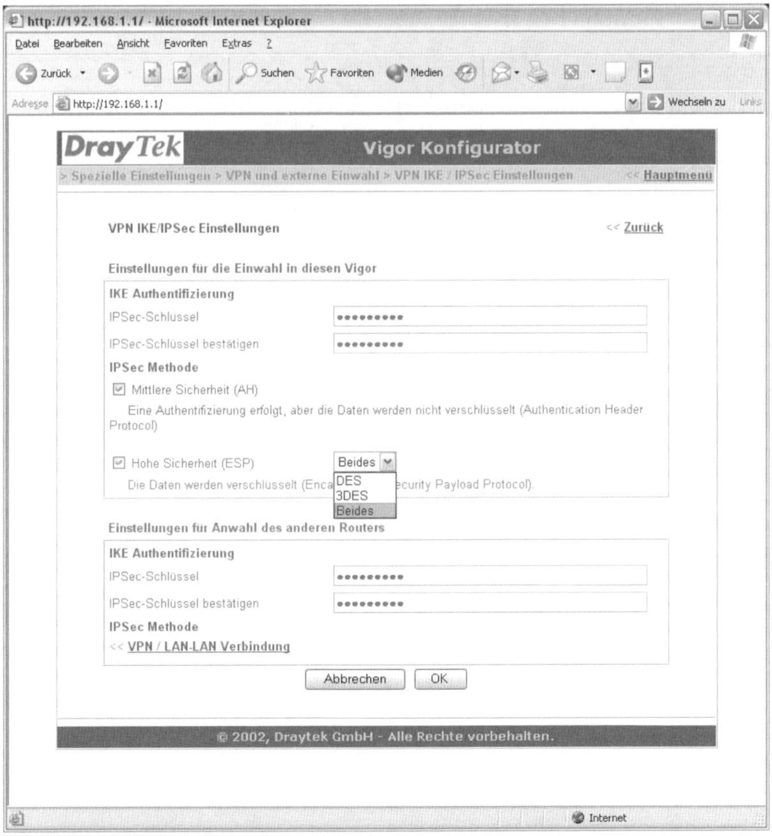

3 Danach sollten Sie sowohl bei *Mittlere Sicherheit (AH)* als auch bei *Hohe Sicherheit (ESP)* ein Häkchen setzen. Damit erreichen Sie, dass sowohl die Authentifizierung erfolgt als auch die Daten selbst verschlüsselt gesendet werden. In dem Dropdown-Menü sollten Sie beides auswählen, damit sowohl DES als auch 3DES benutzt werden. Nur wenn Sie absolut sicher sein können, dass jede Gegenstelle, die sich in Ihren Router einklinken will, 3DES nutzt, sollten Sie ausschließlich 3DES einstellen.

4 Für den Fall, dass Ihr Router sich seinerseits in andere VPN-Router einwählen soll, müssen Sie bei den Einstellungen für die Anwahl des anderen Routers den entsprechenden *IPSec-Schlüssel* eintragen und bestätigen. Zum Schluss klicken Sie auf *OK*, um Ihre IPSEc-Einstellungen im Router zu speichern.

Damit ist IPSec schon konfiguriert. IPSec kann übrigens auch in einem Wireless LAN benutzt werden, um eine bessere Sicherheit bei der Datenübertragung zu erreichen, als dies mit den WLAN-Bordmitteln möglich ist. Dazu aber später mehr in Kapitel 12.

IP-Alias

Alias wird gemeinhin als Zweitname verstanden. Es geht darum, einem physikalischen Netzwerkanschluss eine zweite oder mehrere IP-Adressen zuzuweisen.

Wenn ein Netzwerkanschluss eines Clients neben der ersten IP-Adresse mehrere IP-Alias hat, dann können diese zusätzlichen IP-Adressen wie eigenständige Netzwerkanschlüsse behandelt werden.

Allerdings muss das entsprechende Gerät auch IP-Alias unterstützen.

5. Verbindungstest im Netz

Nachdem Sie Ihren Router bereits grundlegend konfiguriert haben, werden Sie nun erfahren, wie Sie Ihre Verbindungen prüfen. Dabei gibt es deutlich mehr Fallstricke, als man auf den ersten Blick vermutet. Auch wenn der Router prinzipiell erreichbar ist, heißt das noch lange nicht, dass auch das Routing funktioniert, geschweige denn, dass die Geschwindigkeit optimal ist.

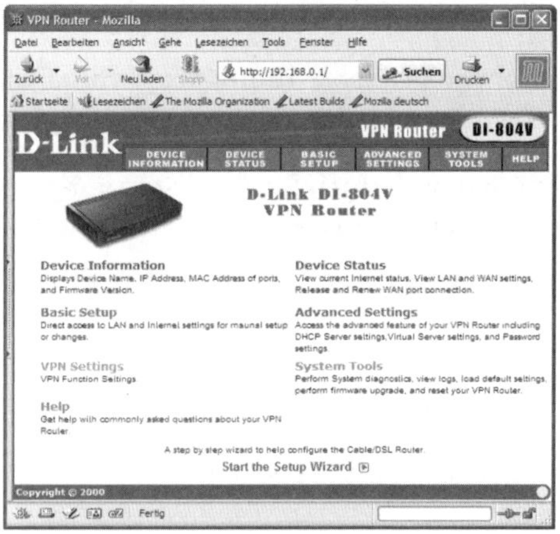

5.1 Erster Verbindungstest mit Ping

Die einfachste Möglichkeit, eine Verbindung zwischen zwei am Netzwerk angeschlossenen Geräten zu prüfen, ist das Senden eines so genannten Pings. Ein Ping (engl.: Klingeln) ist nichts weiter als eine Anfrage an ein Gerät, ob es erreichbar ist. Wenn das Gerät einen Ping erhält, antwortet es automatisch mit einer Bestätigung, dass der Ping ihn erreicht hat.

Dieser einfache Test wird praktisch von allen netzwerkfähigen Geräten unterstützt und kann somit problemlos zur ersten Prüfung der Verbindung verwendet werden.

Unter Windows öffnen Sie über *Start/Programme/Zubehör/Eingabeaufforderung* die Eingabeaufforderung, in der Sie anschließend Folgendes eingeben:

```
ping 191.168.0.1
```

Dabei müssen Sie 192.168.0.1 evtl. durch die von Ihnen eingestellte IP für Ihren Router ersetzen. Unter Linux und UNIX können Sie denselben Befehl verwenden, allerdings wird dort so lange automatisch gepingt, bis Sie das Programm durch gleichzeitiges Drücken von Strg und C beenden.

Funktioniert der Ping, erhalten Sie eine Ausgabe, die Sie über die Antwortzeiten des Routers informiert. In einem fest verkabelten 100-MBit-Netz, wie es heute recht verbreitet ist, sollten die Antwortzeiten im Bereich weniger Millisekunden liegen. Sollten Sie keine Antworten vom Gerät erhalten, liegt ein grundlegendes Problem vor, meist auf Hardwareebene.

Um dieses Problem zu beseitigen, sollten Sie mögliche Fehlerquellen systematisch überprüfen.

- Zuerst sollten Sie den korrekten Sitz der Kabel prüfen. Ist der Router mit dem Hub/Switch verbunden? Normales Cat-5-Netzkabel, kein Cross-Patch-Kabel.
- Leuchtet die Diode an der Netzwerkkarte? Wenn nein, kann die Netzwerkkarte defekt sein.
- Leuchtet die Link-Diode am Hub/Switch des Routers? Wenn ja, sind das Kabel und die Netzwerkkarte wahrscheinlich in Ordnung und es liegen Routerinterne- oder Protokollprobleme vor.

Wenn das Kabel richtig sitzt und die Verbindungsdioden an Netzwerkkarte und Router leuchten, werden Sie vermutlich eine falsche IP-Adresse gepingt haben. Sehen Sie im Handbuch Ihres Routers nach der Standard-IP-Adresse, die vom Router verwendet wird, und führen Sie evtl. einen Reset des Routers durch. Sollte eine der Verbindungen nach wie vor nicht vorhanden sein, tauschen Sie das Kabel aus. Wenn das Problem dann noch immer nicht gelöst ist, ist vermutlich ein Teil der Hardware defekt (defekte Netzwerkkarte oder Router etc.) Stecken Sie das betreffende Gerät zur Überprüfung noch einmal an einen anderen Port am Hub/Switch. Sollte dann die Link-Diode leuchten, ist vermutlich der eine Port am Switch defekt. Andernfalls ist es wahrscheinlicher, dass das angeschlossene Gerät defekt ist.

Der Test mit einem Ping sagt allerdings nur etwas darüber aus, ob die Netzwerkverbindung in Richtung des lokalen Netzes, also zwischen Ihrem PC und dem Router, funktioniert. Ob die Verbindung zum Provider hergestellt wird, können Sie so nicht prüfen. Auch ob nicht noch andere Probleme beim Übertragen der Daten zwischen Provider und Router oder Router und PC auftreten, kann ein Ping nicht ohne weiteres klären.

5.2 Nameserver testen

Wenn die Verbindung zwischen den Rechnern besteht und Ihr Router eine Verbindung zum Provider aufbaut, sollte im Optimalfall bereits Internet für alle Clients zur Verfügung stehen. Damit Sie an den Clients im Internet surfen können, muss die Namensauflösung funktionieren. Das ist notwendig, damit der PC weiß, wer sich tatsächlich hinter einem einfachen Domainnamen verbirgt. Denn tatsächlich werden die Rechner über eine IP-Adresse identifiziert. Domainnamen dienen lediglich der Vereinfachung, da wir uns Namen deutlich besser einprägen können als Ziffernfolgen. Ein **D**omain **N**ame **S**erver (DNS) macht also nichts weiter, als einen Domainnamen in eine IP umzuwandeln.

Es gibt zahlreiche solcher Nameserver im Internet. Jeder Provider stellt in der Regel mindestens einen für seine Kunden zur Verfügung, in der Regel sind es aber zwei oder mehr. Im Windows-Netzwerk bezeichnet man sie als bevorzugten und alternativen DNS.

Die Nameserver holen sich die Listen von den zentralen Domain-Verwaltungsstellen. Für .de-Domains ist das beispielsweise die Denic. Damit Sie auch alle Domains, egal wann, wo und von wem sie registriert wurden, erreichen können, müssen Sie Ihrem PC einen solchen Nameserver mitteilen, damit der PC dann die Namen auflösen lassen kann.

Wenn Sie einen Router einsetzen, setzen Sie den Nameserver etwas anders ein als an einem Stand-alone-Internetzugang. Der Router pflegt eine eigene Namensliste, sodass die Clients die Anfragen zum Router senden können, sodass Traffic gespart wird und unnötige Anfragen, wie sie oftmals von Windows-Clients gestellt werden, die Verbindung nicht unnütz aufrecht erhalten.

Im vorherigen Kapitel haben Sie Router und Clients bereits so konfiguriert, dass der Nameserver an den Clients korrekt eingetragen sein sollte und der Router als Nameserver arbeitet.

Um nun zu prüfen, ob die Namensauflösung funktioniert, bedienen wir uns erneut des Ping-Utilitys. Diesmal pingen Sie jedoch keine IP-Adresse, sondern einen Domainnamen an.

Das hat zur Folge, dass der Rechner versucht, den Domainnamen aufzulösen, um eine IP-Adresse zu erhalten, die er dann pingen kann.

Öffnen Sie erneut eine Eingabeaufforderung. Diesmal geben Sie folgenden Befehl ein:

```
ping www.databecker.de
```

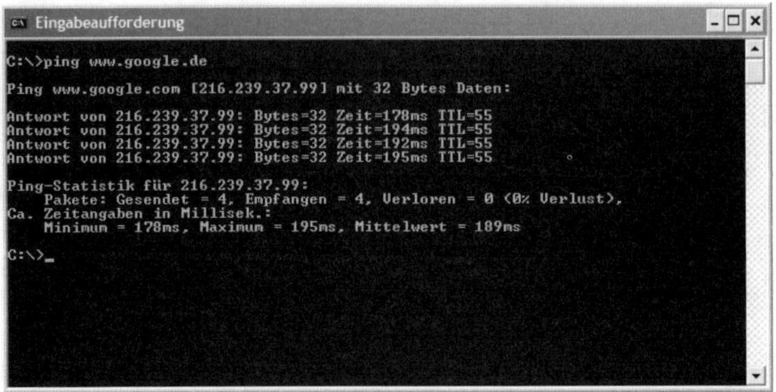

Testen des Nameservers mithilfe des ping-Utilitys.

Dieses Mal sind nicht die Antworten des Servers entscheidend, sondern ob der Name aufgelöst werden kann. Funktioniert die Namensauflösung, erscheint die erste Zeile, ähnlich dieser:

```
Ping www.databecker.de [195.71.104.20] mit 32 Bytes Daten:
```

Wichtig ist dabei die IP-Adresse in den eckigen Klammern hinter dem Domainnamen.

Wird sie angezeigt, funktioniert die Namensauflösung. Wenn die Namensauflösung nicht funktioniert, erscheint für etwa eine halbe Minute keine Ausgabe, bevor dann die folgende Meldung ausgegeben wird:

```
Ping-Anforderung konnte Host www.databecker.de nicht finden. Überprüfen Sie den
Namen, und versuchen Sie es erneut.
```

Diese Meldung hilft uns, wie so oft bei Windows-Fehlermeldungen, herzlich wenig weiter, um das Problem zu lokalisieren.

Dass die Domain, die wir angegeben haben, korrekt war, setzen wir nun voraus, im Zweifel können Sie aber lieber noch eine zweite Domain testen.

Geblockte Pings

Einige Server im Internet blocken generell Ping-Anfragen. Wenn Sie einen solchen Server anpingen, erhalten Sie keine Antwort, obwohl die Verbindung korrekt steht. Dieses Blocken wird von den Administratoren eingerichtet, um unnötigen Traffic durch sinnlose Ping-Anfragen zu vermeiden, und aus Sicherheitsgründen. Hacker können aus speziellen Ping-Anfragen Informationen über Sicherheitslöcher des Servers auslesen.

Der erste Schritt, um den Ursprung des Fehlers zu finden, ist zu überprüfen, ob der richtige Nameserver verwendet wird.

Unter Windows 2000 und XP geben Sie dazu folgenden Befehl in der Eingabeaufforderung ein:

```
ipconfig /all
```

Die Ausgabe ähnelt der des nachfolgenden Screenshots.

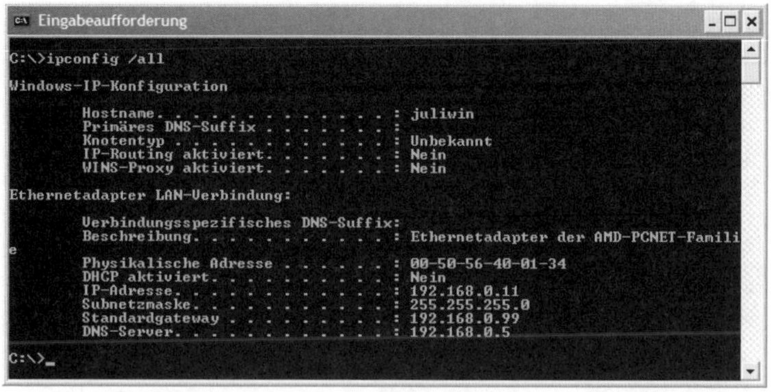

Informationen über die aktuelle Netzwerkverbindung unter Windows 2000/XP.

Für Sie ist vorerst nur die letzte Zeile interessant. Dort wird der verwendete DNS-Server angeben. In dem auf dem Screenshot abgebildeten Fall ist der Fehler schnell zu finden. Der Nameserver wurde auf 192.168.0.5 gestellt. Er hätte aber, ebenso wie das korrekt eingestellte Gateway, auf 192.168.0.99 gestellt sein müssen. Wie der Nameserver in Ihrem Fall eingestellt sein muss, hängt von der Konfiguration ihres Routers ab, die Sie im vorherigen Kapitel vorgenommen haben. Unter Windows 9x erhalten Sie den verwendeten Nameserver durch Eingabe von „winipcfg“.

Unter Linux entnehmen Sie den verwendeten Nameserver aus der Datei */etc/resolv.conf*, Beispielsweise mit dem folgenden Befehl:

```
cat /etc/resolv.conf
```

Die Ausgabe sollte ähnlich der nachfolgenden aussehen:

```
nameserver 192.168.0.99
nameserver 192.168.0.100
```

Der oberste Eintrag wird als Erstes verwendet. Kann dieser den gewünschten Namen nicht auflösen, wird beim zweiten angefragt. Das geht so lange weiter, wie Einträge in der *resolv.conf* zu finden sind.

Sollte der DNS-Server korrekt eingestellt sein, die Namensauflösung aber trotzdem nicht funktionieren, liegt der Fehler mit hoher Wahrscheinlichkeit beim Router. Überprüfen Sie zunächst, ob der Router den DNS-Server dynamisch von Ihrem Provider bezieht oder ob er einen fest angegebenen DNS-Server verwendet. Gehen Sie dazu in das Konfigurationsoberfläche des Routers und suchen Sie nach einem Punkt zur DNS-Konfiguration. Meistens werden Sie diesen unter den grundlegenden Einstellungen des Routers finden.

Wenn der Router die IP-Adresse des Nameservers dynamisch bezieht, sollten Sie einmal versuchen, manuell eine Adresse eines Nameservers anzugeben. Eine Liste von wichtigen DNS-Servern finden Sie im Internet unter *http://www.fli4l.de/german/dns.htm.*

Funktioniert die Namensauflösung nach dieser Umstellung, ist wahrscheinlich entweder der vom Provider übermittelte Server defekt, oder der Provider unterstützt die automatische Zuteilung von DNS-Servern gar nicht.

Hat der Router jedoch einen manuell angegeben Nameserver als Forwarder verwendet, sollten Sie zuerst versuchen, den Router den Nameserver dynamisch beziehen zu lassen, wodurch Sie in der Regel einen funktionierenden DNS-Server zugeteilt bekommen. Sollte Ihr Provider diesen Service nicht anbieten, tauschen Sie den manuell eingetragenen Nameserver aus. Mehr zu öffentlichen DNS-Servern finden Sie unter *www.dns.net*.

Sollte die Namensauflösung weiterhin fehlschlagen, bleibt noch die Möglichkeit, die Clients direkt auf einen DNS-Server im Internet zugreifen zu lassen. Das bringt jedoch einige Nachteile mit sich. So kann es passieren, dass das automatische Trennen der Verbindung fehlschlägt, weil speziell Windows-PCs unnötige DNS-Anfragen senden, die Traffic verursachen und den Router dadurch veranlassen, die Verbindung nicht zu trennen.

5.3 Routing testen

Wenn die Namensauflösung funktioniert, ist der nächste Schritt das Testen der grundlegenden Routingfunktionen. Dazu zählt das Routen von HTTP-, FTP-, POP3-, IMAP- sowie einiger weiterer Protokolle. Für den ersten Test genügt auch hier das Ping-Utility. Sie müssen einen Ping an einen Server im Internet, also außerhalb ihres LANs, absetzen, um zu sehen, ob das einfache Routing funktioniert. Ob Sie einen Domainnamen oder direkt eine IP pingen, macht keinen Unterschied, da der Nameserver nach dem letzten Abschnitt funktionieren sollte. Bei diesem Ping sind erneut die Antworten entscheidend.

Erst einmal ist nur wichtig, ob überhaupt Antworten kommen. Die Antwortgeschwindigkeiten sind vorerst uninteressant. Sobald Antworten von der Gegenseite kommen, funktioniert zumindest das grundlegende Routing bereits. Sollten keine Antworten kommen, gilt es zuerst, wieder einmal die lokalen Einstellungen zu überprüfen.

Starten Sie erneut das Programm *ipconfig* für Windows 2000/XP bzw. *winipcfg* für Windows 9x. Kontrollieren Sie diesmal die Angabe *Gateway*. Der korrekte Wert für das Gateway ist immer die IP-Adresse des Routers. Sollte der Wert nicht korrekt sein, müssen Sie ihn je nach Systemkonfiguration lokal am PC oder in den DHCP-Einstellungen des Routers korrigieren. Stimmt der Wert, das Routing funktioniert aber trotzdem nicht, wird das Problem am Router liegen. Die Internetverbindung des Routers muss funktionieren, da ansonsten schon die Namensauflösung fehlgeschlagen wäre.

Eine mögliche Fehlerquelle ist die von den meisten Routern unterstützte Funktion, einzelne Rechner vom Internet, und damit den Routingfunktionalitäten, auszugrenzen. Diese Option finden Sie meistens in den erweiterten bzw. fortgeschrittenen Einstellungen des Routers. Zum Testen sollten Sie die Option idealerweise komplett deaktivieren, um sie als mögliche Fehlerquelle komplett auszuschließen.

Wenn der Ping funktionert, sprich Sie erhalten Antworten von der Gegenseite, können Sie mit dem Testen des HTTP-Routings, der für das Websurfen wohl wichtigsten Funktion, fortfahren.

5.4 HTTP-Routing testen

Das HTTP-Routing testen Sie am einfachsten mit dem Webbrowser Ihrer Wahl. Starten Sie dazu den Browser und rufen Sie eine beliebige Domain auf. Sollte das Anwählen funktionieren, können Sie direkt zum nächsten Abschnitt springen. Funktioniert der Zugriff auf das Internet nicht, geht es wieder einmal an die Fehlersuche. Zuerst sollte geprüft werden, ob der Browser evtl. versucht, einen nicht vorhandenen Proxy-Server zum Surfen im Web zu benutzen.

Gehen Sie dazu in die Browseroptionen und sehen Sie in den Verbindungsoptionen nach eingestellten Proxy-Servern. Sollte ein Proxy-Server aktiviert sein, deaktivieren Sie ihn. Sollte das Surfen nach einem erneuten Test noch immer nicht funktionieren, liegt der Fehler vermutlich wieder beim Router. Es gibt bei einigen Routern die Möglichkeit, nur bestimmte Routingfunktionen zu deaktivieren. Auch diese sind meistens in den erweiterten bzw. fortgeschrittenen Einstellungen zu finden. Stellen Sie sicher, dass diese Funktionen komplett deaktiviert sind. Falls Sie sie einsetzen möchten, können Sie die Funktionen erneut konfigurieren, wenn Sie eine funktionierende Grundeinstellung des Routers haben.Wenn das HTTP-Routing funktioniert, sollten in der Regel auch die etwas fortgeschrittenen Routingmodi, wie FTP und SSH, funktionieren.

Funktionieren FTP- oder SSH-Routing jedoch nicht, liegt die Fehlerursache vermutlich in der Konfiguration der Portsperren. So ist unter Umständen der Zugriff auf den entsprechenden Port auch für Rechner innerhalb des Netzwerks gesperrt, was dazu führt, dass die Anfragen der Clients auf diesen Port verworfen werden.

5.5 Performance schnell optimieren

Im nächsten Schritt gilt es, die optimale Performance aus Ihrer Verbindung und Ihrem Router herauszuholen. Wir gehen im Beispiel von einer DSL-Verbindung aus, mit der Downloadraten von etwa 90 KBit/s möglich sein sollten. Der Upstream ist in der Regel weniger wichtig, soll der Vollständigkeit halber aber auch kurz getestet werden. Der zweite wichtige Geschwindigkeitsfaktor sind die Antwortzeiten bei einer Anfrage ins Internet, zum Beispiel bei einem Ping. Diese Antwortzeiten hängen sehr stark von der Verbindung ab.

Bei ISDN-Verbindungen sind im Idealfall etwa 80 ms möglich. Theoretisch sollten diese bei DSL-Verbindungen auf etwa 30 ms sinken. Das klappt bei einigen DSL-Anbietern auch. Wenn Sie allerdings T-DSL-Kunde sind und damit zur großen Mehrheit der DSL-Kunden gehören, werden Sie diese Antwortzeiten nicht erreichen. Das liegt daran, dass die Telekom an Ihren Einwahlknoten zusätzliche Überprüfungen von den versandten Paketen vornimmt, die natürlich Zeit beanspruchen.

Diese Überprüfungen sollen defekte Datenpakete bereits zum frühest möglichen Zeitpunkt erkennen und falls möglich automatisch korrigieren. Würden die Pakete unkontrolliert weitergesendet, wie es bei vielen anderen Anbietern der Standard ist, erhält man zwar schnellere Antwortzeiten, hat aber eine erhöhte Gefahr, dass ein Paket defekt ist und neu verschickt werden muss.

Seit Anfang 2003 bietet die Telekom für derzeit etwa 1 Euro Aufpreis pro Monat für schnellere Antwortzeiten das Fastpath, dabei handelt es sich lediglich um eine Deaktivierung der Paketüberprüfung. Lohnenswert ist diese Investition jedoch in der Regel nur für Onlinegamer, die actionreiche Spiele wie Counterstrike und Quake spielen. Aufgrund dieser Einschränkungen kommen Sie mit T-DSL selten auf eine Antwortzeit unter 80 ms, der damit in etwa auf ISDN-Niveau liegt.

Wenn Sie Ihren Internetzugang lediglich zum Surfen und E-Mail-Versenden und -Empfangen sowie für Chat-Dienste etc. verwenden, stellt diese Einschränkung kein großes Problem dar. Wenn Sie über den Internetzugang jedoch Multiplayer-Spiele wie das sehr verbreitete Counter Strike spielen möchten, können die hohen Antwortzeiten empfindlich stören, da sie die Spielfreude deutlich trüben können.

Das Testen der Downloadraten ist eine nicht ganz einfache Angelegenheit. So hängt die Transferrate nicht nur von Ihrer Internetverbindung ab, sondern auch von der Verbindung sowie der Auslastung der Zwischen- und Gegenstellen.

Um eine Downloadrate zuverlässig schätzen zu können, benötigen Sie also einen Server, der Ihnen eine optimale Ausnutzung Ihrer Bandbreite gewährleistet, oder Sie nutzen einen der zahlreichen Download-Manager, die es Ihnen erlauben, Daten über mehrere Verbindungen zu einem Server herunterzuladen.

Das führt bei den meisten Servern zu konstanten Downloadraten im optimalen Bereich, sodass es für einen Test durchaus aussagekräftig ist.

Ein solcher Download-Manager für Windows ist Lightning Download. Sie können Lightning Download kostenlos von *www.lightningdownload.com* herunterladen und einsetzen.

Nachfolgend finden Sie einen Schritt-für-Schritt-Anleitung, wie Sie Lightning Download einrichten.

1 Laden Sie Lightning Download von der Webseite herunter und installieren Sie es wie jedes andere Windows-Programm durch Doppelklick auf die Datei.

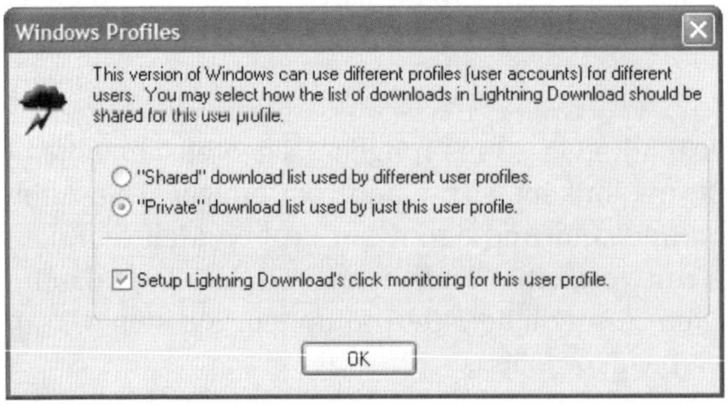

2 Nachdem die Installation abgeschlossen ist, startet Lightning Download automatisch. Sollten Sie Ihren Browser während der Installation nicht beendet haben, müssen Sie das nun tun, um ihn anschließend neu zu starten.

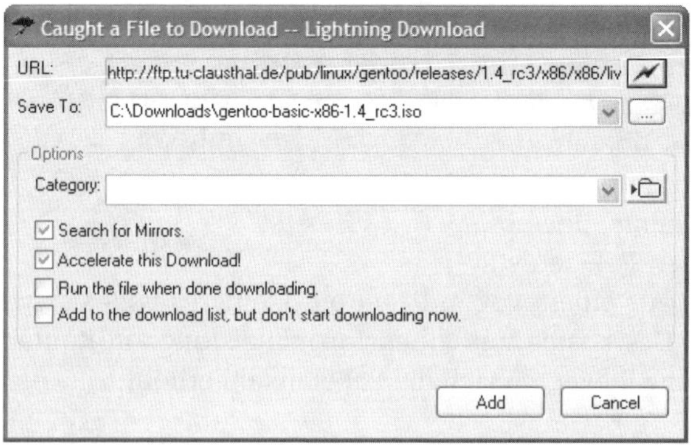

3 Wenn Sie nun eine Datei zum Download anklicken, öffnet sich automatisch Lightning Download mit seinem Downloaddialog. Dort können Sie einstellen, ob die Beschleuningungsfunktion genutzt werden soll, wo die Datei gespeichert werden soll etc.

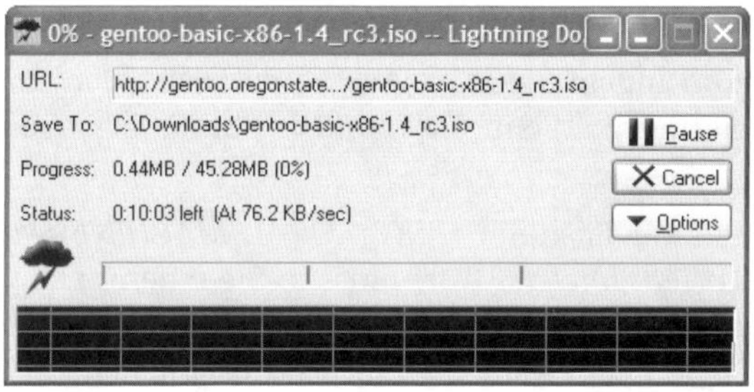

Während des Downloads bekommen Sie einen Dialog angezeigt, der Ihnen zusätzlich zum Gesamtfortschritt auch den Teilfortschritt der einzelnen Segmente anzeigt. Auf dem Screenshot können Sie drei kleinere Balken innerhalb der Fortschrittsanzeige erkennen. Der Download-Manager hat die Datei also in drei Segmente unterteilt, die er nun nach und nach herunterlädt.

Download-Manager für alternative Systeme

Ein guter, kommandozeilenbasierter Download-Manager für Linux ist ProZilla (*http://prozilla.genesys.ro*). Unter MacOS X erfreut sich iGetter (*http://www.igetter.net*) großer Beliebtheit, der ebenso wie ProZilla und Lightning Download beschleunigte Downloads durch Aufteilen unterstützt.

Um nun die Leistung Ihrer Internetverbindung zu ermitteln, beobachten Sie den Download über einige Zeit. Ist die Downloadrate konstant auf einem Wert nahe de 90 KByte/s, wird die Bandbreite der DSL-Leitung optimal ausgenutzt.

Sollte die Bandbreite niedriger sein, versuchen Sie zuerst, eine Datei von einem anderen Server herunterzuladen, um die Gegenstelle als Fehlerquelle komplett auszuschließen.

Sollte die Geschwindigkeit weiterhin niedrig bleiben, ist das Problem bei Ihnen zu suchen. Am wahrscheinlichsten ist, dass die MTU sowie MRU von Router und Clientsystem nicht übereinstimmen. Stimmen die Werte von MTU und MRU des Routers nicht mit denen des Clients überein, muss der Router die ankommenden Pakete evtl. aufteilen, was zur Folge hat, dass aus einem vollen Paket ein kleineres volles sowie ein längst nicht ausgereiztes werden. Das kostet zum einen Rechenleistung am Router und zum anderen dauert die Übertragung länger, da sich die Paketanzahl erhöht.

Transfer Units

Die Maximum Transfer Unit (MTU) sowie die Maximum Receive Unit (MRU) sind die maximalen Größen von versendeten, bzw. empfangenen Paketen.

Eine optimale MTU sowie MRU für DSL-Verbindungen liegt bei 1.492 Byte. Diese sollte sowohl am Router als auch am Client eingestellt sein. Um die MTU unter Windows 2000/XP zu verstellen, müssen Sie Änderungen in der Registry, der zentralen Einstellungsverwaltung von Windows, vornehmen.

Die folgende Schritt-für-Schritt-Anleitung zeigt das Vorgehen unter Windows XP. Sie sollten es ohne große Schwierigkeiten auf Windows 2000 adaptieren können.

1 Starten Sie den Registrierungseditor, indem Sie *Start/Ausführen* auswählen und im erscheinenden Dialog „regedit" eintippen. Wenn Sie mit Enter bestätigt haben, erscheint der Registrierungseditor.

2 Navigieren Sie in der linken Spalte zur Position: *HKEY_LOCAL_MACHINE\System\CurrentControlSet\Services\Ndiswan\Parameters*. Dort müssen Sie einen neuen Eintrag erzeugen. Klicken Sie dazu auf *Bearbeiten/Neu/Schlüssel*. Ein neuer Ordner (Schlüssel) wird erzeugt. Geben Sie ihm den Namen *Protocols*. Anschließend müssen Sie innerhalb dieses neuen Schlüssels einenen weiteren Schlüssel in derselben Art erzeugen. Nennen Sie ihn *0*.

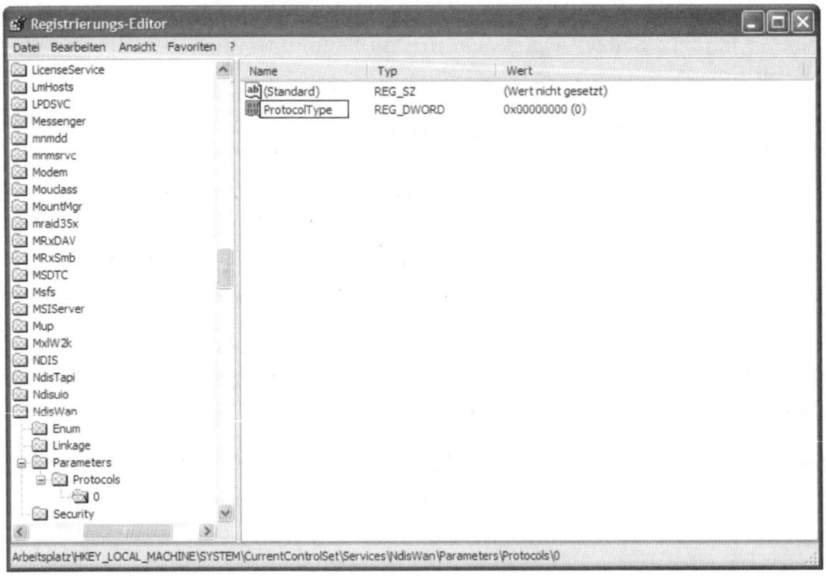

3 Als Nächstes müssen Sie, nun innerhalb des Schlüssels *0*, einen DWORD-Wert erzeugen. Die Option zum erzeugen von DWORD-Werten finden Sie ebenfalls im Menü *Bearbeiten/Neu*. Den ersten nennen Sie „ProtocolType". Diesem Eintrag müssen Sie auch einen Wert zuweisen. Klicken Sie dazu mit der rechten Maustaste auf den Eintrag und wählen Sie die Option *Ändern*. Geben Sie als Wert „800" an. Beachten Sie dabei, dass der Typ auf Hexadezimal gestellt sein muss (Umrechnung z. B. mit dem Rechner in Windows).

Bleiben noch zwei weitere DWORD-Werte zum Einfügen. Der erste bekommt den Namen „PPPProtocolType" und den Wert „21". Der zweite trägt den Namen „ProtocolMTU" und bekommt den Wert „1496". Dieser Wert bestimmt letztendlich die verwendete MTU. Auch bei diesen beiden Werten müssen Sie als Typ Hexadezimal einstellen.

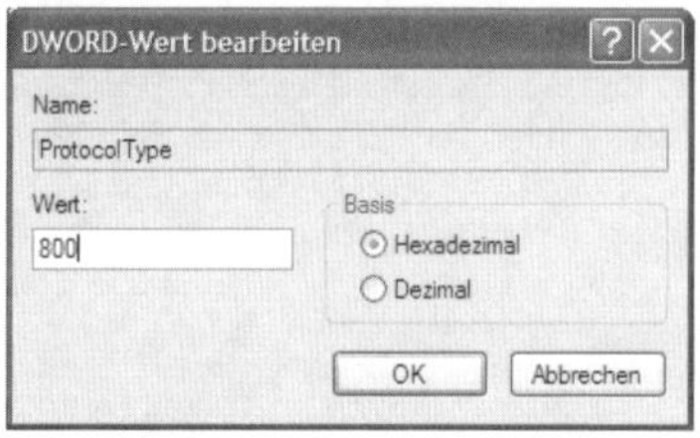

6. Bandbreite messen und Durchsatz optimieren

Wie schnell sind Router und Netz und wie mache ich das Ganze schneller? Mit dieser Frage beschäftigen wir uns jetzt. Wie misst man die Performance des Routers und der DSL-Verbindung? Wie optimiert man die Einstellungen, um mehr Leistung zu erreichen? Es gibt zahlreiche Messprogramme, Tuningtools, Tipps und Tricks, mit denen man aus einem Router und den Netzwerkeinstellungen noch mehr Leistung herauskitzeln kann.

6.1 Messen und analysieren

Beim Auto-Tuning gilt es zunächst festzustellen, wie stark und schnell der Wagen ist, bevor es an die Leistungssteigerung geht. Man kann den Wagen auf freier Piste ausfahren oder auf einen Leistungsprüfstand stellen, was die bessere Lösung ist.

Gleiches gilt für Breitbandrouter. Damit Sie wissen, wo Optimierungen nötig und möglich sind, gilt es zunächst, die Performance Ihres Routers zu messen und zu analysieren. Dafür gibt es zahlreiche nützliche und oft kostenlose Tools.

Einfache Speedtests der Internetverbindung

Zunächst hier einmal recht einfache Tests der Internetanbindung. Es gibt mehrere Onlinetests, mit denen Sie die Performance Ihrer Internetverbindungen testen können. Da wäre beispielsweise *http://www.speedmeter.de*. Mit den Testroutinen auf dieser Seite können Sie die Download- und Uploadrate sowie die maximal möglichen Verbindungen und Ping-Zeiten testen.

Und so funktioniert es.

1 Öffnen Sie die Seite *http://www.speedtest.de* und klicken Sie rechts auf *Download Speed testen* oder einen der beiden anderen Schalter.

2 Setzen Sie einen, mehrere oder alle vier Häkchen, je nachdem, welchen Wert oder welche Werte Sie testen wollen. Klicken Sie dann auf *Test starten*.

Die Tests werden durchgeführt und die Ergebnisse in KByte/Sekunde angezeigt.

Sie können die Ergebnisse zu Protokollzwecken auch mit dem Schalter *In die Zwischenablage kopieren* in die Zwischenablage kopieren.

Das Ergebnis müssen Sie nur noch in KBit pro Sekunde umrechnen, da die DSL-Leistungsangabe 768 KBit/s ja ebenfalls in KBit pro Sekunde angegeben ist. Der im Bild ermittelte Downloadwert von 86,3 ergibt 690,4 KBit/s Downloadgeschwindigkeit.

Mehrmals testen und Mittelwert bilden

Führen Sie diesen Test nicht einmal, sondern mehrere Male durch und bilden Sie daraus einen Mittelwert, um eine realistische Aussage zu bekommen. Warum? Die Geschwindigkeit ist ja nicht statisch, sondern schwankt. Mal ist ein anderer Rechner in Ihrem Netz gerade online, mal ist das Netz des Providers stark belastet. Daher empfiehlt sich der Mittelwert als Messergebnis.

Es ist nicht nur empfehlenswert, den Mittelwert zu bilden, wie gerade im Tipp empfohlen. Sie sollten den Onlinespeedtest auch mit anderen Testanbietern gegenprüfen. Schließlich ist auch die Webseite, auf der der Test läuft, mit schwankenden Verbindungsqualitäten an das Internet angeschlossen. Wer zum Arzt geht, holt sich je nach Befund auch gern eine zweite Meinung.

Die Universität München Beispielsweise hat einen simplen Speedtest im WWW, den Sie unter *http://www.ces.vwl.uni-muenchen.de/cesvideo/bandwidth/test.html* finden.

Dieser dient eigentlich dazu, eine Internetverbindung auf die Tauglichkeit zum Videoempfang zu testen, damit Studenten die Übertragung von Vorlesungen am heimischen Rechner sehen können.

Doch natürlich liefert dieser Test auch eine allgemeine Aussage zur Performance.

1 Geben Sie einfach die URL in Ihren Browser ein.

Die sich öffnende Seite ist bereits der Test.

Es wird ein Bild geladen, um damit die Geschwindigkeit zu testen.

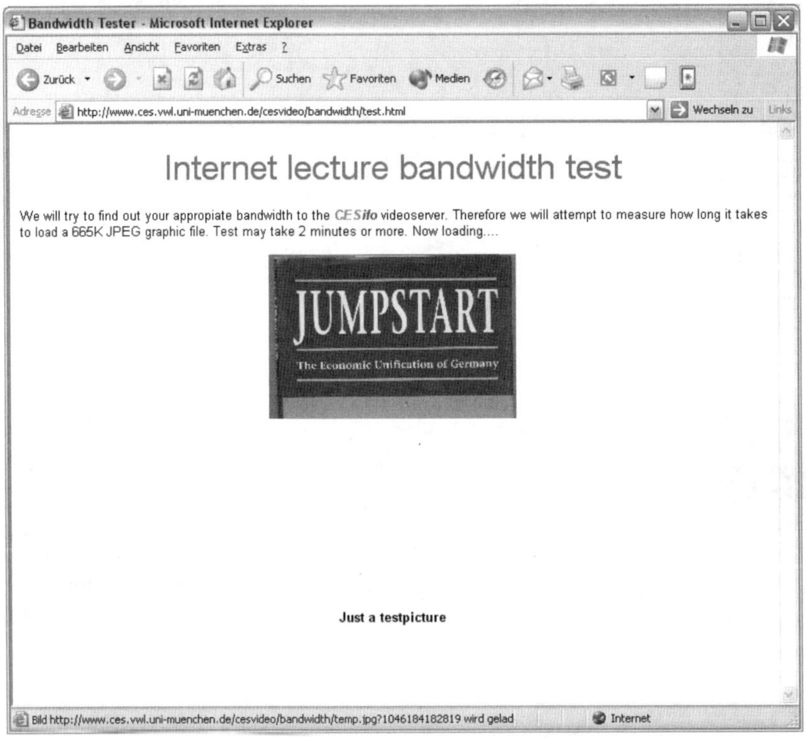

2 Das Ergebnis wird im Vergleich zu anderen Verbindungsarten angegeben, hier allerdings direkt in KBit/s, sodass Sie sich das Umrechnen sparen können.

Auch diesen Test sollten Sie wieder mehrmals machen und einen Mittelwert bilden.

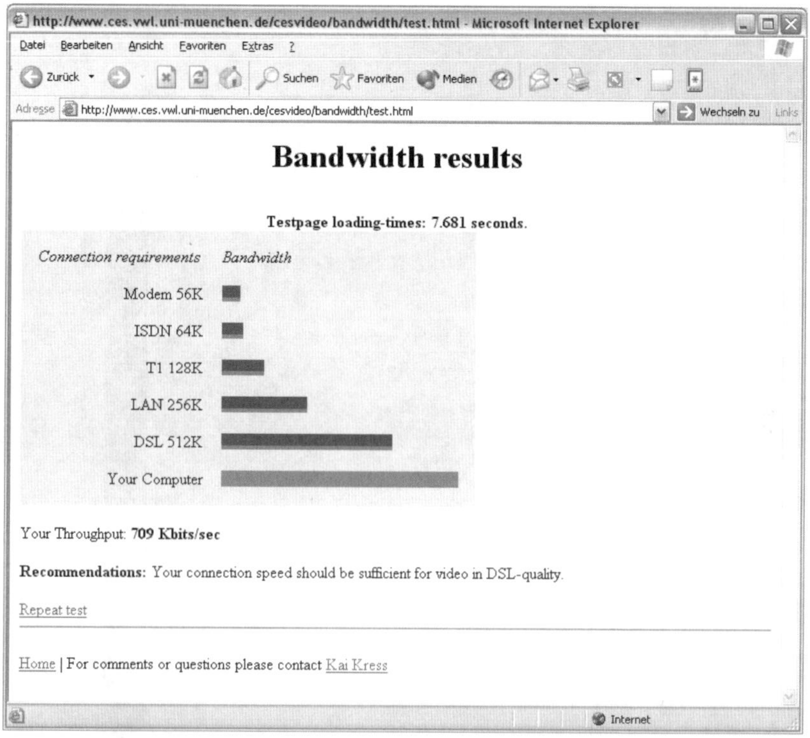

Wenn Sie Suchmaschinen wie *http://www.google.de* bemühen, werden Sie noch einige weitere solcher Tests finden.

So bietet Ziff Davis unter *http://www.zdnet.de/mobile/speedtest/speedtest500-wc.html* beispielsweise einen solchen Test an.

Allerdings scheint dieser etwas zum Optimismus zu neigen, da die Werte, die er liefert, immer deutlich höher liegen als die der beiden anderen vorgestellten Tests. Außerdem wird hier im Bild ein getesteter Anschluss, der seitens der Telekom mit 768 KBit/s beschaltet ist, mit einer Geschwindigkeit von 791 KBit/s angegeben.

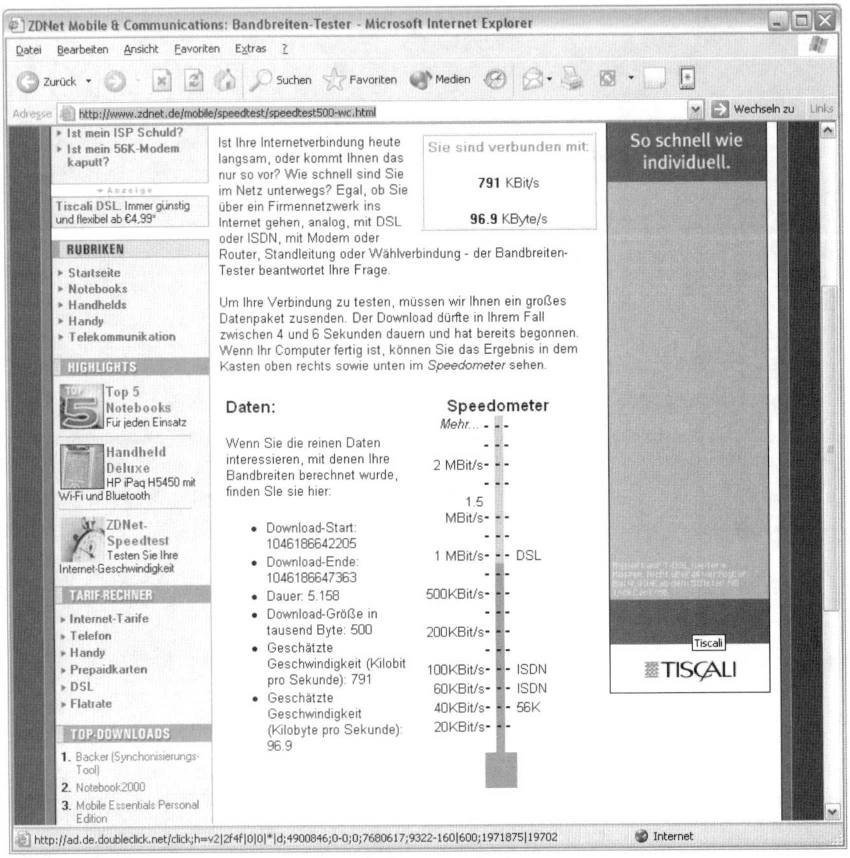

Wenn Sie suchen, finden Sie recht viele solcher Speedtests im WWW.

Mit diesen fast immer kostenlosen Tests können Sie Tuningmaßnahmen auf Wirksamkeit prüfen oder auch testen, ob Ihr Provider eine gleichbleibende Leistung bietet.

Sie sollten durchaus auch einmal einen solchen Testservice nutzen, der nicht mit deutschen, sondern ausländischen Servern arbeitet.

Dann nämlich wird eine Internetverbindung auch über große Distanz beim Test einbezogen. Schließlich laden Sie ja auch beim Surfen Daten aus dem weltweiten Netz und nicht immer von „Servern in der Nachbarschaft".

Dazu bieten sich die Tests von *http://www.dslreports.com* an, die auf Servern in Kalifornien laufen.

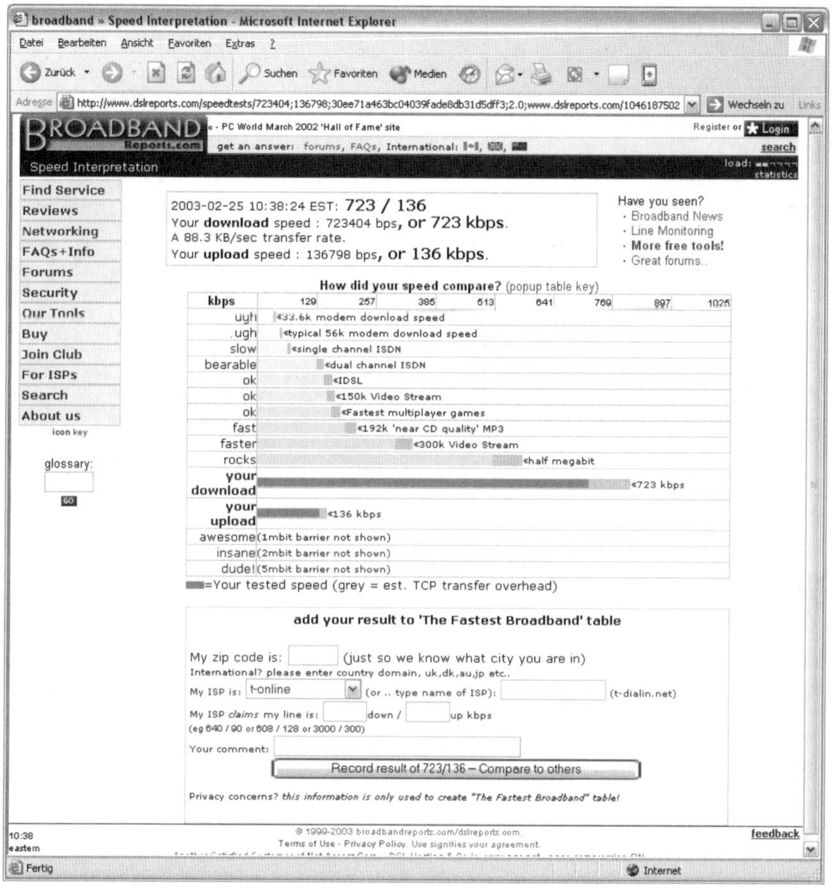

Schweifen Sie beim Test auch ruhig mal in die Ferne und lassen Sie einen Test über Server im Ausland laufen. Hier bei http://www.dslreports.com arbeiten Sie mit Testservern in Kalifornien.

T-Online SpeedManager

Eine weitere gute Möglichkeit die Geschwindigkeit eines Accounts zu messen, ist der kostenlose T-DSL SpeedManager unter *ftp://software.t-online.de/pub/service/WinT-DSL/TDSLSpeedMgrSetupTO.exe*. Ansonsten können Sie „T-DSL SpeedManager" in Google oder einer anderen Suchmaschine eintragen - so finden Sie schnell eine Downloadmöglichkeit.

Die Installation ist sehr einfach, Sie müssen nur den Zielordner angeben und fertig.

Anschließend ist noch etwas Handarbeit gefragt. Zuerst muss der SpeedManager auf Mehrbenutzerbetrieb mit externem Router umgestellt werden.

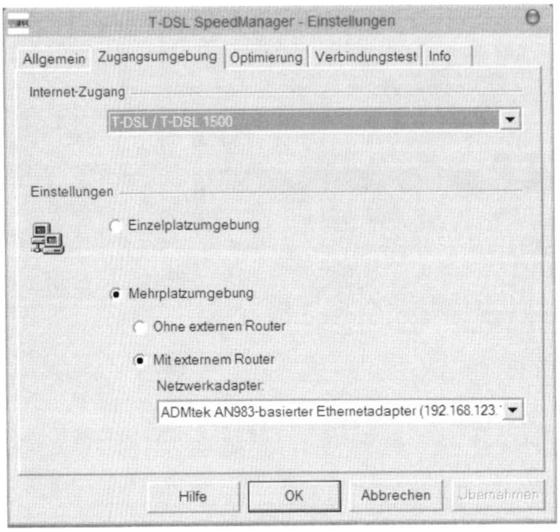

Die T-Online SpeedManager-Zugangsumgebung.

Während der Messung dürfen keine anderen Rechner im Netz Daten austauschen, sonst wird die Messung verfälscht.

Angezeigt wird die Geschwindigkeit in einem kleinen Fenster:

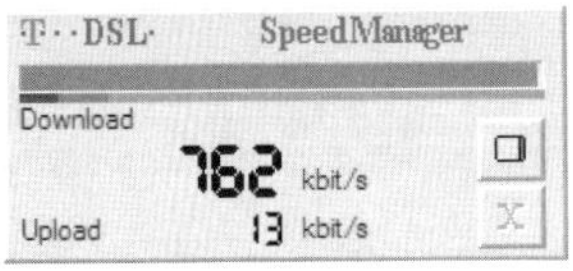

Die Geschwindigkeitsmessung.

Bei unseren Tests funktionierte der SpeedManager auch problemlos mit anderen Accounts, also nicht nur mit T-DSL. Der SpeedManager hat auch noch einige andere Funktionen, wie Optimieren der DSL-Verbindung und einen Verbindungstest. Sehr nützlich ist auch die Funktion, das übertragene Datenvolumen zu erfassen.

Netzwerkinterne Performance per Benchmark messen

Auch die Performance innerhalb Ihres Netzwerks ist von Interesse. Schließlich soll Ihr LAN nicht mit angezogener Handbremse fahren, vor allem wenn es um mehr als nur zwei Clients und auch hohe Datenvolumen geht. Ein sehr simpler Test ist der NetIO-Benchmark. Dieser funktioniert nach dem Client-/Server-Prinzip. Auf einem PC im Netzwerk wird eine Serverinstanz von NetIO gestartet, auf den die anderen Rechner, auf denen die Clientinstanz gestartet wird, zugreifen und Daten hin- und herschicken. Dabei wird die Laufzeit für Datenpakete verschiedener Größen gemessen. NetIO ist übrigens Freeware. Allerdings ist NetIO kein „klickbares" Windows-Tool, sondern eine DOS-Anwendung, die über die Kommandozeile gesteuert und gestartet wird.

Sie müssen sich das Tool erst einmal aus dem Internet herunterladen. Geben Sie einfach bei Suchmaschinen wie *http://www.google.de* den Suchbegriff NetIO ein und Sie finden zahlreiche Quellen für den Download. In der Regel laden Sie eine gepackte ZIP-Datei herunter. Als Nächstes legen Sie auf Ihrer Festplatte einen leeren Ordner an, den Sie nach Belieben benennen können. In diesen Ordner hinein entpacken Sie das ZIP-File. Das Gleiche machen Sie jetzt auf allen Clients in Ihrem Netz, die in den Benchmark-Test einbezogen werden sollen. Die Verzeichnisstruktur in dem von Ihnen angelegten Ordner muss dann so aussehen wie hier im Bild.

Nachdem Sie diese Vorarbeiten geleistet haben, kann die eigentliche Messung beginnen.

1 Gehen Sie zuerst an den Rechner, der als NetIO-Server gedacht ist. Hier ist die Serverinstanz von NetIO zu starten. Dazu müssen Sie zunächst eine DOS-Box öffnen. Klicken Sie auf den *Start*-Schalter, dann auf *Programme/Zubehör/Eingabeaufforderung*. Es öffnet sich die DOS-Box. Jetzt wechseln Sie mit dem DOS-Befehl *cd* (Change Directory) in das Verzeichnis hinein, in das Sie NetIO entpackt haben. Dort wechseln Sie dann in das Verzeichnis *bin*.

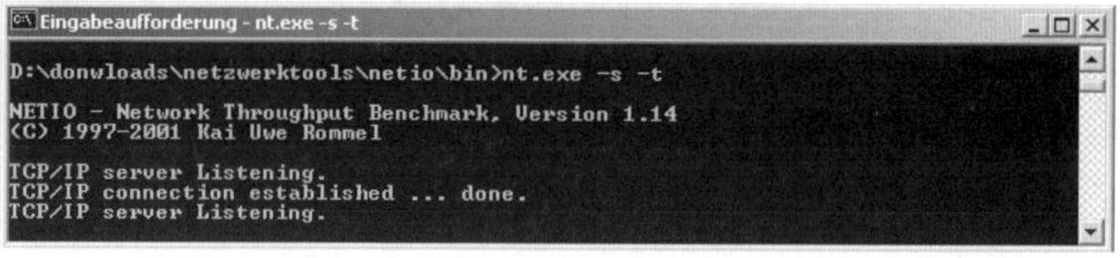

2 Hier rufen Sie nun die Datei *nt.exe* auf. Damit NetIO im Servermodus startet, müssen Sie den Befehl mit zwei Zusatzoptionen aufrufen, die jeweils mit einem Bindestrich hinter *nt.exe* angehängt werden. Die Option *-s* startet den Servermodus von NetIO und die Option *-t* teilt NetIO mit, dass das TCP/IP-Protokoll für den Benchmark genutzt werden soll. Der komplette Befehl sieht dann so aus: *nt.exe -s -t*. Drücken Sie nach der Eingabe dieser Zeile die [Enter]-Taste. Hat der Start der Serverinstanz geklappt, sehen Sie die folgende Zeile im DOS-Fenster: *TCP/IP server Listening.*

3 Jetzt begeben Sie sich an den ersten Clientrechner, mit dem getestet werden soll. Öffnen Sie auch dort wie in Schritt 1 gezeigt die DOS-Box und wechseln Sie ebenfalls in das entsprechende *bin*-Verzeichnis. Auch hier wird NetIO mit dem Befehl *nt.exe* gestartet. Allerdings wird die Option *-s* weggelassen, da hier die Clientinstanz gestartet werden soll. Die Option *-t* hingegen wird angegeben, damit auch die Clientinstanz im TCP/IP-Modus arbeitet. Jetzt muss NetIO noch wissen, auf welchem Rechner im Netzwerk der Server zu finden ist. Geben Sie entweder den Netzwerknamen an, unter dem dieser Rechner im Netzwerk anzutreffen ist, oder einfach dessen IP-Adresse. Geben Sie „nt.exe -t name“ (oder „IP-Adresse“) ein und drücken Sie die [Enter]-Taste. Jetzt werden Sie auf dem Rechner, auf dem die Serverinstanz läuft, folgende Meldung sehen: *TCP/IP connection established ... done.*

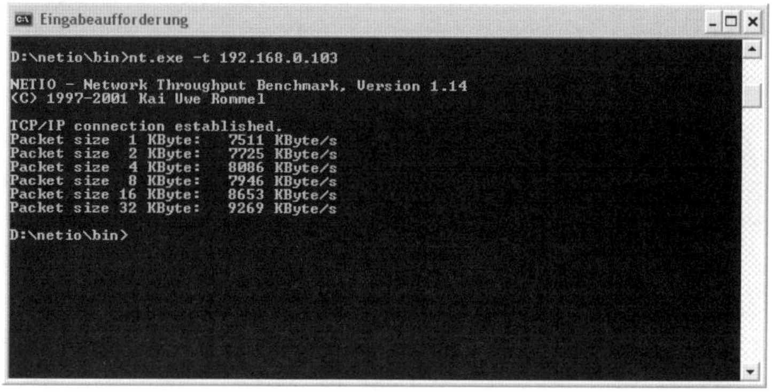

4 Betrachten Sie sich jetzt den Clientrechner. Sie sehen, wie sechs verschiedene Datenpakete mit unterschiedlichen Größen von 1 bis 32 KByte abgeschickt werden. Sobald von der NetIO Serverinstanz die Rückmeldung kommt, wird der Datendurchsatz in KByte/s angegeben. Pro Paket wird zehn Sekunden lang der Durchsatz gemessen, bevor NetIO das Messergebnis präsentiert.

Wie Sie sehen, ist die Bedienung des NetIO-Benchmarks recht simpel. Das Anstrengendste ist vermutlich das Hin- und Herrennen zwischen den Rechnern. Aber natürlich müssen Sie das Ergebnis auch auswerten können. Es gilt, den angegebenen KByte/s-Wert zu interpretieren. Die „Geschwindigkeitsangabe" von Netzwerken wird im Allgemeinen mit MBit pro Sekunde (MBit/s) angegeben. Daher müssen wir diese Angaben erst einmal auf KByte/s umrechnen, damit dann mit den von NetIO angegebenen Daten verglichen werden kann. In der Tabelle sehen Sie die Umrechung für die beiden gängigen LAN-Geschwindigkeiten.

MBit/s	KByte/s
10	1.280
100	12.800

Die beiden Werte rechts sollten also die maximalen Werte sein, die Ihr Netzwerk theoretisch erreichen könnte. Warum könnte? Platt könnten wir sagen „Ein bisschen Schwund gibt es immer!" Tatsächlich aber ist es so, dass Netzwerke nie Ihren technisch möglichen Durchsatz schaffen. Das hat mehrere Ursachen. So wird ein Teil der Übertragungsrate für technische Abläufe, Protokollverhandlungen und andere Vorgänge benötigt. Dann sind in einem LAN ja meist nicht nur zwei, sondern mehrere Rechner verbunden und je intensiver kreuz und quer übertragen wird, um so mehr Bandbreite wird verbraucht.

Wie Sie an den Ergebnissen im Schritt 4 sehen, erfolgt die Messung in einem Netz mit 100 Mbit/s technischer Bandbreite, denn die Werte liegen ja sehr deutlich über 1.280 Kbyte/s, die ein 10-Mbit/s-Netz rechnerisch hat. Wenn Sie aus den sechs einzelnen Ergebnissen einen Mittelwert bilden, erhalten Sie hier in unserem Beispiel knapp 8.200 Kbyte/s.

Mit anderen Worten, Ihr Netzwerktransfer läuft mit rund 65 % der technischen Maximalleistung. Dieser Wert ist recht gut, wobei in dieser Beispielmessung nur zwei Clients vernetzt waren.

6.2 Tunen und optimieren

Jetzt geht es an die Optimierung, denn wer sagt, dass die Werkseinstellungen immer die besten sein müssen. Optimieren können Sie in einem Netz mit Router immer zwei Komponenten. Zum einen den Router und zum anderen auch den Client-PC. Fangen wir mit dem Client an.

Es gibt in Sachen Netzwerk- und DFÜ-Performance drei Werte, die auf die Performance einen Einfluss haben. Das ist die **M**aximal **T**ransmission **U**nit, MTU, **R**eceive **Win**dows, RWIN und **T**ime **T**o **L**ive, TTL.

MTU-Wert genau einstellen

Der Wert MTU gibt an, wie viele Bytes in einem Datenpaket maximal enthalten sein dürfen. Beim Aufbau einer Verbindung verhandeln beide beteiligten Netzwerkgeräte den optimalen MTU-Wert. Ist der MTU-Wert für eine Verbindung zu groß, wird das Datenpaket zerteilt (fragmentiert), bevor es verschickt wird, was die Übertragung merklich bremst.

Bei langsamen Geschwindigkeiten über ein analoges Modem dürfen die Datenpakete nicht zu groß sein, weshalb sich ein MTU-Wert von 576 Byte als Standardempfehlung eingebürgert hat.

Bei ISDN-Verbindungen kann ein Maximalwert von 1.500 Byte eingestellt werden. Schwierig wird es bei DSL über eine PPPoE-Verbindung. Als Standardwert findet man hier oft den Wert 1492 für DSL-Verbindungen mit 768 Kbit/s, die die meisten DSL-Standardanschlüsse hierzulande bieten.

Doch manchmal ist dieser etwas zu groß und das Datenpaket wird zerteilt. Hier gilt es jetzt, herauszubekommen, welcher MTU-Wert der optimale ist. Der Test ist relativ einfach, denn man benutzt dazu den *ping*-Befehl in einer DOS-Box.

Optimalen MTU-Wert ermitteln

Der *ping*-Befehl kommt dabei mit zwei Optionen zum Einsatz. Zunächst die Option *-l*. Mit dieser Option können Sie angeben, wie „lang“ das Paket sein soll. Dann die Option *-f*. Diese sorgt dafür, dass ein Datenpaket, das über den *ping*-Befehl abgeschickt wird, nicht fragmentiert wird. Ist das Datenpaket mit der Einstellung *-l* also zu groß, dann erzeugt diese Option die Fehlermeldung: *Paket müsste fragmentiert werden, DF-Flag ist jedoch gesetzt.*

Darunter steht in Klammern *(100 % Verlust)* zu lesen. Daran erkennen Sie, dass das Datenpaket größer ist als der optimale MTU-Wert. Bei einer Internetverbindung würde dieses Datenpaket geteilt, sprich, fragmentiert, und dann versendet, was die Verbindung verlangsamen würde.

Starten Sie jetzt eine Testreihe mit diesem *ping*-Befehl. Das Ziel des *ping*-Befehls ist die IP-Adresse Ihres Gateways, sprich Ihres Routers, also beispielsweise 192.168.0.1. Beginnen Sie mit dem Wert 1492. Kommt dabei die Fehlermeldung *Paket müsste fragmentiert werden, DF-Flag ist jedoch gesetzt* dann reduzieren Sie den Wert bei der Option *-l* immer wieder um einen kleinen Schritt, bis die Antwort *Antwort von 192.168.0.1 Bytes=XXXX Zeit=XXms TTL=XX* kommt und in der Klammer *(0 % Verlust)* angegeben werden.

Bei *Bytes* muss jetzt exakt der Wert stehen, den Sie bei der Option *-l* angegeben haben. Bei *Zeit* steht die Laufzeit, die das Datenpaket gebraucht hat, in Millisekunden.

Der *ping*-Befehl in seiner exakten Schreibweise sieht so aus:

```
Ping -l 1492 -f 192.168.0.1
```

Was ist TTL?

Die so genannte Time To Live (TTL) ist die „Lebensdauer" des Datenpakets, gemessen in Stationssprüngen, also in den Stationen, die das Datenpaket zu seinem Ziel maximal passieren darf, bevor es gelöscht wird. Wenn ein Datenpaket vom Client im Netzwerk an eine bestimmte Webseite geschickt wird, ist es ja nicht sofort am Ziel. Vielmehr springt es über verschiedene Knotenpunkte. Der erste ist der netzwerkeigene Router. Der nächste ist der Einwahlserver des Providers. Weiter geht es über verschiedene Verbindungs- und Vermittlungsstellen im Internet. Einer der letzten Stationssprünge findet vom Einwahlprovider zum Webserver statt, auf dem die Webseite gehostet wird. Dieser TTL-Wert ist einstellbar. Bei jedem Stationssprung wird dieser im Datenpaket hinterlegte Zähler um 1 reduziert. Erreicht der TTL-Wert 0, bevor das Ziel erreicht ist, wird das Datenpaket eliminiert. Zu lange Laufzeiten sollen vermieden werden, da mit der Länge der Laufzeiten natürlich auch die Antwortzeit länger wird und „Blindgänger" nicht das Internet verstopfen sollen.

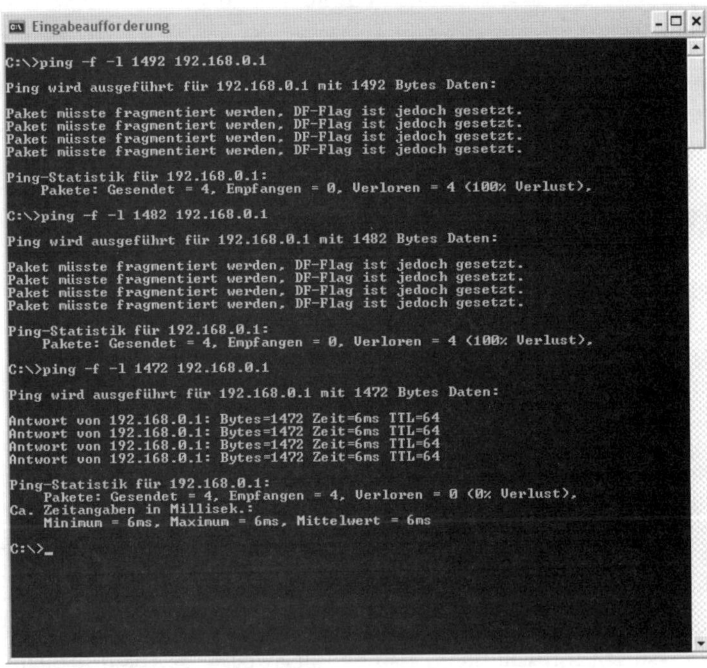

So könnte diese Testreihe aussehen. Hier hat sich ein Wert von 1472 als optimal erwiesen.

Mit dieser Testreihe haben Sie jetzt den optimalen MTU-Wert zur Ansteuerung Ihres Gateways, also des Routers ermittelt. Wie Sie MTU, TTL und den gleich vorgestellten RWIN-Wert einstellen, lesen Sie auf den folgenden Seiten.

RWIN-Wert ermitteln

Der Wert **R**eceive **Win**dows (RWIN) hat ausnahmsweise nichts mit dem Betriebssystem zu tun. Wenn der Sender in einer Netzwerkübertragung nach dem Versand eines Pakets immer erst auf die Empfangsbestätigung warten würde, dann wäre die Übertragung sehr langsam. Um das zu vermeiden, übermittelt der Empfänger die Größe seines Eingangspufferspeichers für die TCP/IP-Datenübertragung, der sich TCP Receive Window nennt. Der Sender sendet dann immer so viele Datenpakete auf den Weg zum Empfänger, wie in dessen RWIN-Fenster hineinpassen. Während er noch sendet, sind dann die ersten Empfangsbestätigungen der anfangs gesendeten Pakete bereits auf dem Rückweg.

Ist die RWIN-Konfiguration optimal, dann erfolgt der Datentransfer verzögerungsfrei, weil die Empfangsbestätigungen der ersten Pakete bereits beim Sender eintreffen, während dieser den RWIN-Puffer noch mit weiteren Datenpaketen auffüllt.

Ist der RWIN-Wert zu klein, dann bremst das den Datenfluss. Aber es darf auch nicht zu groß sein, denn sonst gehen Daten verloren. Dann müssen Daten entweder erneut geladen werden, oder es entstehen Lücken im Datenfluss, die zu Verbindungs- und Übertragungsfehlern führen. Es dürfte klar sein, dass der Wert also auch von der Qualität der Verbindung abhängig ist und nicht als statisch betrachtet werden kann. Die vom Betriebssystem Windows 9x/ME/NT voreingestellte RWIN-Größe ist 8 KByte, bei Windows 2000 und XP sind es 16 KByte.

Die 8 KByte sind für Modem- und ISDN-Verbindungen in Ordnung. Für DSL sollte das RWIN-Fenster eine Größe von 16 bis 32 KByte aufweisen. Um den RWIN-Wert auf den ermittelten optimalen MTU-Wert abzustimmen, wird meist folgende Formel verwendet:

```
RWIN=(MTU-40)*Faktor
```

Faktor ist dabei ein Wert, der sich je nach Internetanbindung unterscheidet. Bei Modem und ISDN-Verbindungen wird mit Faktor 4 gerechnet. Bei DSL wird eher mit einem „gleitenden" Faktor gearbeitet, oder besser experimentiert, indem Sie verschiedene Einstellungen vornehmen und dann jeweils Speedtests machen. Sie sollten für DSL den RWIN-Wert maximal auf 32 KByte (32.767 Byte) einstellen. Bevor wir beschreiben, wie Sie MTU, TTL und RWIN-Wert einstellen, kurz noch ein paar Worte dazu, welcher TTL-Wert heutzutage als optimal betrachtet wird.

TTL-Werte optimieren

Der Time To Live-Wert gibt hier an, wie viele „Stationssprünge", auch Hops genannt, ein Datenpaket zum Ziel maximal absolvieren soll, bevor es – wenn es nach dieser Zahl noch nicht angekommen ist – gelöscht wird. Im Header des Datenpakets wird beim Abschicken der TTL-Wert gespeichert. Bei jeder Station (Router), die das Paket auf der Reise durchs Internet passiert, wird durch einen so genannten Hop-Count, was man als „Sprungzähler" übersetzen könnte, der Wert um 1 reduziert. Sobald der TTL-Wert auf 0 ist, wird das Paket gelöscht. Da das Internet immer weiter wächst, ist der Windows-seitig voreingestellte TTL-Wert von 32 heutzutage sehr knapp bemessen. Geht ein Datenpaket deshalb verloren, dann muss es erneut verschickt werden. Das kann zu Verzögerungen führen. Empfohlen werden Werte über 100. Mittlerweile hat sich ein Wert von 128 als TTL-Standard eingebürgert.

MTU-, RWIN- und TTL-Einstellungen ändern

Diese Einstellungen werden durch Abänderungen in der Registry vorgenommen. Sie können das natürlich von Hand machen, indem Sie mit Regedit den entsprechenden Registry-Schlüssel suchen und die Werte anpassen. Aber es gibt einen deutlich bequemeren Weg. Auf der Webseite *http://www.voodooclub.de* werden Sie ein Tool namens DFÜ-Speed finden, mit dem Sie genau diese Werte sehr bequem ändern können. Der Autor Thomas Bach hat hier neben der manuellen Änderung auch automatisierte Optimierungen für verschiedene Verbindungstypen – auch DSL – vorgesehen.

Mit dem deutschsprachigen Tool kommen Sie schnell zurecht.

1 Wenn Sie DFÜ-Speed zum ersten Mal öffnen, sind die Eingabezeilen für die Werte eventuell leer, weil die Registry bei diesen Werten eventuell noch jungfräulich (nicht eingestellt) ist.

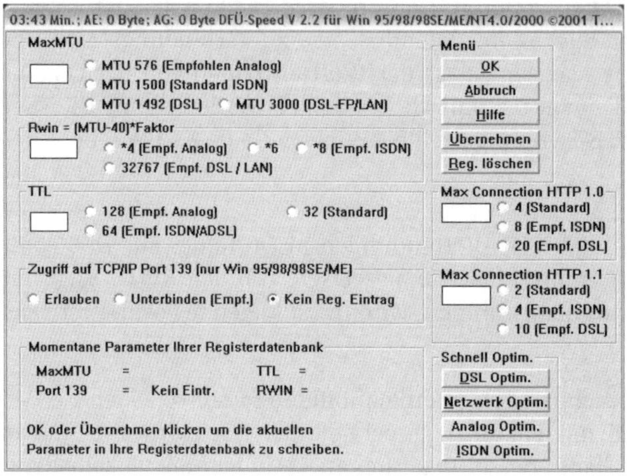

2 Sie können die automatische Optimierung wählen, indem Sie unten rechts bei *Schnell Optim.* auf den Schalter für Ihre Verbindung klicken. Angeboten werden Optimierungen für Analog, ISDN, Netzwerk und DSL. Die Netzwerkoptimierung ist eher für sehr schnelle Verbindungen im Bereich von Standleitungen gedacht.

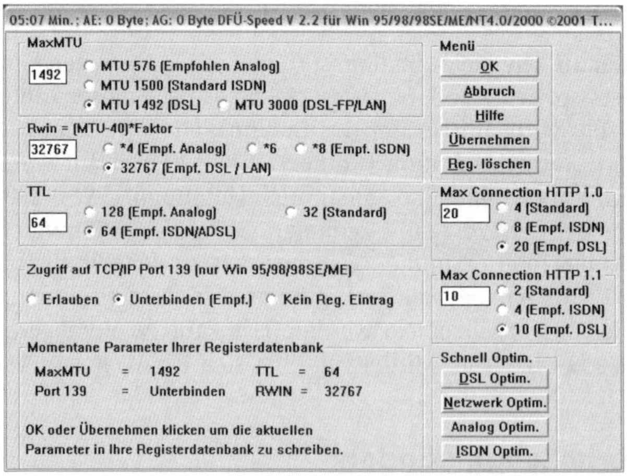

3 Um für DSL von Hand zu optimieren, sollten Sie zunächst auf die Schnelloptimierung klicken, dann aber die Werte für *MaxMTU*, *Rwin* und *TTL* manuell ändern. Tragen Sie bei *MTU* den Wert ein, den Sie mit dem *ping*-Befehl ermittelt haben. Bei *Rwin* tragen Sie einen Wert zwischen 16384 (16 KByte) und 32767 (32 KByte) ein. Klicken Sie dann auf den Schalter *OK*.

4 Sie werden jetzt zum Neustart des Rechners aufgefordert, da die veränderte Registry beim Booten neu eingelesen werden muss, damit die neuen Werte aktiv werden.

Zugriff auf TCP/IP Port 139 unterbinden

Da sich in dem Fenster die Einstellungsmöglichkeit bietet, sollten Sie bei Zugriff auf TCP/IP Port 139 unterbinden die Einstellung *Unterbinden* wählen, denn dieser Port dient dem Fernzugriff auf Ihren Rechner und könnte von Hackern missbraucht werden, wenn keine Schutzmaßnahmen vorhanden sind. Auch wenn Sie einen Router haben und der diesen Schutz gewährleistet, sollten Sie diesen Port dicht machen, wenn kein Fernzugriff gewünscht ist. Mehr zum Thema des sicheren Umgangs mit Ports ab Seite 189, wenn wir Paketfilter-Firewalls besprechen.

Sie sollten mit den neuen Einstellungen jetzt die bereits beschriebenen Speedtests machen, um zu sehen, was das Ganze gebracht hat. „Spielen" Sie mit den Werten und testen Sie erneut. Sollten beim Surfen Probleme auftauchen, beispielsweise deutlich langsamere Ladezeiten von Seiten oder das Fehlschlagen beim Öffnen von Seiten, die Sie vor der Veränderung von Werten normal öffnen konnten, liegt der Fehler meist beim RWIN-Wert, der dann in der Regel zu groß ist und zu Lücken in der Datenübertragung führt. Dann müssen Sie sich durch Ändern und Testen an bessere RWIN-Einstellungen herantasten.

HTTP 1.0 und 1.1 optimieren

Wenn Sie sich DFÜ-Speed genauer anschauen, werden Sie noch zwei Werte, oder besser Einstellungen entdecken, die auch zur Optimierung genutzt werden können. Die Rede ist von *Max Connection HTTP 1.0* und *Max Connection HTTP 1.1*. Hiermit wird angegeben, wie viele Verbindungen unter den beiden HTTP-Standards zu einem Server aufgebaut werden dürfen.

Je mehr Verbindungen gleichzeitig zu einem Server hergestellt werden, um so mehr Daten können zum Aufbau einer Webseite parallel geladen werden. In Zeiten langsamerer Internetanbindungen per Modem waren hier nur wenige parallele Verbindungen möglich und sinnvoll. Seit dem Internet Explorer 4.0 sind hier zwei Verbindungen als Voreinstellung festgelegt. Mit DSL jedoch können Sie mehr Gas geben und eine größere Verbindungszahl zulassen, denn in die hohe Bandbreite von DSL passen deutlich mehr parallele Verbindungen hinein als in eine ISDN- oder gar Modemverbindung. Hier können Sie den Empfehlungen von DFÜ-Speed folgen und für DSL 20 Verbindungen für HTTP 1.0 und zehn für HTTP 1.1 nutzen.

HTTP-Standard

HTTP 1.0 ist der ältere Standard und damit der Vorgänger von dem derzeit aktuellen HTTP 1.1. Sollten Sie sich für die verschiedenen Standards des Internet interessieren, lohnt sich ein Blick auf die Webseite des WWW-Konsortiums unter *http://www.w3.org*.

Diese Einstellungen der maximalen Verbindungen wirken sich auf den Aufbau von Webseiten aus. FTP-Donwloads bleiben davon unberührt und werden durch diese Einstellungen nicht schneller.

DNS-Caching nutzen und einstellen

Der Domain Name Service sorgt dafür, dass wir eine URL, also beispielsweise *http://www.databecker.de* in unseren Browser eingeben können anstatt die IP-Adresse 195.71.104.20, unter der diese Webseite im Web erreichbar ist. Die „Namen“ von Webseiten können wir uns besser merken als kryptische Nummernfolgen. Außerdem sieht eine Webadresse auf Visitenkarten und Ähnlichem einfach besser aus als eine IP-Adresse. Wenn Sie eine URL in Ihrem Browser eingeben, dann steuert der Browser zuerst DNS-Server im Internet an, denn er muss ja wissen, welche IP-Adresse sich hinter der URL versteckt, um die dazugehörige Webseite ansurfen zu können. Eine solche DNS-Anfrage ist mitunter recht komplex. Es gibt derzeit 13 so genannte Root-DNS-Server im Internet, das sind sozusagen die DNS-Server der obersten Hirarchiestufe.

Diese wissen aber noch nicht, welche IP-Adresse zu *http://www.databecker.de* gehört. Der Rootserver weiß lediglich, auf welchem untergeordneten DNS-Name-Server nach URLs geforscht werden muss, die mit „.de“ enden. Also läuft die Anfrage auf diesen DNS-Name-Server weiter. Doch auch der kennt die IP-Adresse noch nicht, sondern weiß nur, bei welchem nächst niedrigen DNS-Name-Server die konkrete URL und deren IP-Adresse zu finden ist. Die DNS-Anfrage des Browsers läuft demnach hier über drei Instanzen. Und es kann durchaus sein, dass es noch mehr Instanzen sind, bis die URL beziehungsweise der dazugehörige IP-Adresseintrag gefunden wird.

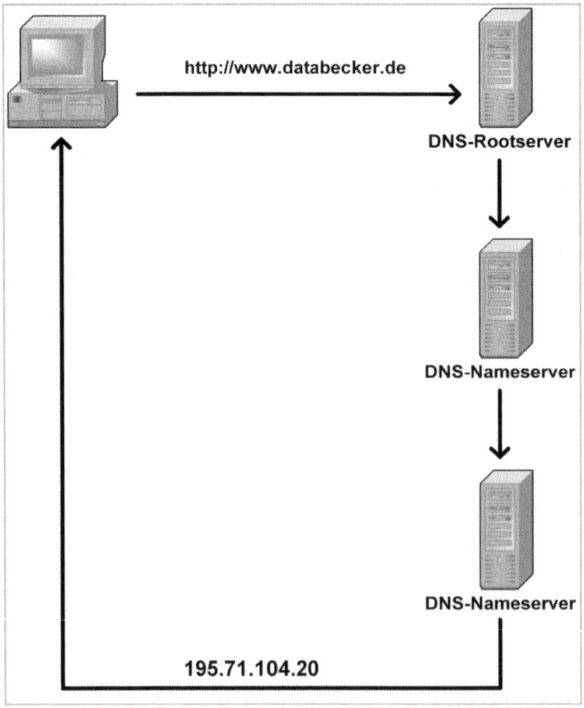

Bis eine URL über das DNS-System in die IP-Adresse „aufgelöst“ wurde, können auch mehr Schritte nötig sein als die hier abgebildeten drei.

Was ist DNS-Caching?

Wenn Sie immer wieder die gleiche Telefonnummer anrufen, dann werden Sie nicht jedes Mal aufs Neue die Auskunft anrufen und immer wieder nach dieser Telefonnummer fragen. Sie werden sie entweder in einem Adressbuch notieren oder sehr schnell auswendig wissen - das spart Zeit. DNS-Caching macht im Prinzip genau dasselbe.

Wenn die IP-Adresse einer URL einmal über die DNS-Server ermittelt wurde, dann wird sie in einem lokalen Cache gespeichert. Wird die Seite das nächste Mal wieder über die URL aufgerufen, dann entfällt die DNS-Anfrage und die IP-Adresse wird aus dem Cache geholt und direkt angesurft.

DNS-Cache beim Provider nutzen

Üblicherweise betreibt jeder größere Internetzugangsprovider eigene DNS-Server, die auch das DNS-Caching einschließen. Da bei der Internetkonfiguration der Router so eingestellt ist, dass er sich beim Verbindungsaufbau neben der eigenen IP-Adresse auch die IP-Adresse des DNS-Servers des Providers besorgt, benutzen Sie quasi automatisch das DNS-Caching des Providers.

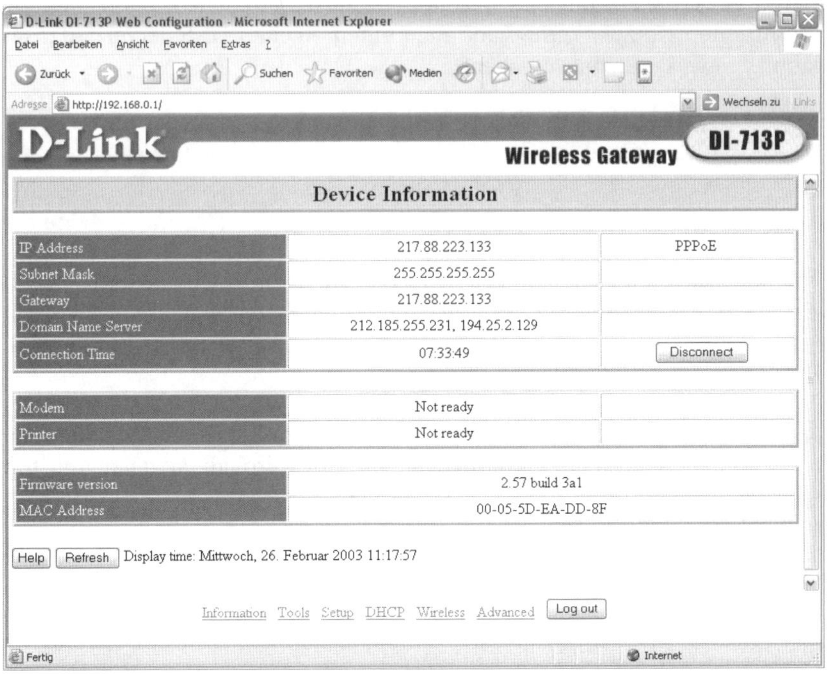

Bei Domain Name Server sehen Sie, dass der Router sich bei der Anwahl des Providers automatisch zwei IP-Adressen von DNS-Servern des Providers geholt und eingerichtet hat.

Sie müssen, um diese DNS-Server des Providers zu nutzen, nur darauf achten, dass Ihre Clientrechner so eingestellt sind, dass nicht nur die netzwerkinterne IP-Adresse von der DHCP-Funktion des Routers bezogen wird, sondern auch die DNS-Servereinträge. Ist das der Fall, dann arbeitet der Client mit den DNS-Servern und damit auch mit dem DNS-Cache des Providers.

Hier ist die Einstellung für den automatischen Bezug der DNS-Serveradresse korrekt eingestellt, um diese vom Router zu beziehen.

Alternative eigener DNS-Server

Wenn Sie ein eigenes Netzwerk mit einem zentralen Server aufziehen, dann bietet es sich ab einer bestimmten Netzwerkgröße an, auch einen eigenen DNS-Server aufzusetzen. Der hat dann zwei wesentliche Aufgaben.

1. Zum einen löst er die netzwerkinternen Namen auf.
2. Zum anderen leitet er DNS-Anfragen, die sich auf das Internet beziehen, an den DNS-Server des Providers weiter. Dabei arbeitet Ihr eigener DNS-Server dann auch als DNS-Cache.

Bei der netzwerkinternen Namensauflösung geht es darum, dass die Clients im Netzwerk per Namen und nicht per interner IP-Adresse angesprochen werden. Ihr DNS-Server kümmert sich dabei darum, dass ein Client adressiert werden kann, wenn sein Name in einer Netzwerkübertragung genutzt wird.

Kommen hingegen URL-Anfragen von einem Browser mit dem Ziel Internet, dann leitet der eigene DNS-Server diese Anfrage an den DNS-Server des Providers weiter und fungiert für die zurückgemeldeten IP-Adressen als DNS-Cache.

Wenn Sie einen eigenen DNS-Server im Netzwerk haben, dann müssen Sie dessen IP-Adresse bei den Eigenschaften vom Internetprotokoll (TCP/IP) eintragen.

Da Sie an dieser Stelle ja zwei DNS-Adressen eintragen können, bietet es sich an, als zweite DNS-Adresse noch die des DNS-Servers des Providers einzutragen, der dann angesteuert wird, wenn Sie Ihren netzwerkinternen DNS-Server einmal nicht erreichen oder der keine Ergebnisse liefern sollte.

DNS-Tools

Statt eines kompletten DNS-Servers können Sie auch ein DNS-Tool verwenden.

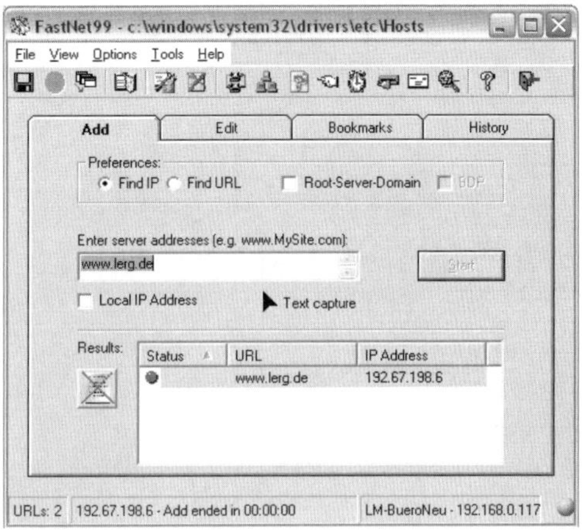

Ein gutes Beispiel ist FastNet 99.

Mit diesem Tool können Sie sich eine eigene lokale DNS-Liste anlegen, in der die IP-Adressen von bestimmten URLs gespeichert und dann deutlich schneller angesurft werden können.

Sie finden zahlreiche Downloadquellen, wenn Sie „FastNet 99“ als Suchbegriff in Suchmaschinen wie Google eingeben.

Die Konfiguration ist denkbar einfach.

Geben Sie im Register *Add* die URL ein und klicken Sie auf *Start*.

Damit wird die zu der URL gehörende IP-Adresse in die lokale DNS-Liste eingetragen.

7. Faxen mit dem Router

Wer sagt denn, dass ISDN- oder Modem im oder am Router nur für Fallback genutzt werden kann?! Natürlich können Sie diese auch für den Versand von Faxen über den zentralen Router einsetzen. Das hat viele Vorteile, spart man doch den Kauf einer ISDN-TA-Karte oder eines Modems für jeden einzelnen Client und das Verlegen der entsprechenden Anschlüsse. Die Konfiguration für das „Netzfaxen" ist nicht schwer.

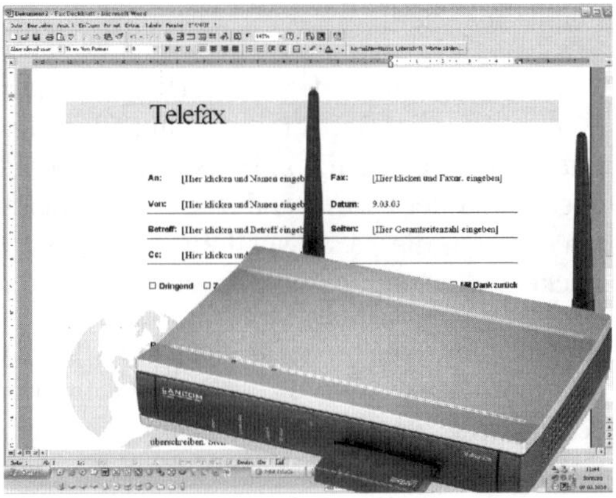

7.1 Der Router als Faxgerät

In der Regel sind heute viele Breitbandrouter mit einem eingebauten ISDN-Terminaladapter ausgestattet, der für Fallback und andere Zwecke genutzt werden kann. Der wesentlichste dieser anderen Zwecke ist der Versand von Faxschreiben. Damit das funktioniert, muss der Router aber mit einem Trick arbeiten. Wenn man mit einem PC ein Fax versenden will, dann wird in der Regel eine Faxsoftware oder zumindest ein Faxdruckertreiber installiert.

Beide setzen voraus, dass ein ISDN-Terminaladapter (ISDN-TA) oder auch ein Modem im PC eingebaut ist. Doch in unserem Fall ist dem nicht so, die ISDN-Funktion im Router erspart uns ja den Kauf von ISDN-Karten für jeden Client im Netzwerk. Also muss dem PC, oder besser der Faxanwendung, ein „virtueller ISDN-TA" vorgetäuscht werden. Mit anderen Worten, die Faxanwendung denkt, der ISDN-TA, über den sie das Fax verschickt, stecke im Rechner, obwohl er tatsächlich im Router steckt.

Die übliche Bezeichnug für diese Funktion ist LAN-CAPI. Für ISDN wird das so genannte **C**ommon **A**pplication **P**rogramming **I**nterface, kurz CAPI, benötigt. Diese genormte Schnittstelle dient Anwendersoftware dazu, die ISDN-Karte anzusprechen. Da sich der ISDN-Terminaladapter aber nicht im PC, sondern zentral im Netzwerk befindet, wird hier statt der normalen CAPI-Schnittstelle eine LAN-CAPI benötigt, die mit dem virtuellen ISDN-TA installiert wird. Daher schauen wir uns nun zuerst die Installation dieses virtuellen ISDN-TA an.

Virtuellen ISDN-TA installieren

Der virtuelle ISDN-TA ist im Wesentlichen ein Softwaretreiber, der die Kommunikation zwischen Faxanwendung und dem „entfernten" ISDN-TA im Router abwickelt. Dieses Tool finden Sie bei allen gängigen Routern mit ISDN-Adapter auf der beigelegten CD.

Wir schauen uns das Ganze am Beispiel des Routers Vigor 2200W Plus von Draytek an.

1 Legen Sie die mitgelieferte CD ein, öffnen Sie den Ordner *Tools* und dort den Ordner *PCTools*. Dort finden und öffnen Sie den Ordner *VTA 2.0*, was für **V**irtual **T**erminal **A**dapter 2.0 steht.

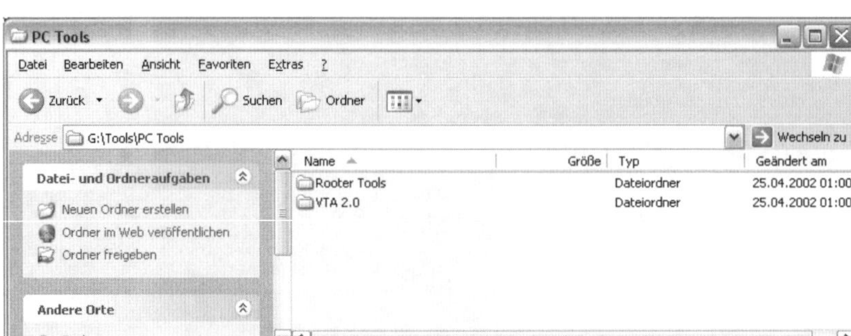

2 Suchen Sie die Setup-Datei für Ihr Betriebssystem heraus. Für Windows XP wird *VSetup2k* benutzt, die auch für Windows 2000 geeignet ist. Doppelklicken Sie auf diese Datei und die Installation wird automatisch durchgeführt. Nach der Installation müssen Sie Ihren PC neu starten.

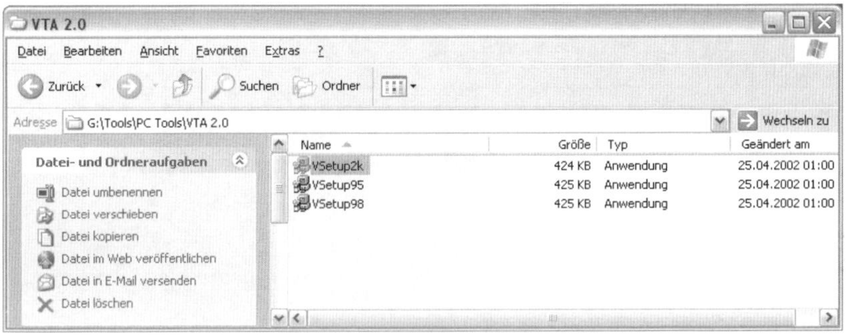

Jetzt muss der Router konfiguriert werden. Es gilt, dort ein User und die MSN-Nummern, also die ISDN-Rufnummern, die Sie vom Telefondienstleister bekommen haben, anzulegen.

Über diese MSN-Nummer erfolgen später der Empfang und der Versand von Faxen.

1 Loggen Sie sich über das Webinterface auf Ihrem Router ein und klicken Sie auf den Link *Virtueller ISDN-Adapter*.

2 Tragen Sie in der ersten Zeile zunächst einen *Benutzernamen* und das *Passwort* ein. Sie können hier bis zu fünf verschiedenen Benutzern den Zugang zum virtuellen ISDN-Adapter einräumen. Oben muss natürlich *Aktiv* angewählt sein.

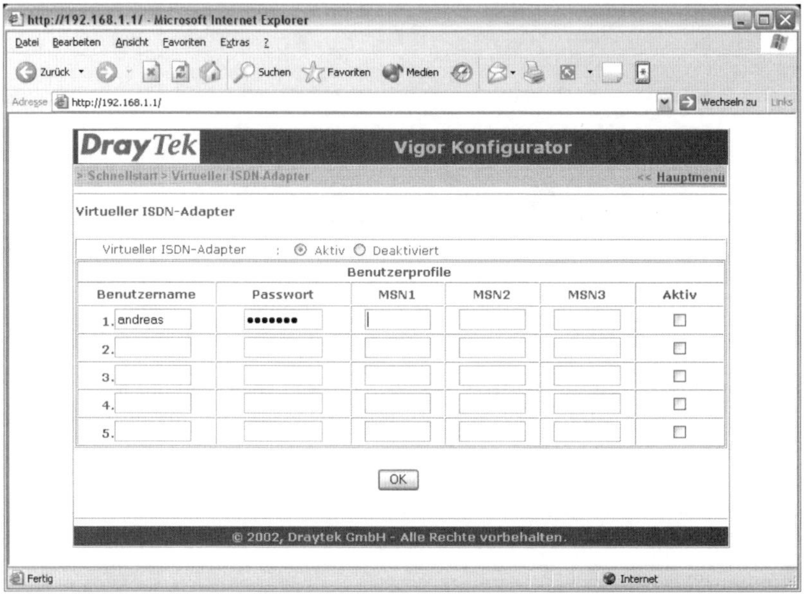

3 Jetzt tragen Sie die MSN-Nummer bei *MSN1* ein, die als Faxanschluss benutzt wird, sprich über die Faxe reinkommen und verschickt werden. Sie können hier drei MSN-Nummern angeben, aber in der Regel genügt die eine, die Sie als Faxanschluss benutzen. Beenden Sie die Einstellung mit einem Klick auf *OK*.

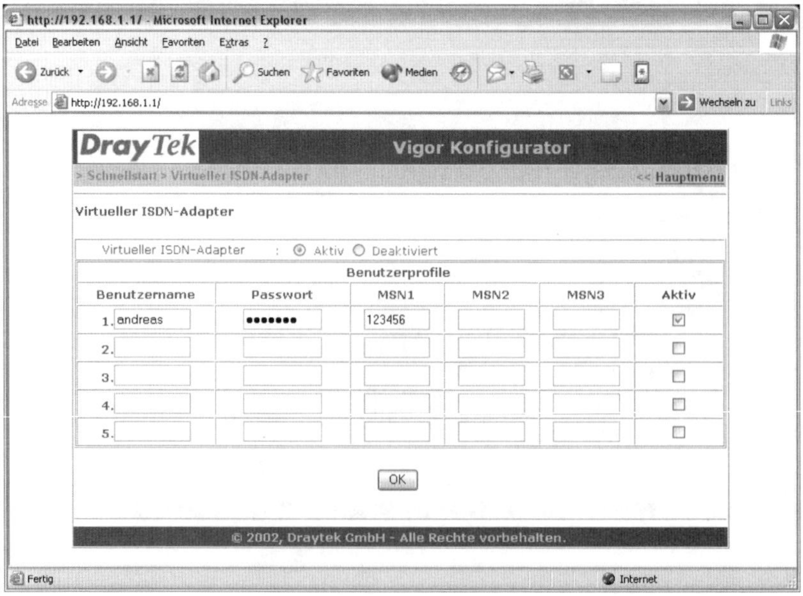

Router-taugliche Faxsoftware und Faxdruckertreiber installieren

Damit sind die Vorarbeiten am Clientrechner und am Router erledigt. Auf dem PC sollten Sie nach dem Neustart unten rechts in der Statusleiste ein kleines Symbol in einem blauen Rechteck sehen, das die Buchstabenkombination VT zeigt. Sind die Buchstaben grün, dann hat der Client erfolgreich den Kontakt zum Router und zu dessen ISDN-Funktionalität hergestellt. Klicken Sie mit der rechten Maustaste auf das Symbol und klicken Sie in dem erscheinenden Kontextmenü dann auf *Virtual TA Login*. Geben Sie jetzt Benutzername und Passwort ein, damit sich Ihr Client auf dem Router unter dem dort vorher von Ihnen festgelegten Benutzernamen einloggt. Technisch ist die Verbindung jetzt bereits hergestellt.

Doch so können Sie noch nicht faxen, denn Sie müssen erst eine spezielle Faxsoftware, die dem Router beiliegt, installieren, die die ISDN-Funktion im Router ansteuert. Auch das ist, wie Sie abermals am Beispiel de Vigor 2200 W plus und der Software BVRP PhoneTools sehen, schnell erledigt. Alternativ zu den beigelegten Faxanwendungen können auch andere Faxlösungen in Frage kommen.

Recht bekannt ist RVS-COM, zu finden unter *http://www.rvs.de*, WinFax Pro von Symantec (*http://www.symantec.de*) oder auch Tobit Faxware (*http://www.tobit.de*).

1 Legen Sie die Installations-CD ein. Hier in unserem Beispiel ist die Faxsoftware auf einer zweiten CD zu finden. Starten Sie die Installation, indem Sie auf das BVRP-Symbol klicken, um die PhoneTools zu installieren. Die Installation startet jetzt und läuft weitestgehend automatisch ab.

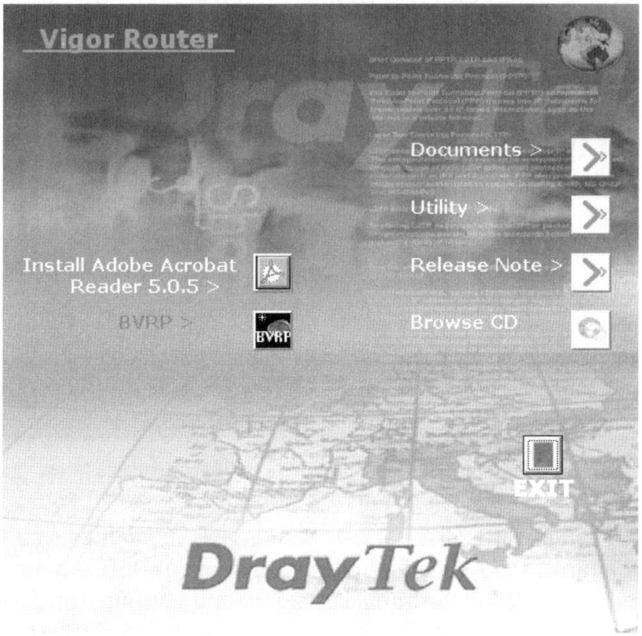

2 Nur einmal müssen Sie einschreiten, denn Sie werden nach Ihrer *Identifikationskennung* gefragt. Das ist das, was oben in der Kopfzeile eines versendeten Faxes eingetragen wird. Auch die Telefon- und Faxnummer können Sie eingeben.

Die Faxnummer müssen Sie hierzulande sogar eingeben, denn der anonyme Faxversand (ohne Kennung und Absender-Faxnummer), ist in Deutschland verboten. Mit einem Klick auf *Weiter* läuft der Rest der Installation ab.

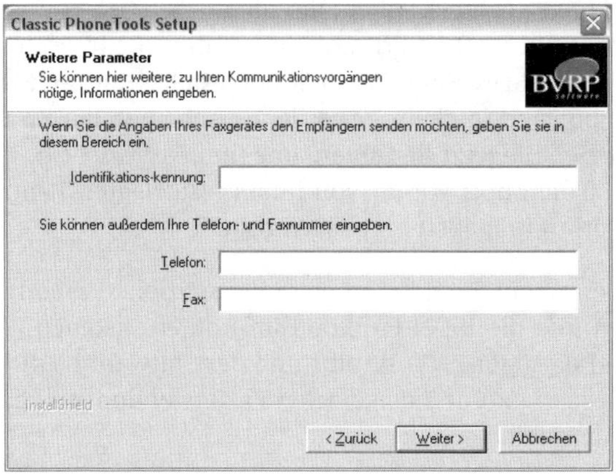

Nach der Installation ist zum einen eine Faxsoftware-Suite auf dem Client zu finden. Zum anderen wurden spezielle Faxdruckertreiber installiert, mit denen Sie aus jeder Anwendung, die drucken kann, auch über den Router faxen können.

Wir schauen uns nun beide Möglichkeiten an. Zunächst die spezielle Software.

1 Wenn Sie die PhoneTools das erste Mal nach der Installation starten, werden Sie zunächst aufgefordert, ein Modem auszuwählen. Auch wenn in der Liste vielfältige Hardware zu finden ist, müssen Sie den Eintrag *BVRP CAPI Softmodem* auswählen, denn dies sorgt für die Nutzung der ISDN-Funktion im Router.

   Bei Routern anderer Hersteller werden Sie bei ähnlicher Software auch ähnliche „Softmodems" finden. Meist bietet die Software bereits die korrekte Vorauswahl an. Mit *OK* wird dieses Modem dann für die Software nutzbar gemacht.

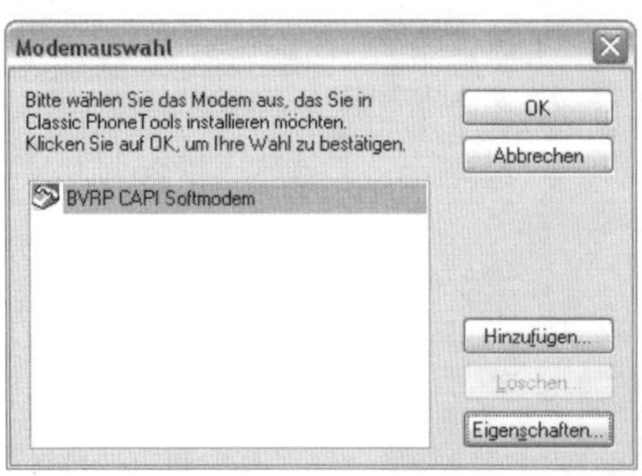

2 Jetzt startet die eigentliche Software. Hier bei den PhoneTools handelt es sich nicht um eine reine Faxanwendung, sondern um eine Art Komplettpaket, das neben Fax auch als Telefon, Anrufbeantworter, Terminalemulation und Eurofiletransfer-Tool dient. Uns interessiert aber nur die Funktion *Fax*, die Sie jetzt anklicken.

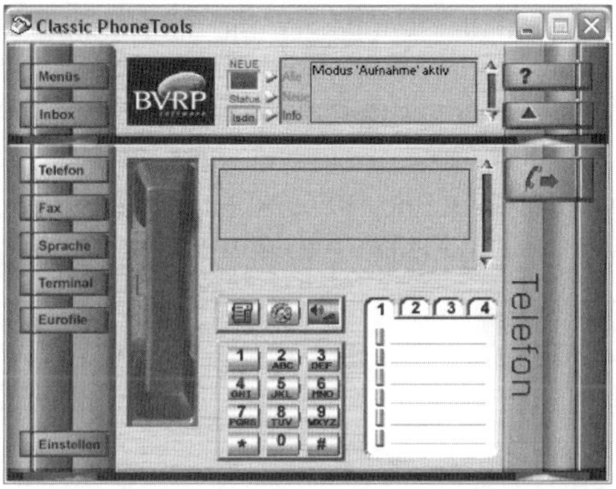

3 Sie sehen einen Schalter für den *Faxeingang* und einen für den *Faxausgang*. Damit können Sie alle empfangenen und gesendeten Faxe einsehen. Um ein neues Fax zu versenden, klicken Sie natürlich auf *Fax senden*.

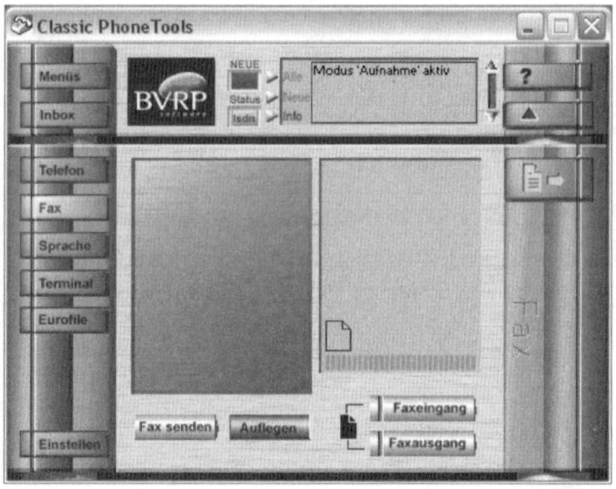

4 Es öffnet sich der Fax-Assistent. Geben Sie den *Name* des Empfängers ein und eventuell auch die *Firma*. Was Sie bei *Faxnummer des Empfängers* eintragen, liegt wohl auf der Hand.

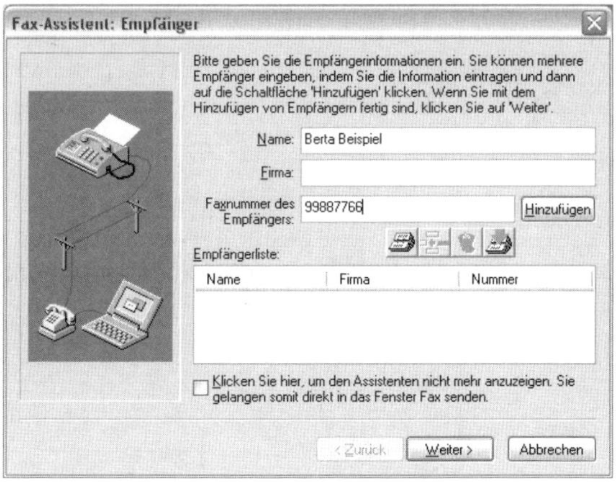

Klicken Sie dann rechts auf *Hinzufügen*, um den Empfänger und die Nummer in die *Empfängerliste* zu übertragen. Sie können durch Wiederholung dieses Schritts auch mehrere Empfänger zu einem Massenfaxversand zusammenstellen. Klicken Sie auf *Weiter*.

5 In diesem Fenster können Sie, wenn gewünscht, ein Faxdeckblatt aus den *Vorlagen* auswählen und eine Nachricht darauf erstellen. Klicken Sie dann auf *Weiter*.

6 Jetzt gilt es, das eigentliche Dokument, das Sie verschicken wollen, anzuhängen. Klicken Sie dazu auf das Symbol mit der Büroklammer, um in einem sich öffnenden Dateidialog das Dokument – beispielsweise eine Word-Datei – herauszusuchen. Klicken Sie wiederum auf *Weiter*.

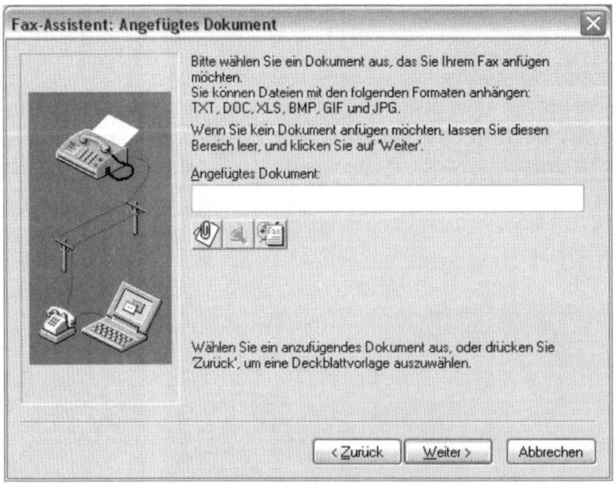

7 Wenn Sie eine *Zeitversetzte Übertragung* wünschen, klicken Sie auf das Symbol und tragen Datum und Zeit ein.

Ändern Sie hier nichts, dann wird das Fax sofort verschickt.

Klicken Sie auf *Fertig stellen*.

8 Hier müssen Sie auf *Senden* klicken, um das Fax loszuschicken. Mit dem Schalter *Ansicht* können Sie es zuvor betrachten und mit *Drucken* einen Ausdruck davon anfertigen.

Das zu faxende Dokument wird nun zunächst geöffnet und dann durch den entsprechenden Faxdruckertreiber in ein faxtaugliches Format konvertiert und dann verschickt.

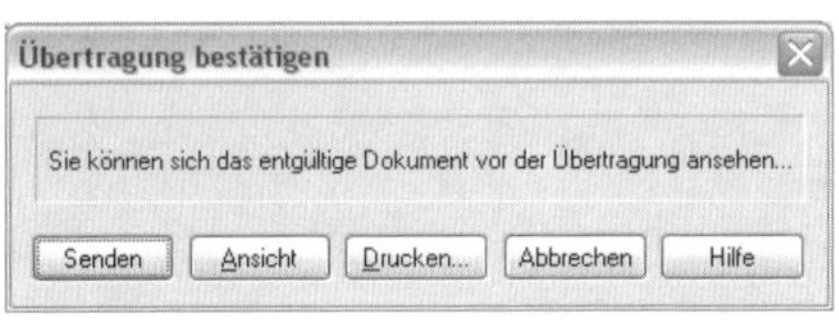

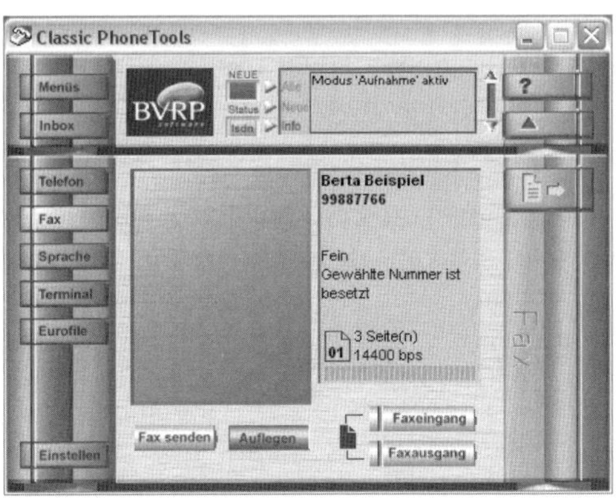

9 In der Hauptansicht der PhoneTools sehen Sie jetzt den Status Ihres Faxes. So Sehen Sie den Empfänger und die Nummer, die Auflösung (hier *Fein*). Als Status sehen Sie, ob das Fax durchgegangen ist oder, wie hier, dass die Nummer besetzt war.

Dann erfolgt später ein neuer Anwahlversuch. Sie sehen auch den Umfang des Dokuments und die Geschwindigkeit, mit der gefaxt wird.

Das also war zunächst die Nutzung der speziellen Faxsoftware, die dem Router beiliegt.

Anderen Geräten liegen meist ähnliche Lösungen bei. Diese Software werden Sie aber vor allem dann nutzen, wenn Sie ankommende Faxe lesen wollen.

Um Faxe zu verschicken, gibt es auch eine einfachere Methode. Wenn Sie ein Dokument in Word erstellen, liegt es ja auch nahe, dieses direkt aus Word zu verschicken.

Da mit dieser Software auch ein Faxdruckertreiber installiert wurde, können Sie aus jeder Anwendung, die die Windows-Druckfunktion nutzt, Faxe verschicken.

1 Klicken Sie die Druckfunktion in Word an. In dem sich öffnenden Fenster wählen Sie jetzt statt Ihrem normalen Drucker den mit dem Router verbundenen Faxdrucker aus. Hier in diesem Fall ist das *CAPTURE FAX BVRP*. Dann klicken Sie auf *OK*.

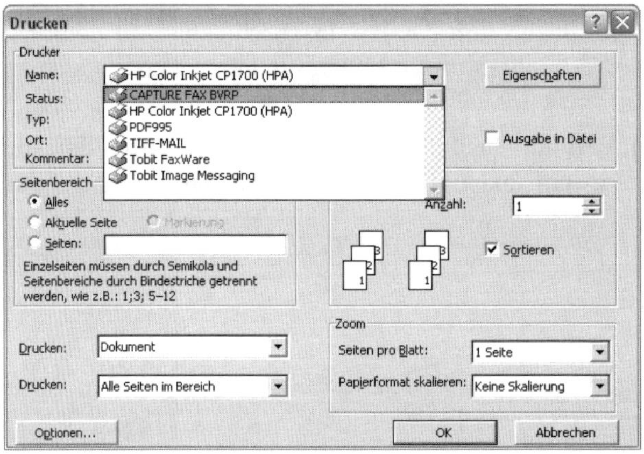

2 Ab jetzt schließen sich wieder alle Schritte an, die wir zuvor für den Fax-Assistenten beschrieben haben. Sie können genauso weiter machen, wie in der vorigen Schrittanleitung ab Schritt 4 beschrieben.

So, wie Sie soeben aus Word gedruckt haben, können Sie auch aus Excel, einer Bild- und Grafiksoftware, ja sogar aus dem Internet Explorer heraus drucken.

Sie können aus allen Anwendungen, die die Druckerfunktion von Windows nutzen, gerade geladene Dokumente per Fax über den Router verschicken.

8. Erweiterte Einstellungen

Der Zweck heiligt die Mittel?
Warum nicht, denn die Router taugen zu mehr als zu den Standardaufgaben, wie dem vernetzten Surfen im WWW, die wir bisher kennen gelernt haben.
Daher wird es Zeit, einige spezielle Einstellungen und besondere Anwendungszwecke näher zu betrachten.

Quelle: www.bintec.de

8.1 Feintuning für besondere Einsatzbereiche

Sicher, ein Router kann einfach nur dazu dienen, ein Netzwerk mit seinen Clients ins Internet zu bringen. Doch das Schöne an den heutigen Breitbandroutern ist, dass sie einerseits immer günstiger werden und andererseits immer leistungsstärker und funktionsreicher.

Gerade in Verbindung mit einer Flatrate bietet es sich an, den Router auch für spezielle Zwecke wie FTP- und Webserver, Gameserver und weitere Anwendungen zu nutzen.

Man kann Funktionen wie „Anwahl-Einwahl“ realisieren, sprich der Router wird über seine ISDN-Funktion angerufen und wählt sich dann ins Internet ein.

Schauen wir uns die vielfältigen Möglichkeiten jetzt einmal im Einzelnen an.

Pseudo-Standleitung mit DSL

Das schöne an einer Flatrate ist, dass man 24 Stunden am Tag und an sieben Tagen in der Woche online sein kann, ohne mehr als die Flatrate-Gebühr zu zahlen. Doch viele Provider haben eine Zwangstrennung eingebaut, damit der Kunde seinen DSL-Anschluss nicht als Standleitung benutzt.

So trennt T-Online nach spätestens 24 Stunden die Verbindung. Diese kann aber nach der Trennung sofort wieder aufgebaut werden. Das kann man manuell machen, indem man beispielsweise den Browser startet und eine beliebige Webseite aufruft.

Doch wenn niemand am PC sitzt, weil Sie gerade über Nacht ein paar aktuelle Dateien aus dem Web saugen und eine Filesharingsoftware den Verbindungsaufbau allein nicht auslösen kann, dann wäre ein Automatismus brauchbar. Den bietet heutzutage praktisch jeder Router serienmäßig.

Es sind im Wesentlichen zwei Einstellungen nötig. Zum einen muss die automatische Trennung durch den Router abgeschaltet und zum anderen die automatische Wiedereinwahl aktiviert werden.

Die automatische Trennung stellt ein Router ebenfalls zur Verfügung, damit eine Verbindung nach einer gewissen Leerlaufzeit automatisch getrennt wird. Nicht jeder hat eine Flatrate, die Regel ist noch die Internetanbindung, für die ein Minutenpreis zu berappen ist. Hier ist diese automatische Trennung wichtig, um Kosten zu sparen. Wenn über eine voreingestellte Zeit hinaus keine Kommunikation in Richtung Internet erfolgt, wird getrennt. Diese Funktion ist bei einer Flatrate überflüssig und wird abgeschaltet.

Die automatische Wiedereinwahl bringt den Router sofort wieder online, wenn die Verbindung unterbrochen wurde. Hier verschiedene Beispiele, wie die automatische Wiedereinwahl aktiviert wird.

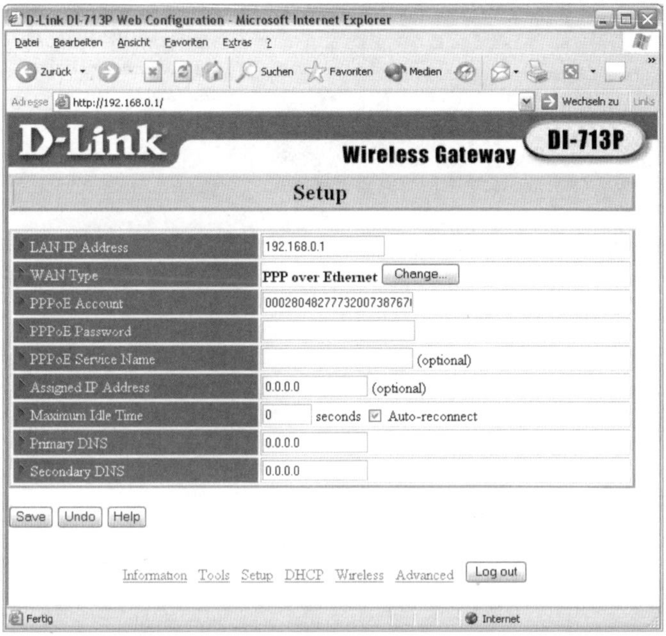

Die Maximum Idle Time müssen Sie beim D-Link DI-713P auf 0 setzen und bei Auto-Reconnect ein Häkchen setzen ... einfacher geht es nicht.

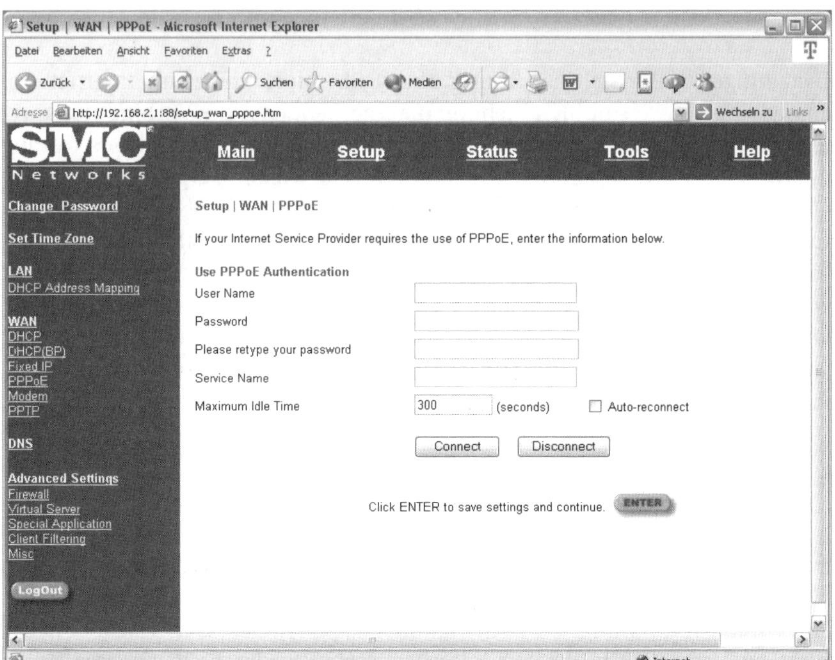

Beim SMC Barricade 704 ABR nehmen Sie die gleichen Einstellungen vor. Maximum Idle Time auf 0 und ein Häkchen bei Auto-Reconnect.

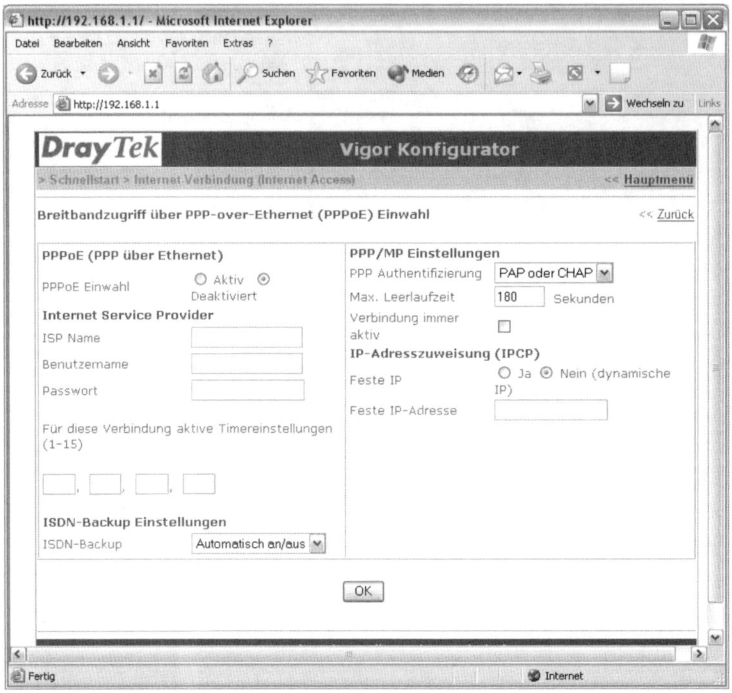

Abermals die gleiche Methode, diesmal aber mit deutscher Firmware des Draytek Vigor 2200W plus.

Mit diesen Einstellungen wählt sich der Router über DSL sofort wieder ins Internet ein. Das geht so schnell, dass Sie vermutlich nicht einmal merken, dass die Verbindung kurzfristig getrennt war. Gerade beim Filesharing ist das wichtig, denn die Downloads werden nach einer unterbrochenen Verbindung zwar automatisch wieder hergestellt, doch oft kann ein Filesharingtool den Verbindungsaufbau nicht selbst auslösen, wie das ein Browser könnte. Aber auch für viele andere Anwendungen ist der schnellstmögliche Verbindungsaufbau wichtig. Wenn Sie beispielsweise einen eigenen Web- oder FTP-Server betreiben, der via DynDNS-Dienst auch unter einer dynamischen providerseitigen IP-Adresse immer erreichbar sein soll, dann ist es Pech, wenn die Verbindung gekappt und nicht mehr automatisch aufgebaut wird. Das Thema DynDNS behandeln wir hier in diesem Kapitel ab Seite 154 ausführlich.

Online nach Fahrplan

Natürlich gibt es auch Fälle, wo es gerade nicht gewünscht ist, dass eine permanente Internetverbindung aufrecht erhalten wird. Nehmen wir ein kleines Unternehmen, das während der Arbeitszeit die Verbindung zum WWW nutzen will, aber außerhalb der Bürostunden keine Onlineverbindung wünscht, damit beispielsweise kein Hacker in das Netzwerk eindringen kann. Schließlich ist ein Router, der offline ist, noch sicherer als ein Router, der Firewall und andere Absicherungen nutzt.

In diesem Fall ist es empfehlenswert, einen Router zu wählen, der eine Timerfunktion bietet, sodass genaue „Zeitfenster" eingestellt werden können, in denen der Router eine Onlineverbindung aufrecht erhalten soll.

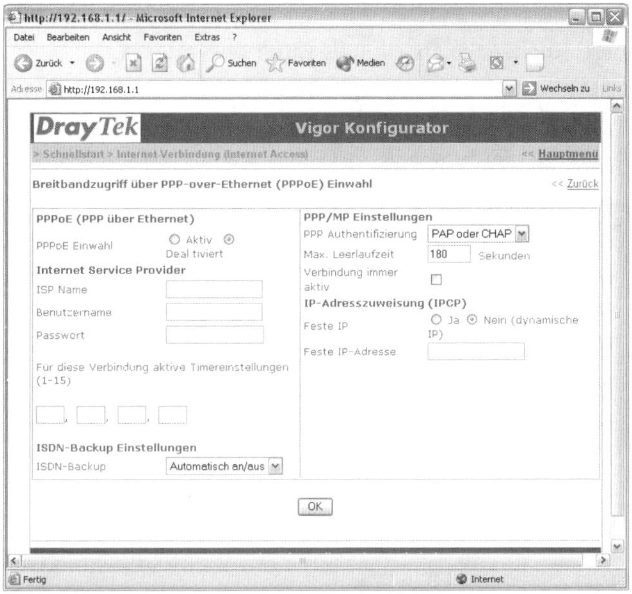

Bei diesem Gerät können Sie in der Konfiguration des Breitbandinternetzugangs unten links Timereinstellungen, die Sie separat konfigurieren, wählen.

Im Bild sehen Sie ein Beispiel für eine solche zeitgesteuerte Verbindung. Es können vier verschiedene Timervorgaben ausgewählt werden. Damit lassen sich beispielsweise Verbindungsprofile für werktags und das Wochenende erstellen.

Schauen wir uns jetzt einmal an, wie diese Timereinstellungen genau gesetzt werden.

1 Loggen Sie sich wie immer über das Webinterface auf Ihrem Router ein und klicken Sie auf den Link *Verbindungstimer*.

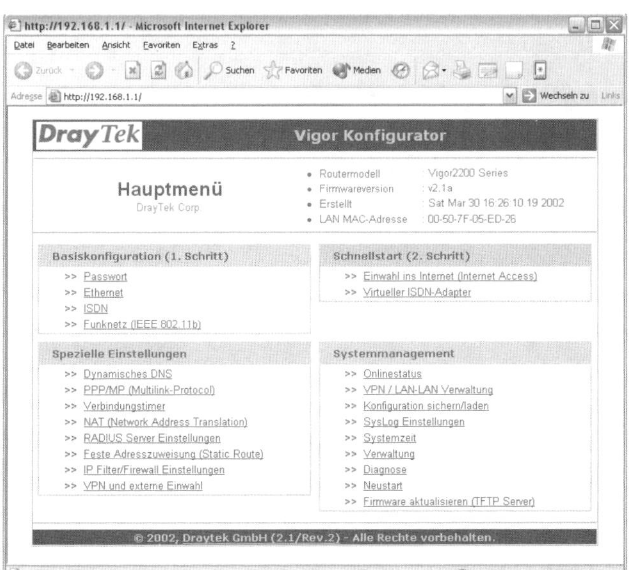

2 Sie haben 15 „Programmplätze“ zur Auswahl. Den Status erkennen Sie an dem *x* beziehungsweise *v*.

Steht hinter einem dieser Programmplätze ein *v*, dann ist dort bereits eine Zeiteinstellung hinterlegt und aktiviert. Klicken Sie also auf die Ziffer des Indexes.

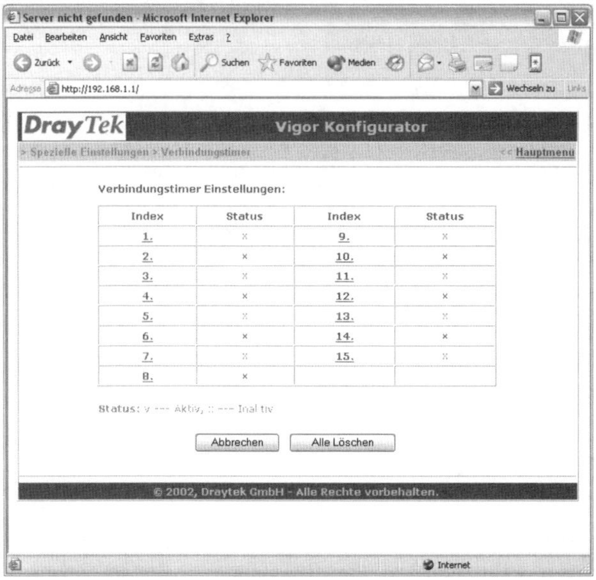

3 Ganz oben setzen Sie zunächst bei *Timer aktiv* das Häkchen. Sie können ein *Anfangsdatum* einstellen, ab dem die Timerkonfiguration aktiv werden soll. Geben Sie ein bereits vergangenes Datum ein bzw. übernehmen Sie die hier gezeigte Voreinstellung, wenn der Timer ab sofort gelten soll. Bei *Startzeit* legen Sie die Uhrzeit fest, zu der die Timerfunktion beginnen soll. Hier haben wir uns für 9:00 Uhr entschieden. Das Ende wird nicht über eine Endzeit, sondern über die *Dauer* definiert. Hier im Beispiel sind es neun Stunden.

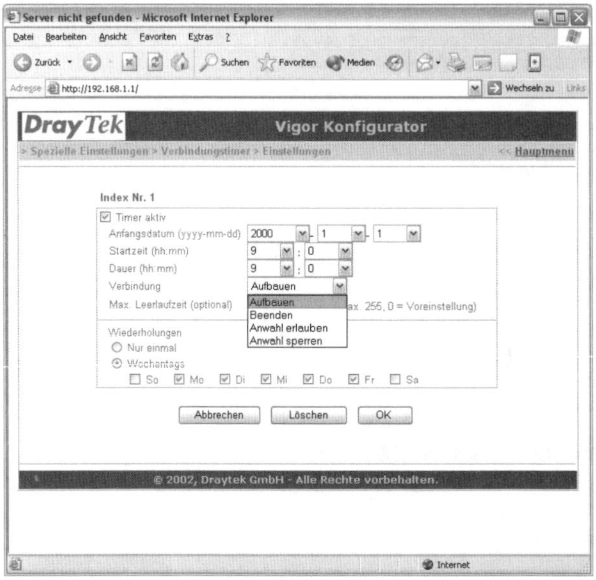

4 Wichtig ist die Einstellung *Verbindung*, denn hier können Sie entscheiden, was genau zur Start-Uhrzeit geschehen soll. Sie können wählen zwischen Verbindung *Aufbauen*, *Beenden*, *Anwahl erlauben* und *Anwahl sperren*. Am unteren Rand des Konfigurationsfensterns können Sie noch angeben, an welchen Wochentagen der Timer gelten soll, oder ob er *Nur einmal* gelten darf.

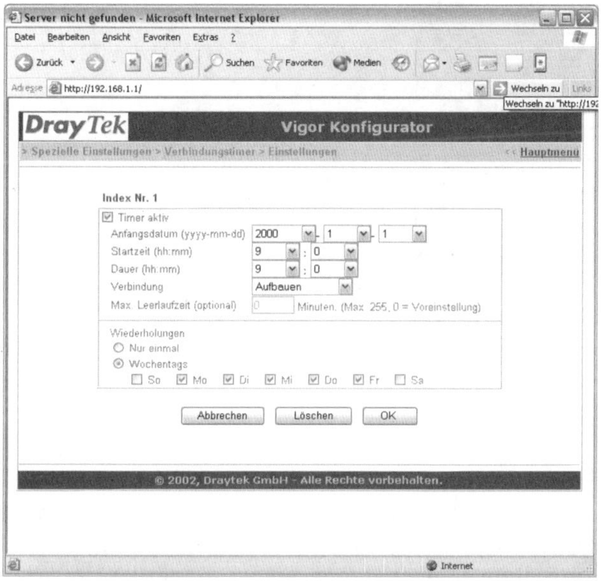

5 Das hier wäre zum Beispiel die Konfiguration für eine DSL-Flatrate. Der Timer baut die Verbindung zur Startzeit auf, die dann für die eingestellte Dauer aktiv bleibt. Das Ganze geschieht aber nur an Werktagen. Damit wäre das eine Einstellung für eine Firma, die während ihrer Bürozeiten permanent online sein will.

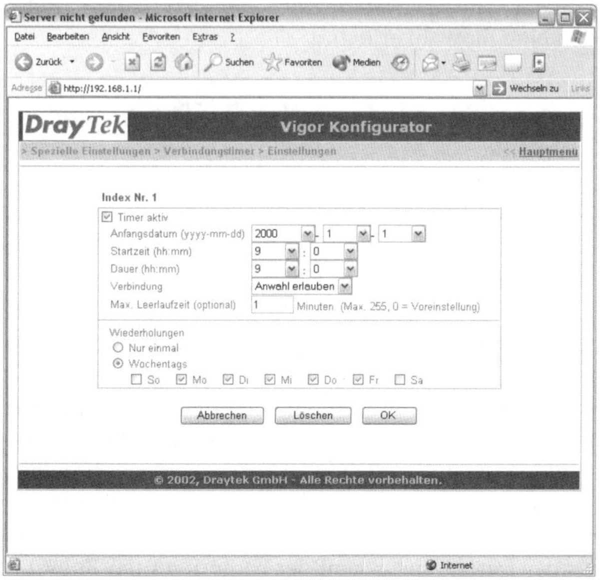

6 Diese Einstellung wäre ideal für eine Wählverbindung mit Minutenpreis. Ab 9:00 Uhr ist eine Anwahl gestattet. Die Verbindung wird nach einer Leerlaufzeit von einer Minute gekappt, bis der Nächste per Browser oder E-Mail eine Anfrage an das Internet schickt und die Anwahl erneut erfolgt. Auch hier gilt die Einstellung wieder nur werktags.

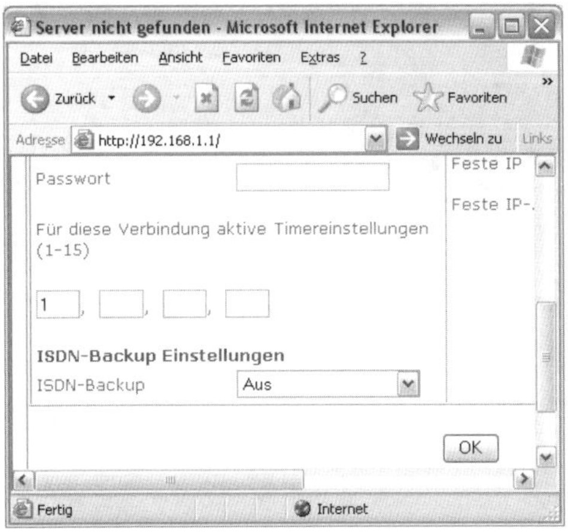

7 Jetzt müssen Sie sich nur über das Hauptmenü in die Einwahlkonfiguration, z. B. PPPoE, begeben und dort unten links bei *Für diese Verbindung aktive Timereinstellungen* die Indexnummer des von Ihnen eben angelegten Timers eintragen. Sie können hier vier von den 15 Einstellungen gleichzeitig nutzen. Damit lassen sich auch verschachtelte Einstellungen realisieren, die zu verschiedenen Zeiten aktiv werden.

Sie sehen an dieser Schrittanleitung, dass Sie mitunter recht komplexe „Verhaltensmuster" für die Zeitsteuerung Ihres Router entwerfen und aktivieren können. Dabei ist auch eine Einstellung machbar, die bei minutenbasierten Abrechnungen für eine automatisierte Einwahl sorgt, über die maximale Leerlaufzeit Geld sparen hilft und dafür sorgt, dass zu bestimmten Zeiten keine Einwahl erfolgt.

Router optimal für eigenen Web- oder FTP-Server einrichten

Eine Webseite bei den heutigen Providern kostet nicht viel. Aber der angemietete Webspace unterliegt nicht komplett der eigenen Kontrolle, und oft haben die billigen Angebote bestimmte Einschränkungen, die stören. Wer beispielsweise eine Onlinedatenbank wie MySQL und PHP braucht, um ein eigenes Content Management System zu betreiben oder andere Datenbankanwendungen ins Internet zu bringen, findet diese Funktionen oft nur bei teureren Webspace-Angeboten. Dabei genügt ein halbwegs brauchbarer PC und Linux, um einen eigenen Webserver mit allem nur erdenklichen Komfort inklusive MySQL und PHP aufzubauen. Mit einer Flatrate, einem DynDNS-Dienst und der zu Beginn dieses Kapitels vorgestellten Pseudo-Standleitung (Flatrate) ist es auch kein Problem, diesen Webserver permanent im Internet erreichbar zu machen. Den Router müssen Sie dabei so konfigurieren, dass Anfragen, die von außen an Ihren Webserver gehen, an diesen durchgeleitet werden, ohne dass der Datentransfer von der routerinternen Firewall oder dem IP-Masquerading abgeblockt wird. Gleichzeitig soll der in Richtung Internet geöffnete Zugang zum Werbserver aber auch nicht als Einflugschneise für andere Clients im Netzwerk dienen.

Das Gleiche gilt für einen eigenen FTP-Server, den Sie vielleicht betreiben wollen, um bestimmten Personen Zugriff auf bestimmte Dateien zu ermöglichen. Oder Sie wollen einen „Dateilagerplatz" haben, wenn Sie unterwegs sind und Files entweder brauchen oder von außen in Ihrem Netzwerk ablegen wollen. Wie Sie evtl. in Kapitel 4 gelesen haben, arbeitet ein Router grundsätzlich mit **N**etwork **A**ddress **T**ranslation (NAT).

Doch die als Schutz vor Eindringlingen so nützliche IP-Masquerading-Funktion ist in diesem Anwendungsfall das Hindernis, an dem der Zugriff auf den Web- oder FTP-Server scheitert. Im Router muss also quasi eine „Direktleitung" in Richtung Ihres Web- oder FTP-Servers geschaltet werden. Diese „Direktleitung" kann man per Portforwarding einrichten. Hier zunächst eine schematische Darstellung, bevor wir in die Details gehen.

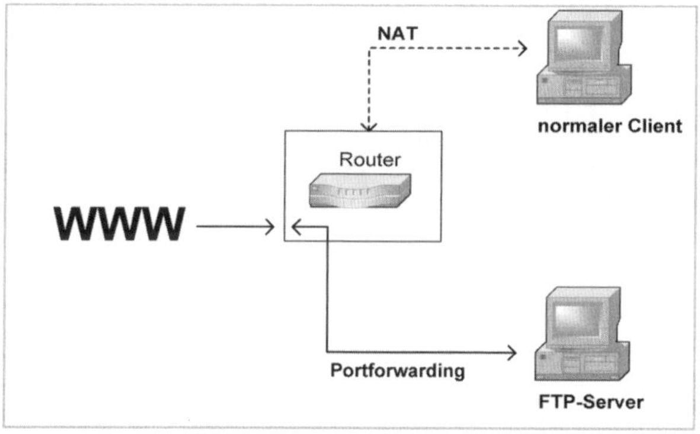

Direkte Route statt NAT für Web- oder FTP-Server

Damit von außen, also aus dem Internet kommend, auf den Web- oder FTP-Server zugegriffen werden kann, muss NAT hier umgangen und eine direkte Route zu dem Rechner, der als Web- oder FTP-Server dient, geschaltet werden. Diese Route muss dabei so konfiguriert werden, dass sie ausschließlich WWW- und/oder FTP-Übertragungen zulässt.

Das Ganze geschieht über die Ports, die für Websurfen und FTP zuständig sind. Webbrowser nutzen zum Surfen vorwiegend den Port 80 und ab und zu auch 8080. Der klassische FTP-Port innerhalb des TCP/IP-Protokolls ist Port Nummer 21.

Es können auch andere oder mehrere Ports für FTP genutzt werden, aber Port 21 ist der „klassische FTP-Port". Damit jetzt von außen auf Ihren Web- oder FTP-Server zugegriffen werden kann, muss eine entsprechende Anfrage an die interne IP-Adresse des Rechners und den entsprechenden Port durchgeleitet werden.

Das Ganze nennt sich auch „Portforwarding" oder „Portweiterleitung". Die entsprechende Konfiguration des Routers ist einfach zu erstellen.

Schauen wir uns das für einen FTP-Server an.

1 Sie loggen sich über das Webinterface auf dem Router ein und klicken auf den Link *NAT (Network Address Translation)*.

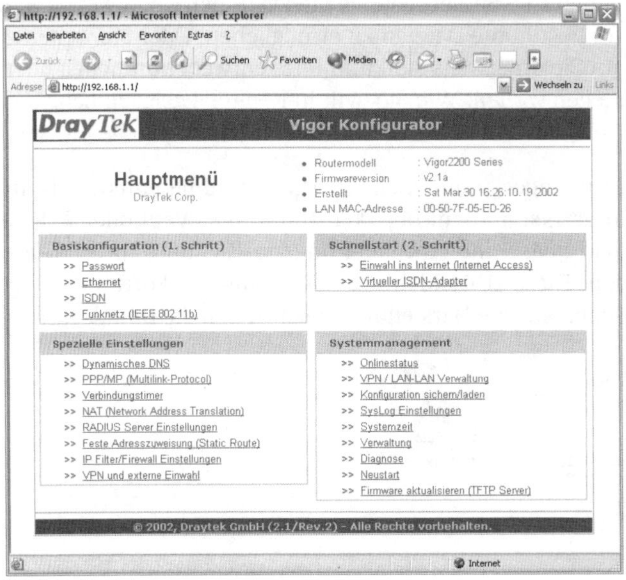

2 Klicken Sie jetzt auf den Link *Portzuweisungstabelle*, über die diese direkte Route konfiguriert wird.

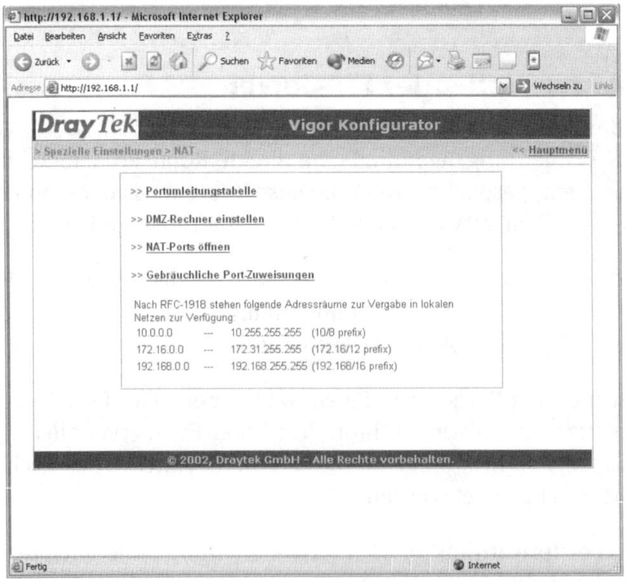

3 Hier in diesem Fall können Sie bis zu zehn verschiedene Zuweisungen konfigurieren. Klicken Sie in das Eingabefeld *Dienst* in Zeile *1* und tragen Sie dort die Bezeichnung des Dienstes ein. Hier bietet sich für unser Beispiel FTP an.

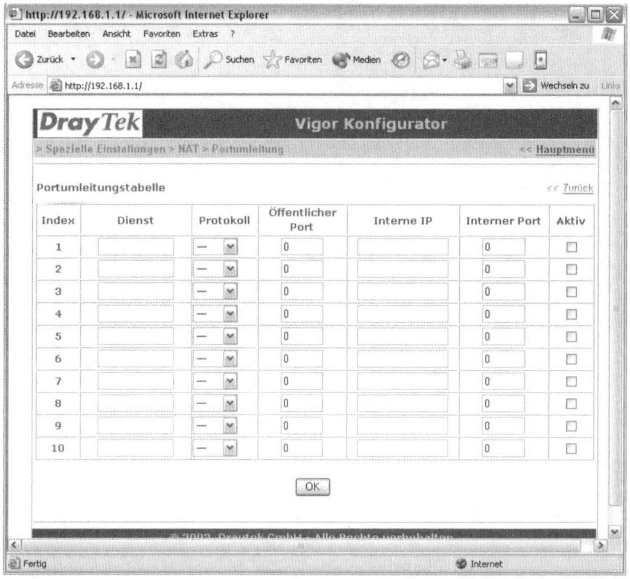

4 Bei *Protokoll* müssen Sie *TCP* auswählen, denn wir wollen ja Port 21 des TCP/IP-Protokolls öffnen. Bei *Öffentlicher Port* geben Sie jetzt *21* für den FTP-Port an. Bei *Interne IP* tragen Sie die IP-Adresse des Clients in Ihrem Netzwerk ein, der als FTP-Server zum Einsatz kommen soll. Auch bei *Internet Port* wird jetzt die *21* eingetragen. Setzen Sie bei *Aktiv* ein Häkchen, damit diese Konfiguration aktiviert wird, sobald Sie unten auf der Seite den Schalter *OK* angeklickt haben.

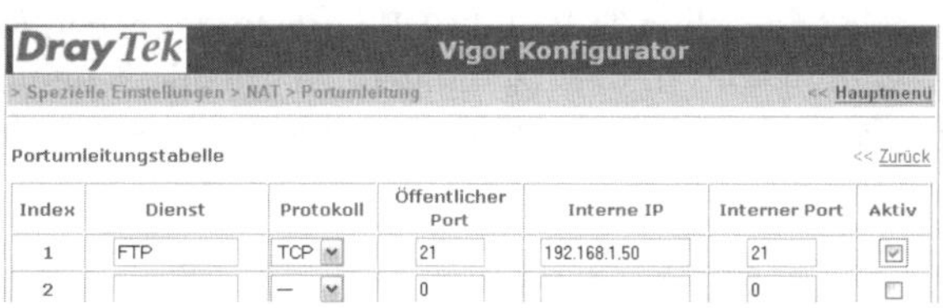

Das war es im Prinzip schon. Jetzt ist der Port 21 auf der internen IP-Adresse 192.168.1.50 so mit dem Router verbunden, dass FTP-Übertragungen, die jemand an den Port 21 auf der externen, vom Provider zugewiesenen IP-Adresse richtet, an den entsprechenden Client „durchgeschaltet" werden. Wenn Sie jetzt Ihren FTP-Server über einen DynDNS-Dienst (mehr zu DynDNS ab Seite 154) erreichbar machen, sorgt der Router dafür, dass die entsprechenden Anfragen aus dem Internet immer auf dieser IP-Adresse und dem Port 21 landen und nicht irgendwo anders in Ihrem Netzwerk. Wenn Sie einen Webserver einrichten, dann benötigen Sie zwei dieser Zeilen, denn in der ersten „öffnen" Sie Port 80 und in der zweiten Port 8080, da beide von Webbrowsern verwendet werden können. Wenn Ihr Webserver auch gleichzeitig als FTP-Server dient, öffnen Sie in der dritten Zeile, wie eben beschrieben, Port 21.

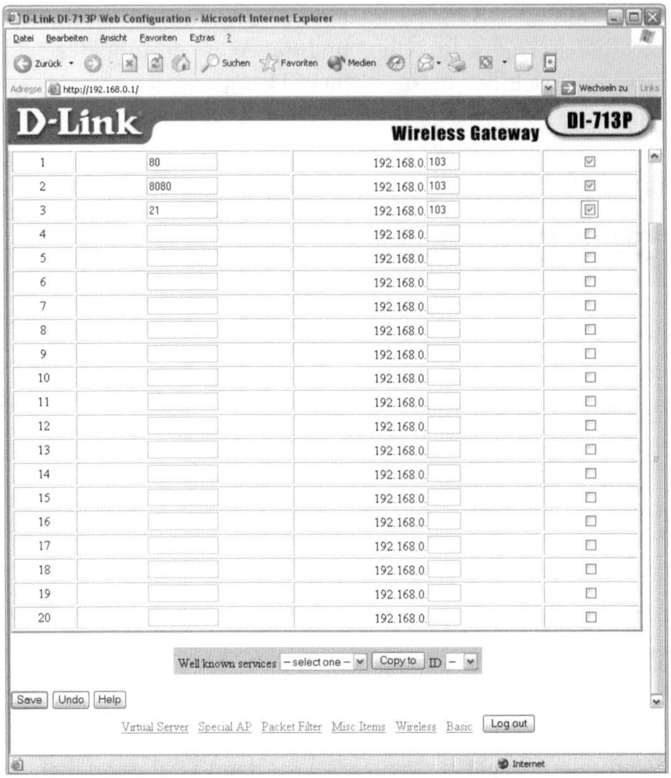

Auch bei anderen Routern, wie hier einem D-Link, geschieht die Portzuweisung sehr ähnlich.

Mit dieser Methode können Sie auch andere Dienste auf Clients in Richtung Internet öffnen. Denkbar wäre beispielsweise ein eigener E-Mail-Server, der dann die Ports 25 und 110 benötigt. Bei manchen Routern müssen Sie auch definieren, ob der Port als TCP, UDP (eine Erklärung zum Unterschied zwischen TCP und UDP-Ports finden Sie in Kapitel 4.4) oder als beides freigegeben werden soll. In der nachfolgenden Tabelle sehen Sie einen kleinen Ausschnitt wichtiger Ports. Im Anhang finden Sie eine größere Tabelle mit den wichtigsten TCP/IP- und UDP-Ports.

Portnummer	Funktion	Bedeutung
20	FTP - data	Datenübertragung per File Transfer Protocol
21	FTP - control	Datenübertragung per File Transfer Protocol
23	Telnet	Telnet-Verbindungen
25	SMTP Send Mail	E-Mails abschicken
53	DNS	IP-Adressen und URL über den Domain Name Service aufschlüsseln
80	HTTP	Surfen im Internet
8080	HTTP-alt	Alternative zu Port 80
110	POP3	E-Mails
113	AUTH	Authentifizierungsdienste

Portnummer	Funktion	Bedeutung
443	HTTPS (SSL)	Sichere Internetverbindung
458, 554, 6970-6999, 7071	QuickTime	Apples QuickTime Player
5190	AOL Instant Messenger	Chatten mit dem AOL Instant Messenger
4000-4009	ICQ	Chatten mit ICQ
27960	RealAudio	RealPlayer

Portöffnung als Lösung für Problemfälle – beispielsweise Instant Messaging

Die Öffnung eines Ports kann auch bei der Lösung von Verbindungsproblemen helfen. Nehmen wir an, Sie haben vor der Anschaffung des Routers mit dem AOL Instant Messenger (AIM) gechattet. Der funktioniert aber seit der Nutzung des Routers nicht mehr. Das kann daran liegen, dass durch NAT der Port 5190, der üblicherweise vom AIM genutzt wird, nicht mehr ins Internet durchkommt. Zwar hat der AIM einige Einstellungen, die auch die Nutzung „hinter" einer Firewall oder einem Router erlauben soll. Aber wenn es damit nicht klappt, kann es helfen, den „AIM-Port" 5190 mit der soeben beschriebenen Methode für den Client, mit dem gechattet werden soll, zu öffnen.

Achtung, die direkte Route birgt auch Gefahren

Dieses direkte Öffnen bestimmter Ports zum Internet ist aber auch gefährlich, denn unerwünschte Gäste – Hacker – könnten diese direkte Route für Angriffe nutzen. Sie sollten also sehr genau überlegen, welche Ports Sie öffnen und welche nicht. So ist es vor allem wichtig, die Ports zu schließen, die für Fernwartungszugriffe gedacht sind, allen voran die Ports 137 bis 139. So könnte ein Hacker versuchen, über eine Telnet-Verbindung einzudringen, oder mit einem der gängigen Hackertools wie SubSeven einen Angriff starten. Mehr zu SubSeven beim Thema Firewalls ab Seite 185.

Supersauger – Router für Filesharing anpassen

Filesharing ist zum Volkssport vieler Flatrate-Besitzer geworden. Bei den meisten Filesharingtools wird zunächst über einen speziellen Server nach dem gewünschten Material gesucht. Wurde dieses gefunden, wird eine direkte Verbindung zwischen dem anfordernden Rechner und dem Rechner, der die Datei anbietet, hergestellt.

Nehmen wir eDonkey als Beispiel. Mit einem Router, der zwischen dem eDonkey-Client und dem Internet sitzt, kann es zu folgender Fehlermeldung kommen:

ERROR: Your port 4662 is not reachable. You have a LOWID http://www.edonkey2000.com/documentation/lowid.html! Please correct your network config!

Ein Hinweis auf die wahrscheinliche Ursache ist der Hinweis *Your port 4662 is not reachable*. Ein Port, den eDonkey für die Übertragung braucht, ist aus Richtung des Internet nicht zu erreichen. Diesen gilt es jetzt mit dem oben beschriebenen Portforwarding zu öffnen.

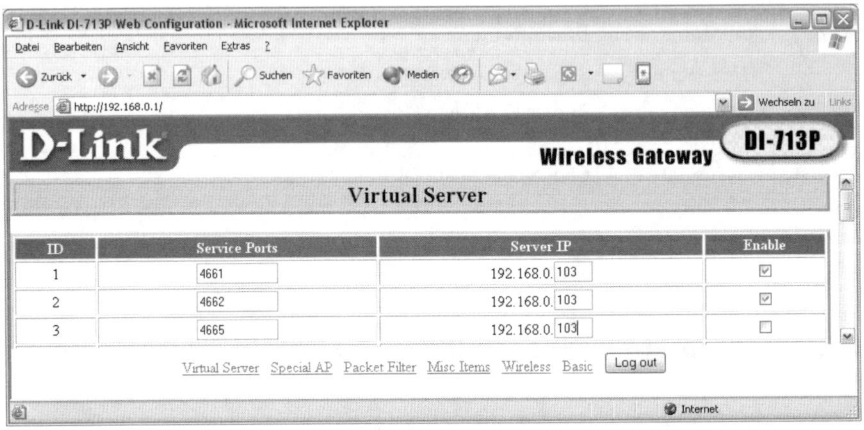

Für eDonkey sind insgesamt drei Ports von Bedeutung. Es sind dies 4661, 4662 und 4665.

Für eDonkey sind insgesamt drei Ports wichtig. Der in der Fehlermeldung erwähnte Port 4662 dient der direkten Verbindung zwischen den beiden am Datenaustausch beteiligten Clients, sprich für die Peer to Peer-Verbindung. Port Nummer 4661 ist für die Suchanfragen bei den eDonkey-Servern reserviert. Und 4665 ermöglicht die Kommunikation mit anderen Servern, als dem, mit dem man gerade verbunden ist. Das Portforwarding muss also mindestens für 4461 und 4462 freigeschaltet werden. Hier die gängigen Ports verschiedener Filesharingdienste in einer tabellarischen Übersicht:

Port	Filesharingdienst
1214 TCP	Kaaza
4661 TCP	eDonkey
4662 TCP	eDonkey
4665 UDP	eDonkey
6346 TCP	Gnutella
6347 TCP	Gnutella
6257 UDP	WinMX
6699 TCP	WinMX
41000 bis 41999	AudiGalaxy

Die Ports der Filesharingtools können sich natürlich kurzfristig ändern.

Portrange öffnen

Wenn Sie in der obigen Tabelle beim Filesharingtool AudioGalaxy nachschauen, werden Sie feststellen, dass hier nicht ein einzelner Port benutzt wird, sondern eine ganze Range von Ports. Welcher Port letztendlich genau benutzt wird, handelt Ihr AudioGalaxy-Client mit der Gegenstelle aus. Es reicht also nicht, einen Port zu öffnen, Sie müssen die ganze Range öffnen. Auch das ist nicht schwierig. Bei einigen Routern tragen Sie bei der Portforwarding-Funktion statt einer Portnummer Anfangs- und Endport der Range mit Bindestrich ein. Bei anderen gibt es für die Öffnung einer Portrange eine separate Funktion. Hier zwei Beispielbilder für beides.

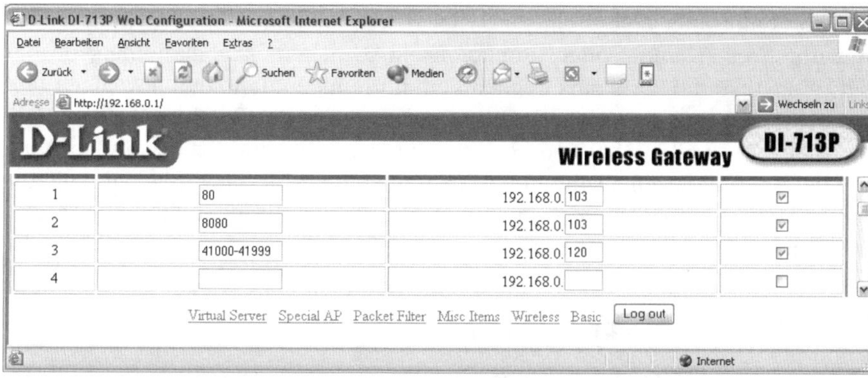

Mal tragen Sie anfangs und Endport einer Range im Portforwarding eines Routers ein, ...

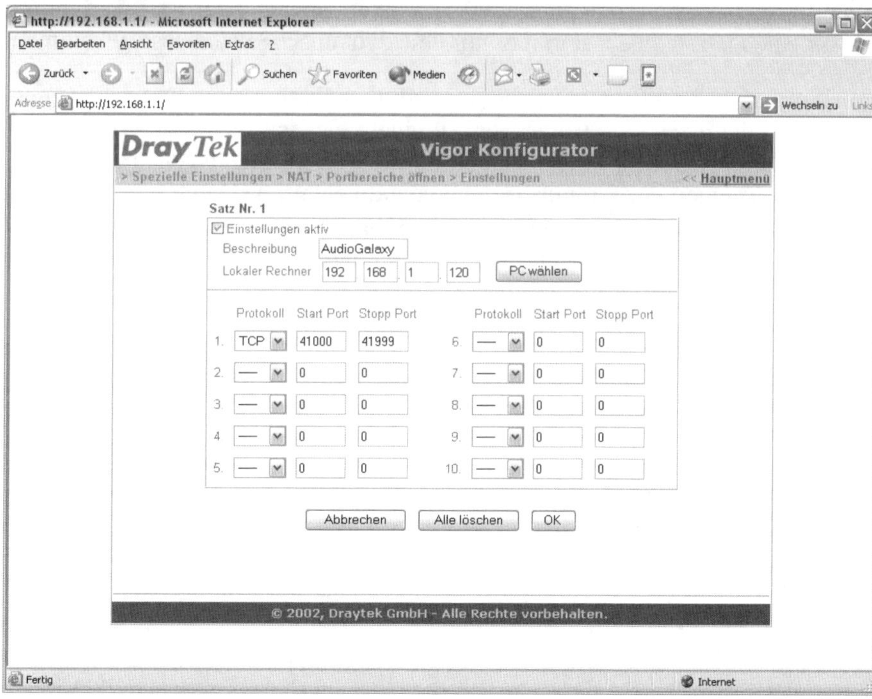

... während bei anderen Routern eigene Einstellungsseiten für das Öffnen von Portranges vorhanden sind.

Achtung: Offene Portrange kann Sicherheitsrisiko sein

Was in Sachen Sicherheitsproblematik für einzelne in Richtung Internet geöffnete Ports gilt, gilt erst recht für eine ganze Portrange. Sie sollten es daher so handhaben, dass Sie die Portrange auf Ihrem Router nur dann öffnen, wenn es nötig ist. Haben Sie beispielsweise das Filesharing beendet, sollten Sie die Portrange in der Routerkonfiguration wieder dicht machen.

Mehrere einzelne Ports auf einmal freigeben

Bei einigen der Router, die die Öffnung der Portrange „per Bindestrich" zulassen und nicht nach der Angabe eines Start- und Endports verlangen, können Sie oft auch eine Serie einzelner Ports mit einer Zeile freigeben. Hier tragen Sie dann die Ports hintereinander getrennt durch ein Komma oder Semikolon ein. Um herauszubekommen, ob das Funktioniert, tragen Sie die Ports entsprechend ein und pingen dann den jeweiligen Port über die externe, vom Provider zugewiesene IP-Adresse an. Der Befehl sieht dann beispielsweise so aus: *ping 65.123.99.42:123*. Hinter dem Doppelpunkt steht die Portnummer. Kommt bei jedem Port eine Antwort zurück und keine Fehlermeldung, dann hat die Portöffnung geklappt. Klappt das nicht dann müssen Sie doch für jeden Port eine separate Zeile im Konfigurationsfenster nutzen.

DynDNS-Dienste nutzen

Stolze Besitzer einer teuren Standleitung haben meist auch eine feste IP-Adresse von Ihrem Provider bekommen, über die sie, oder besser deren Netzwerk, ständig im Internet erreichbar sind. Der Normalverbraucher aber surft über Einwahl- und DSL-Verbindungen, bestenfalls eine Flatrate, die fast immer nur eine dynamische IP-Adresse bekommen.

Mit anderen Worten: Bei jeder neuen Verbindung wird auch eine neue IP-Adresse zugewiesen. Wenn man demnach eine Homepage auf einem eigenen, heimischen Server betreiben will, wenn man vielleicht einen eigenen Gameserver für den eigenen „Clan" aufsetzen will, oder wenn man einfach nur bequem von außen auf das heimische Netzwerk zugreifen will, dann muss man so genannte dynamische DNS-Dienste nutzen. DNS steht für **D**omain **N**ame **S**erver. Diese DNS machen nichts anderes, als eine URL in die zu dieser URL gehörende IP-Adresse zu übersetzen.

Da bei dynamisch vergebenen IP-Adressen die IP aus einem Pool mehr oder weniger zufällig vergeben wird, kann man die neu zugewiesene IP nicht korrekt vorhersagen. Die dynamischen DNS-Dienste können bei diesem Problem helfen.

Dieser Dienst holt sich bei jeder neuen Einwahl automatisch die aktuelle IP-Adresse und verknüpft diese mit der URL. Sobald sich ein Client, beziehungsweise in unserem Fall der Router, in das Internet einwählt, sorgt ein Script bzw. die entsprechende Funktion im Router dafür, dass die neue vom Provider zugewiesene IP-Adresse beim gewählten DynDNS-Dienstleister aktualisiert und hinterlegt wird. Mit diesem Eintrag beim DynDNS-Dienstleister ist eine von diesem an Sie vergebene Webadresse verknüpft. Sobald nun jemand diese URL, beispielsweise „http://www.meinedomain.dyndns.org" im Browser eingibt, steuert der Browser über den DynDNS-Dienstleister diese hinterlegte IP-Adresse an.

Wie nutze ich einen DynDNS-Dienst für mich?

Zunächst müssen Sie sich eine Domain, sprich eine URL, bei einem DynDNS-Dienstleister holen, die meist mit dessen Domain endet, beispielsweise *http://www.meinedomain.dyndns.org*. Solche DynDNS-Dienstleister gibt es viele. Eine recht gute Auflistung finden Sie auf *http://www.technopagan.org/dynamic*. Gute Hinweise gibt es auch unter *www.dslwebserver.com*. Sie können auch eine „normale" URL registrieren. Wenn Sie eine Webadresse haben wollen, die auf „.de" endet, ist die DENIC (*http://www.denic.de*) zuständig. Diese „normale" URL muss aber dann auf die URL, die Sie sich beim DynDNS-Dienstleister holen, umgeleitet werden. Mit der DynDNS-URL richten Sie bei dem entsprechenden Dienstleister einen Account ein. Wenn Sie direkt mit einem PC an das Internet angebunden sind, müssen Sie eine kleine Software des Dienstleisters laden und installieren. Diese läuft dann immer und stellt fest, wenn sich die IP-Adresse ändert. Ist das der Fall, ermittelt die Software die neu zugewiesene IP-Adresse und sendet sie an das System des DynDNS-Anbieters. Dort wird die aktuelle IP-Adresse dann mit Ihrer DynDNS-URL verknüpft. Damit wird die Verbindung zu dem Rechner aufgebaut, wenn jemand die URL in einem Webbrowser eingibt. Mehr dazu in Kapitel 11.

DynDNS mit dem Router

Viele Router unterstützen mittlerweile DynDNS-Dienste. Dabei wird nicht mehr das eben beschriebene Programm benötigt. Stattdessen sendet der Router selbst bei jedem Verbindungsaufbau die IP-Adresse an meist vorgegebene DynDNS-Dienstleister.

Die Konfiguration ist schnell erledigt, wie Sie sofort sehen werden.

1 Loggen Sie sich in das Webinterface der Routerkonfiguration ein und suchen Sie den Eintrag *Dynamisches DSN*. Klicken Sie darauf.

2 Sie sehen in diesem Fall, dass drei verschiedene DynDNS-Routen konfiguriert werden können. Klicken Sie auf die *1.* für die erste, nachdem Sie zuvor oben das Häkchen bei *Dynamisches DSN aktiv* gesetzt haben.

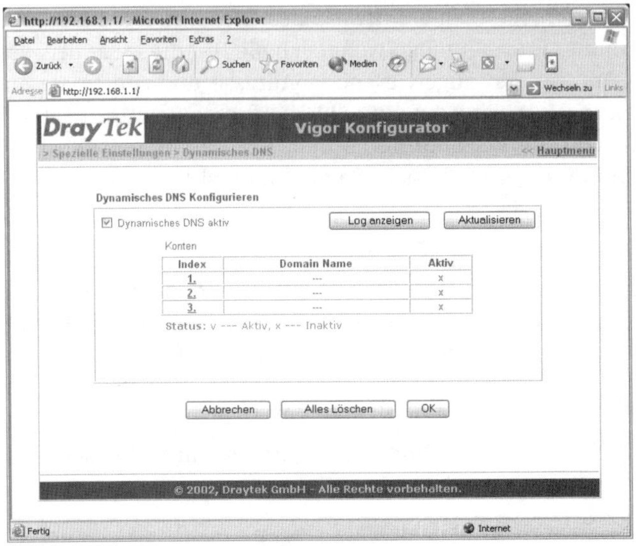

3 Zunächst suchen Sie sich jetzt einen der angebotenen Service-Provider aus. Sie sollten also bei einem dieser Anbieter den DynDNS-Service nutzen und vorher eingerichtet haben!

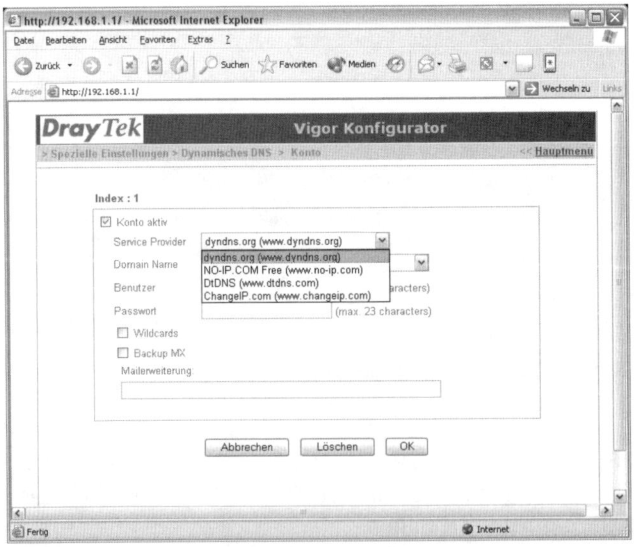

4 Nun tragen Sie den *Domain Name* (Ihre DynDNS-URL) ein und wählen die passende Endung aus dem Dropdown-Menü dazu. Dann konfigurieren Sie noch den *Benutzer* und das *Passwort*, mit dem der Zugang zum DynDNS-Dienstleister erfolgt. Ohne diese Angaben kann der Router die jeweils aktuelle IP-Adresse nicht übermitteln.

Die Häkchen bei *Wildcards* und *Backup MX* müssen Sie je nach Angaben des DynDNS-Services setzen. In der Regel brauchen Sie hier aber nichts zu ändern. Sollte DynDNS auch zum Mailempfang benutzt werden, wird eine *Mailerweiterung*, die Sie vom Dienstleister bekommen, hier ebenfalls eingetragen. Klicken Sie auf *OK*.

5 Sie sehen jetzt Ihre eingerichtete DynDNS-Konfiguration. Stimmt alles, klicken Sie auf *OK*. Mit *Log anzeigen* können Sie sich ein Logbuch der DynDNS-Verbindungen anzeigen lassen.

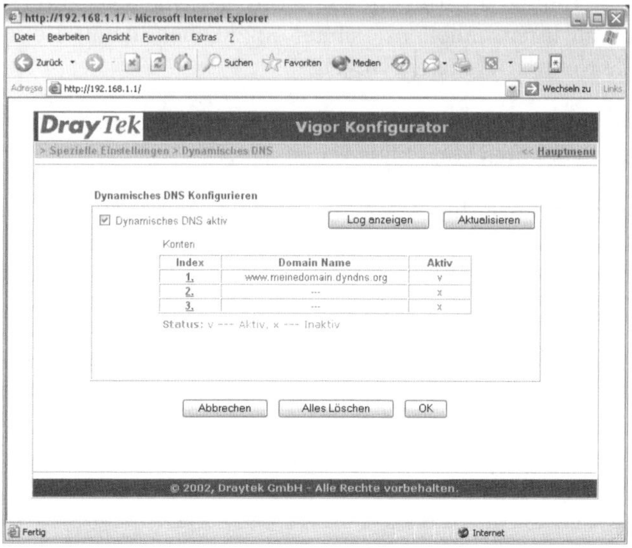

Damit haben Sie die Nutzung von DynDNS konfiguriert. Wenn jetzt jemand „http://www.meinedomain.dyndns.org" in seinem Browser eingibt, wird eine Verbindung über das Internet zu Ihrem Router aufgebaut.

Wenn Sie jetzt einen bestimmten Rechner in Ihrem Netzwerk als Webserver benutzen und die externe Anfrage über diese URL auf diesem landen soll, dann müssen Sie, wie auf Seite 147 in diesem Kapitel beschrieben, mit der Konfiguration von NAT für spezielle Zwecke dafür sorgen, dass alle Anfragen an die URL auf diesem Rechner landen.

Diesmal ist es Port 80, den Sie für die interne IP-Adresse Ihres Servers in Richtung Internet öffnen müssen. Sollte der Server als FTP-Server angesprochen werden, dann wäre es wieder Port 21, der zu öffnen ist, damit der FTP-Server über DynDNS angesteuert werden kann. Wie das geht, haben wir ja bereits besprochen.

Wenn diese NAT-Konfiguration erfolgreich abgeschlossen ist, wird jeder, der in seinem Browser die URL „http://www.meinedomain.dyndns.org“ eingibt, über den DynDNS-Dienst auf den Router und von diesem auf den Webserver innerhalb Ihres Netzes weitergeleitet.

Bei Anruf online – Callback & Co. nutzen

Hier geht es jetzt um „anrufgestützte Funktionen“, also Funktionen im Router, die durch einen Anruf, oder besser eine eingehende Wählverbindung ausgelöst werden. Dabei sind mehrere Funktionen denkbar und abhängig von der Ausstattung der Router realisierbar.

Die wichtigsten Funktionen werden oft als Callback und Call Control bezeichnet.

Was ist Callback?

Da wäre zunächst Callback (Rückruf). Beim Callback wählen Sie von unterwegs mit Ihrem Notebook von außen den Router über eine voreingestellte Nummer an.

Der Router erkennt den Anruf, trennt die Verbindung und ruft Sie seinerseits zurück, um dann eine Onlineverbindung zu Ihrem mobilen Rechner aufzubauen, damit Sie in das heimische oder firmeninterne Netzwerk hineingelangen.

Das hat den Vorteil, dass Ihnen unterwegs außer dem kurzen „Auslöseanruf“ keine Kosten entstehen. Dabei sind zwei Varianten von Callback denkbar.

Entweder der Router ruft Sie oder besser Ihr Notebook auf der Nummer zurück, die mit dem Auslöseanruf übermittelt wurde. Oder er ruft eine fest eingestellte Nummer zurück, beispielsweise die Handynummer, damit die Verbindung über das Mobilfunknetz etabliert wird.

Das wichtigste Merkmal der Callback-Verbindung ist, dass der Router und der externe Rechner eine direkte Wählverbindung miteinander aufbauen, also nicht über das Internet miteinander verbunden sind.

Hält der Router gleichzeitig eine DSL-Verbindung zum Internet, kann der externe Rechner über den Router darauf zugreifen. Anbei das Ganze als schematische Darstellung.

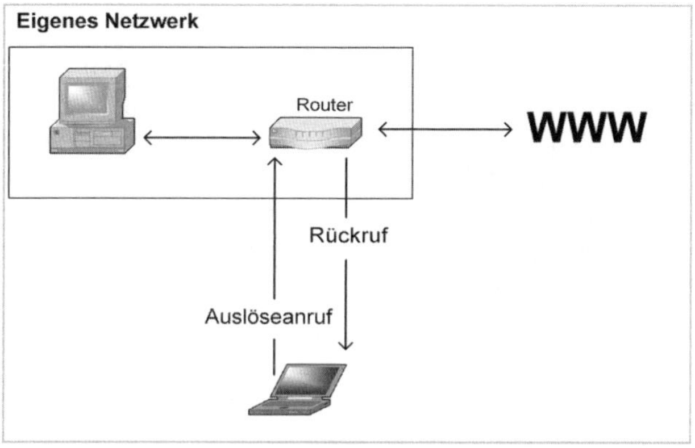

Callback baut eine direkte Verbindung zwischen Router und dem (externen) Computer auf.

Was ist Call Control?

Call Control könnte man als eine Art Fernstart bezeichnen. Sie finden auch andere Begriffe für diese Funktion, wie beispielsweis Remote Activation, Farnaktivierung und ähnliche. Der Router ist offline. Sobald über den eingebauten ISDN-Adapter eine ganz bestimmte Telefonnummer von außen anruft, wird dadurch die Einwahl ins Internet über die Standardverbindung ausgelöst. Der Router bringt damit Ihr Netzwerk ferngesteuert online. Wozu das Ganze? Stellen Sie sich folgendes Szenario vor. Sie sind unterwegs und brauchen Daten aus Ihrem Netzwerk. Sie haben einen Client in Ihrem Netzwerk als FTP-Server eingerichtet, auf dem die Daten liegen. Ihr Router ist so konfiguriert, dass er keine Dauerverbindung ins WWW hält, sondern offline ist, wenn niemand das Netzwerk nutzt. Sie konfigurieren die Call Control-Funktion so, dass Ihre Handynummer erkannt wird. Jetzt rufen Sie mit Ihrem Handy den Router an, die Rufnummernübermittlung muss natürlich aktiviert sein. Der Router erkennt die Nummer, trennt die Verbindung und baut per DSL die Onlineverbindung zu Ihrem Provider auf. Jetzt können Sie über das Internet auf Ihren FTP-Server zugreifen und die Daten abholen. Wie Sie sehen, unterscheidet sich diese Methode von Callback, da keine direkte Wählverbindung zwischen Router und externem Rechner aufgebaut wird, sondern nur die Internetverbindung des Routers gestartet wird, damit von außen über das Internet ein Zugriff möglich ist. Dieses Verfahren lässt sich auch mit weiteren kombinieren, z. B. mit Power on LAN oder Power on by Modem/Ring, die angeschlossene Rechner bei Anruf hochfahren.

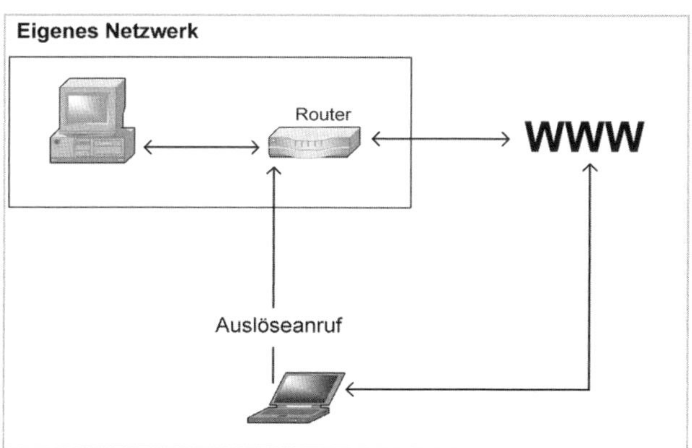

Diesmal dient der Auslöseanruf nur dazu, den Router zur Anwahl des Internet zu veranlassen.

Callback konfigurieren

Damit Sie Callback mit einem Router nutzen können, muss dieser natürlich einen eingebauten ISDN-TA oder ein internes oder extern anschließbares Modem haben. Außerdem sollten Sie, wenn Sie Callback nutzen wollen, beim Routerkauf darauf achten, dass dieser das auch unterstützt, denn nicht alle Router mit ISDN an Bord bieten auch Callback. Die Konfiguration ist von den Grundfunktionen ähnlich, unterscheidet sich aber von Router zu Router, mal mehr mal weniger. Hier zeigen wir die Konfiguration anhand des Vigor 2200W plus von Draytek mit deutschsprachiger Firmware.

1 Loggen Sie sich im Webinterface der Routerkonfiguration ein und klicken Sie unten links auf *VPN und externe Einwahl*.

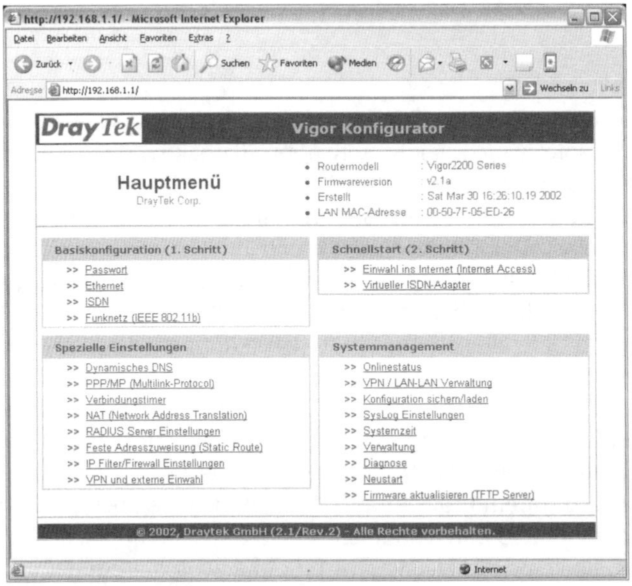

2 Hier klicken Sie jetzt auf *Externe Nutzer*.

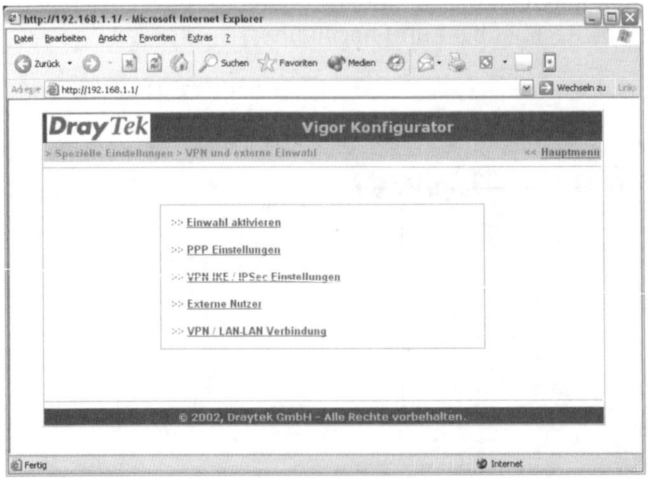

3 Sie können insgesamt zehn externe Nutzer anlegen. Der Status eines angelegten Benutzers wird mit *v* oder *x* angezeigt. Klicken Sie auf die *Index*-Ziffer, unter der Sie einen Benutzer anlegen möchten.

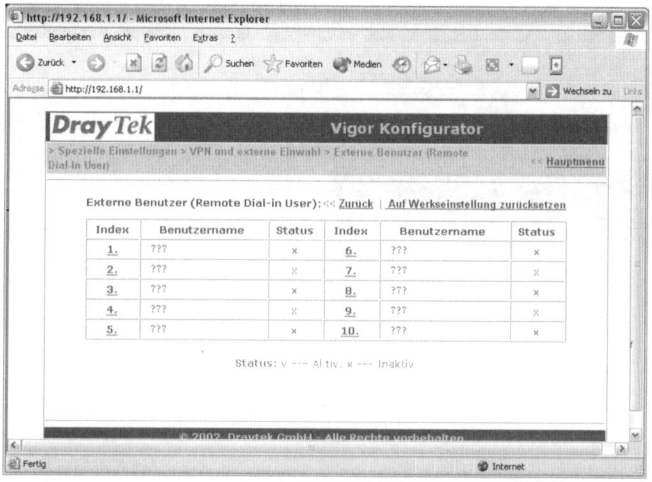

4 Zunächst müssen Sie links die *Benutzereinstellung aktiv* schalten und den Benutzer mit *Benutzername* und *Passwort* einrichten. Zudem können Sie eine *Max. Leerlaufzeit* einstellen, nach der die Verbindung getrennt wird. Wenn Sie möchten, dass der Router die Rufnummernidentifizierung nutzt, also unbekannte Nummern, die ihn anwählen, ignoriert, dann setzen Sie das Häkchen bei *Rufnummernerkennung aktiv (CLID)* und geben Sie die Rufnummer an. Dann wählen Sie bei *Einwahl zulassen über* den *ISDN*-Anschluss aus.

Auch IP identifizierbar
Wenn die Einwahl nicht per ISDN erfolgt, sondern über PPTP, dann können Sie statt der zu erkennenden Rufnummer auch eine IP-Adresse hinterlegen, die erkannt und zugelassen werden soll. Das setzt natürlich voraus, dass der sich einwählende Rechner eine feste IP-Adresse hat.

5 Für die Aktivierung der Rückrufoptionen setzen Sie zunächst das Häkchen bei *Rückruffunktion aktiv*. Soll nicht die durch den Anrufer übermittelte Nummer, sondern eine feste Rückrufnummer zurückgerufen werden, dann setzen Sie ein Häkchen bei *Rückrufnummer festlegen* und geben die entsprechende Nummer an. Wenn die Rückrufverbindung nur eine bestimmte Zeit aufrecht erhalten werden soll, bevor der Router sie trennt, dann setzen Sie das Häkchen bei *Rückrufzeitkonto aktiv* und geben die *Max Rückrufdauer* an. Ein Klick auf *OK* beendet die Einstellungsarbeit.

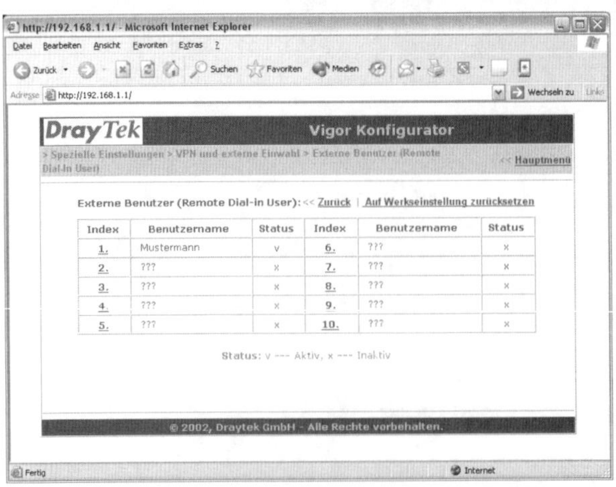

6 Jetzt sehen Sie, dass ein Benutzer angelegt wurde und die für ihn geltenden Einstellungen aktiv sind. Ab jetzt kann dieser Nutzer Callback verwenden.

Natürlich ist in diesem Beispiel die Rückruffunktion nur für die Einwahl über eine Wählverbindung nutzbar. Wenn der Zugriff von außen nicht über ISDN, sondern über PPTP erfolgt, kann damit zwar auch ein Rückruf angestoßen werden, der aber dann nicht per PPTP, sondern per Wählverbindung arbeitet.

Call Control nutzen

Kurz noch einmal zur Erinnerung: Hier dient der Anruf von außen nur dazu, die Einwahl ins Internet anzustoßen und nicht eine direkte Verbindung zwischen Router und externem Rechner zu schalten. Die Konfiguration erfolgt am Beispiel des Vigor 2200W plus, die Funktion des Call Control ist aber noch nicht sehr weit verbreitet.

Dabei kann dieses Gerät durch den Auslöseanruf nur eine ISDN-Wählverbindung ins Internet aufbauen, während es nicht möglich ist, die DSL-Verbindung auf diese Weise zu starten.

Damit ist diese Funktion für die Anwender prädestieniert, die eine Wählverbindung ins Internet auf Minutenbasis haben und keinen DSL-Flatrate-Anschluss.

1 Loggen Sie sich im Webinterface der Routerkonfiguration ein und klicken Sie unten links auf *PPP/MP (Multilink-Protocol)*.

2 Um die Call Control-Funktion zu nutzen, müssen Sie bei der Einwahleinstellung bei *ISP anwählen, wenn folgende Nummer anruft* die Telefonnummer eintragen, von der der Auslöseanruf erfolgen wird.

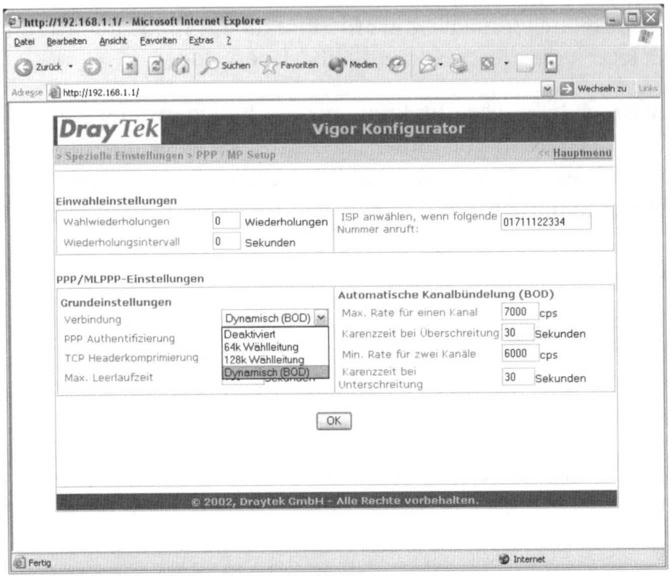

3 Die ISDN-Verbindung, die dadurch ausgelöst werden soll, müssen Sie zuvor bei der normalen Einwahlkonfiguration für den Internetzugang eingestellt haben.

4 Mit *Wahlwiederholungen* stellen Sie ein, wie oft der Router die Anwahl versuchen soll, wenn diese scheitert. Mit *Wiederholungsintervall* wird bestimmt, wie lange zwischen diesen Versuchen gewartet wird. Diese Einstellungen gelten dann generell für die Einwahl und nicht nur für Call Control.

Damit haben Sie die Nutzung von Call Control eingestellt. Die anderen Parameter in diesem Konfigurationsfenster besprechen wir separat. Wenn jetzt die für den Auslöseanruf konfigurierte Nummer von außen anruft, trennt der Router die Verbindung mit ihr und baut über die ISDN-Einwahl eine Verbindung ins Internet auf.

Dynamische Bandbreitensteuerung für ISDN

Die dynamische Bandbreitensteuerung für ISDN, auf Englisch **B**andwidth **O**n **D**emand (BOD) genannt, ist vor allem für die im Vergleich zu DSL langsame ISDN-Verbindung wichtig und vorgesehen. ISDN stellt zwei B-Kanäle zur Verfügung. Jeder B-Kanal kann 64 KBit/s an Daten übertragen. Mit Kanalbündelung können beide B-Kanäle für Datenübertragungen zusammengeschaltet werden, um dann 128 KBit/s nutzen zu können. Die dynamische Bandbreitensteuerung ermöglicht dabei, dass der Router automatisch, ab bestimmten Transferlasten, den zweiten B-Kanal zuschaltet und auch wieder abschaltet.

Das hat den Vorteil, dass der zweite B-Kanal, der ja zusätzliche Gebühren verursacht, wirklich nur dann genutzt wird, wenn sehr viele Daten transportiert werden.

Wenn Sie also einen Router kaufen und nur ISDN nutzen können oder wollen, lohnt es sich, nach einem Gerät mit diesem Feature Ausschau zu halten, denn BOD haben längst noch nicht alle Geräte.

Die Konfiguration ist nicht kompliziert, wie Sie sogleich sehen werden.

1 Loggen Sie sich im Webinterface der Routerkonfiguration ein und klicken Sie unten links auf *PPP/MP (Multilink-Protocol)*.

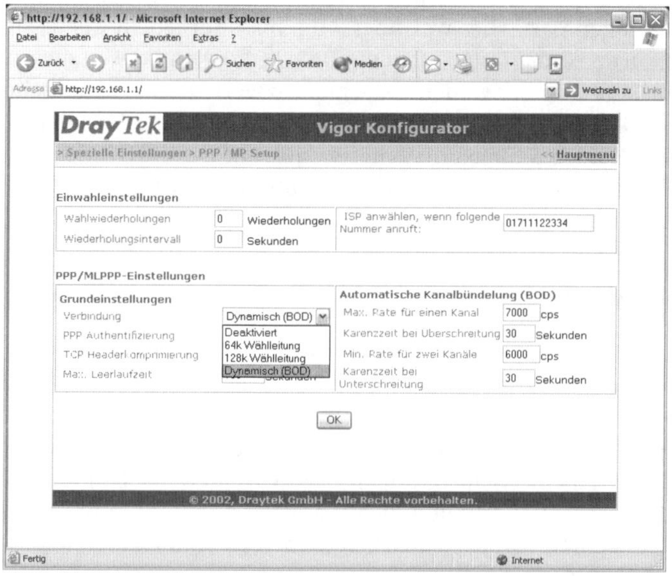

2 Diesmal interessieren uns die unteren Einstellungen dieses Fensters. Bei *Verbindung* können Sie zwischen *Deaktiviert*, *64k-Wählleitung*, *128k-Wählleitung* und *Dynamisch (BOD)* wählen. Mit den beiden vorgegebenen Werten legen Sie die Verbindungsgeschwindigkeit dauerhaft fest. Die Einstellung *Dynamisch*, die Sie wählen, aktiviert die „Entscheidungsfreiheit" des Routers.

3 Auf der rechten Seite können Sie unter *Automatische Kanalbündelung (BOD)* die Details der dynamischen Bandbreitenanpassung wählen. Bei *Max. Rate für einen Kanal* stellen Sie den Schwellenwert ein, bei dessen Überschreiten der zweite B-Kanal zugeschaltet wird. Damit kurzfristige Lastspitzen das nicht auslösen, können Sie die *Karenzzeit bei Überschreitung* einstellen, sodass der zweite Kanal erst dann zugeschaltet wird, wenn der Schwellenwert für diese Dauer überschritten wurde.

4 Mit der *Min. Rate für zwei Kanäle* stellen Sie den Schwellenwert ein, bei dessen Unterschreiten der zweite B-Kanal wieder abgeschaltet wird. Auch hier können Sie die *Karenzzeit bei Unterschreitung* einstellen, damit ein kurzer Leistungsabfall nicht sofort zum Verlust des zweiten B-Kanals führt.

Durch die individuelle Einstellung dieser Werte können Sie recht exakt justieren, bei welcher Transferlast der zweite Kanal wie schnell zu- und abgeschaltet wird.

Experimentieren Sie damit ein wenig herum, bis Sie eine Einstellung finden, die einen optimalen Kompromiss zwischen der höheren Geschwindigkeit und den durch die Nutzung des zweiten B-Kanals höheren Kosten darstellt.

Gemanagte Bandbreitensteuerung

Der Vollständigkeit halber sei hier noch erwähnt, dass es auch Router gibt, bei denen eine andere Art der Bandbreitensteuerung möglich ist. Hier geht es darum, zu regeln, wie viel Bandbreite der netzwerkinternen Verbindung, vor allem aber der Internetverbindung ein jeder Client im Netz nutzen darf. Hier weist der Administrator jedem Client zu, mit welcher Geschwindigkeit er maximal Daten aus dem Internet ziehen oder in dieses senden darf. Genauso kann konfiguriert werden, welche netzwerkinterne Bandbreite der Client zur Verfügung hat. Dieses Thema wollen wir hier aber nicht vertiefen, weil solche Router in die hochpreisige Business-Kategorie gehören, also für den SOHO-Bereich eher nicht in Frage kommen. Die Geräte, die Sie für den Heimbedarf oder für kleine Firmen bekommen, haben diese Managementfeatures nicht.

LAN to LAN-Kopplung

Sicher, Breitbandrouter werden gerade im SOHO-Bereich gekauft, um ein Netzwerk über einen Onlinezugang ins Internet zu bringen. Von Interesse sind auch VPN-Verbindungen, um über das Internet das heimische Netzwerk anzusteuern oder von zu Hause aus das Firmennetz zu nutzen. Viele Router können auch dazu benutzt werden, zwei LAN-Netzwerke miteinander zu koppeln. Mehr und mehr der SOHO-Router beherrschen die LAN to LAN-Kopplung. Eine solche Kopplung dient dazu, zwei entfernte private Netze miteinander zu koppeln, um einen Datenaustausch betreiben zu können.

So könnte das beispielsweise dazu dienen, von einer Zweigstelle einer Firma temporär auf das Netzwerk am Hauptstandort zuzugreifen, um beispielsweise Datenbanken (Preis- und Produktlisten oder Ähnliches) abzugleichen. In der Regel ist das die Kopplung über eine „lange Verbindung", sprich ein **W**ide **A**rea **N**etwrok (WAN) mittels ISDN oder anderer „käuflicher" Verbindungen wie Standleitungen.

SOHO-Router beherrschen in der Regel die LAn to LAN-Kopplung per ISDN. Teure Geräte aus dem Profibereich binden die Nutzung schneller Standleitungen ein.

LAN to LAN per ISDN

Für die gelegentliche Kopplung zweier LAN-Netze bietet sich eine ISDN-Wählleitung an. Diese wird nur bei Bedarf aufgebaut und verursacht dann natürlich Kosten. Schwierig wird es, wenn große Datenmengen über diese Leitung geschaufelt werden sollen, denn 64 KBit/s sind nicht gerade schnell. Da hier die beiden Netze direkt über ISDN gekoppelt werden, fallen natürlich keine Providergebühren, Onlineminutenpreise oder Transfervolumenkosten an. Die verursachten Telefongebühren werden aber auf alle Fälle auf der Kostenseite zu Buche schlagen.

Die Konfiguration mit einem geeigneten Router ist nicht allzu schwer.

1 Loggen Sie sich im Webinterface der Routerkonfiguration ein und klicken Sie unten links auf *VPN und externe Einwahl*.

2 Hier klicken Sie jetzt auf *VPN / LAN-LAN-Verbindung*.

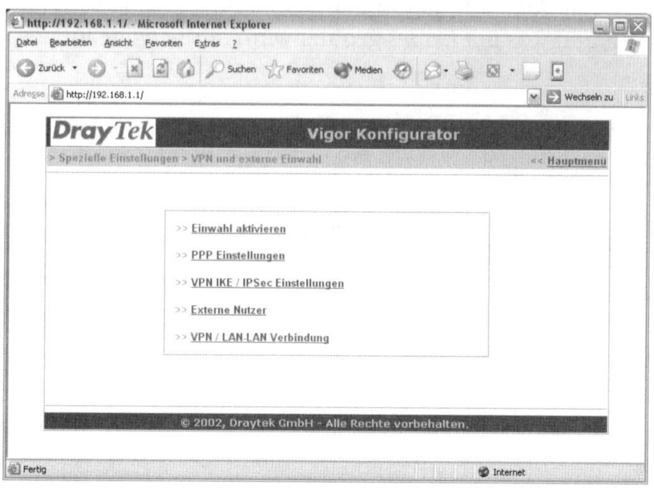

3 Klicken Sie bei *Index* auf einen der 16 Speicherplätze, die für VPN und LAN-LAN-Profile zur Verfügung stehen.

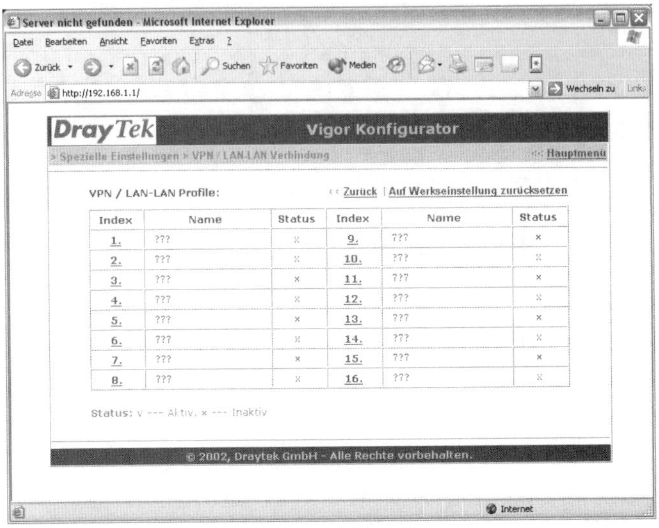

4 Zunächst kümmern wir uns im oberen Bereich um abgehende Verbindungen in Richtung des anderen LAN. Bei der *Grundeinstellung* legen Sie den Profilnamen fest, aktivieren das Profil mit dem Häkchen bei *Profil aktiv* und legen die Verbindungsrichtung fest. Sie können mit *Raus* nur abgehende Verbindungen zulassen, mit *Rein* nur ankommende nutzen und was mit *Beides* genutzt wird, dürfte wohl auf der Hand liegen.

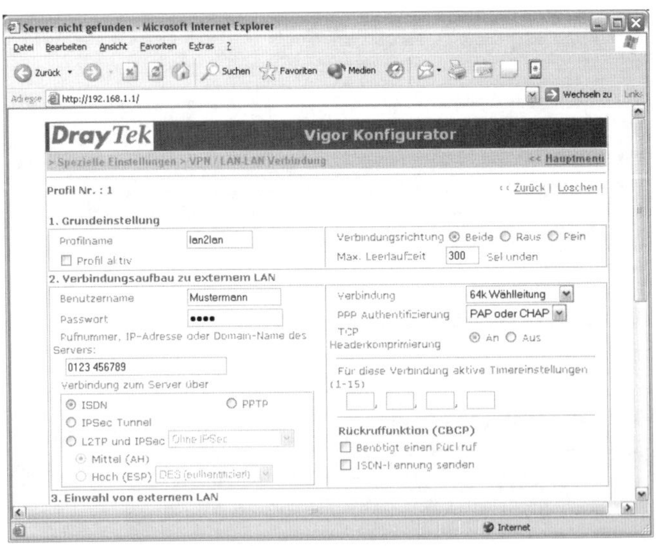

5 Jetzt wird zunächst die Konfiguration für abgehende Verbindungen durchgeführt. Zunächst müssen Sie den Benutzernamen und das Passwort eintragen, mit dem Sie sich am anderen LAN anmelden, um die Verbindung aufzubauen. Da wir eine ISDN-Verbindung nutzen, wählen Sie diese bei *Verbindung zum Server über* aus und tragen darüber die zu wählende Nummer ein. Rechts bei *Verbindung* können Sie wieder wie bei BOD zwischen *64 Kbit/s, 128 Kbit/s* und *Dynamisch (BOD)* wählen. Bei der *PPP Authentifizierung* können Sie die Einstellung *PAP oder CHAP* nutzen. Die *TCP Headerkomprimierung* können Sie aktivieren, wenn die Gegenstelle diese ebenfalls nutzt. Dadurch wird der Datentransfer etwas optimiert.

6 Auf Wunsch können Sie auch hier eine Timereinstellung nutzen, wie wir das ja schon besprochen haben. Das wäre beispielsweise nützlich, wenn immer zu bestimmten Zeiten Verbindungen zum Datenabgleich automatisch aufgebaut werden sollen. Sie können hier auch noch einstellen, dass Ihr Router bei der Gegenstelle einen Rückruf auslöst, indem Sie ein Häkchen bei *Benötigt einen Rückruf* und bei Bedarf auch bei *ISDN-Kennung senden* setzen.

Damit wäre zunächst die Konfiguration für die abgehende LAN to LAN-Verbindung über ISDN erledigt. Natürlich brauchen Sie auch eine Gegenstelle, die diese Verbindung annimmt. Daher kümmern wir uns jetzt um die entsprechende Konfiguration für eingehende Verbindungen am Zielrouter.

1 Das oben vorgestellte Konfigurationsfenster hat auch eine „untere Hälfte", die für ankommende Verbindungen zuständig ist. Geben Sie hier zunächst *Benutzername* und *Passwort* an, mit dem der anrufende Router oder Nutzer sich identifizieren soll. Mit *Rufnummernerkennung aktiv* und der Angabe der entsprechenden Nummer können Sie erreichen, dass nur eine ganz bestimmte Rufnummer für die Einwahl akzeptiert wird. Bei *Einwahl zulassen über* ist wieder *ISDN* auszuwählen.

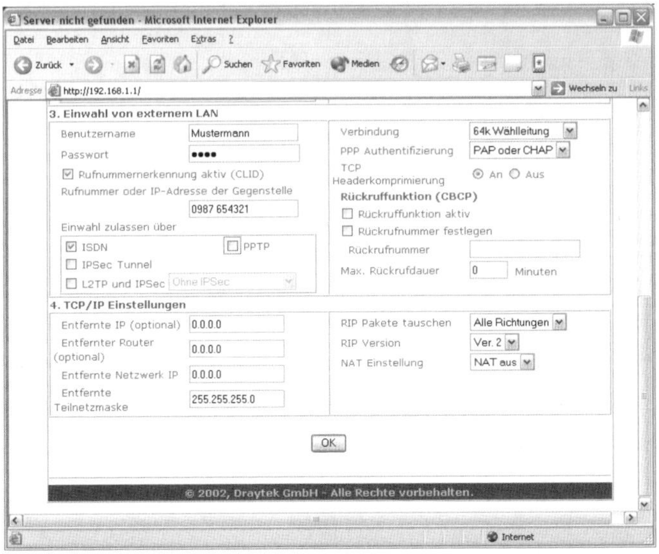

2 Die Wahlmöglichkeiten, die Sie rechts bei den Verbindungen haben, kennen Sie ja bereits. Hier sollte dringend die gleiche Einstellung genutzt werden wie bei der Gegenstelle. Hier sollte die *TCP Headerkomprimierung* aktiv sein, wenn die Gegenstelle diese ebenfalls nutzt.

3 Hier finden Sie jetzt die „aktive" Seite der Rückruffunktion: Dieser Router startet den Rückruf, sobald die Anforderung kommt. *Rückruf aktiv* schaltet die Funktion ein. Geben Sie bei *Rückrufnummer festlegen* eine Nummer an, dann wird nur diese zurückgerufen. Sonst wird die im Auslöseanruf übermittelte Nummer zurückgerufen.

Damit haben wir jetzt beide an der LAN to LAN-Verbindung beteiligten Router ISDN-mäßig konfiguriert. Aber das Einstellungsfenster hat ja noch den Bereich *TCP/IP Einstellungen*, um den wir uns noch kümmern sollten.

Achtung: Beide Netze müssen unterschiedliche IP-Ranges haben!
Die beiden zu koppelnden Netze dürfen nicht die gleiche IP-Range verwenden. Wenn also das eine Netz 192.168.1.X nutzt, dann muss das andere beispielsweise 192.168.2.X nutzen. Würden beide die gleiche Range verwenden, dann würde die LAN to LAN-Kopplung scheitern. Warum, das liegt auf der Hand. Schließlich kann es dann vorkommen, dass IP-Adressen doppelt vergeben sind, wenn beispielsweise 192.168.1.20 in beiden Netzen jeweils an einen Client vergeben sind. Außerdem „kollidieren" beide Netze auch auf der Teilnetzebene, da beide Teilnetze die gleiche IP-Range haben. Und letztendlich würde ein Client, der eine IP-Adresse in der gleichen IP-Range ansteuert, seine Datenpakete ins eigene Netz schicken und nicht in das fremde Netz.

1 Wenn Sie bei *Entfernte IP (optional)* und *Entfernter Router (optional)* nichts eintragen, sondern die voreingestellte 0.0.0.0 belassen, dann handeln die Router diese Daten beim Verbindungsaufbau selbstständig aus. Sie können aber auch IP-Adressen angeben, die Sie dazu natürlich kennen müssen. Auf alle Fälle sollten Sie die *Entfernte Netzwerk IP* angeben. Diese hat als letzte Ziffer ausnahmsweise die 0, da hiermit nicht ein Gerät, sondern das ganze Netzwerk angesteuert wird. Wenn die Geräte in dem anderen Netzwerk also 192.168.1.X als IP-Adresse haben, dann tragen Sie hier 192.168.1.0 ein. Die *Subnetzmaske* ist die 255.255.255.0 für das Klasse-C-Netz.

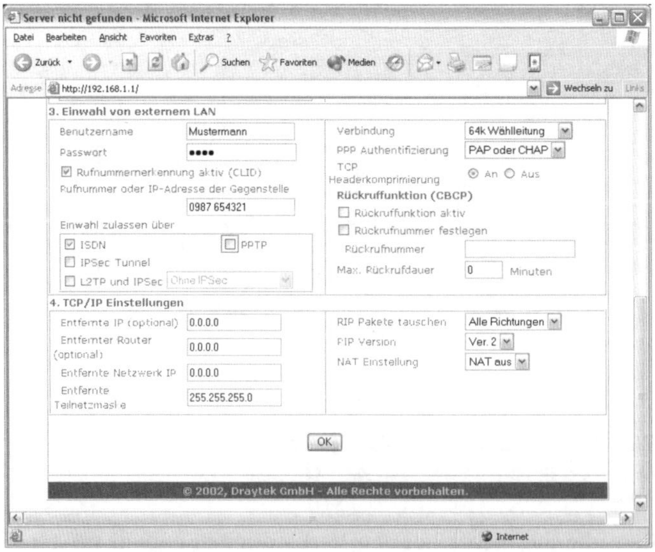

2 Daneben sind jetzt noch die Einstellungen für das Routingprotokoll RIP vorzunehmen. Mit *Alle Richtungen* erfolgt der Tausch der Datenpakete in beide Richtungen. Bei *RIP-Version* stellen Sie *Ver. 1* oder *Ver. 2* ein. Sie müssen darauf achten, dass beide beteiligten Router die gleiche Einstellung haben. Mit der *NAT-Einstellung* können Sie die Network Address Translation mit *NAT Aus* abschalten und mit *NAT Ein* anschalten. Auch hier muss auf beiden Seiten die gleiche Einstellung vorgenommen werden.

Damit ist diese LAN to LAN-Kopplung eingerichtet. Doch nun taucht die Frage auf, wie man sie nutzt beziehungsweise aktiviert. Sie müssen diese Verbindung nicht irgendwie manuell starten, das geschieht automatisch. Nehmen wir an, Sie sitzen in dem Netzwerk, das die IP-Range 192.168.1.X benutzt. In Ihrem Router haben Sie bei *Entfernte Netzwerk IP* 192.168.2.0 eingetragen. Wenn Sie von Ihrem Client, der beispielsweise die IP-Adresse 192.168.1.10 hat, irgendeine IP-Adresse der anderen Range ansteuern, nehmen wir 192.168.2.20 als Beispiel. Sobald Ihr Router eine Anfrage für die IP-Adresse 192.168.2.20 empfängt, weiß er, dass diese zu dem externen LAN gehört, und baut die LAN to LAN-Verbindung auf.

Es gibt mehrere Möglichkeiten, diese IP-Adresse im anderen Netz anzusteuern.

1 So können Sie beispielsweise mit dem Standard-Datei-Manager von Windows über die Suchfunktion erstmalig die IP-Adresse suchen. Der Router baut die Verbindung auf und irgendwann wird der entsprechende Rechner mit seiner IP-Adresse erscheinen.

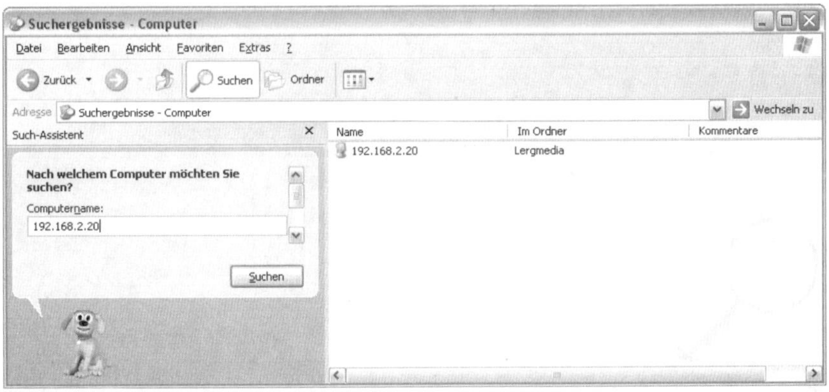

Voraussetzungen, damit es funktioniert

Damit das funktioniert, müssen im anderen Netz natürlich die nötigen Voraussetzungen an der Gegenstelle gegeben sein. So müssen die entsprechenden Freigaben auf dem anderen Client stimmen, denn wenn auf diesem keine Netzwerkfreigaben eingerichtet sind, lässt er auch niemanden an sich heran. Der Router muss entsprechend korrekt konfiguriert sein, damit er die ankommenden Verbindungen auch durchlässt. Und natürlich muss auch der Verbindungsaufbau störungsfrei ablaufen.

2 Dann klicken Sie mit der rechten Maustaste auf den so gefundenen Client und legen über das Kontextmenü eine Verknüpfung auf dem Desktop ab.

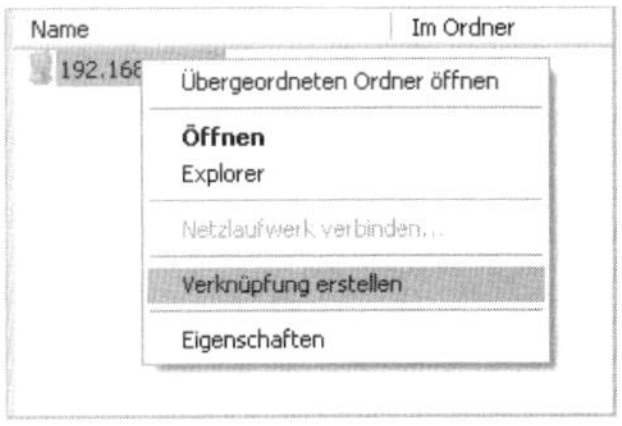

3 Dann genügt in Zukunft ein Doppelklick auf diese Verknüpfung, um die LAN to LAN-Verbindung zu diesem Rechner zu starten.

8.2 RADIUS-Server nutzen

Was ist ein RADIUS-Server? RADIUS steht für **R**emote **A**thentication **D**ial-**In** **U**ser **S**ervice-Protocol. Dahinter steckt ein Protokoll, das bei der externen Einwahl eines Anwenders die Authentifizierungsdaten von einem zentralen Authentifizierungsserver abholt, auf dem diese Daten verwaltet werden. Manche Router bieten die Möglichkeit, einen RADIUS-Server zu nutzen, um die Berechtigung für eine Einwahl zu überprüfen.

Die Konfiguration ist nicht schwer.

1 Loggen Sie sich wie immer im Webinterface der Routerkonfiguration ein und klicken Sie unten links auf den Textlink *RADIUS Server Einstellungen*.

2 Aktivieren Sie diese Funktion durch Setzen des Häkchens bei *Aktiv*. Tragen Sie dann die *IP-Adresse des Servers* ein. Der üblicherweise verwendete Port *1812* ist voreingestellt. Wird ein anderer verwendet, dann ändern Sie den Port entsprechend ab.

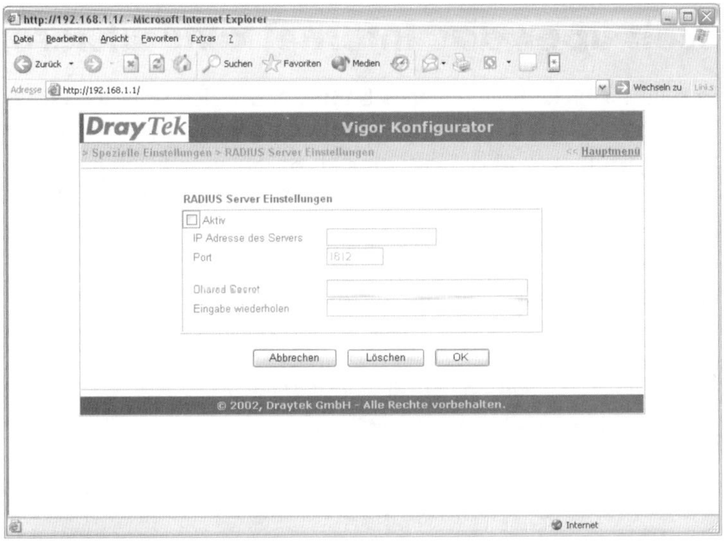

3 Jetzt müssen Sie das als *Shared Secret* bezeichnete RADIUS-Passwort eingeben und die Eingabe wiederholen. Ein Klick auf *OK* beendet die Einstellung.

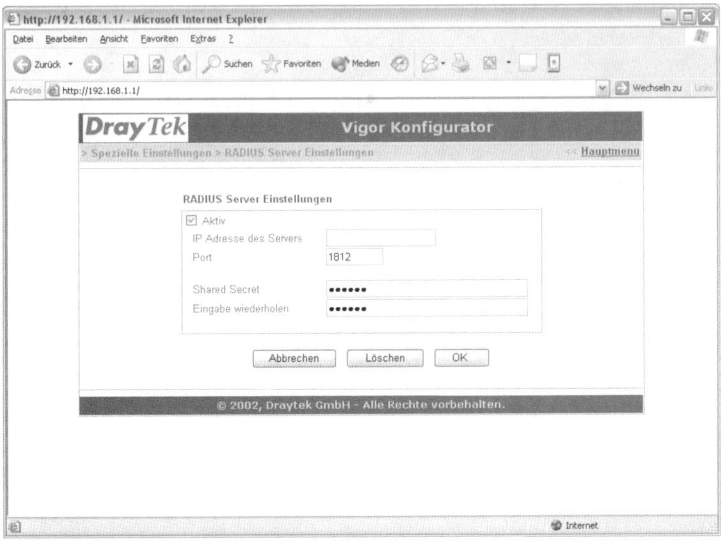

Ab jetzt ist der Router in der Lage, einen RADIUS-Server zu benutzen, um die Identifikation von Nutzern, die sich von außen einwählen, durchzuführen. Wenn RADIUS genutzt werden soll, müssen Sie aber auch sicherstellen, dass für jeden Anwender ein entsprechendes „Konto" auf dem RADIUS-Server angelegt ist.

Da der Router jetzt die Authentifizierung über den RADIUS-Server abwickelt, wird Anwendern ohne einen solchen RADIUS-Eintrag der Zugang verweigert.

8.3 Systemzeit über das Internet aktualisieren

Normalerweise ist es relativ gleichgültig, welches Datum und welche Uhrzeit der Router als Systemzeit hat und nutzt. Doch sobald der Router mit verschiedenen Timereinstellungen für Verbindungen genutzt wird, ist eine möglichst genaue Systemzeit - das Datum eingeschlossen - wichtig, damit die Verbindungstimer eine Verbindung nicht zu falschen Zeiten herstellen.

Wo finden Sie öffentlich erreichbare Timeserver?

Timeserver finden Sie entweder über Google und andere Suchmaschinen. Aber es gibt auch Webseiten, die diese Server auflisten. So finden Sie eine recht aktuelle Liste aller weltweiten Timeserver beispielsweise unter *http://www.eecis.udel.edu/~mills/ntp/clock1a.html.*

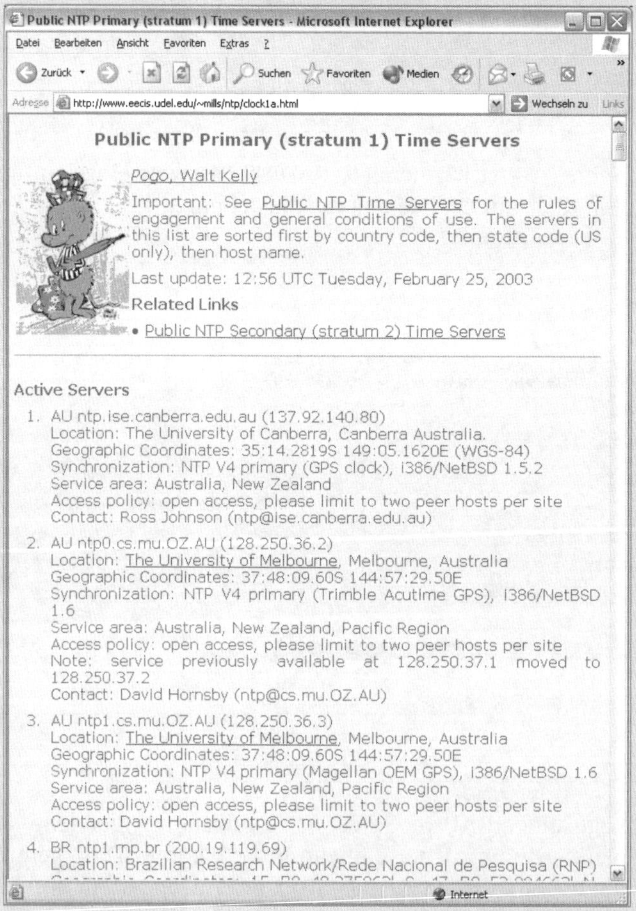

Es gibt verschiedene so genannte Atomuhren, mit denen heute die exakteste Zeit definiert wird, da diese Uhren nur eine Abweichung von unglaublichen 1 bis 3 Milliardstel Sekunden pro Tag haben. Die in Deutschland „zuständige" Atomuhr steht bei der Physikalisch Technischen Bundesanstalt in Braunschweig.

Mehr zu dieser Uhr und viele interessante Infos zum Thema Zeit unter *http://www.ptb.de.*

Daher ist es sinnvoll, einen Router mit konfigurierbarer Systemzeit zu kaufen, wenn die Nutzung von Verbindungstimer-Einstellungen geplant und wichtig ist.

Dazu kann es nötig sein, vor dem Kauf zu recherchieren, denn es sind nur wenige Router mit diesem Feature ausgestattet und meist steht das auch nicht auf der Packung.

Von den für dieses Buch getesteten Routern boten nur die DrayTek-Geräte die Möglichkeit, eine Systemzeit zu nutzen und einzustellen.

1. Sie loggen sich wie immer auf dem Webinterface des Routers ein und wählen den Menüpunkt *Systemzeit* rechts unten an.

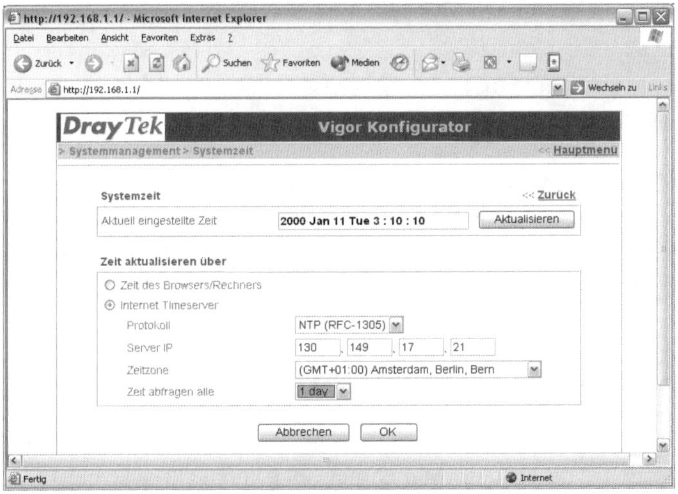

2. Wie Sie sehen, ist hier bisher eine ziemlich „veraltete" Zeit aktiv. Entscheiden Sie zunächst, ob Sie die Uhrzeit des Browsers übernehmen wollen, über den Sie momentan eingeloggt sind. Das bietet sich als Notlösung an.

3. Besser ist aber die Nutzung eines *Internet Timeservers*. Das *Protokoll* dieser Zeitserver ist bereits vorgegeben und braucht nicht verändert zu werden.

   Die URL, die hier im Beispiel bei *Server IP* eingetragen wurde, ist die IP-Adresse des Timeservers der Universität Berlin.

4. Stellen Sie jetzt die *Zeitzone* ein. Für Deutschland ist *(GMT +01:00) Amsterdam, Berlin, Bern* die korrekte Zeitzone. GMT steht übrigens für **G**reenwich **M**ean **T**ime.

5. Danach müssen Sie noch bei *Zeit anfragen alle* die Aktualisierungszyklen bestimmen.

   Der kürzeste Zyklus, den Sie einstellen können, sind 30 Sekunden. Aber für den Ottonormalverbraucher reichen mehrere Tage als Zyklus.

6 Wenn Sie jetzt auf *Aktualisieren* klicken, wird die Anfrage an den Timeserver gesendet und oben taucht die korrekte Zeit als aktuell eingestellte Zeit auf. Klicken Sie unten auf *OK*. Ab jetzt holt sich Ihr Router in den eingestellten Intervallen die aktuelle Systemzeit vom Timeserver.

8.4 Router mit Telnet ansteuern

Über das Webinterface lassen sich in der Regel fast alle Einstellungen und Konfigurationen an Routern sehr bequem vornehmen. Manchmal aber versteckt sich etwas Nützliches in dem Router, das über das Webinterface nicht erreicht werden kann, doch in einer Telnet-Sitzung zu Tage tritt. Daher betrachten wir uns jetzt einmal die Vorgehensweise, wenn man einen Router per Telnet ansteuern will. Als Beispiel dient uns DrayTeks Vigor 220 W plus, der seine Logfiles ausschließlich über Telnet preisgibt. Die Begutachtung der Logfiles kann beispielsweise zur Fehleranalyse dienen oder zur Kontrolle, ob unerwünschte Verbindungen stattgefunden haben.

Eine Telnet-Sitzung ist schnell gestartet:

1 Klicken Sie auf den *Start*-Schalter und dann auf *Ausführen*.

Geben Sie in die Eingabezeile „telnet" und die für Ihren Router gültige IP-Adresse ein.

Klicken Sie auf *OK*.

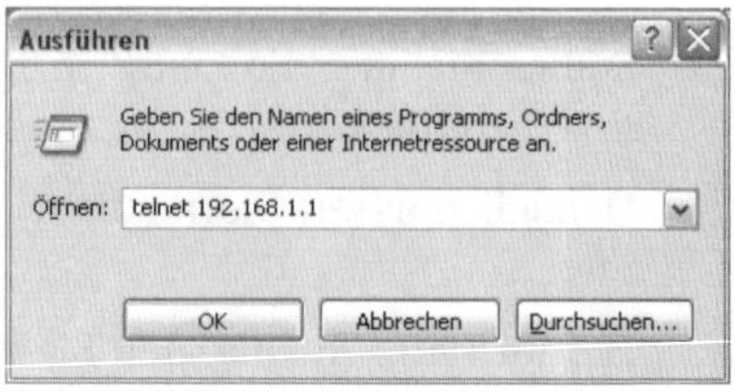

2 Sobald die Verbindung steht, erfolgt die Passwortabfrage. Tippen Sie das Passwort hinter *Password* ein. Wenn Sie noch kein Passwort vergeben haben, dann geben Sie entweder das werksseitige Passwort aus den Unterlagen ein oder drücken ohne Eingabe die [Enter]-Taste, wenn der Router werksseitig ohne Passwort geliefert wird.

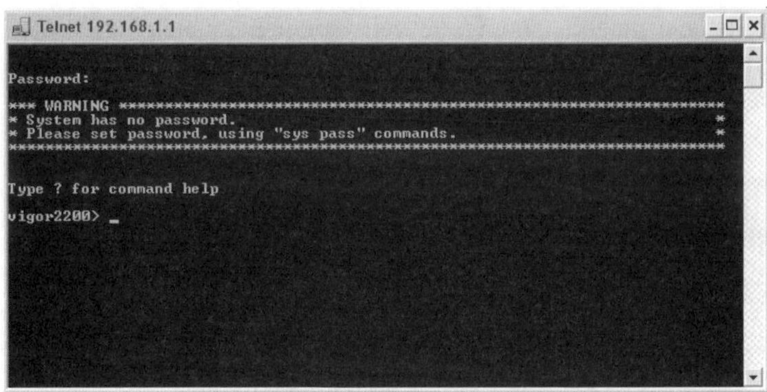

3 Jetzt sind Sie „drin“! Hier in diesem Fall war kein Passwort vergeben, was in der Meldung zu Recht gerügt wird. Sie können auch in der Telnet-Sitzung ein Passwort angeben, über das Webinterface ist das aber deutlich bequemer. Wenn Sie „?“ eingeben und die Taste [Enter] drücken, wird Ihnen angezeigt, welche Befehle in der Telnet-Sitzung nutzbar sind.

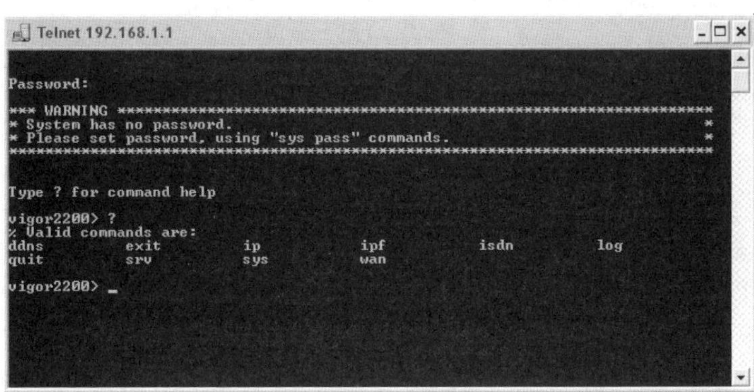

4 Hier die nutzbaren Befehle. *sys* beispielsweise erlaubt Systemeinstellungen. Mit *isdn* konfigurieren Sie die ISDN-Einstellungen und mit *ip* die IP-Einstellungen. Wir wollen bei unserem Beispiel bleiben und die Logfiles betrachten. Geben Sie also zunächst „log“ ein ...

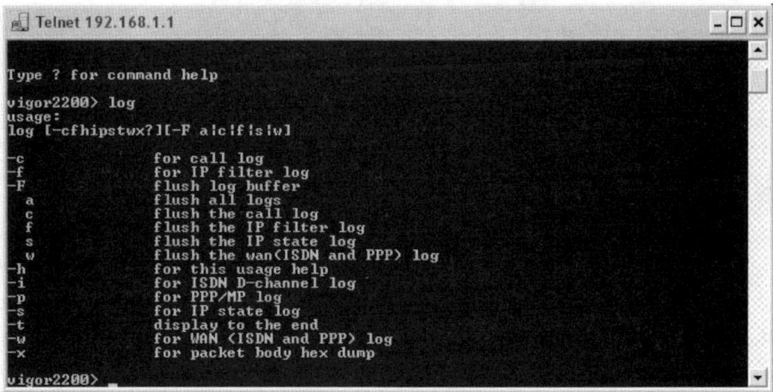

5 ... um eine Übersicht der Befehlsoptionen für den *log*-Befehl zu bekommen. Das interessanteste Logfile ist das *call log*, denn es zeigt alle „Einwahlen“ des Routers an, also welcher Client im Netz sich eingewählt und welches Ziel angesteuert hat. Daher tippen Sie jetzt den Befehl „log -c“ ein und drücken die Enter-Taste.

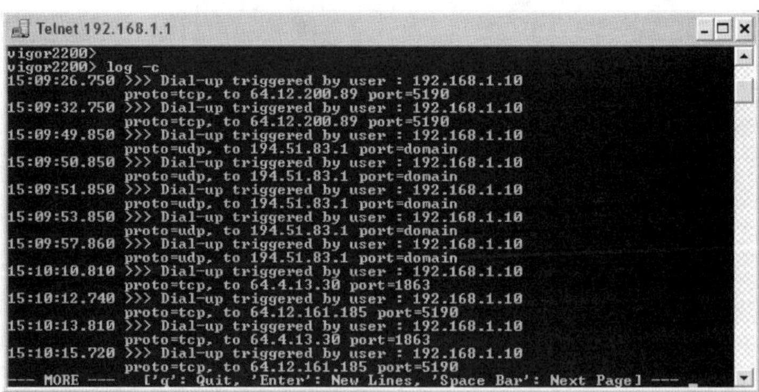

6 Hier sehen Sie jetzt die Log-Aufzeichnungen, die der Router festgehalten hat.

Analysieren wir doch einmal exemplarisch den ersten Eintrag. *Dial up triggered by user : 192.168.1.10* steht dort zunächst zu lesen. Das bedeutet, dass eine Anwahl (hier ist nicht die Wahl einer Telefonnummer gemeint, sondern eine Verbindung zu einem Dienst im Internet) von der netzwerkinternen IP-Adresse 192.168.1.10 ausgelöst wurde. Damit wissen Sie also, welcher Client das Internet angesteuert hat. Dann lesen wir *proto=tcp.*

Das bedeutet, es wurde das TCP/IP-Protokoll verwendet. Im Log sehen Sie an anderer Stelle die Alternative UDP. Danach verrät uns *to 64.12.200.89* die Ziel-IP-Adresse, die angesteuert wurde.

Schließlich sehen wir am Eintrag *port=5190*, welcher Port an der Ziel-IP-Adresse angesprochen wurde. Port 5190 wird vom AOL Instant Messenger (AIM) verwendet. Mit anderen Worten, diese Log-Zeile verrät uns, dass Client 192.168.1.10 eine Nachricht über den AIM an die Ziel-IP-Adresse verschickt hat. Die Zahlen am Anfang der Log-Zeile geben die Uhrzeit ein.

Unsere Beispielzeile wurde um 15 Uhr, 9 Minuten und 32 Sekunden aufgezeichnet. Die dreistellige Zahl nach den Sekunden ist nicht von Bedeutung.

Versteckte Einstellungen per Telnet nutzen

Mancher Router versteckt noch mehr „Schätze“ hinter Telnet. Erinnern Sie sich an das, was zum Thema Tunen und Optimieren bezüglich den MTU-Einstellungen am PC gesagt wurde? Auch mancher Router bietet die Möglichkeit, diesen MTU-Wert im Router festzulegen. Dazu gehören beispielsweise die DrayTek-Geräte. Doch im Webinterface findet man diese Einstellungen nicht.

In der Telnet-Sitzung jedoch können Sie den MTU-Wert mit *wan mtu ?* anzeigen lassen und und mit *wan mtu XXXX* einen Wert festlegen.

1 Geben Sie *wan mtu ?* an und Sie sehen, wie der Wert momentan eingestellt ist.

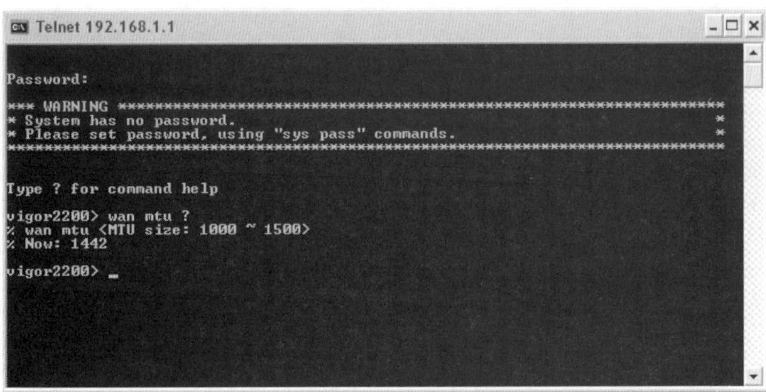

2 Setzen Sie beispielsweise mit *wan mtu 1492* den MTU-Wert des Routers auf 1492 fest und prüfen Sie dann abermals mit *wan mtu ?*, ob die Einstellung übernommen wurde.

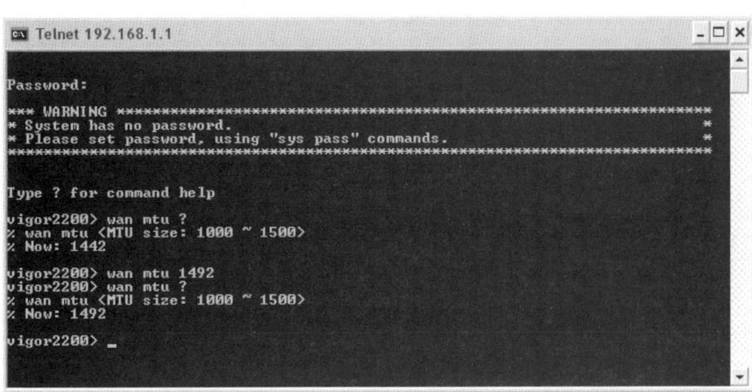

Sie sollten den Router auf den gleichen optimalen MTU-Wert einstellen, den Sie für Ihre Clients ermittelt haben.

Wenn Router und Client unterschiedliche MTU-Werte haben, werden die Datenpakete doch wieder fragmentiert und die Übertragung wird somit gebremst.

MTU bei SMC-Geräten einstellen!

Nicht jeder Router bietet einen Telnet-Zugang. Die Barricade-Reihe von SMC beispielsweise ist in Sachen Telnet nicht ergiebig. Dennoch können Sie auch bei diesen Geräten (ab Firmwarestand 1.92A) den MTU-Wert einstellen. Loggen Sie sich zunächst im Webinterface ein. Rufen Sie dann *192.168.2.1/sysp.htm* mit Ihrem Browser auf. Natürlich müssen Sie statt der hier als Beispiel angeführten IP-Adresse die tatsächliche IP-Adresse Ihres SMC-Routers angeben. Damit haben Sie das so genannte System Parameters Menu erreicht. Bei MTU für PPPoE ist hier der Wert 1440 werksseitig eingestellt. Geben Sie jetzt den gewünschten Wert ein, beispielsweise 1492. Sobald der Router neu gebootet wurde, ist der MTU-Wert entsprechend geändert.

9. Router konfigurieren für optimale Sicherheit im Netz

Ein Netzwerk ist nützlich, vor allem, wenn alle Clients auf das Internet zugreifen können. Doch ein zentrales Tor zum Internet kann unerwünschten Besuchern auch als zentraler Eingang in Ihr Netzwerk dienen. Eifrige Scriptkids oder böswillige Hacker, beide können nicht widerstehen, wenn sie ein privates Netzwerk über das Internet finden, das so offen wie ein Scheunentor ist. Nutzen Sie Ihren Router daher auch als zentrale Torwache, die für die nötige Sicherheit sorgt!

Der Router als zentrale Sicherheitsinstanz

Bisher haben Sie kennen gelernt, wie nützlich und hilfreich ein Router zum Aufbau von Netzwerkinfrastrukturen ist, wie er viele Clients über nur einen Internetzugang ins WWW bringt oder wie er es ermöglicht, dass alle Clients gemeinsam bestimmte Ressourcen wie ISDN-Fax, Drucker oder Ähnliches nutzen.

Doch ein Breitbandrouter hat noch eine besonders wichtige Aufgabe. Er ist sozusagen Ihr zentraler Türsteher und entscheidet, wer von draußen in Ihre „Netzwerk-Disko" hinein darf und wer nicht. Und er sorgt dafür, dass unerwünschte Zeitgenossen, die eine gewisse Zudringlichkeit an den Tag legen, wirklich draußen bleiben.

Statt dem breitem Kreuz, wohl definierter Muskelgruppen und dem aggressiven Auftreten eines echten Türstehers, stehen dem Router aber andere Abwehrmaßnahmen zur Verfügung.

Router und Viren

In der Zeit von Viren, Würmern und Trojanern ist ein effektiver Schutz vor diesen Zeitgenossen besonders wichtig. Dabei macht es keinen großen Unterschied, ob Sie direkt oder durch einen Router mit dem Internet verbunden sind.

Der Router nimmt Ihnen grundsätzlich die Gefahr von Würmern und anderen herkömmlichen Viren nicht aus der Hand. Lediglich vor Trojanern kann Sie der Router durch eine gute Firewall-Konfiguration schützen. Deshalb sollten Sie auf allen (Windows-) PCs hinter Ihrem Router eine Virensoftware installieren und regelmäßig mit Updates auf dem neusten Stand halten.

MacOS- sowie Linux-PCs sind weniger stark durch Viren gefährdet als Windows-PCs, da es hauptsächlich aufgrund der geringeren Verbreitung sowie der von Haus aus besser konfigurierten Betriebssystemkerne weniger Angriffspunkte für Viren auf diesen Systemen gibt.

Aber auch hier ändern sich die Zeiten und Meldungen über Linux-Schädlinge werden häufiger.

9.1 NAT als Sicherheitsfaktor

Eine dieser Abwehrmaßnahmen haben Sie bereits kennen gelernt. Es handelt sich um die **N**etwork **A**ddress **T**ranslation, kurz NAT. NAT ist notwendig, um mehreren Clients im Netz das gemeinsame Surfen zu ermöglichen.

Und NAT hat den nützlichen Nebeneffekt, bereits eine wesentliche Sicherheitsbarriere gegen Angriffe von außen zu sein. Schauen Sie sich die folgende Schemadarstellung an.

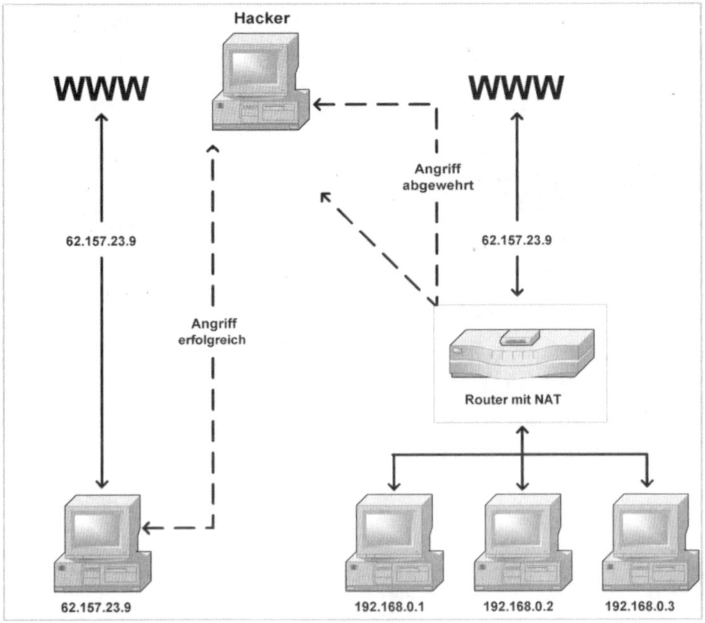

Auf der linken Seite sehen Sie einen PC, der allein und direkt an das Internet angeschlossen ist. Hier kann ein Hackerangriff durchkommen, denn die für diese Verbindung vom Provider vergebene IP-Adresse ist direkt dem Rechner zugewiesen. Auf der rechten Seite sehen Sie einen Router, der per NAT mehrere Clients ins WWW bringt. Der Hackerangriff hat hier kaum Chancen, einen Client direkt zu erreichen, da die vom Provider vergebene IP-Adresse nur dem Router zugewiesen ist und sich dieser um die Übersetzung in das private Netzwerk kümmert.

NAT-Schutz kann löchrig sein

Der Schutz durch NAT ist umso besser, je weniger Löcher er hat. Doch bestimmte Löcher sind unvermeidlich, um diverse Anwendungen im Internet nutzen zu können. Die Rede ist hier vor allem vom Portforwarding, mit dem Sie gezielt Ports von bestimmten Clients direkt ins Internet durchleiten, damit beispielsweise Filesharing oder Onlinegames nutzbar sind. Und mit der Einrichtung eines Clients als DMZ haben Sie schon ein großes Loch statt einer Lücke aufgerissen. Bezüglich dieser Löcher und Lücken gilt es also, eine gewisse Disziplin an den Tag zu legen und verschiedene Regeln zu beachten. Hier eine Reihe nützlicher Tipps und Sicherheitsregeln bezüglich dieser NAT-Lücken.

1. Aktivieren Sie das Portforwarding nur so lange, wie es für die Nutzung eines bestimmten Dienstes wie Filesharing oder Onlinegames nötig ist. Danach sollten Sie die „Direktleitung" zu einem Port auf einem bestimmten Client wieder deaktivieren.
2. Eine demilitarisierte Zone (DMZ) sollten Sie nur dann einrichten, wenn es anders - beispielsweise durch Portforwarding - nicht geht. Die DMZ darf nur temporär offen sein und sollte unbedingt wieder geschlossen werden, sobald die Anwendung, die eine DMZ braucht, nicht mehr benutzt wird.
3. Bietet ein Router eine konfigurierbare IP-Leasezeit an, dann können Sie mit kurzen Leasezeiten dafür sorgen, dass Clients von Zeit zu Zeit eine neue netzwerkinterne IP-

Adresse bekommen und so besser geschützt werden. Seien Sie dabei nicht zu vorsichtig, indem Sie die IP-Leasezeit auf wenige Stunden oder gar Minuten stellen.

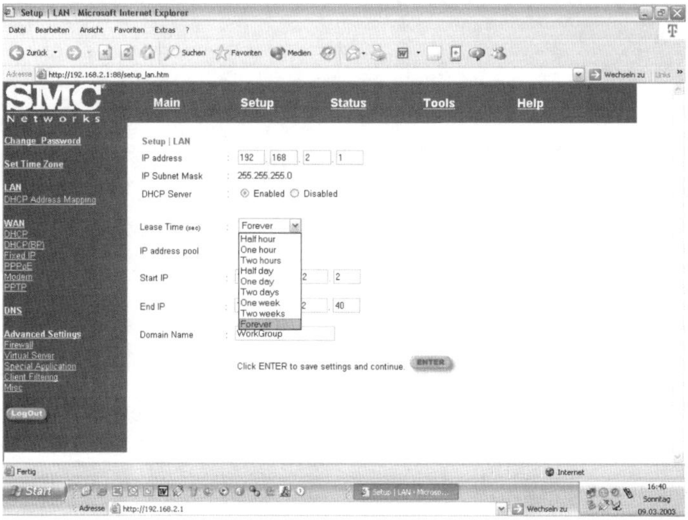

Eine kurze IP-Leasezeit sorgt dafür, dass Clients im Netz nicht permanent die gleiche IP-Adresse haben, sondern ab und an eine neue bekommen.

4. Bei der Konfiguration von DHCP ist es sinnvoll, „krumme" IP-Start- und Endadressen zu vergeben. Statt 192.168.0.10 bis 192.168.0.50 beispielsweise 192.168.0.14 bis 192.168.0.62. Hacker mit wenig theoretischem Hintergrundwissen werden Ihr Glück zuerst mit geraden Standardadressen versuchen.
5. Anstatt DHCP zu nutzen, können Sie auch manuell die netzwerkinternen IP-Adressen vergeben und dabei jedem Client eine unübliche IP-Adresse zuweisen. Solange das Netzwerk klein und überschaubar bleibt, ist das noch zu bewältigen.

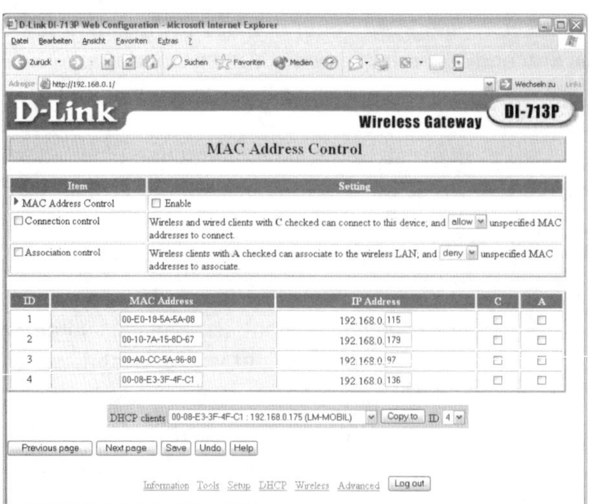

Mit manueller Vergabe der IP-Adressen, oft Fixed Mapping genannt, können Sie „krumme" IP-Adressen manuell vergeben.

6. Verschieben Sie die von NAT genutzte IP-Range! Was ist damit gemeint? Nun, die meisten Breitbandrouter bekommen werksseitig eine IP-Range als Voreinstellung mit auf den Weg, D-Link beispielsweise nutzt meist 192.168.0.1 bis 192.168.0.254. Bei DrayTek-Geräten finden Sie meist 192.168.1.1 bis 192.168.1.254 als IP-Range. Natürlich wissen auch Hacker, welche Ranges als Werkseinstellung genutzt werden und probieren, diese vor allem bei Wireless LAN-Routern direkt anzusteuern. Deshalb verschieben Sie die komplette Range, indem Sie die vorletzte 3er-Gruppe der Adressrange ändern. Weisen Sie Ihrem Router beispielsweise die 192.168.71.1 zu und definieren Sie die IP-Range, aus der die DHCP-Adressvergabe stattfinden soll, von 192.168.71.11 bis 192.168.71.99. Jetzt müsste der Hacker suchen, um die von Ihnen benutzte IP-Range zu finden. Natürlich müssen alle Geräte im Netzwerk dieser neuen Range zugeordnet werden, also auch der Router.

NAT ist bereits ein guter Basis-Schutz, aber natürlich bieten gute Router mehr Sicherheitsfeatures, die Sie auch nutzen sollten. Allen voran die Firewall.

9.2 Firewall im Router konfigurieren und nutzen

Gerade im Bereich der Heimanwender und kleiner Firmen sind vor allem die Software-Firewalls von Firmen wie Symantec, McAfee, Zonelabs und ähnlichen bekannt. Hier erfolgt der Schutz durch eine Software, die Datenübertragungen überwacht, steuert und filtert. Mit einem modernen Breitbandrouter lassen sich diese Schutzfunktionen in der Hardware des Routers realisieren. Statt einer dezentralen Software-Firewall auf jedem Client wird jetzt eine zentrale Hardware-Firewall implementiert, die für das gesamte Netz gilt. Das hat einige Vorteile. Es muss nur eine Schutzinstanz konfiguriert werden und nicht eine Vielzahl von Clients. Diese eine Schutzinstanz schützt das komplette Netzwerk.

Die Firewall soll in erster Linie die Clients schützen, die von einer der zuvor beschriebenen NAT-Lücken betroffen sind, da der Schutz von NAT hier nicht wirken kann. Router-Firewalls analysieren den abgehenden und ankommenden Datentransfer. Untersucht werden dabei die einzelnen Datenpakete, die über TCP/IP ein- und ausgehen. Es kann dabei in zwei Richtungen unterschieden werden, für die eine Firewall wirkt. Der eintreffende Datenverkehr, auch Inbound genannt, kommt aus dem Internet und ist an das Netzwerk gerichtet. Outbound bedeutet dann logischerweise, dass es sich um Daten handelt, die ein Client nach draußen ins WWW schickt.

Es gibt zwei Möglichkeiten, die für die Anwendung von Regeln gelten können:

1. Es dürfen alle Daten passieren, außer denen, für die die Regel gilt.
2. Es dürfen keine Daten passieren, außer denen, für die die Regel gilt.

Sie können sozusagen eine positive und eine negative Filterregel erstellen. Weiterhin wird vor allem bei Router-Firewalls zwischen zwei „Filterqualitäten“ (wenn wir das mal so nennen wollen) unterschieden.

Packet Filter

Zunächst gibt es die so genannten Packet Filter. Dabei untersucht die Firewall-Funktion des Routers die einzelnen Datenpakete bezüglich der Quell- und Zieladresse sowie der Quell- und Zielports. Ziel dieser Untersuchung ist es, herauszubekommen, ob diese Datenpakete erwünscht oder unerwünscht sind, also beispielsweise von einem Client im Netz aus dem WWW angefordert wurden oder nicht.

Durch die Konfiguration dieses Paketfilters können Sie beispielsweise durch die Vorgabe der Ports festlegen, dass die Kommunikation zwischen dem geschützten privaten Netz und dem ungeschützten Internet nur für einen bestimmten Dienst erlaubt werden soll.

Wenn Sie beispielsweise einen FTP-Server in Ihrem Netzwerk einrichten, dann können Sie den Paketfilter so einstellen, dass er an und von der IP-Adresse dieses FTP-Servers nur Datenpakete passieren lässt, die an den FTP-Port 21 gerichtet sind.

Alle Übertragungen an andere Ports blockt die Paketfilter-Firewall dann ab. Router, die mit einem Paket Filter als Firewall arbeiten, werden auch oft als Screening Router bezeichnet, weil Sie gegenüber dem Internet alles abschirmen (to screen = abschirmen), was hinter ihnen ist. Sie schirmen das LAN gegenüber dem Internet ab.

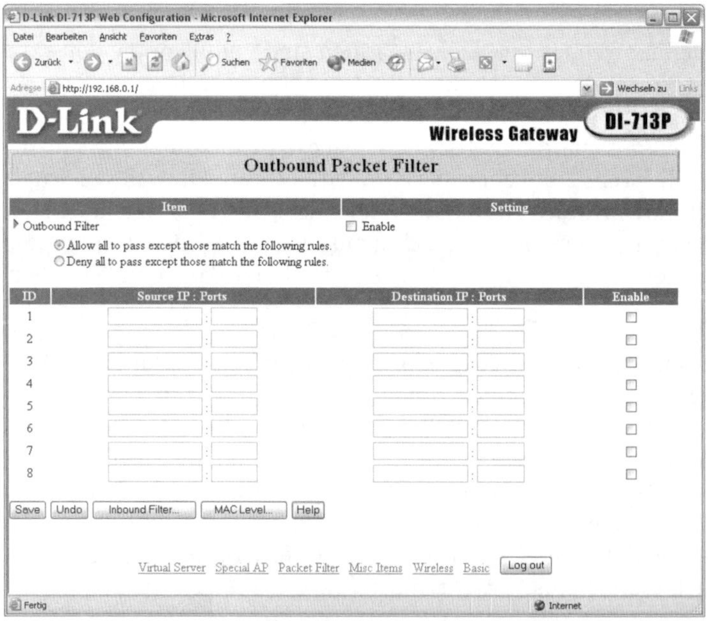

Hier eine typische Konfigurationsseite für einen Paketfilter. Sie können festlegen, von welcher Quell-IP und welchem Port der Transfer kommen soll. Da es ein Outbound-Filter ist, ist mit dieser Quelle ein Client im Netz gemeint.

Bei der Konfiguration dieser Paketfilter können Sie in der Regel einzelne IP-Adressen angeben oder auch eine Range, indem Sie 192.168.0.10-192.168.0.20 eintragen und damit den Paketfilter für diese zehn IP-Adressen nutzen. Gleiches gilt für die Ports.

Oft können Sie noch angeben, ob TCP- oder UDP-Pakete zu filtern sind, indem Sie ein T oder U vor die Portnummer schreiben. Ohne diesen Buchstaben werden TCP- und UDP-Pakete gefiltert.

Schauen wir uns nun einmal die Konfiguration eines Paketfilters für den als Beispiel erwähnten FTP-Server an. Es sollen eingehende (Inbound) Datenpakete nur dann durchgelassen werden, wenn Sie für Port 21, also FTP bestimmt sind.

Wir besprechen das am Beispiel des D-Link DI 713P.

1 Wie immer loggen Sie sich im Webinterface ein und steuern den *Packet Filter* an.

Dort wechseln Sie über den Schalter *Inbound Filter* auf die Konfigurationsseite für die Filter für eingehende Datenpakete.

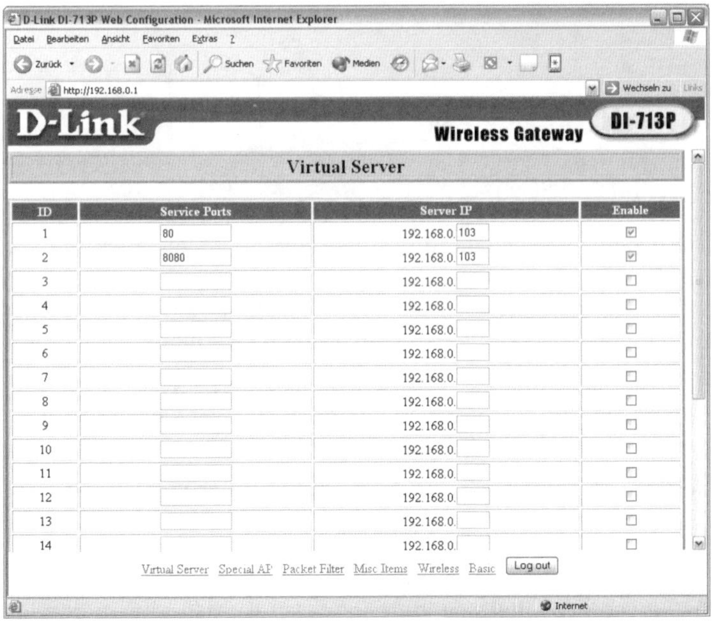

2 In dieser Konfiguration setzen Sie das Häkchen bei *Enable*, um den Filter einzuschalten.

Da nur die Pakete durch sollen, die dem Filterkriterium entsprechen, aktivieren Sie *Deny all to pass except those match the following rules.*

Die andere Einstellung würde alles durchlassen, was der Filterregel nicht entspricht, und das wollen wir ja nicht.

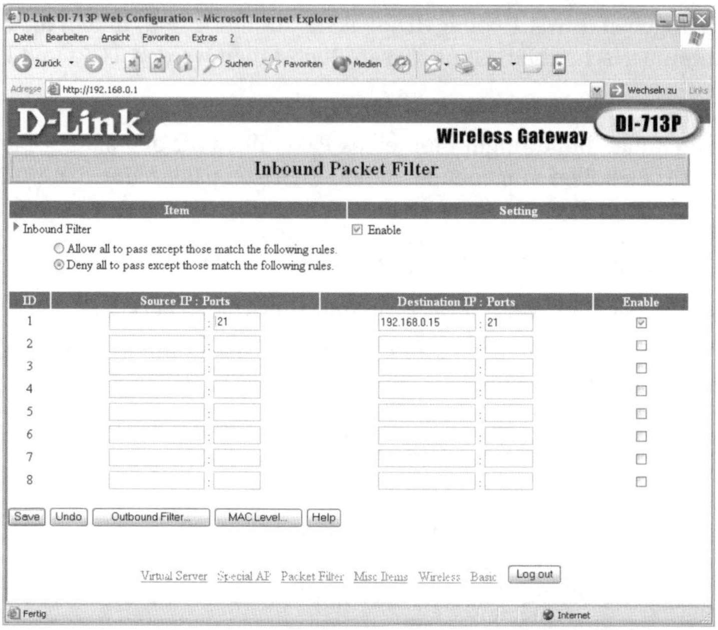

3 *Source IP : Ports* lassen Sie bezüglich der IP-Adresse leer, damit von allen IP-Adressen im Internet Anfragen an Ihren FTP-Server eingehen können. Eine IP-Adresse sollten Sie hier nur dann eintragen, wenn auch nur diese Zugang erhalten soll. Tragen Sie bei Port die 21 ein, damit nur FTP-Anfragen berücksichtigt werden.

4 Weiter geht es mit *Destination IP : Ports*, wo Sie die IP-Adresse Ihres netzwerkinternen FTP-Servers eintragen und auch den FTP-Port 21. Zum Schluss noch das Häkchen bei *Enable* setzen, um diese Filterregel zu aktivieren.

5 Jetzt auf *Save* klicken und danach auf den erscheinenden Schalter *Reboot*, um diesen Filter zu aktivieren.

Mit dieser Paketfilterregel für ankommende Übertragungen haben Sie jetzt eingestellt, dass nur die Datenpakete von der Filterregel durchgelassen werden, die an den Port 21 Ihres FTP-Servers gerichtet sind. Alle anderen Datenpakete, die an dessen IP-Adresse gerichtet sind, werden abgeblockt. Natürlich müssen Sie für diesen FTP-Server das entsprechende Portforwarding eingerichtet haben, denn sonst kommen die berechtigten Datenpakete ja nicht über die „NAT-Hürde".

Stateful Packet Inspection

Stateful **P**acket **I**nspection - kurz SPI - ist grundsätzlich auch ein Paketfilter. Aber es werden mehr als nur die Quell- und Zieldaten untersucht. SPI prüft die Pakete auch bezüglich verschiedener Statusinformationen (State). Jedes TCP/IP-Datenpaket hat einen Header, in dem verschiedene Statusinformationen hinterlegt sind. Eine dieser Informationen ist beispielsweise die Anzahl der Anfragen, die eintreffen. Wird eine besonders hohe Anzahl immer wiederkehrender, gleichartiger Datenpakete festgestellt, dann könnte das eine so genannte **D**enial **o**f **S**ervice-Attacke, DoS-Attacke genannt, sein.

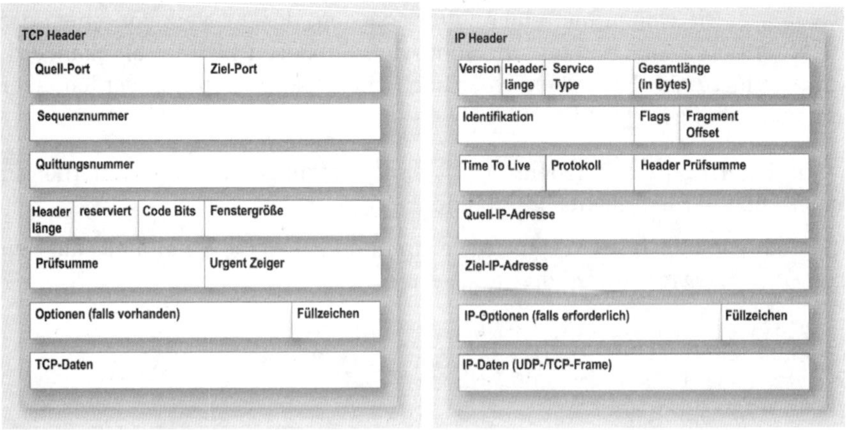

Der Aufbau eines IP- und TCP-Headers im Detail.

Ein Angreifer versucht, eine bestimmte IP-Adresse durch permanent wiederholte sinnlose Anfragen so zu blockieren, dass die Empfangskapazität ausgelastet wird und keine anderen Übertragungen mehr möglich sind. Das wird beispielsweise durch eine Überflutung einer Adresse mit Pings versucht. SPI ist damit eine höherwertige Firewall-Qualität als nur der schlichte Paketfilter. Allerdings können Sie hier auch einige Faktoren mehr einstellen, wodurch die Gefahr von Konfigurationsfehlern höher ist als bei der einfachen Paketfilter-Firewall.

Stellt ein Router eine DOS-Attacke fest, wird der betroffene Port in der Regel automatisch für eine bestimmte Zeit gesperrt. Einige Router haben einen sehr niedrigen Schwellenwert und schlagen auch unberechtigt an. In diesen Geräten muss der Schwellenwert entweder erhöht werden oder im Extremfall abgeschaltet werden.

Ausgefeilte Paketfilter als „Semi-SPI"

In den beiden Abbildungen oben sehen Sie schematisch eine recht simple Paketfilter-Firewall. Zahlreiche marktübliche Router begnügen sich mit dieser Art von Firewall, bei der man kaum mehr Angaben als die IP-Adresse und den Port machen kann, um daraus eine positive oder negative Regel zu formen. Andere Router bieten recht ausgefeilte Paketfilter-Firewalls an, die SPI teilweise berücksichtigen, indem eine Art Basisstatus mit geprüft wird. Wir wollen uns diese ausgefeilten Paketfilter jetzt an einem Beispiel ansehen. Da der DrayTek Vigor 2200 W plus einer der wenigen Router ist, die eine ausgeklügelte Firewall-Architektur aufweisen können, nutzen wir wiederum diesen als Beispiel.

Das DrayTek-Gerät bietet eine Unterscheidung in zwei Filterkategorien an.

1. Call-Filter: Der Call-Filter gilt nur für abgehende Verbindungen aus dem Netz ins Internet, greift also nur dann, wenn ein netzwerkinterner Client eine Anfrage an das Internet sendet. Mit dem Call-Filter kann man diese Anfrage steuern und auch unterbinden. Der Call-Filter wirkt vor dem eigentlichen Aufbau der Verbindung zum Internet.
2. Data-Filter: Der Data-Filter gilt für alle Datenübertragungen, also auch solche, die von außen kommen. Der Data-Filter wirkt nur bei bestehender Internetverbindung.

Gehen wir davon aus, Sie wollen hier einen Filter erstellen, der Ihr Netz vor einem der beliebtesten Hackertools schützen soll, vor SubSeven. SubSeven benutzt als Standardport für einen Angriff 27374. Es können zwar auch andere Ports benutzt werden, aber dieser wird dennoch häufig verwendet.

Es gilt also, eine Filterregel zu erstellen, die Datenübertragungen aus dem Internet an diesen Port eines netzinternen Clients unterbindet.

1 Loggen Sie sich wie üblich ins Webinterface ein und klicken Sie unten links auf den Textlink *IP Filter/Firewall Einstellungen*.

2 Hier sehen Sie zunächst den Startbildschirm für die Firewall-Einstellungen. Klicken Sie zunächst auf den Textlink *Grundeinstellung*.

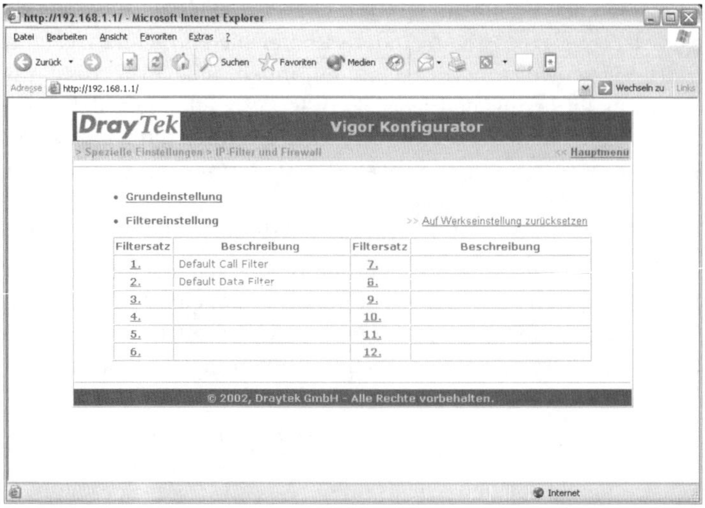

3 Hier können Sie die beiden Filtertypen an- und abschalten, indem Sie *Aktiv* oder *Deaktiviert* anklicken. Zudem können Sie angeben, in welchem Filtersatz jeweils der erste Call- oder Datenfilter zu finden und abzuarbeiten ist. Dann können Sie noch das *Protokoll* aktivieren. Statt *Aus* können Sie *Block* wählen, wenn alle blockierten Übertragungen protokolliert werden sollen. *Pass* protokolliert alle Übertragungen, die von den Filtern durchgelassen wurden. *No Match* hingegen protokolliert alle Übertragungen, auf die keine Filterregel zutraf. Etwas verwirrend ist der Eintrag *IP-Pakete an folgende MAC-Adresse duplizieren*. Auch das ist lediglich für Protokollzwecke gedacht. Verlassen Sie diese Einstellungen mit dem *OK*-Schalter

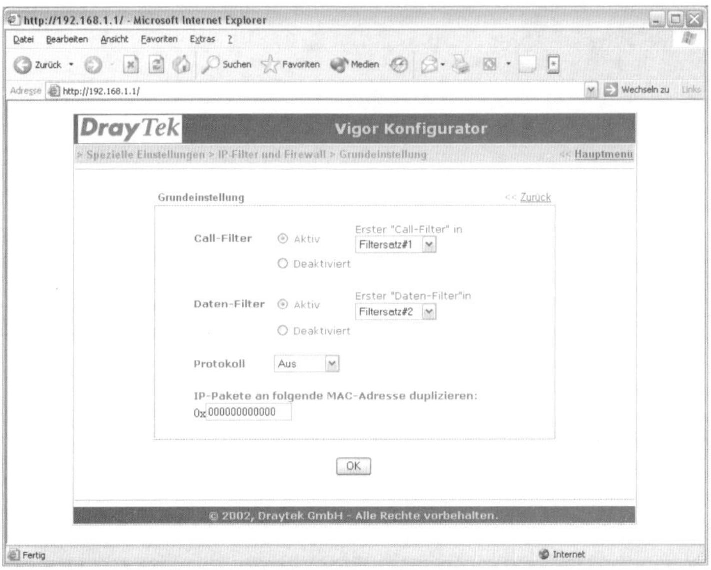

4 In dem Startbild für die Firewall-Einstellung sehen Sie zwei werksseitig voreingestellte Filter. Um einen eigenen hinzuzufügen, klicken Sie auf *Filtersatz* Nummer *3*.

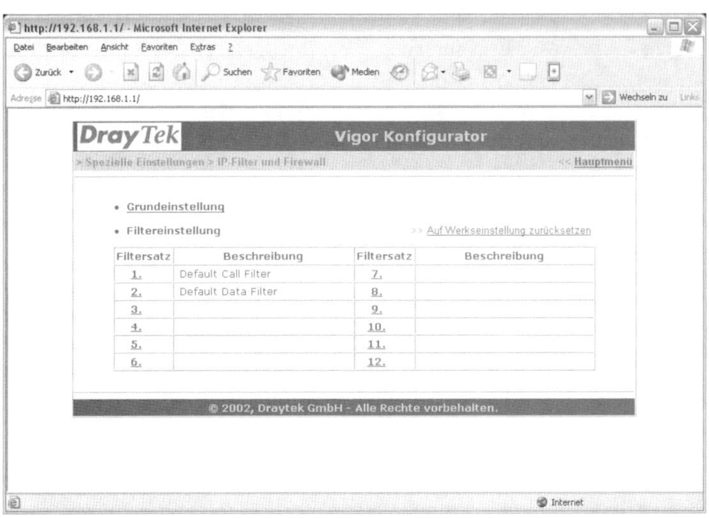

5 Geben Sie Ihrem Filter bei *Beschreibung* zunächst einen griffigen Namen. Beispielsweise SubSeven, da der Filter dieses Hackertool ausbremsen soll. Natürlich setzen Sie auch das Häkchen bei *Filterregel aktiv*. Bei *Durchlassen oder Blockieren* wählen Sie *Sofort blockieren* aus, denn der Hackerangriff soll ja unterbunden werden. Wenn nach dieser Filterregel keine weitere Regel abgeprüft werden soll, wählen Sie bei *Weiterleiten an: Keinen* aus.

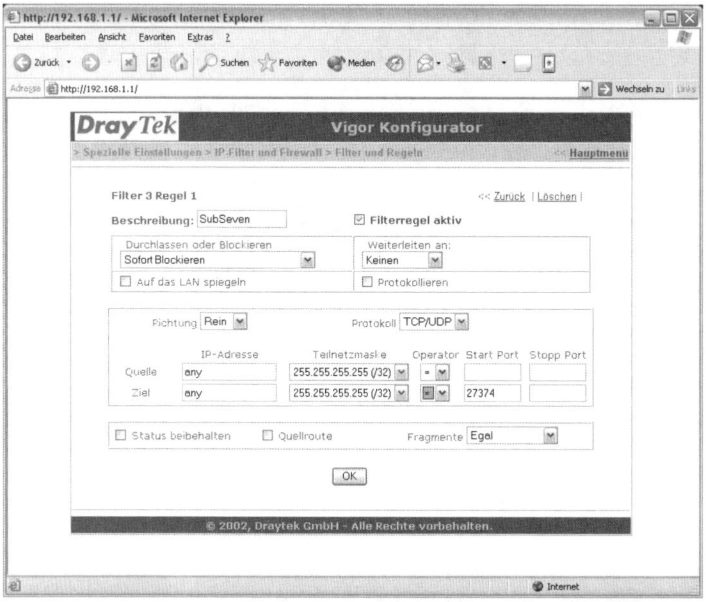

Auswahlmöglichkeiten bei Durchlassen oder Blockieren

Neben *Sofort Blockieren* haben Sie hier noch weitere Einstellmöglichkeiten, die hier kurz erwähnt werden sollen:

Durchlassen – Das Datenpaket wird durchgelassen, wenn die Bedingung der Regel erfüllt ist.

Sofort Blockieren – Das Datenpaket wird blockiert, wenn die Bedingung der Regel erfüllt ist.

Durchlassen, wenn keine Regel folgt – Das Datenpaket wird durchgelassen, wenn die Bedingung der Regel erfüllt ist und keine Weiterleitung an eine weitere Regel konfiguriert ist.

Blockieren, wenn keine Regel folgt – Das Datenpaket wird blockiert, wenn die Bedingung der Regel erfüllt ist und keine Weiterleitung an eine weitere Regel konfiguriert ist.

6 Die Funktionen *Auf das LAN spiegeln* und *Protokollieren* dienen beide Protokollzwecken und korrespondieren mit den Voreinstellungen aus Punkt 3.

7 Jetzt kümmern wir uns um die eigentlichen Eigenschaften der Regel. Bei *Richtung* legen Sie in diesem Fall *Rein* fest, da ankommende Datenpakete gefiltert werden sollen. Abgehende Übertragungen würden mit *Raus* gefiltert. Bei *Protokoll* wählen Sie aus der Liste *TCP/UDP* aus, damit beide geprüft werden.

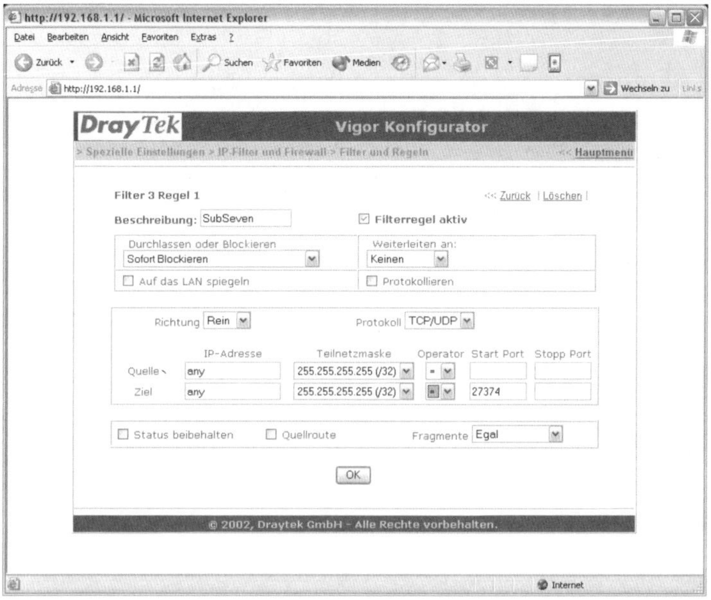

8 Bei *Quelle* bleibt *any* stehen, damit Datenübertragungen von allen IP-Adressen aus dem Internet geprüft werden.

Durch die Angabe einer IP-Adresse werden nur noch die Daten geprüft, die von dieser Quelle kommen.

Auch bei *Ziel* bleibt *any* stehen, damit die Prüfung für jede netzinterne IP-Adresse und so für jeden Client erfolgt.

9 Die Einstellungen bei *Teilnetzmaske* bleiben sowohl für *Quelle* als auch für *Ziel* wie vorgegeben.

In der Zeile *Quelle* sind Sie jetzt bereits fertig. In der Zeile *Ziel* müssen wir noch etwas mehr einstellen.

Bei *Operator* wählen Sie aus der Liste das = aus, damit die Regel weiß, dass nur der danach anzugebende SubSeven-Port *27374* als Filterkriterium gilt.

Auswahlmöglichkeiten bei Operator

Der Operator bietet mehrere Einstellmöglichkeiten an, die hier der Übersicht halber alle erwähnt werden:

= Wenn nur der Start-Port angegeben ist, dann greift die Regel nur dann, wenn das Datenpaket an diesen Port gerichtet ist. Ist auch ein End-Port angegeben, greift die Regel für alle Ports zwischen Start-Port und End-Port.

/= Wenn nur der Start-Port angegeben ist, dann greift die Regel nur dann, wenn das Datenpaket NICHT an diesen Port gerichtet ist. Ist auch ein End-Port angegeben, greift die Regel für alle Ports NICHT zwischen Start-Port und End-Port.

> Hier greift die Regel für alle Ports, die größer sind als der Start-Port (einschließlich Start-Port).

< Hier greift die Regel für alle Ports, die kleiner sind als der Start-Port (einschließlich Start-Port).

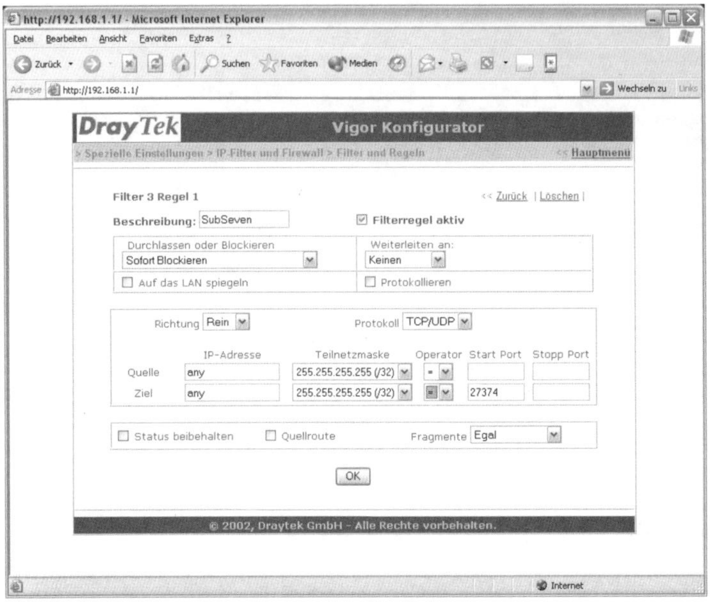

10 Die restlichen Einstellungen sind weniger wichtig. *Status behalten* sorgt dafür, dass für die Protokollierung die entsprechenden Statusinformationen erhalten werden. *Quellroute* bewahrt die Informationen zur Herkunft das Datenpakets und *Fragmente* definiert, wie bei fragmentierten Paketen verfahren werden soll.

9.3 IPSec sorgt für Sicherheit

IPSec steht für **I**nternet **P**rotocol **Sec**urity. IPSec setzt sich aus eine Gruppe mehrerer Protokolle zusammen, die für eine höhere Sicherheit beim Datentransfer über TCP/IP sorgen.

Die zwei wesentlichen Bestandteile sind ESP, was für **E**ncapsulated **S**ecurity **P**ayload steht, und AH, was **A**uthenticitation **H**eader bedeutet.

Durch diese beiden Protokolle wird zum einen eine Authentifizierung der Daten, die über IP versendet werden, sichergestellt und zum anderen eine Integritätsprüfung und ein Wiedergabeschutz erreicht.

Ziel ist es, die Daten sowohl vor der Fälschung als auch vor dem Abhören zu schützen.

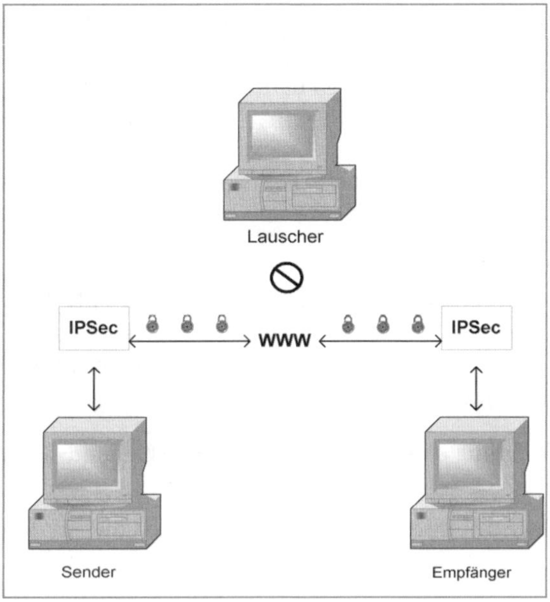

IPSec kommt vor allem bei **V**irtual **P**rivate **N**etworks (VPN) zum Einsatz und sorgt für eine Art Kapselung der ursprünglichen Daten. Das original Datenpaket wird quasi in eine Art gesicherte Kapsel verpackt und in dieser dann verschickt. IPSec benutzt Schlüsselsequenzen, mit denen eine Datenübertragung zunächst authentifiziert wird. Mit diesen Schlüsselsequenzen identifizieren sich Sender und Empfänger und verifizieren gegenseitig ihre Echtheit, bevor die eigentlichen Daten übertragen werden.

Das Ganze lässt sich grob mit **P**retty **G**ood **P**rivacy (PGP) bei E-Mails vergleichen. Der Authenticitation Header verifiziert die Echtheit der Daten, um diese vor Verfälschungen zu schützen. Und Encapsulated Security Payload schließlich verschlüsselt die eigentlichen Daten, sodass sie während der Übertragung unlesbar werden, und somit nicht abgehört werden können.

Bei ESP kommen heutzutage zwei Codierverfahren zum Einsatz. Es sind dies DES und 3DES. DES steht für **D**ata **E**ncryption **S**tandard und ist ein Algorithmus, der Daten mit einem 56-Bit-Schlüssel verschlüsselt. 3DES ist eine neuere und sicherere Version von DES. Hier werden drei DES-Schlüssel ineinander verschachtelt verwendet, sodass eine effektive Schlüsselgröße von 168 realisiert wird. Die Schlüssel können entweder manuell vergeben werden oder über das **I**nternet **K**ey **E**xchange Protocol (IKE) automatisiert zwischen den beiden an der Übertragung beteiligten Instanzen ausgetauscht werden.

In der obersten Zeile in diesem Schema sehen Sie ein ungeschütztes Datenpaket. Darunter eines, das per AH authentifiziert wurde. Als drittes schließlich sehen Sie ein Datenpaket, das per ESP authentifiziert und verschlüsselt wurde.

Diese verschiedenen Stufen von IPSec können Sie sich vielleicht anhand eines Beispiels besser vorstellen. Stellen Sie sich vor, Sie erwarten eine wichtige Information per Post. Das ungeschützte IP-Datenpaket entspräche dann sozusagen der Postkarte, die jeder, der sie in die Finger bekommt, lesen kann. Der Schutz per AH entspricht dem verschlossenen Brief, der per Einschreiben kommt. Der ESP-Schutz entspräche dann dem verschlossenen Brief, der per Einschreiben kommt und dessen Inhalt Sie erst mit einem bestimmten Schlüssel in Klartext übersetzen müssen, wobei nur Sie und der Absender diesen Schlüssel kennen.

IPSec wird, wie eben schon erwähnt, vorwiegend im Bereich VPN benutzt. Ein VPN dient dazu, eine sichere Verbindung über das Internet zu einem Netzwerk herzustellen, damit man diese Verbindung so nutzen kann, als wäre man direkt mit diesem Netzwerk verbunden. Die Konfiguration von IPSec ist nicht schwer.

Wir zeigen hier nur IPSec, denn die Einrichtung eines VPN behandeln wir später ausführlich.

1 Loggen Sie sich über das Webinterface auf Ihrem Router ein und klicken Sie auf den Link *VPN und externe Einwahl*. Im nächsten Fenster klicken Sie auf den Auswahllink *VPN IKE/IPSec Einstellungen*.

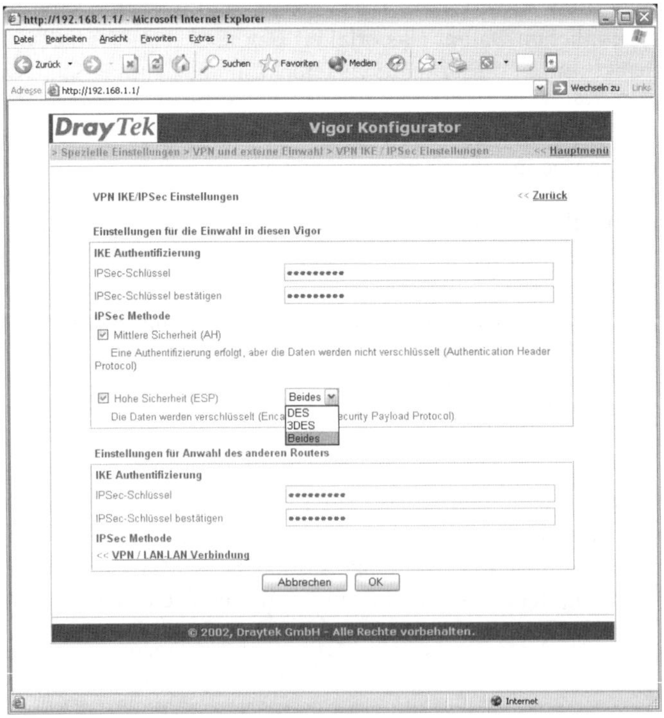

2 Zunächst müssen Sie oben bei *Einstellungen für die Einwahl in diesem Vigor* (gemeint ist der Router) den *IPSec-Schlüssel* eingeben und bestätigen. Sie sollten, wie auch bei Passwörtern, eine zufällige Folge von Zahlen und Buchstaben wählen und keine leicht zu erratenden Schlüsselwörter benutzen. Wenn der Schlüssel aus dem Namen Ihres Haustieres besteht, ist dieser zu leicht zu erraten.

3. Danach sollten Sie sowohl bei *Mittlere Sicherheit (AH)* als auch bei *Hohe Sicherheit (ESP)* ein Häkchen setzen. Damit erreichen Sie, dass sowohl die Authentifizierung erfolgt als auch die Daten selbst verschlüsselt gesendet werden. In den Dropdown-Menü sollten Sie *Beides* auswählen, damit sowohl DES als auch 3DES benutzt werden. Nur wenn Sie absolut sicher sein können, dass jede Gegenstelle, die sich in Ihren Router einklinken will, 3DES nutzt, sollten Sie ausschließlich 3DES einstellen.
4. Für den Fall, dass Ihr Router sich seinerseits in andere VPN-Router einwählen soll, müssen Sie bei *Einstellungen für Anwahl des anderen Routers* den entsprechenden *IPSec-Schlüssel* eintragen und bestätigen. Zum Schluss klicken Sie auf *OK*, um Ihre IPSec-Einstellungen im Router zu speichern.

Damit ist IPSec schon konfiguriert. IPSec kann übrigens auch in einem Wireless LAN benutzt werden, um eine höhere Sicherheit bei der Datenübertragung zu erreichen, als dies mit den WLAN-Bordmitteln möglich ist. Mehr zum Thema WLAN aber später in Kapitel 12.

Internet Key Exchange (IKE)

Mehrmals lasen Sie soeben etwas über das **I**nternet **K**ey **E**xchange Protocol, kurz IKE. Deshalb wollen wir kurz genauer beleuchten, was das ist. IKE wird dazu benutzt, bei IPSec-Verbindungen den Verbindungsaufbau und dabei vor allem den Austausch der Schlüssel zur Absicherung der Verbindung auszuhandeln und umzusetzen.

Gerade wenn sich die beiden zu verbindenden Stellen noch gar nicht kennen, also keine Schlüsselinformationen voneinander haben und somit noch keine „Vertrauensbasis" besteht, kommt IKE zum tragen. Der Aufbau einer solchen Verbindung mit IKE geschieht in zwei Phasen.

IKE-Phase 1 – Main Mode

In dieser ersten Phase, Main Mode genannt, erfolgt zwischen beiden Seiten eine Art Verhandlung über die so genannten **S**ecurity **A**ssociation (SA). Dabei wird ausgehandelt, welche Algorithmen für die Errechnung der Hash-Werte genutzt werden, wie die Authentifizierung und die Verschlüsselung erfolgen sollen. Dabei gibt es einmal einen „Initiator", also den Client, der den Verbindungsaufbau gestartet hat, und einen „Responder" in Form des Clients, der die eingehende Verbindung annehmen soll. Der Initiator bietet mehrere „Vorschläge" für den Aufbau der SA an. Der Responder wählt aus diesem Angebot eine passende Methode aus. Jetzt wird über einen speziellen Algorithmus (Diffie-Hellman-Algorithm) ein geheimer Schlüssel, der so genannte Secret Key zwischen beiden Stationen ausgehandelt, mit dem dann alle weiteren Datentransfers verschlüsselt werden.

Erst wenn das geschehen ist, tauschen beide Gegenstellen die eigentlichen Identifikationsparameter aus, wobei diese absenderseitig jeweils mit einem Public Key signiert sind. Dabei können zwei Methoden vorkommen. Der Absender überträgt ein Zertifikat, aus dem der Empfänger den Public Key errechnen kann, um damit die Signatur und so auch die Identität des Absenders zu ermitteln und zu verifizieren. Wenn vom Absender kein Zertifikat übertragen wird, dann muss beim Empfänger vor Ort ein Verzeichnis der Identifikationsparameter mit den jeweils dazugehörigen Schlüsselparametern des Public Keys hinterlegt sein. Mit dem Durchlaufen dieser Phase 1 ist die Authentizität beider Verbindungsteilnehmer geprüft.

IKE-Phase 2 – Quick Mode

Jetzt folgt die als Quick Mode bezeichnete Phase 2. Darin wird nun die eigentliche IPSec-Verbindung hergestellt, indem beide Teilnehmer die Details für ESP und AH miteinander aushandeln. Sobald das geschehen ist, steht die IPSec-Verbindung. Vorteilhaft ist, dass dieser Quick Mode während der IPSec-Verbindung immer wieder neu initiiert werden kann, damit auf diese Weise auch neue Schlüssel generiert und verwendet werden.

9.4 PAP, CHAP und MS-CHAP

Password **A**uthentication **P**rotocol (PAP), **C**hallenge **H**andshake **A**uthentication **P**rotocol (CHAP) und **M**icro**s**oft **C**hallenge **H**andshake **A**uthentication **P**rotocol (MS-CHAP) sind Protokolle, die bei PPP-Verbindungen zur Authentifizierung von Passwörtern, Benutzern und sich aus der Ferne einloggenden Clients dienen. Bevor wir uns die Nutzung mit einem Router ansehen, hier kurz die Grundlagen zu diesen Protokollen.

PAP

Das **P**assword **A**uthentication **P**rotocol ist ein Protokoll, das zum Zweck der Authentifizierung ein Kennwort überträgt, ohne dass dieses dabei verschlüsselt wird. Auch wenn Sie es vielleicht nicht wissen, PAP kennen Sie mit hoher Wahrscheinlichkeit schon, denn die meisten Internetprovider nutzen PAP für die Authentifizierung ihrer Kunden bei der Einwahl.

Wenn Sie sich ins Internet einwählen, dann sendet Ihr Computer mittels PAP die Authentifizierungsdaten - Benutzername und Passwort - an den Einwahlserver des Providers. Diese Authentifizierung findet nur einmal zu Beginn des Verbindungsaufbaus statt.

Konkret funktioniert das Ganze so, dass der Client, nachdem die Verbindung technisch hergestellt wurde, so lange die Authentifizierungsdaten an den Server sendet, bis diese entweder akzeptiert werden oder die Verbindung unterbrochen wird. Hier erfolgt die Authentifizierung einseitig, sprich Ihr Client identifiziert sich gegenüber dem Server, dieser umgekehrt aber nicht gegenüber Ihrem Clientrechner. Das ist also eine einseitige Authentifizierung. Es gibt aber auch die beiderseitige Authentifizierung per PAP. Sie funktioniert zunächst wie die oben beschriebene einseitige Methode. Allerdings fordert nun auch Ihr Client den Server auf, seinerseits eine Authentifizierung durchzuführen. Die einseitige Methode, die auch clientseitig genannt wird, ist aber die gebräuchlichere.

PAP hat vor allem den Nachteil, dass das Kennwort im Klartext übertragen wird und es auch keine Begrenzung für die Authentifizierungsversuche gibt. Die Anzahl der Versuche und deren Häufigkeit bestimmt der Client, nicht der Server. Das Kennwort könnte durch „Belauschen" des Datentransfers abgefangen werden. Oder ein Hacker versucht es per Brute-Force-Attacke, indem er automatisiert Kombinationen eines bestimmten Benutzernamens mit verschiedensten Passwörtern durchprobiert.

CHAP

CHAP gleicht den Nachteil des Klartext-Passwortes aus, indem die Übertragung des Passwortes bei CHAP verschlüsselt geschieht. Auch hier werden nach dem technischen Aufbau der Verbindung die Authentifizierungsdaten übertragen. Das Abhören dieser Daten ist durch die verschlüsselte Übertragung aber nicht mehr oder nur noch sehr schwer möglich.

Außerdem erfolgt die Authentifizierung in drei Stufen:

1. Nach dem technischen Aufbau der Verbindung sendet der Server eine so genannte Challenge-Message („Herausforderungsnachricht") an den Client, der den Verbindungsaufbau initiiert hat.
2. Der Client reagiert darauf, indem er einen Wert zurückschickt, der mit einer Funktion namens One-Way Hash ermittelt wurde. Das könnte man grob als eine Art Prüfsumme bezeichnen.
3. Der Server überprüft diesen Wert, indem er die entsprechende Gegenrechnung durchführt und vergleicht, ob der übertragene Hash-Wert mit dem erwarteten Wert übereinstimmt. Liegt diese Übereinstimmung vor, wird die Authentifizierung akzeptiert und die Verbindung endgültig hergestellt. Schlägt die Prüpfung fehl, wird die Verbindung beendet.

Zudem findet diese Überprüfung nicht einmalig beim Verbindungsaufbau statt. In zufälligen Intervallen schickt der Server erneut eine Challenge Message, sodass der dreistufige Authentifizierungsvorgang wiederholt wird. Wie Sie sich garantiert schon gedacht haben, ist CHAP sicherer als PAP.

MS-CHAP

Die Buchstaben MS verraten es, denn hier handelt es sich um eine von Microsoft entwickelte Variante von CHAP. Dieses Protokoll wurde von Microsoft für die entfernte Einwahl von Microsoft-Clients entwickelt und funktioniert mit allen Windows-Versionen ab Windows 95. Das Protokoll ist weitestgehend mit CHAP identisch und bezieht die bei Windows-Netzwerkarchitekturen gebräuchlichen Algorithmen zur Verschlüsselung und zur Bildung von Hash-Werten. Außerdem können Einstellungen für die Kennwörter festgelegt werden, die beispielsweise besagen, in welchen Intervallen neue Kennwörter benutzt werden müssen und wie die Wiederholung von Authentifizierungen gehandhabt wird.

PAP und CHAP mit dem Router nutzen

Für Router finden wir vorwiegend PAP und CHAP. Dabei können wir diese Protokolle nicht nur für die Einwahl beim Provider nutzen, sondern auch für eigene Zwecke. Wir wollen hier beides begutachten.

Zunächst schauen wir uns kurz an, wie PAP oder CHAP bei der Provideranwahl konfiguriert wird.

1 Loggen Sie sich ein und klicken Sie sich zur Konfiguration der Internetverbindung durch. Dort klicken Sie auf das für Sie gültige Verbindungsprotokoll. Gehen wir davon aus, dass Sie DSL haben und daher *PPPoE* nutzen.

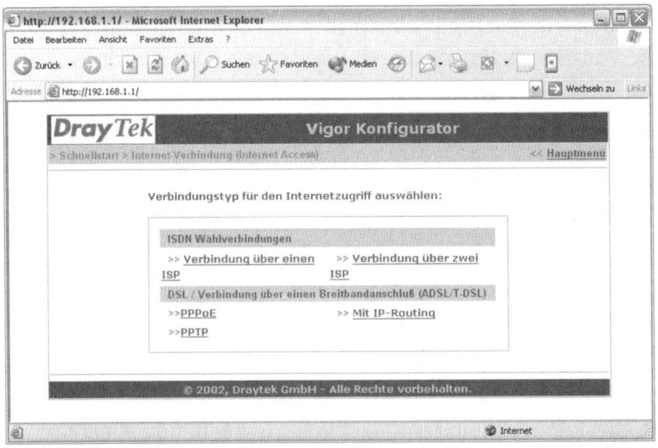

2 Rechts finden Sie das Dropdown-Menü für die *PPP Authentifizierung*. Sie können zwischen den drei Einstellungen *PAP*, *CHAP* und *PAP oder CHAP* wählen. Wenn Sie nicht genau wissen oder ermitteln können, welches Verfahren Ihr Provider einsetzt, stellen Sie *PAP oder CHAP* ein, dann wird beides unterstützt.

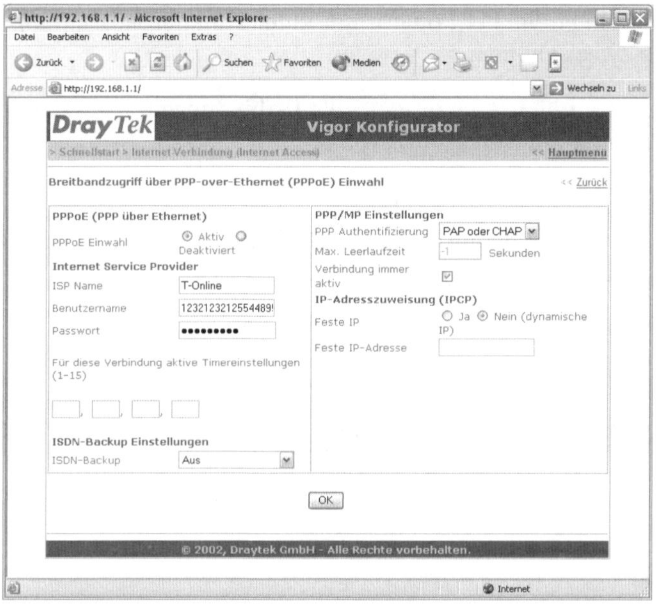

3 Wenn Sie PAP bewusst ausschließen wollen, stellen Sie *CHAP* ein. Das funktioniert aber nur, wenn Ihr Provider auch CHAP unterstützt. Fragen Sie also am besten beim Provider nach.

Das ist im Prinzip schon alles, was Sie einstellen müssen und können. Es gibt manche Router, wie Sie hier im untenstehenden Bild als Beispiel sehen können, die keine Einstellung von PAP oder CHAP für die Interneteinwahl bieten. Diese unterstützen in der Regel „serienmäßig" beide Verfahren.

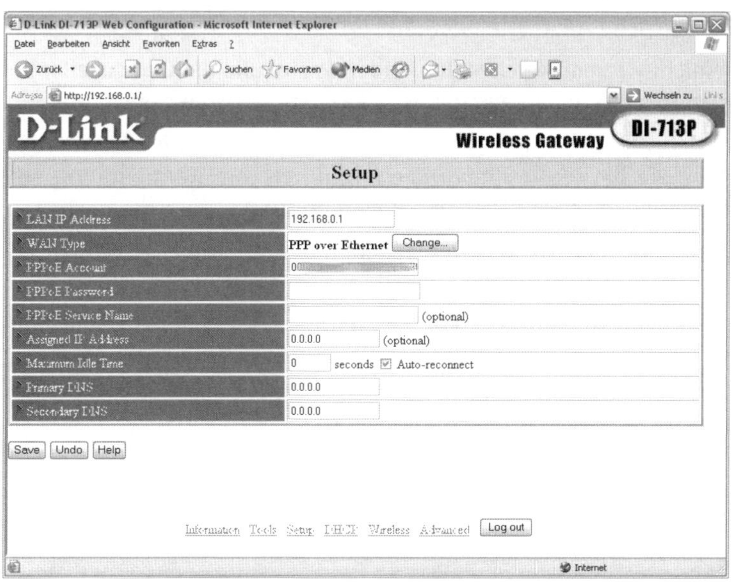

Wie eben schon erwähnt, können Sie bei Routern mit guter Funktionsausstattung PAP und CHAP auch für eigene Zwecke nutzen.

Dabei geht es in erster Linie um den Aufbau von VPN-Verbindungen, bei denen auch PAP und CHAP für die PPP-Verbindungen genutzt wird.

Schauen wir uns die entsprechenden Einstellungen an:

1 Öffnen Sie, wie bei der Schrittanleitung für die LAN to LAN-Verbindung dargestellt, das entsprechende Konfigurationsmenü.

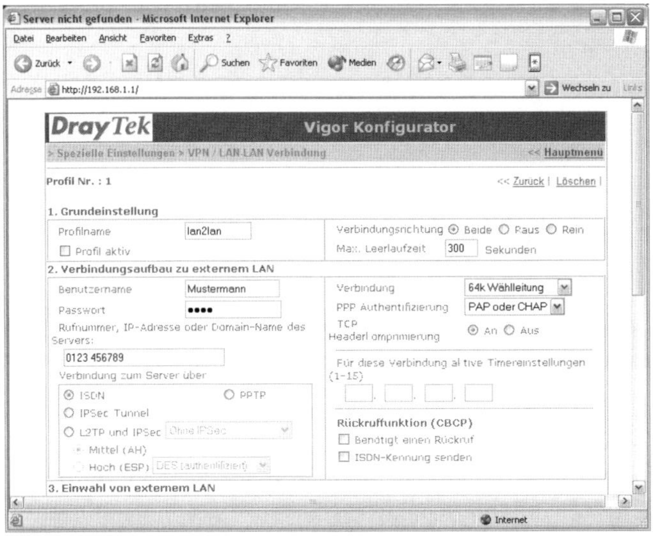

2 Zunächst stellen Sie bei *2. Verbindungsaufbau zu externem LAN* rechts bei *PPP Authentifizierung* nach Wunsch *PAP*, *CHAP* oder aber *PAP oder CHAP* ein.

Vor allem wenn Sie nicht wissen, welches der beiden Protokolle die Gegenstelle, bei der sich Ihr Router einwählen soll, verwendet, ist *PAP oder CHAP* die beste Wahl.

3 Danach nehmen Sie darunter die gleichen Einstellungen bei *3. Einwahl von externen LAN* vor. Hier können Sie bei *PPP Authentifizierung* durch Ihre Konfiguration entscheiden, ob beispielsweise nur CHAP verwendet werden soll.

Wenn Sie sicher sein können, dass alle Gegenstellen, die Ihren Router anwählen, ihrerseits CHAP beherrschen, wählen Sie die Einstellung *CHAP* aus.

Sind aber Gegenstellen dabei, die nur PAP können, dann ist *PAP oder CHAP* die sinnvolle Wahl.

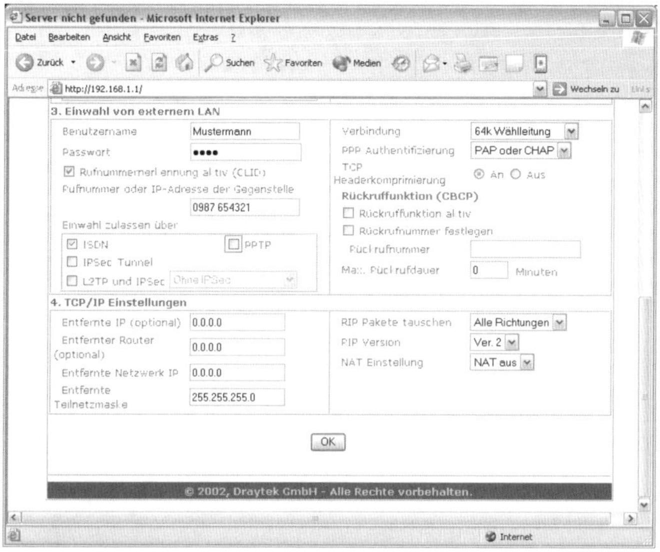

Damit haben Sie die Nutzung dieser beiden PPP-Authentifizierungsprotokolle für die Interneteinwahl und auch für LAN to LAN-Verbindungen konfiguriert. Die Nutzung dieser Protokolle ist ein Baustein in einem Sicherungskonzept.

Diese Sicherungsmaßnahme ist um so effektiver, je weiter Sie auf PAP zu Gunsten von CHAP verzichten können.

Vor allem in einem Wireless LAN, bei dem der Datenfunk technisch leicht abzuhören ist, sollte die unverschlüsselte Übertragung von Passwörtern so weit wie möglich vermieden werden.

9.5 Intrusion Detection System

Ein **I**ntrusion **D**etection **S**ystem, kurz IDS, dient dazu, „Einbruchsversuche“ aufzudecken und zu verhindern. Wie aber wird ein solches Eindringen (Intrusion) festgestellt?

Die bei Routern gebräuchliche Methode ist die Überwachung der Anzahl von Kontaktversuchen, die von außen auf einen Port einer IP-Adresse stattfinden.

Wird eine voreingestellte Anzahl als Schwelle überschritten, gilt das Ganze als Versuch, von außen widerrechtlich in das Netz einzudringen. Damit werden dann ebenfalls voreinstellbare Maßnahmen ausgelöst, die von der bloßen Benachrichtigung des Administrators bis zum aktiven Schließen des Ports oder der kompletten Verbindung reichen können.

IDS finden Sie eher in den hochpreisigen Routern und nicht in den günstigen Consumer-Geräten.

Am Beispiel der Konfigurationssoftware des LANCom 3050 Wireless wollen wir uns die Konfiguration von IDS kurz ansehen.

1 Starten Sie die Konfigurationssoftware.

Oben im Dropdown-Menü *Konfiguriere* wählen Sie *Firewall/QoS* an.

Dann klicken Sie auf das letzte Register *IDS*.

Legen Sie bei *Maximalzahl der Port-Anfragen* zunächst das Niveau der „IDS-Meldeschwelle“ fest.

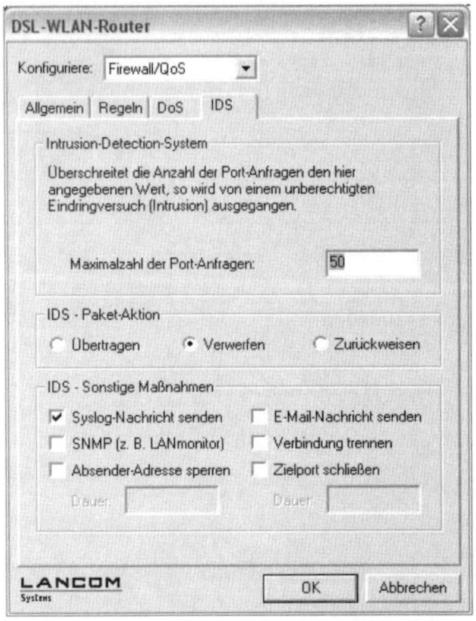

2 Danach definieren Sie die Maßnahmen, die ergriffen werden sollen. Bei *IDS - Paket-Aktion* können Sie einstellen, was mit den Datenpaketen, für die IDS positiv festgestellt wurde, geschieht.

Sie haben die Wahl zwischen *Übertragen*, *Verwerfen* oder *Zurückweisen*.

Beim Übertragen wird das Paket also durchgelassen.

Beim Verwerfen wird es eliminiert und beim Zurückweisen geht es zum Absender zurück.

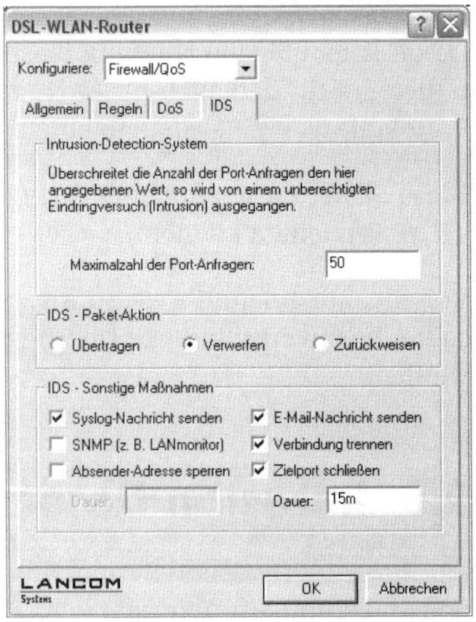

3 Außerdem können Sie bei *IDS - Sonstige Maßnahmen* noch weitere Aktionen auslösen. Sie können verschiedene Benachrichtigungsformen wählen, mit denen der Administrator informiert wird.

4 Weiterhin können Sie verschiedene Gegenmaßnahmen aktivieren. In sensiblen Systemen kann es ratsam sein, vorerst mit *Verbindung trennen* den Kontakt zum Internet zu beenden. Sie können auch den angegriffenen Zielport schließen. Dann lässt der Router keinerlei Anfragen aus dem Web, die an diesen Port (egal für welche IP-Adresse) gerichtet sind, durch. Für diese Funktion können Sie auch eine Dauer festlegen, sodass der Port nur temporär geschlossen wird. Tragen Sie eine Zahl ein, gilt diese als Sekundenangabe. Das *m* hinter der Zahl macht daraus eine Minutenangabe. Schließlich können Sie auch die Absenderadresse sperren und auch dafür eine Dauer vorgeben.

9.6 Web-Filtering und URL-Blocking

Während Papa nichts Böses ahnend im Wohnzimmer die Sportschau guckt, surfen die Kinder allein am PC.

Wenn Sie Einfluss nehmen wollen, auf welche Internetseiten Surfer zugreifen können, brauchen Sie einen Router, der Web- und URL-Filtering bzw. -Blocking als Feature bietet.

Dabei geht es diesmal weniger um den Schutz von Angriffen oder Datenspionen von außen auf Ihr Netzwerk, sondern eher um den Schutz von Nutzern in Ihrem Netz vor bestimmten Inhalten im Internet.

Was passiert dabei? Im Wesentlichen können Webseiten beziehungsweise URLs über einen Filter im Router geprüft und blockiert werden. Beim simplen URL-Blocking wird eine Webadresse vorgegeben, die blockiert werden soll. Sobald ein Client aus dem Netz diese URL über den Router und dessen Internetverbindung ansteuern will, wird diese blockiert.

Beim Web Filtering hingegen werden nicht die URL-Adressen begutachtet, sondern die Inhalte der Seite. Es können verschiedene Begriffe als Filterkriterien im Router eingetragen werden. Sobald diese Wörter in einer Webseite entdeckt werden, wird deren Aufruf blockiert. Es gibt derzeit nicht allzu viele Router am Markt, die diese Funktionen bieten.

Die Konfiguration ist recht simpel, wie Sie gleich am Beispiel eines Netgear-Routers sehen werden:

1. Loggen Sie sich wie immer auf dem Webinterface des Routers ein. Dann klicken Sie auf den Textlink *Content Filter*, der Sie zur gewünschten Funktion bringt.

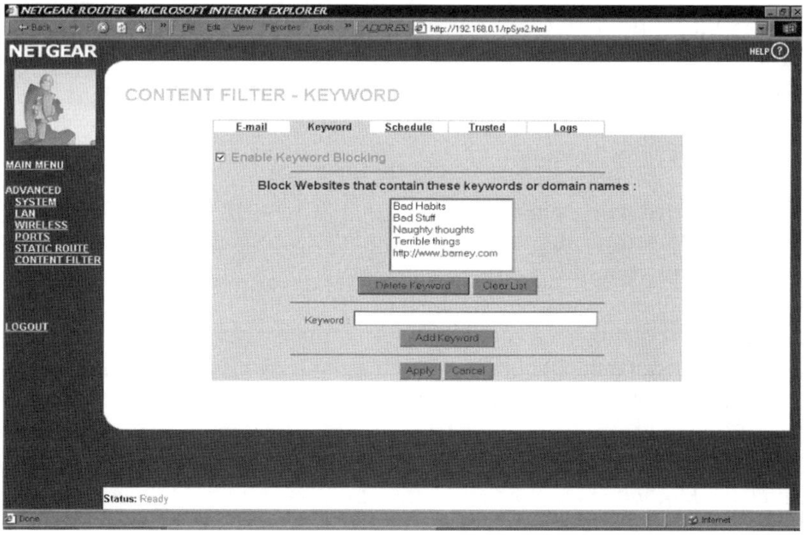

2. Nachdem Sie *Enable Keyword Blocking* mit dem Häkchen aktiviert haben, können Sie jetzt die Liste unter *Block Websites that contain these keywords or domain names* mit Begriffen oder kompletten URLs füllen.

3 Um eine komplette Webseite über ihre URL zu blocken, tippen Sie die vollständige Webadresse bei *Keyword* ein und klicken auf *Add Keyword*. Damit haben Sie das URL-Blocking für diese Webseite aktiviert.

4 Um den Filter auf bestimmte Begriffe zu trimmen, geben Sie das zu filternde Wort bei *Keyword* ein und klicken auf *Add Keyword*. Diesmal haben Sie den Web- bzw. Content-Filter für alle Webseiten, die den unerwünschten Inhalt aufweisen, aktiviert.

Die Pflege dieser Filterfunktion kann schnell sehr aufwendig werden, denn es gibt schier unzählige Wörter, die gerade für den Schutz von Kindern und Jugendlichen zu berücksichtigen sind. Machen Sie den Filter dabei aber „zu scharf“, kommen selbst harmlose Webseiten nicht mehr an ihm vorbei.

Gerade wenn es darum geht, Kinder vor problematischen Inhalten zu schützen, sollten Sie sich nicht allein auf einen solchen technischen Filter verlassen, sondern Ihre Kinder bei der Nutzung des Internet begleiten. Natürlich bietet sich ein solcher Filter aber auch im betrieblichen Umfeld an, um die Nutzung bestimmter Seiten durch Mitarbeiter zu verhindern. Aber auch hier gilt das Gleiche für den Aufwand, den die Pflege eines solchen Filters mit sich bringt.

Dialer blocken, die Modem- oder ISDN-Funktionen im Router nutzen könnten

Neben Spam-Mails werden Dialer immer mehr zur Plage. Während Spam-Mails vordringlich lästig sind, gehen Dialer ins Geld, denn diese Programme haben nur ein Ziel: möglichst unbemerkt eine Wählverbindung ins Internet über eine teure 0190-Nummer oder die ganz neuen 0900-Nummern aufbauen, damit diese Verbindung dem Betreiber des Dialers möglichst schnell möglichst viel Geld einbringt. Seriöse Anbieter von Dialern, die leider selten sind, informieren den Nutzer darüber, dass er ein Wählprogramm installiert, und geben dabei auch die anfallenden Kosten an. Die Mehrzahl der Dialer-Abzocker ist bemüht, ihrem Opfer das Wählprogramm unbemerkt unterzuschieben, indem es sich entweder heimlich installiert oder sich als etwas anderes - z. B. ein Sicherheitsupdate oder Ähnliches - ausgibt.

„Ich hab seit dem Kauf meines Breitbandrouters kein Modem oder keine ISDN-Karte mehr im Rechner, mir kann nichts passieren“, werden Sie jetzt eventuell sagen. Aber da ist ja noch die ISDN-Funktion des Routers oder das Fallback-Modem, auf das eventuell ein Dialer zugreifen könnte. Auch wenn die meisten Dialer nur im PC und nicht im Netzwerk nach einem „Wählgerät“ suchen, kann es doch solche geben, die auch den Router entdecken und nutzen. Erinnern Sie sich beispielsweise an den virtuellen TA-Adapter, den wir in Kapitel 7 für die Nutzung der ISDN-Funktion im Router (z. B. zum Faxen) auf dem PC installiert haben? Ein Dialer kann diesen zum Aufbau einer Wählverbindung nutzen. Wie schützt man sich und dichtet den Router entsprechend ab? Schauen wir uns zunächst Methoden an, die nichts mit dem Router zu tun haben.

0190- und 0900-Nummern sperren lassen!

Ein ganz simples und dennoch effektives Mittel kann es sein, bei der Telekom oder Ihrem Telefondienstleister die Rufnummern der 0190- und 0900-Gruppe sperren zu lassen, sodass die Vermittlungstechnik einen Anruf, der von Ihrem Anschluss an eine solche Nummer geht, gar nicht erst aufbaut. Sie können dabei meist auf Wunsch veranlassen, dass ganz bestimmte Nummern von dieser Sperrung ausgenommen werden, falls es beispielsweise eine 0190-Nummer gibt, die Sie tatsächlich ab und zu mal anrufen wollen. Das könnte beispielsweise eine kostenpflichtige technische Hotline für Haushaltgeräte oder Ähnliches sein. Die Sperrung der 0190- und 0900-Gruppe kostet bei den meisten Telefongesellschaften eine einmalige Gebühr.

Die eigene Telefonanlage als Filter nutzen

Haben Sie eine vernünftige Telefonanlage im Haus oder in der Firma? Dann können Sie diese als Rufnummernfilter nutzen und so einstellen, dass die Anlage alle 0190-, 0900- und 0180-Nummern für den Anschluss sperrt, an dem der Router hängt. Meist finden Sie die entsprechende Einstellung der Telefonanlage als *Externberechtigung, Externzugang* oder Ähnliches. Dort können Sie die Rufnummern eintragen, deren Anwahl nicht erlaubt sein soll.

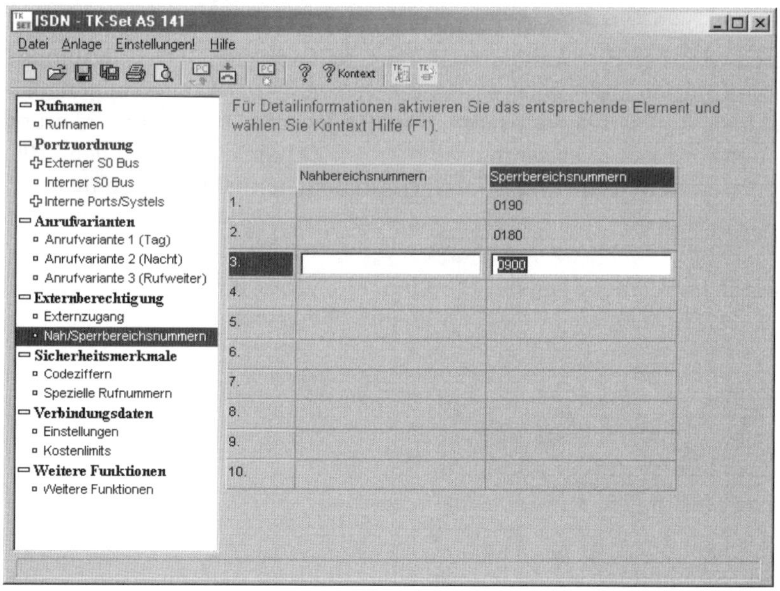

Durch die Einrichtung der gefährlichen Vorwahlen als Sperrnummern in Ihrer Telefonanlage können Sie Dialern ebenfalls das Handwerk legen! Hier sehen Sie die Konfiguration einer TK-Anlage von Agfeo.

Gerade ISDN-Anlagen können in der Regel bequem vom PC aus konfiguriert werden, wie das Bild oben zeigt. Als Sperrbereichsnummern tragen Sie schlicht und ergreifend die teuren Vorwahlen *0190* und *0900* ein und eventuell auch die *0180*. Dieser Schutz ist bereits recht gut, hat aber noch eine Lücke! Wer beim Telefonieren sparen will, kann seit dem Fall des Telefonmonopols der Telekom mittels Call by Call selbst bestimmen, über welche Telefonfirma telefoniert wird. Auch die Dialer-Betrüger wissen, wie man das ausnutzt, um Dialer-Abwehrmaßnahmen auszuhebeln! Ein Dialer wählt eventuell nicht einfach eine 0190-Nummer, sondern setzt eine Call-by-Call-Vorwahl davor.

Schlechte Dialer-Filter erkennen jetzt nicht mehr, dass es sich um eine 0190-Nummern handelt. In der Regel wird die Providervorwahl der Telekom 01033 benutzt. Diese sollten Sie also zusätzlich als Sperrbereichsnummer in der TK-Anlage eintragen, um die Lücken kleiner zu machen. Tragen Sie entsprechend zusätzlich *010330190*, *010330900* und *010330180* als Sperrnummern ein. Manche Telefonanlagen ermöglichen es, dass einem Anschluss eine Nummer zugewiesen wird, die er als einzige Nummer wählen darf. Da tragen Sie dann die Fallback-Nummer für die Provideranwahl ein und haben somit eine sichere Alternative zur Sperrbereichsnummer. Das funktioniert natürlich nur dann, wenn der Anschluss ausschließlich für Fallback genutzt wird. Dient der Router auch als zentrales Faxgerät, können Sie diese Maßnahme nicht nutzen.

Dialer-Abwehrtools

Auf den Clients in Ihrem Netzwerk sollten Sie eines der vielen kostenlosen Dialer-Abwehrtools installieren. Es gibt solche, die nur die Anwahl unterbinden sollen, und bessere, die auch aktiv nach eingenisteten Dialern suchen und diese eliminieren. Es gibt viele solcher Tools, die bekommen Sie als Share- oder sogar Freeware. Das Funktionsprinzip ist einfach, die Software überwacht die DFÜ-Wählverbindungsschnittstelle des Betriebssystems. Dem Dialer wird bei der Konfiguration mitgeteilt, welche DFÜ-Einwahlnummern gewählt werden dürfen. Alle anderen Anwahlversuche werden verhindert. Die meisten guten Antidialer-Tools bieten weiterhin die Möglichkeit, Dialer zu suchen und zu löschen. Betrachten wir hier ein Programm als Beispiel. Es handelt sich um den 0190-Warner, den Sie als Freewaretool von *http://www.wt-rate.com* herunterladen können.

Installation und Konfiguration sind unspektakulär, wie Sie jetzt sehen werden.

1 Hier, schon in der Installation, beginnt die Einrichtung des 0190-Warners. Gut an diesem Tool ist, dass es auch die ISDN-CAPI-Treiber überwacht. Klicken Sie auf *Weiter*.

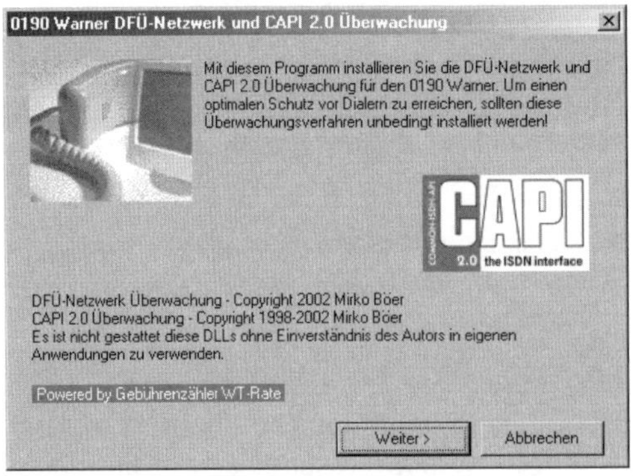

2 Lesen Sie sich diese Erklärungen durch, denn darin wird unter anderem erläutert, dass Ihre bisherigen CAPI-Treiber durch neue spezielle CAPI-Treiber ersetzt werden, die die Schutzfunktionen des 0190-Warners unterstützen.

Klicken Sie dann auf *Weiter*.

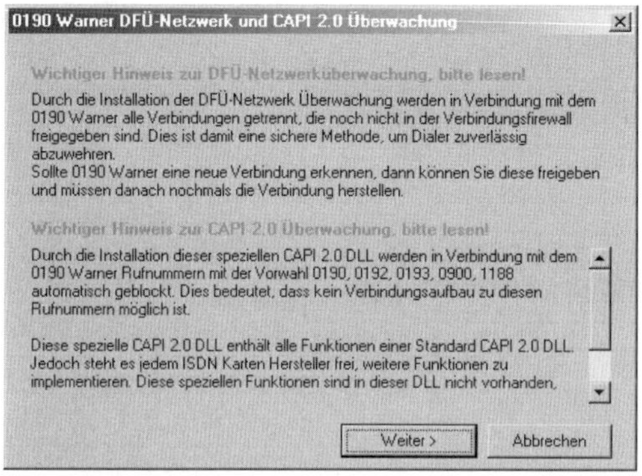

3 Stellen Sie hier ein, welche Verbindungsarten überwacht werden sollen.

Bei einem Router mit ISDN macht es vor allem Sinn, die CAPI-2.0-Überwachung zu installieren, damit ein Zugriff vom Client auf die ISDN-Funktion im Router ermittelt werden kann.

Klicken Sie dann auf *Weiter* und danach auf *Installieren*. Nach der Installation wird das Programm gestartet und eingerichtet.

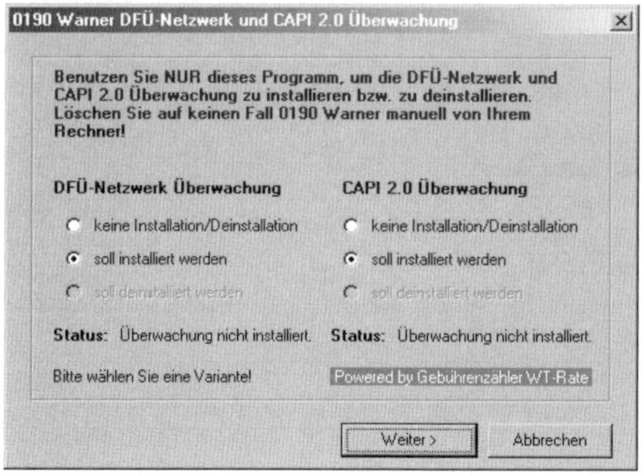

4 Beim ersten Start erscheint diese Abfrage, in der Sie Ihren Provider aus der Liste auswählen.

Die Anwahl dieses Providers wird jetzt von der Prüfung ausgeschlossen und darf ungehindert erfolgen. Sollten Sie mehrere Provider nutzen, dann wählen Sie diese entsprechend aus. Klicken Sie dann auf *Fertig stellen*.

Ist Ihr Provider nicht aufgelistet, klicken Sie ohne Auswahl auf *Fertig stellen*.

Die Zugangsrufnummer Ihres Providers wird dann nämlich an anderer Stelle eingerichtet.

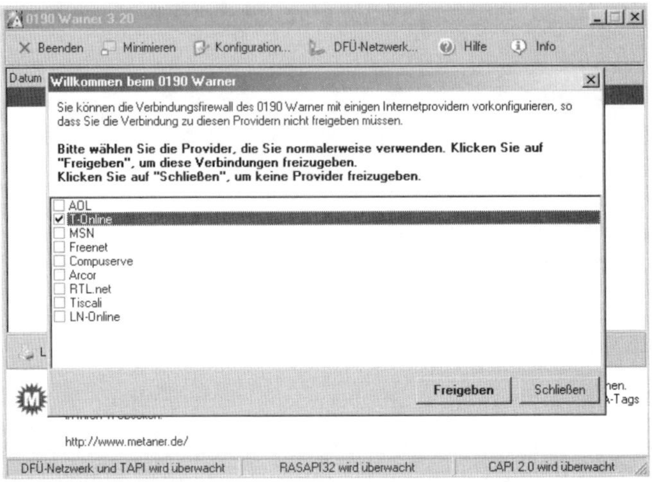

5 Klicken Sie in der Hauptansicht oben auf *Konfiguration* und wählen Sie dann das Register *Optionen*. Die drei ersten Häkchen setzen Sie auf alle Fälle, um einen bestmöglichen Schutz zu haben. Mit der Einstellung *DFÜ-Netzwerk-Verbindungen alle X Sekunden prüfen* können Sie das Tool regelmäßig nach Dialern suchen lassen.

Sie können hier dann noch verschiedene Benachrichtigungsfunktionen einstellen, damit Sie eine Meldung bekommen, sobald ein Dialer eine DFÜ- oder CAPI-Verbindung aufzubauen versucht. Das Häkchen bei *Online-Updates aktivieren* hält den 0190-Warner immer auf dem aktuellsten Stand.

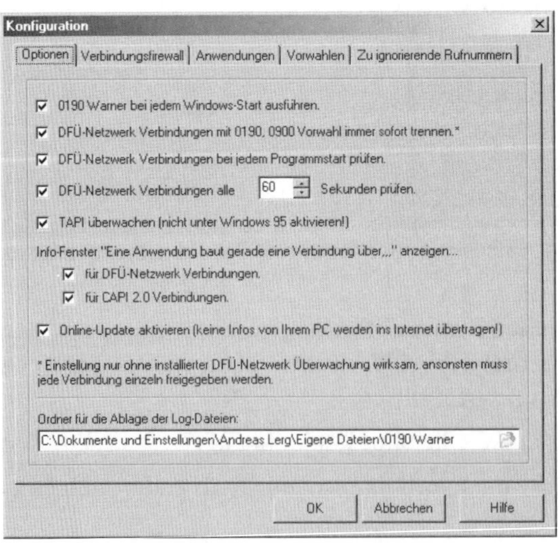

6 Im Register *Verbindungsfirewall* sehen Sie Ihren Provider, den Sie zuvor aus der Liste ausgewählt haben. Wenn Ihr Provider nicht dabei war, können Sie ihn hier einfügen, indem Sie auf *Hinzufügen* klicken und dann in einer Eingabemaske die Anwahlnummer Ihres Providers eintragen und auf *OK* klicken.

Damit wird auch diese Nummer hier einbezogen und in Zukunft vom 0190-Warner als gültige Verbindung akzeptiert.

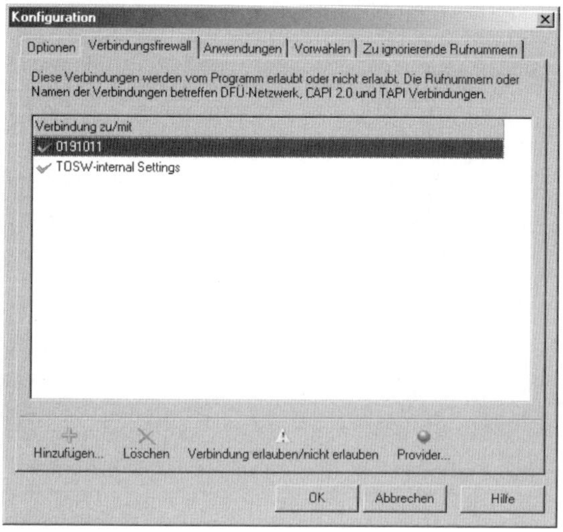

7 Die nächste wichtige Einstellung gilt den *Vorwahlen*. Hier können Sie neben den Vorwahlen, die der 0190-Warner generell prüft, weitere Vorwahlen erfassen.

Das können die 0180 sein oder die „Doppelnull", mit der Auslandsvorwahlen beginnen, denn manche Dialer steuern auch ausländische Nummern an.

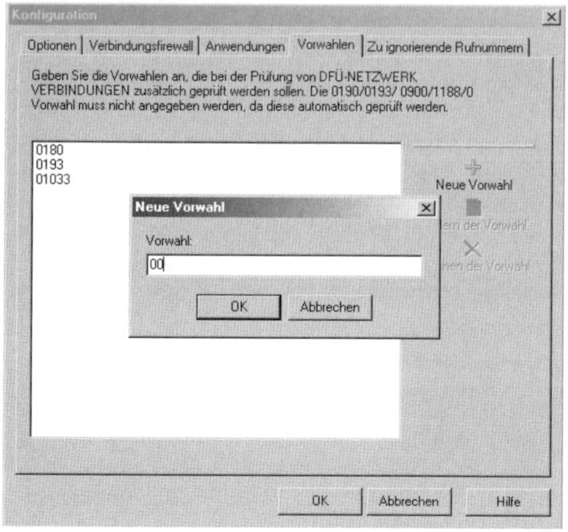

8 Bei *Zu ignorierende Rufnummern* tragen Sie spezielle Rufnummern ein, die der 0190-Dialer nicht blockieren soll, auch wenn sie die Filterkriterien erfüllen.

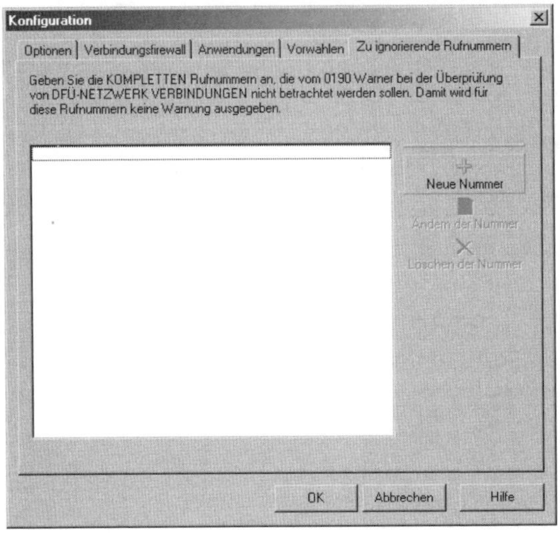

Das ist beispielsweise dann nützlich, wenn Sie von zu Hause aus über eine spezielle Rufnummer das Netzwerk Ihrer Firma anwählen wollen.

Solche spezielle Rufnummern gehören auf diese Liste. Damit ist die Konfiguration des 0190-Warner abgeschlossen.

Dialer-Tools nur bedingt Router-tauglich

Ein solches Dialer-Tool kann für einen Router nicht so effektiv arbeiten wie für einen PC. So wird der eigentliche Schutz nur dann funktionieren, wenn die ISDN-Anwahl über die LAN-CAPI lokal vom Client angestoßen wird und das Dialer-Abwehrtool damit auf dem Client selbst den Wahlvorgang ermitteln kann. Allerdings können Sie Dialer-Killer auch dafür verwenden, die Dialerprogramme unabhängig von Anwahlversuchen aufzuspüren und zu löschen. Damit entdeckt auch das hier vorgestellte Tool einen Dialer nicht erst dann, wenn er eine Wählverbindung aufbaut. Durch das, wie gezeigt, einstellbare Prüfintervall sucht die Software nach dem Vorhandensein von Dialern.

Router-Anwahloptionen gegen Dialer nutzen

Manche Router bieten auch für die Nutzung der integrierten ISDN-Funktion verschiedene Sicherheitsoptionen, die Sie auch nutzen sollen.

Wir wollen diese Funktionen noch einmal beleuchten. Es handelt sich dabei vor allem um den Passwortschutz für den Zugang zu ISDN-Wählfunktionen.

1. Bei der Konfiguration des virtuellen ISDN-Adapters können Sie neben dem Benutzernamen auch ein *Passwort* eintragen.

   Lassen Sie diesen Eintrag leer, kann sich ein Client ohne Passwortschutz auf die ISDN-Funktion aufschalten.

   Deshalb sollten Sie unbedingt ein Passwort eintragen, denn das kann kein Dialer kennen und erst recht nicht an den Router übertragen.

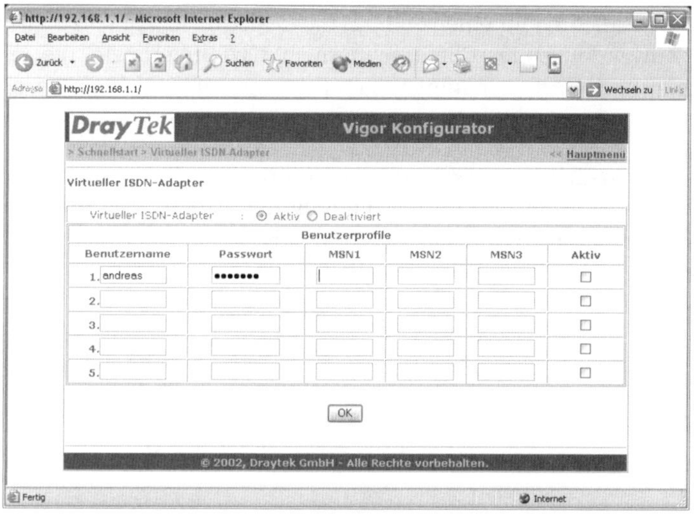

2 Durch die Vorgabe einer zu benutzenden MSN-Nummer bei *MSN1, MSN2* oder *MSN3* können Sie zudem dafür sorgen, dass nur bestimmte MSN-Nummern zur Wahl nach draußen verwendet werden.

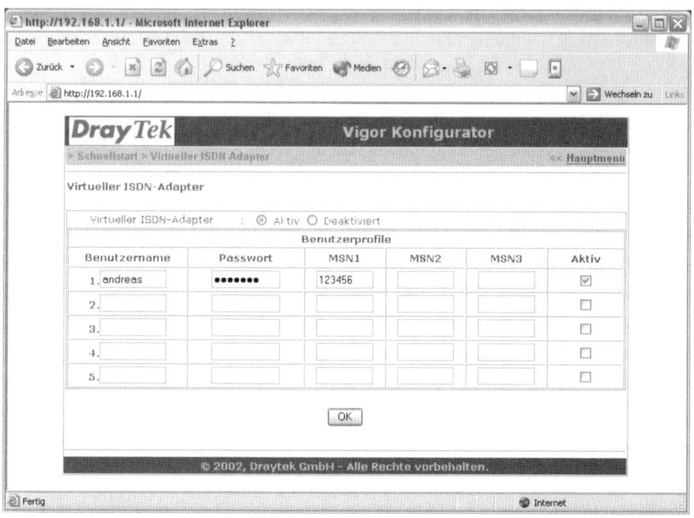

Für diese können Sie dann, wie bereits beschrieben, die Sperrung der 0190- und 0900-Nummern bei der Telekom oder in Ihrer Telefonanlage nutzen.

Diese Hürde, die Anmeldung bei der ISDN-Funktion des Routers mit Benutzername und Passwort, wird kaum ein Dialer schaffen.

Ein guter Router bietet also auch damit einen Schutz, um Dialer unschädlich zu machen. Natürlich müssen die Anwender an den Clientrechnern so diszipliniert sein, die Anmeldung über den virtuellen ISDN-Adapter immer nur dann zu nutzen, wenn sie diesen brauchen.

Wenn der Anwender sich natürlich morgens über den virtuellen ISDN-Adapter in die ISDN-Funktion des Routers einloggt und die Verbindung den ganzen Tag offen stehen lässt, verliert diese Schutzfunktion an Effizienz.

10. Spielen über den Router

Was gibt es Schöneres als coole, actiongeladene PC-Spiele? Natürlich das Zocken über das Internet mit vielen, vielen anderen Gleichgesinnten. Hängt der Gamefreak mit seinem Computer direkt am Internet, ist das Ganze auch kein Problem. Doch vernetzt und über einen Router mit dem Internet verbunden, ist der Weg in die Onlinespielzone oft sehr steinig und voller kleiner Hürden. Aber auch diese kann man bewältigen.

10.1 Onlinegames mit Routern nutzen

Sicherlich, moderne Computerspiele bieten auch dem abgebrühten Zocker dank künstlicher Intelligenz und ausgefeilten Engines würdige virtuelle Gegner. Doch noch viel faszinierender ist es, gegen reale Mitspieler aus Fleisch und Blut anzutreten. Erst das macht die Sache für viele Gamefreaks spannend. Eine Gelegenheit dazu sind die beliebten LAN-Partys. Hier treffen sich Gamefreaks, schleppen ihre Rechner an und vernetzen sich per Hub oder Switch.

Doch eine LAN-Party braucht Organisationsaufwand, denn neben der Terminvereinbarung muss man auch den eigenen Rechner daheim abbauen und vor Ort aufbauen und vernetzen. Daher kann man nicht mal eben ein halbes Stündchen zocken, bevor man wieder zu anderen Beschäftigungen übergeht. Als attraktive „Spielwiese" lockt das Internet, kann man sich im WWW doch mit Dutzenden, ja Hunderten anderen Spielern messen. Onlinegamefreaks schließen sich oft zu Teams den Clans zusammen und treten gegen andere Clans an. Spiele wie Counterstrike haben im Internet weit über 50.000 Spieler, die über das WWW zocken.

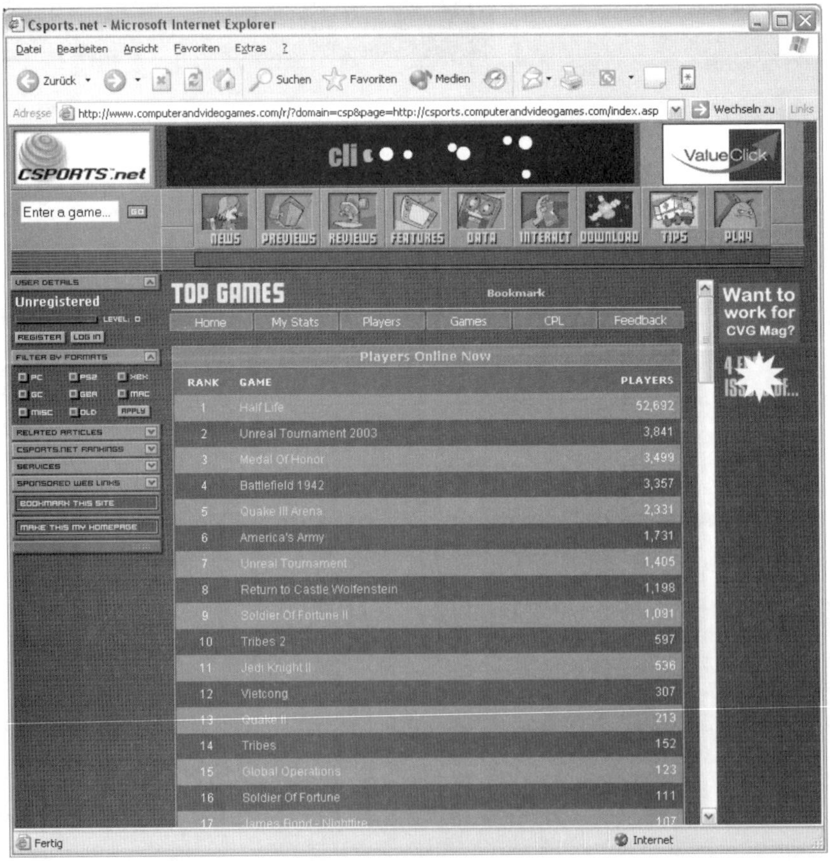

Wenn Sie sich die Statistiken beispielsweise auf http://www.computerandvideogames.com ansehen, finden Sie die Onlinespiele vor allem aus dem Ego-Shooter- und Battle-Bereich an erster Stelle.

Wenn man mit dem eigenen PC direkt am DSL-Nabel der Welt hängt, ist eine Onlinegamesession schnell konfiguriert. Im Prinzip müssen Sie nur die URL oder die IP-Adresse des entsprechenden Gameservers und den Port, über den die Verbindung hergestellt wird, kennen. Die meisten Spiele haben einfach zu bedienende Konfigurationsmenüs, die hier viele Vorgänge, vor allem dass Suchen eines Gameservers und das Einloggen in denselben, automatisieren.

Schnelle Pings sind das A und O für Onlinegames

Um die modernen Onlinegames zu spielen, ist DSL weniger wegen seiner Geschwindigkeit nützlich, sondern vor allem aus Kostengründen. Denn während ISDN- und Modem-Flatrates kaum zu finden sind, bekommen Sie DSL-Flatrates ohne Probleme. Und die werden Sie brauchen, wenn das Spielefieber Sie gepackt hat und Sie stundenlange Webgame-Sessions spielen. Aber auch per ISDN- oder Modem können Sie meist Onlinegames spielen. Noch wichtiger als eine möglichst hohe Bandbreite ist nämlich eine möglichst schnelle Laufzeit der Datenpakete von Ihrem PC zum Server und zurück. Mit anderen Worten, die Ping-Zeiten sollten so kurz wie möglich sein.

Warum Ping-Zeiten noch wichtiger als die Bandbreite sind? Eine berechtigte Frage. Sicher ist die Bandbreite keine Nebensache, aber Onlinegames schieben keine riesigen Datenmengen über das Internet, denn es werden keine Grafiken, Sounds oder gar Videosequenzen übertragen. Das Spiel schickt viel mehr ein Handvoll Parameter an den Server und empfängt andere Parameter. Zu diesen Parametern gehört beispielsweise die Richtung, in die Sie laufen, blicken, zielen und schießen.

Dazu zählen auch Ihre aktuellen Handlungen, Ihre stets aktuelle Position auf dem Spielfeld, der Status und einiges mehr. Der Server generiert aus diesen Parametern das aktuelle Spielgeschehen und liefert seinerseits wieder Parameter zurück, die von der Game-Engine auf Ihrem Rechner in die Darstellung auf Ihrem Monitor verwandelt werden.

Das Spielfeld selbst und alle Aktionen werden von Ihrem lokalen Rechner mittels der vom Server zurückgelieferten Daten generiert. Der Server übernimmt dabei auch die Synchronisation aller an der Session beteiligten Spieler, damit für alle Teilnehmer die Action gleichzeitig abläuft.

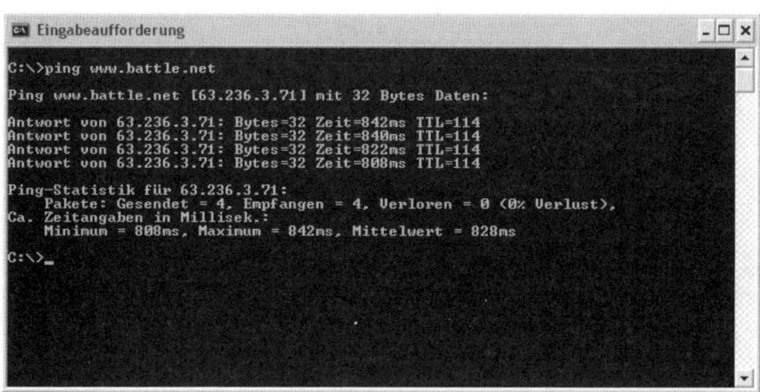

Die Ergebnisse des Ping-Tests sind für Onlinegames wichtig!

Um ein flüssiges Spielerlebnis zu haben, ist es also weniger wichtig, große Datenmengen zu übertragen, sondern kleine Datenmengen möglichst schnell zum Server und zurück zu transportieren. Ist die Ping-Zeit zu groß, dann sind die Datenpakete zu lange unterwegs, um das Spiel noch in Echtzeit oder nahe an Echtzeit laufen zu lassen. Aufgrund der angesprochenen Synchronisation verzögert sich das Spiel für alle, auch wenn nur bei einem Teilnehmer die Ping-Zeiten zu lang sind.

ISDN besser nur bei wenigen Mitspielern

Auch wenn Modem- und vor allem ISDN-Verbindungen noch spieltauglich sind, ist eine Breitbandanbindung wie mit DSL besser. Sobald nämlich viele Spieler an einem Gameserver hängen, erhöht sich die Netzlast für alle Beteiligten. Dann geht eine ISDN-Verbindung schnell in die Knie.

Im schlimmsten Fall entstehen nervige Pausen im Spielfluss, da der Server warten muss, bis alle angebundenen Teilnehmer - oder besser deren PCs - die Daten transferiert haben. Gamefreaks sprechen hier von „Lags" und die Wartezeit wird Latenzzeit genannt. Je kleiner die Ping-Zeit, um so kleiner ist die Latenzzeit und das ist besser für flüssige Spielabläufe.

Auch wenn das Internet den ganzen Globus umspannt, sind kurze geografische Distanzen für kurze Ping-Zeiten günstig. Auf dem Weg vom PC zum Gameserver sollten nicht zu viele Zwischenstationen liegen, daher sollten Sie bei der Ansteuerung eines Gameservers neben den Ping-Zeiten auch die Anzahl der Hops messen. Deshalb sind Gameserver in Deutschland oder Europa denen in den USA oder auf anderen Kontinenten vorzuziehen.

Wie Sie die Ping-Zeit ermitteln, wissen Sie bereits. Sie pingen den Gameserver über dessen URL oder IP-Adresse an. Aber wie kann man die Zahl der Hops messen? Dafür brauchen Sie keine spezielle Software. Der Befehl *tracert*, den Sie in Windows über die Kommandozeile eingeben, liefert die entsprechenden Daten.

Ähnlich wie der Ping-Befehl sieht auch dieser Befehl aus. Dem Befehl folgt die URL oder die IP-Adresse des Ziels: *tracert www.databecker.de*. Das Ergebnis dieser Beispielabfrage sehen Sie hier im Bild.

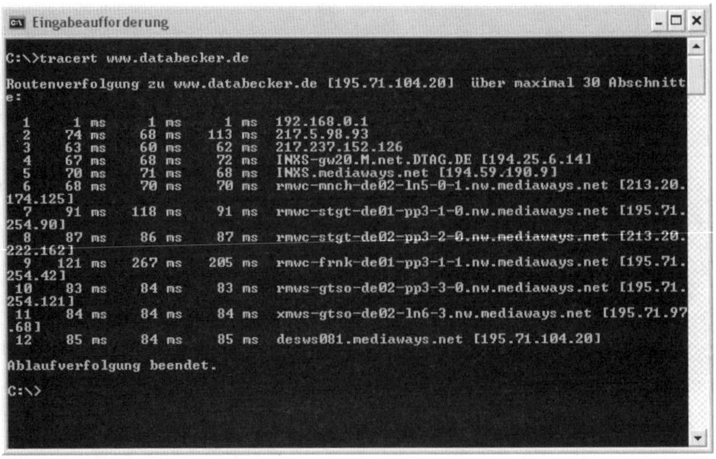

```
Eingabeaufforderung

C:\>tracert www.databecker.de

Routenverfolgung zu www.databecker.de [195.71.104.20]  über maximal 30 Abschnitt
e:

  1     1 ms     1 ms     1 ms  192.168.0.1
  2    74 ms    68 ms   113 ms  217.5.98.93
  3    63 ms    60 ms    62 ms  217.237.152.126
  4    67 ms    68 ms    72 ms  INXS-gw20.M.net.DTAG.DE [194.25.6.14]
  5    70 ms    71 ms    68 ms  INXS.mediaways.net [194.59.190.9]
  6    68 ms    70 ms    70 ms  rmwc-mnch-de02-ln5-0-1.nw.mediaways.net [213.20.
174.125]
  7    91 ms   118 ms    91 ms  rmwc-stgt-de01-pp3-1-0.nw.mediaways.net [195.71.
254.90]
  8    87 ms    86 ms    87 ms  rmwc-stgt-de02-pp3-2-0.nw.mediaways.net [213.20.
222.162]
  9   121 ms   267 ms   205 ms  rmwc-frnk-de01-pp3-1-1.nw.mediaways.net [195.71.
254.42]
 10    83 ms    84 ms    83 ms  rmws-gtso-de02-pp3-3-0.nw.mediaways.net [195.71.
254.121]
 11    84 ms    84 ms    84 ms  xmws-gtso-de02-ln6-3.nw.mediaways.net [195.71.97
.68]
 12    85 ms    84 ms    85 ms  desws081.mediaways.net [195.71.104.20]

Ablaufverfolgung beendet.

C:\>
```

Tracert hat hier zwölf Stationen geliefert. Wie Sie an der Adresse 192.168.0.1 erahnen können, war der eigene Router die erste Station.

Wenn Sie einen Gameserver suchen, sollten Sie also auf kurze Ping-Zeiten und möglichst wenig Hops achten. Es gibt einige Verbindungsarten zum Internet, die nichts für Spiele taugen, aber auch selten verwendet werden. Strato beispielsweise bietet mit SkyDSL eine Satellitenanbindung an das Internet an. Diese kann zwar breitbandig sehr viele Daten schaufeln, doch die Ping-Zeiten sind miserabel, schließlich verlassen die Daten unsere Atmosphäre und werden dann vom Satelliten wieder zurückgestrahlt. Gang und gäbe hierzulande sind mittlerweile DSL-Anbindungen an das Internet. Aber auch DSL kann in Sachen Ping-Zeiten Stolpersteine haben.

DSL mit miesen Ping-Zeiten? Schuld ist Interleaving!

In Sachen Ping-Zeiten ist DSL oft etwas zäh. Das liegt an der Anschlusskonfiguration. Vor allem T-DSL, aber auch viele andere Anschlüsse, sind standardmäßig auf das so genannte Interleaving-Verfahren eingestellt. Dieses Verfahren soll DSL resistenter gegen Störungen machen. Dabei sammelt das DSL-Modem zunächst eine Reihe von Datenpaketen und gruppiert diese für den Versand. Die bessere Stabilität der Übertragung wird mit schlechten Ping-Zeiten erkauft. Das Interleaving findet dabei nur von Ihrem Hausübergabepunkt zum ersten Netzknoten statt, also bis zu dem Punkt, an dem Ihre Leitung in das Netz eingespeist wird. Interleaving wird dabei vor allem dort benötigt, wo diese so genannte letzte Meile sehr lang ist, also eher in ländlichen Gegenden.

Das andere Verbindungsverfahren nennt sich Fastpath. Fastpath bedeutet nichts anderes, als dass auf Interleaving verzichtet wird und die Datenpakete so verschickt werden, wie Sie kommen. Damit sinkt die Fehlertoleranz bei der Übertragung, aber die Ping-Zeiten werden deutlich kürzer. Sie selbst können Ihren Anschluss nicht auf Fastpath umstellen, das muss Ihr Provider machen.

Erkundigen Sie sich also bei Ihrem Zugangsanbieter, ob Fastpath benutzt wird. Wird Interleaving benutzt, sollten Sie fragen, ob eine Umstellung auf Fastpath möglich ist, und diese dann in Auftrag geben. Allerdings kassieren manche Provider für diese harmlose Änderung der Anschlusskonfiguration eine Einrichtungsgebühr oder sogar ganz dreist eine monatliche Zusatzgebühr. Damit genug über das nötige Hintergrundwissen. Widmen wir uns jetzt der Konfiguration des Routers für Onlinegaming

10.2 So machen Sie Ihren Router spieletauglich!

Wie auch beim Filesharing ist für die Nutzung von Onlinegames der „direkte“ Draht zwischen dem PC, auf dem das Spiel läuft, und dem Gameserver nötig. Die Methode ist Ihnen ja mittlerweile bekannt.

Sie müssen ein Portforwarding für den Gameclient in Ihrem Netzwerk einrichten, bei dem der Port oder die Ports, über die Gameserver und Gameclients kommunizieren, auf den PC in Ihrem Netzwerk durchgeschaltet ist.

Aber wie erfahren Sie, welche Ports das sind? Zunächst lohnt sich ein Blick in die Gamesoftware selbst, ob dort in den Hilfedateien oder sogar den Konfigurationsangaben die Ports zu finden sind.

Als Nächstes sollten Sie die Webseiten der Hersteller anschauen. Dort gibt es meist einen FAQ-Bereich oder Newsboards oder Foren, in denen sich die Nutzer gegenseitig helfen. Die gleichen Möglichkeiten bieten auch die vielen Webseiten zu den Spielen, die Sie mit Suchmaschinen finden können. Weiterhin haben die oft privaten Betreiber von Gameservern auch eigene Webseiten, auf denen die nötigen Daten und Angaben zu finden sind. Sobald Sie diese Daten haben, richten Sie, wie in diesem Kapitel bereits dargestellt, das Portforwarding für den Gameclient ein. Hier müssen Sie übrigens meistens für TCP und UDP die Ports freigeben, weil viele Spiele oft beide, und manchmal UDP anstatt TCP, nutzen.

Wo wir gerade von Software-Firewalls sprachen Sie müssen, wenn Sie eine solche einsetzen, auch dafür sorgen, dass sie Ping-Anfragen von Gameservern durchlässt, damit die Latenzzeiten gemessen und Einstellungen optimiert werden können.

Firewall als Portinfo

Trickreich ist es auch, wenn Sie eine Software-Firewall haben. Starten Sie die Onlinesession Ihres Spiels. Die Software-Firewall wird, wenn sie nicht schon für das Spiel geöffnet wurde, eine Alarmmeldung ausgeben und den Port nennen, auf dem Datenpakete abgeschickt werden sollen. Damit erfahren Sie den Port und können mit den meisten Software-Firewalls über eine Assistentenfunktion auch gleich eine Regel erstellen, damit der Transfer künftig zugelassen wird. Sollten Sie mit Ihrem PC direkt am Internet hängen, müssen Sie eine Software-Firewall sowieso für das Spiel einrichten.

Weitere interessante Tools finden Sie z B. unter *http://www.webattack.com/Shareware/network.*

Eine Software-Firewall, wie beispielsweise die bordeigene von Windows XP, ist nicht selten so konfiguriert, dass von außen kommende Pings geblockt werden, um Angriffe abzuwehren.

So schalten Sie diesen Ping-Schutz in der Windows XP-Firewall ab:

1 Öffnen Sie über den *Start*-Schalter oder über einen Doppelklick auf das Netzwerksymbol in der Statusleiste (unten rechts), die Eigenschaften von LAN-Verbindungen.

Klicken Sie auf das Register *Erweitert*.

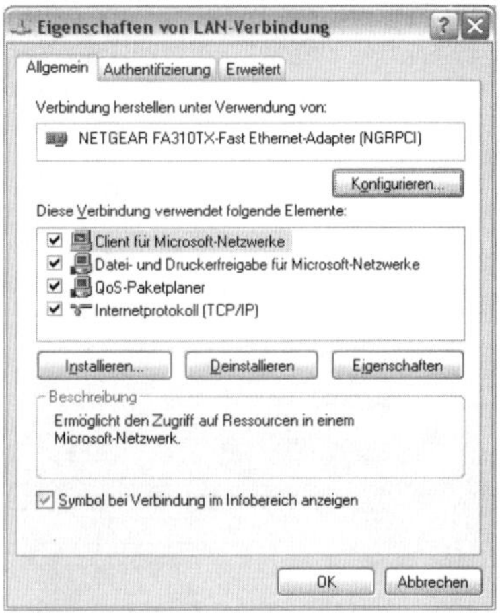

2 Sollte die Firewall noch nicht aktiv sein, setzen Sie das Häkchen.

Dann klicken Sie unten auf den Schalter *Einstellungen*.

3 Hier bei den Diensten können Sie über den Schalter *Hinzufügen* eine Filterregel für Ihre Onlinegames zufügen.

Für den externen Ping aber klicken Sie auf das Register *ICMP*.

4 Damit das von außen eintreffende Ping beantwortet wird, muss bei *Eingehende Echoanforderungen zulassen* ein Häkchen stehen.

Wenn Ihr PC nicht direkt, sondern über ein Netzwerk und einen zentralen Router ins Internet gelangt, dann brauchen Sie eigentlich keine Software-Firewall, sondern können stattdessen die Sicherheitsfeatures des Routers nutzen.

Router mit vorkonfigurierten Game-Einstellungen

Manche Routerhersteller haben bei der Produktion Ihrer Router und Firmware an Gamer gedacht und zumindest rudimentäre Game-Einstellungen vorkonfiguriert.

Hier können diese dann recht einfach aktiviert werden, was wir am Beispiel des D-Link DI 713P kurz zeigen wollen.

1 Zunächst loggen Sie sich in das Webinterface ein, klicken unten auf *Advanced* und dann auf die Funktion *Special AP*, was für Special Applications, also spezielle Anwendungen steht.

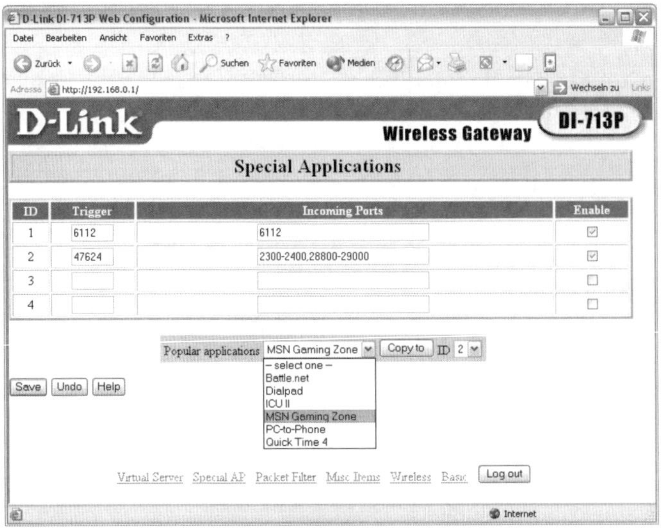

2 Jetzt finden Sie im Dropdown-Menü *Popular applications* bereits zwei Game-Netzwerke, die Sie anwählen und über *Copy to ID* einer der vier möglichen Einstellungen zuweisen können. Es handelt sich zum einen um *Battle.net*, einen Server, auf dem Spiele wie Warcraft oder Starcraft laufen. Und es handelt sich um die *MSN Gaming Zone*. Natürlich könne Sie hier auch eigene Eintragungen vornehmen, indem Sie die Zeilen von Hand mit den entsprechenden Ports ausfüllen.

3 Setzen Sie hinter der Zeile das Häkchen und klicken Sie auf *Save* und danach auf den erscheinenden Schalter *Reboot*, um diese Special Applications zu aktivieren.

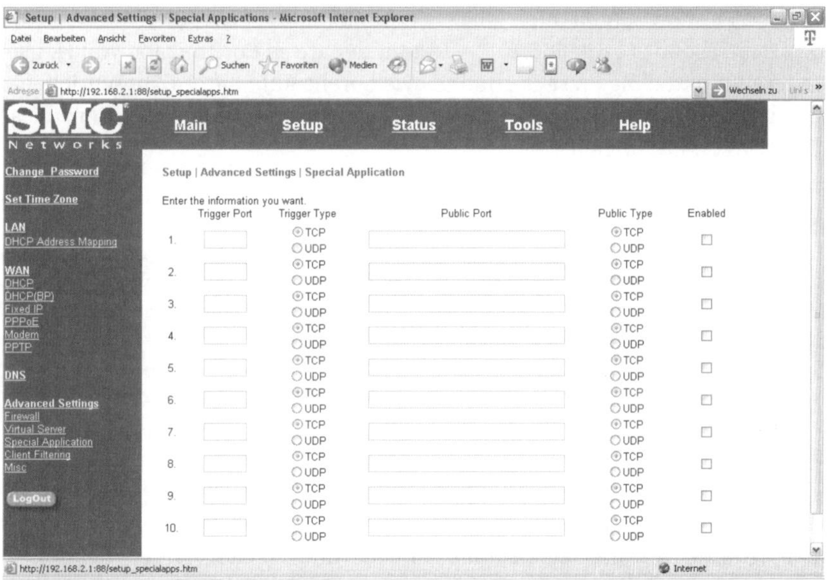

Hier ein weiteres Beispiel für die Einstellung von Special Applications.

Diese Einstellung hat einen Nachteil. Sie kann immer nur von einem Client im Netzwerk genutzt werden. Löst also ein PC über den Trigger-Port die spezielle Applikation aus, dann kann kein anderer Client für die Dauer der Game-Session diese Special Application nutzen und den benötigten Port für von außen eintreffende Pakete öffnen. Mit der Einstellung der MSN Gaming Zone haben Sie auch gleich ein Problem geknackt, dem wir uns jetzt widmen wollen.

10.3 DirectPlay – schwieriger, aber nicht hoffnungsloser Fall

Es gibt Spiele am Markt, die DirectPlay von Microsoft nutzen. Zu diesen Games gehören Titel wie Dungeon Siege, Motocross Madness, MechWarrior 4, Age of Empires II. DirectPlay ist Bestandteil von DirectX. DirectPlay ermöglicht die Netzwerkkommunikation von Spielen über eine standardisierte Programmbibliothek, wodurch die Spielehersteller auf DirectPlay aufsetzen können und die Netzwerkfunktionalität nicht selbst entwickeln und programmieren müssen. Mit DirectPlay wird in der MSN Gaming Zone gespielt. Gerade hinter Routern macht DirectPlay aber Probleme, denn es werden nicht bestimmte, voreingestellte Ports verwendet. Viel mehr wird beim Verbindungsaufbau zwischen PC und Gameserver ein Port aus einem bestimmten Bereich frei gewählt. Daher ist es schwierig, im Voraus ein passendes Portforwarding einzurichten. Es gibt mehrere Möglichkeiten, dieses Problem zu lösen.

Kompletten Portbereich freigeben

Sie können den kompletten Portbereich freigeben, den DirectPlay abdeckt bzw. aus dem dann ein Port gewählt wird. Zu öffnen sind zunächst Port 6667 und dann die Portbereiche 2300 bis 2400 und eventuell auch 28800 bis 29000. Manche Router, wie der im vorigen Absatz beschriebene D-Link DI 713P, unterstützen diese Portfreigabe von Hause aus. Bei allen anderen müssen Sie diese Portrange, wie bereits auf Seite 147 beschrieben, über das Portforwarding öffnen. Wenn Sie diese Portfreigabe durchführen, kann nur dieser eine Client über DirectPlay spielen.

Achtung: Auch Hacker kennen DirectPlay

Nicht nur Game-Freaks kennen die für DirectPlay zu öffnenden Portbereiche. Auch Hacker freuen sich, wenn für DirectPlay ein großer Portbereich über Portforwarding quasi mit heruntergelassener Hose im Internet steht. So mancher Trojaner steuert diesen Portbereich gezielt an, um ihn eventuell als Einflugschneise für Hackerangriffe zu nutzen. Daher sollten Sie diese Portbereiche nur kurz vor dem Spiel öffnen und danach wieder über die Routerkonfiguration dicht machen.

UPnP nutzen

Microsoft hat einen Standard namens **U**niversal **P**lug a**n**d **P**lay (UPnP) entwickelt, der für DirectPlay zum Einsatz kommen kann. UPnP kann die Konfiguration von Routern, Paketfiltern und Software-Firewalls selbstständig ändern und so den gerade benötigten DirectPlay-Port automatisch freischalten. UPnP erlaubt dabei im Wesentlichen die Freischaltung der benötigten Ports von außen. Die in Windows ME und XP serienmäßig vorhandene Internetverbindungsfreigabe (ICS) ist UPnP-fähig. Außerdem gibt es auch einige Breitbandrouter, die UPnP unterstützen.

Achtung: UPnP birgt ebenfalls Risiken

So wie Spielehersteller eine UPnP-Funktionalität in ihre Spiele einbauen, um eine ferngesteuerte Portöffnung zu realisieren, so können auch Hacker diese Funktionalität ansteuern, um sie für Angriffe auf Netzwerke und Clients hinter Routern zu nutzen. Wenn Sie UPnP überhaupt nutzen, dann gilt abermals dasselbe wie für geöffnete Portranges. Nur dann aktivieren, wenn es zum Spielen gebraucht wird, und danach sofort abschalten.

UPnP bietet einen wesentlichen Vorteil. Während beim Portforwarding an einen Client auch nur dieser eine Client online spielen kann, ermöglicht UPnP allen Clients im Netz, den Gameserver zu erreichen. Die Einrichtung von UPnP unter der Internetverbindungsfreigabe, beispielsweise bei Windows XP, ist simpel. Natürlich gilt hier die Voraussetzung, dass nicht ein Hardwarerouter das Netz online bringt, sondern dieser Rechner über seine Internetverbindungsfreigabe als Router dient.

1 Öffnen Sie die *Netzwerkverbindungen* über den *Start*-Schalter.

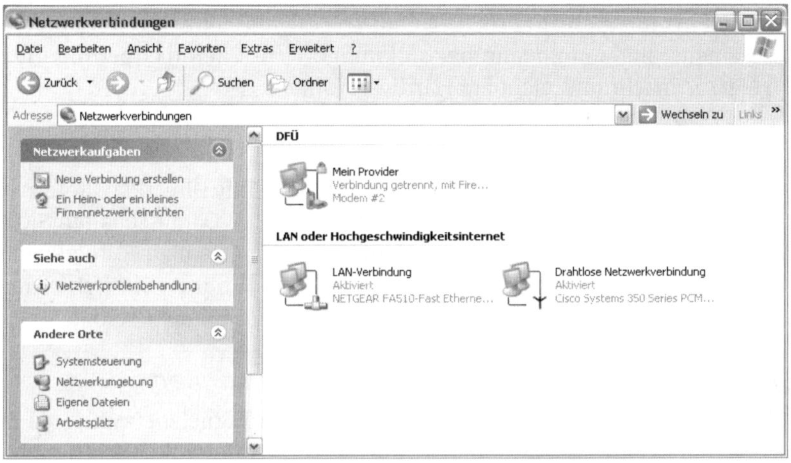

Klicken Sie Ihre DFÜ-Verbindung mit der rechten Maustaste an und klicken Sie in dem erscheinenden Kontextmenü auf *Eigenschaften*.

2 Hier klicken Sie jetzt auf das letzte Register *Erweitert*.

3 Setzen Sie jetzt ein Häkchen bei *Anderen Benutzern im Netzwerk gestatten, die gemeinsame Nutzung der Internetverbindung zu steuern oder zu deaktivieren.*

Damit haben Sie UPnP für diese Internetverbindungsfreigabe aktiviert. Wie bereits erwähnt gilt diese Einstellung dann, wenn der so konfigurierte Clientrechner die Internetanbindung des Netzes macht und nicht ein Hardwarerouter.

DMZ einrichten

Wie in Kapitel 4.5 schon dargestellt, können Sie den PC, der mit DirectPlay-Spielen online gehen soll, auch zur **Dem**ilitarisierten **Z**one (DMZ) machen. Damit schalten Sie allerdings die gesamten Schutzfunktionen Ihres Routers für diesen Client ab. DirectPlay funktioniert dann zwar, aber was das für die Sicherheit bedeutet, können Sie sich sicherlich vorstellen. Daher gilt hier erst recht: DMZ nur für die Dauer der Game-Session!

Mehrere Clients sollen hinter dem Router spielen können

Portforwarding ermöglicht nur einem Client den Zugang zum Spielenetzwerk, da ja der gesamte von DirectPlay genutzte Portbereich gefordwardet werden muss. Mit mehreren Clients online DirectPlay-Spiele zocken geht nicht? Geht doch! Ein kleines kostenloses Softwaretool namens DXPort macht es möglich. Das Grundprinzip ist eigentlich recht simpel. Auf jedem Client wird DXPort installiert. Dort erzwingt es, dass nicht der gesamte Portbereich für das Spiel benutzt wird, sondern nur ein Teil davon. Damit weist man jedem Client eine eigene „Portion" aus der DirectPlay-Portrange zu. Dann wird im Portforwarding des Routers für jeden Client genau diese Portion an Ports freigegeben. Dann können die einzelnen PCs hinter dem Router doch alle einen Gameserver unter DirectPlay nutzen. Das folgende Schema verdeutlicht das.

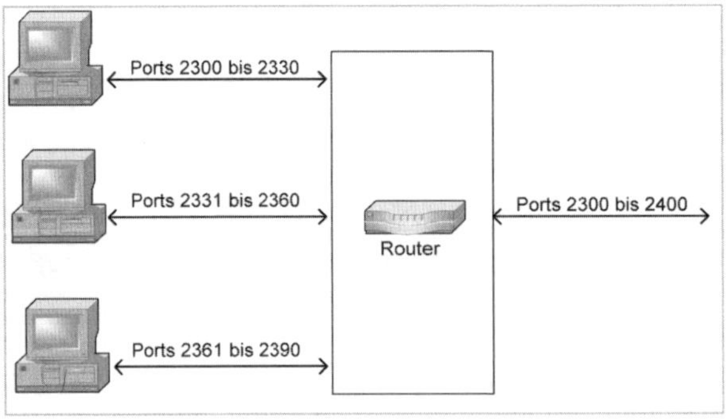

Hier im Schema sollen drei Clients über den Router online spielen können. Also haben wir die gesamte Portrange in drei etwa gleich große Happen aufgeteilt. Wenn mehr Clients im Netz spielen sollen, werden die Happen natürlich kleiner. Um das Ganze zu planen, sollten Sie sich vielleicht eine kleine Tabelle machen, um die Portvergabe übersichtlicher zu planen.

DXPort-Zuweisung	Portforwarding auf dem Router
Client 1 2300-2320	192.168.0.10 - 2300-2320
Client 2 2321-2340	192.168.0.11 - 2321-2340
Client 3 2341-2360	192.168.0.12 - 2341-2360
Client 4 2361-2380	192.168.0.13 - 2361-2380
Client 5 2381-2400	192.168.0.14 - 2381-2400

Jetzt geht es an die Konfiguration der Clients und des Portforwardings auf dem Router. Das Tool DXPort bekommen Sie auf der Webseite *http://www.puffinsoft.com*. Die Datei ist sehr klein (unter 50 KByte) und schnell geladen. Nach dem Download entpacken Sie die Datei mit WinZip oder einem vergleichbaren Tool in einen Ordner Ihrer Wahl. Wählen Sie nicht, entpackt DXPort sich in den Ordner *C:/Program Files/DXport*.

Sie starten das Tool, indem Sie die Datei *DXport.exe* in dem Ordner aufrufen.

1 Beim Start des Tools, das während Ihrer Game-Session minimiert in der Statusleiste weiterlaufen muss, um die erzwungene Portvergabe zu realisieren, sind noch keine Eintragungen vorhanden.

Tragen Sie *Start Port* und *End Port* von Hand ein ...

2 ... und klicken Sie auf den Schalter *Update*. Jetzt wird dieser Bereich übernommen und sofort überprüft.

Sollte einer der Ports belegt sein, wird das in der Liste angezeigt. Solange das Spiel noch nicht läuft, sollte überall *Available* stehen.

Später, während des Spiels, sehen Sie dann, welcher Port tatsächlich benutzt wird.

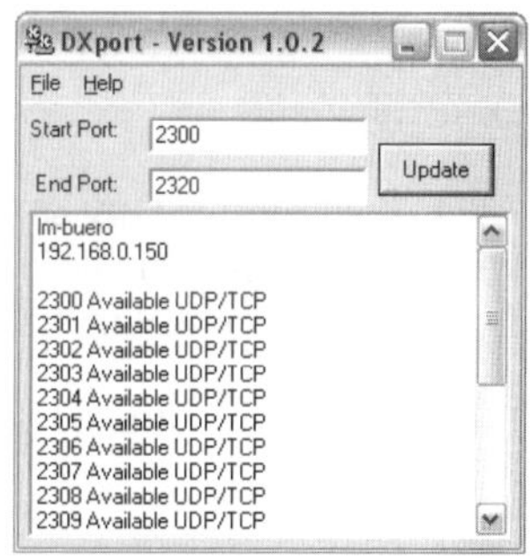

3 Anstatt die Ports von Hand einzutragen, können Sie im Dropdown-Menü *File* unter *Port Range* auch Voreinstellungen für zehn „Häppchen" der Portrange nutzen.

4 Minimieren Sie das Tool, sodass das Programmsymbol noch in der Statusleiste zu sehen ist.

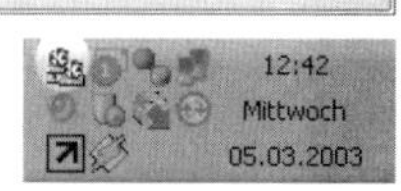

5 Jetzt wiederholen Sie diesen Vorgang auf jedem Client und weisen dabei jeweils ein anderes Häppchen aus der DirectPlay-Portrange zu! Ist das erledigt, haben Sie nur noch das Portforwarding auf dem Router zu konfigurieren.

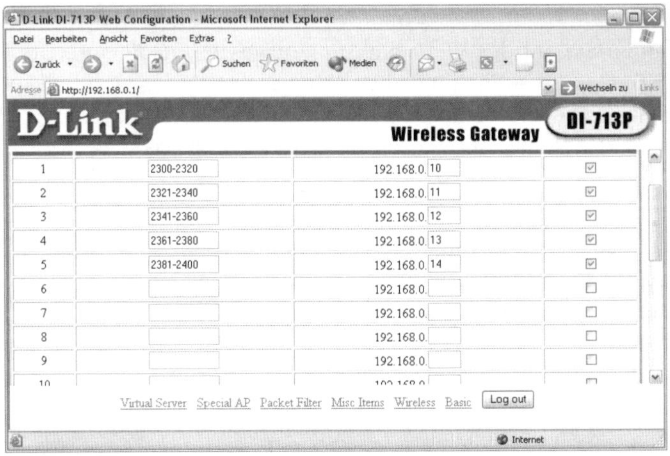

6 Das Portforwarding richten Sie jetzt wie schon besprochen ein. Weisen Sie gemäß Ihrer Tabelle jeder IP-Adresse der Clients die reservierte Portrange zu.

Jetzt können mehrere Clients hinter dem Router trotz NAT die MSN Gaming Zone über DirectPlay nutzen.

Auch hier sei als Tipp erwähnt, dass Sie nach der Game-Session die Portweiterleitung wieder deaktivieren, indem Sie beispielsweise in dem oben gezeigten Konfigurationsfenster die grünen Häkchen bei *Enable* löschen.

Für die nächste Game-Session reicht es, diese Häkchen wieder zu setzen.

11. Der geregelte Zugriff von außen

Nach den letzten Kapiteln sind Sie in der Lage, einen Hardwarerouter so zu konfigurieren, dass Sie mit allen Clients die wichtigsten Internetfunktionen nutzen können.
In diesem Kapitel möchten wir Ihnen die Möglichkeiten, das Netzwerk von außen erreichbar zu machen, näher bringen. Dabei gilt es, in erster Linie die Sicherheit nicht zu vernachlässigen und sehr genau zu kontrollieren, was man eigentlich gerade freigibt. Im Allgemeinen gilt, dass Sie nur freigeben sollten, was Sie tatsächlich benötigen.

Quelle: BinTec

11.1 FTP- und HTTP-Server

In Zeiten von DSL und Flatrates sind Webserver, die in einem Privathaushalt beheimatet sind, keine Seltenheit mehr. So ist es in einigen Communitys schon fast eine Ehrenfrage, einen eigenen Saugserver anzubieten.

Die wichtigsten Protokolle sind dabei zweifelsohne HTTP und FTP. HTTP ist eigentlich für die Übertragung von Textdateien entworfen, wird aber mittlerweile praktisch für alles verwendet, von der einfachen Textseite bis hin zu DivX-Filmen.

Jedoch erfreut sich auch das für Dateitransfer ausgelegte **F**ile **T**ransfer **P**rotocol (FTP) weiterhin großer Beliebtheit bei den „Saugern".

Ein Router allein reicht freilich nicht aus, um einen HTTP- und FTP-Server zu betreiben. Sie brauchen einen PC, der als Server fungiert. Im Idealfall ist das ein PC, der nur als Server genutzt wird und den ganzen Tag laufen kann.

Natürlich können Sie auch ihren Desktop-PC als Server verwenden, allerdings müssen Sie dann Rechenleistung und Speicherplatz mit der Serversoftware teilen.

Haben Sie einen separaten PC als Server ausgewählt, müssen Sie sich für ein Betriebssystem entscheiden, das später auf dem Rechner laufen soll. Wenn Sie keinerlei Erfahrungen mit alternativen Systemen wie UNIX oder *BSD haben, sollten Sie das Ihnen bekannte Windows einsetzen. Wenn sie genügend Zeit und Lust haben, lohnt es sich allerdings auch, sich in eine der Alternativen einzuarbeiten und so einen schnelleren, stabileren und vor allem sichereren Server zu erhalten.

Wir beschränken uns hier auf die Einrichtung eines einfachen FTP- und HTTP-Servers unter Windows. Dabei kommt der systemeigene **I**nternet **I**nformation **S**erver (IIS) zum Einsatz, der Windows 2000 sowie Windows XP ab der Professional-Version beiliegt.

Die Windows XP Home Edition eignet sich nur sehr eingeschränkt als Webserver, da ihr wichtige Netzwerkfunktionen fehlen und Sie immer auf einen externen Hersteller für die Serversoftware zurückgreifen müssen.

Unter Windows 2000 sowie XP finden Sie alle benötigte Software bereits im Lieferumfang, Sie müssen sie allerdings unter Umständen noch installieren.

Folgen Sie der folgenden Anleitung, um sicherzustellen, dass der IIS installiert ist.

1 Öffnen Sie die Systemsteuerung, wählen Sie den Punkt *Software* und starten Sie ihn mit einem Doppelklick. Die Softwareverwaltung von Windows startet.

   Innerhalb des erschienen Fensters müssen Sie den Punkt *Windows Komponenten hinzufügen/entfernen* auswählen.

   Es erscheint ein weiteres Fenster, in dem Sie die einzelnen Komponenten auswählen können. Stellen Sie sicher, dass die *Internet-Informationsdienste* aktiviert sind.

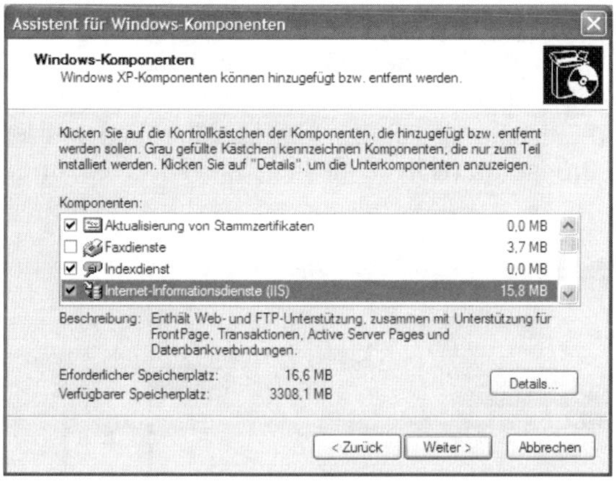

2 Klicken Sie auf den Eintrag *Internet-Informationsdienste* und direkt im Anschluss auf die Schaltfläche *Details*. Im erscheinenden Fenster prüfen Sie, ob der Punkt *FTP-Dienst* aktiviert ist. Dieser Eintrag ist unbedingt notwendig, um einen FTP-Server aussetzen zu können.

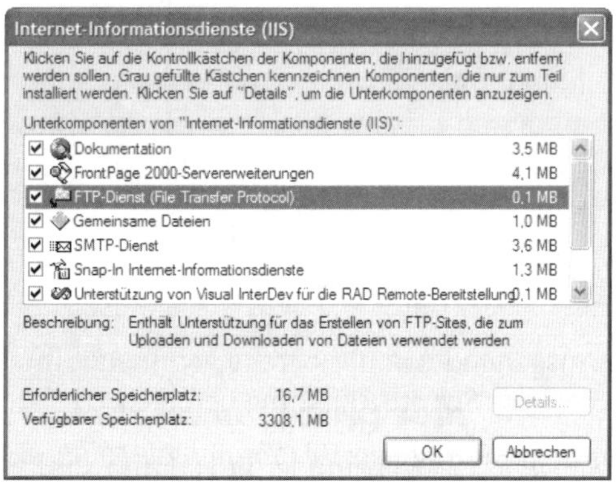

3 Bestätigen Sie mit *OK* und klicken im *Assitent für Windows-Komponenten* auf *Weiter*. Der Assistent beginnt mit der Installation des IIS und wird Sie nach der Windows-CD fragen, die Sie anschließend einlegen müssen.

Wenn der IIS auf dem System installiert wurde, können Sie mit der eigentlichen Konfiguration beginnen. Für den Betrieb eines ganz einfachen FTP- und HTTP-Servers ohne weitere Optionen, die zum Beispiel erhöhter Sicherheit dienen, genügt es, dem Server mitzuteilen, in welchem Verzeichnis er die FTP- sowie die HTTP-Daten ablegen soll. Sie sollten dafür ein eigenes Verzeichnis anlegen, in dem ausschließlich Dateien liegen, die Sie auch wirklich anderen Nutzern zugänglich machen möchten. Noch besser ist es, wenn Sie für die Server eine eigene Partition oder sogar Festplatte bereitstellen, damit die Daten keinesfalls mit Ihrem System kollidieren können. Um den Server nun zu konfigurieren, müssen Sie in der Systemsteuerung den Punkt *Verwaltung* auswählen. In der *Verwaltung* finden Sie einen Eintrag *Internet-Informationsdienste*. Wie der Name schon erahnen lässst, können Sie dort den IIS konfigurieren. Der IIS legt automatisch eine *Standardwebseite* sowie eine *Standard FTP-Seite* an. Sie können optional weitere anlegen, was Sie aber in der Regel nicht brauchen, da Sie mit einem Speicherort auskommen sollten. Allerdings gilt es, auch die Standardeinträge an Ihre persönlichen Bedürfnisse anzupassen. Starten Sie dazu das Konfigurationswerkzeug für die Internet-Informationsdienste aus der Verwaltung. Das erscheinende Fenster sieht auf den ersten Blick etwas verwirrend aus, da es eher dem Explorer als den bekannten Einstellungsdialogen gleicht. Allerdings werden Sie schnell feststellen, dass Sie mit dem Programm recht schnell ans Ziel kommen, ohne viel lernen zu müssen.

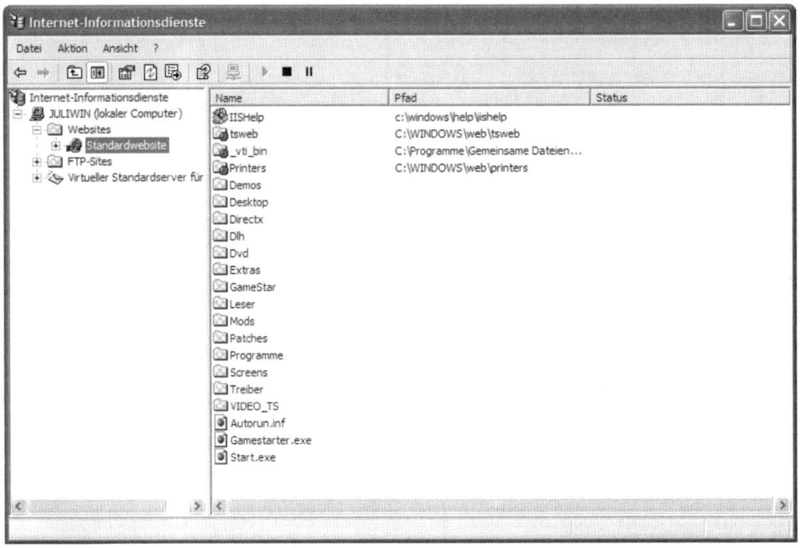

Das Verwaltungswerkzeug für die Internet-Informationsdienste.

FTP-Server auf Basis des IIS einrichten

Beginnen wir mit der FTP-Konfiguration. Ausgehend von der bereits geöffneten Internet-Informationsdienste-Verwaltung können Sie diese Schritt-Anleitung befolgen:

1 Navigieren Sie in der linken Spalte zu dem Eintrag *lokaler Computer/FTP-Sites/Standard-FTP-Site* und klicken Sie mit der rechten Maustaste auf *Standard-FTP-Site*. Wählen Sie den Punkt *Eigenschaften* im erscheinenden Kontextmenü.

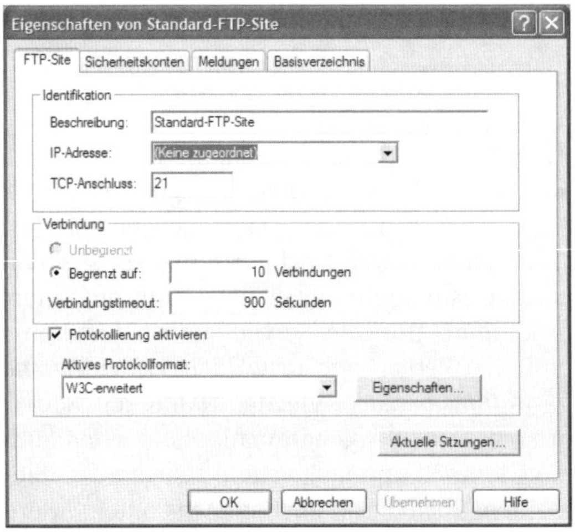

2 Als Beschreibung können Sie einen beliebigen, möglichst aussagekräftigen Text über Ihren FTP-Server, zum Beispiel *Meine Filme* oder ähnlich, angeben. Das Feld *IP-Adresse* bietet Ihnen die Möglichkeit, den Server auf einzelne Netzwerkverbindungen zu beschränken, wenn Ihr PC über mehrere verfügt. So können Sie den Server nur für das lokale Netzwerk zugänglich machen.

Die Professional-Versionen von Windows 2000 sowie XP unterstützen maximal zehn gleichzeitige Verbindungen zum Server, daher ist die Option *Unbegrenzt* dort deaktiviert. Die Option zur Protokollierung ermöglicht es Ihnen, Log-Files zu erstellen, mit denen Sie später analysieren können, wer wann was und wie viel von Ihrem Server heruntergeladen hat.

Als Format sollten Sie immer das standardmäßig eingestellte *W3C-erweitert*-Format verwenden, da es mittlerweile quasi Standard ist und von zahlreichen Programmen zur Analyse unterstützt wird.

3 Im Abschnitt *Sicherheitskonten* können Sie den anonymen Zugang an- und ausschalten.

Wenn Sie den Server als öffentlichen „Saugserver“ verwenden möchten, sollten Sie den anonymen Zugang aktivieren.

Soll der Server lediglich für bestimmte Personen zugänglich sein, schalten Sie den anonymen Zugang unbedingt ab.

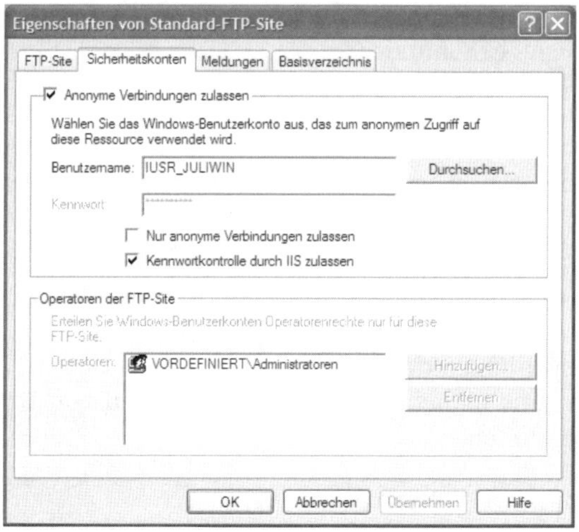

4 Der Punkt *Basisverzeichnis* ist der bereits angesprochene Eintrag zum Einstellen des Datenverzeichnisses, das der FTP-Server verwendet.

Wählen Sie hier das Verzeichnis bzw. die Festplatte, von der der FTP-Server die Daten auslesen soll.

Außerdem können Sie in diesem Abschnitt die grundlegenden Rechte einstellen.

Beachten Sie, dass Ihr Server durchaus als „Zwischenablage“ für illegale Inhalte verwendet werden kann, wenn Sie anonymen Schreibzugriff zulassen.

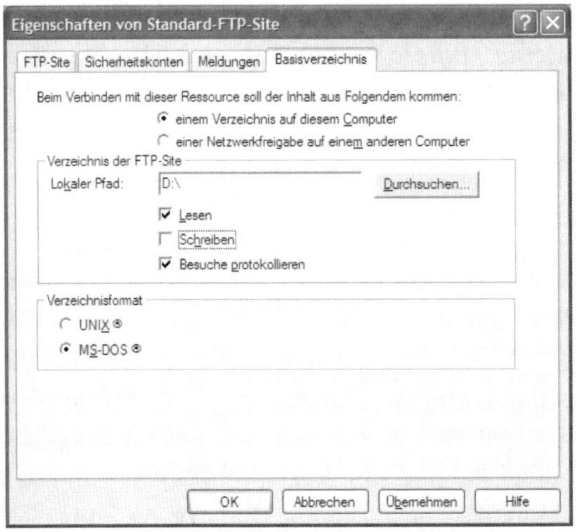

Damit ist die Konfiguration des FTP-Servers bereits abgeschlossen. Stellen Sie sicher, dass der Server läuft, indem Sie auf den kleinen Pfeil in der Symbolleiste des Verwaltungswerkzeugs klicken, während der Eintrag *Standard-FTP-Site* ausgewählt ist.

Um Ihren FTP-Server nun zu testen, öffnen Sie den Webbrowser oder einen beliebigen FTP-Client und öffnen die Adresse *ftp://localhost/*. Wenn Sie den anonymen Zugang deaktiviert haben, werden Sie zuerst nach Ihren Benutzerdaten gefragt, bevor Sie dann den Inhalt Ihres Basisverzeichnisses aufgelistet bekommen.

Ist der anonyme Zugriff aktiviert, entfällt die Abfrage der Benutzerdaten, bzw. Sie müssen als Benutzernamen „anonymouse" angeben. Sollte das nicht funktionieren prüfen Sie nocheinmal, ob der Server tatsächlich gestartet wurde und ob Sie das Basisverzeichnis korrekt ausgewählt haben.

HTTP-Server einrichten

Als Nächstes wird ein HTTP-Server eingerichtet, der es ermöglicht, auf die Dateien auch über das HTTP-Protokoll zuzugreifen, was manchmal recht nützlich ist, da im Betrieb mit FTP immer mal wieder Probleme auftreten.

Dabei gehen Sie sehr ähnlich wie zuvor beim FTP-Server vor.

1. Öffnen Sie wieder die Internet-Informationsdienste-Verwaltung. Navigieren Sie dieses Mal zu dem Eintrag *Standardwebsite* in der Kategorie *Websites*. Klicken Sie ihn mit der rechten Maustaste an und öffnen Sie den Eintrag *Eigenschaften*. Die erste Registerkarte gleicht der des FTP-Servers und braucht nicht näher erläutert zu werden.
2. Im Abschnitt *Basisverzeichnis* finden Sie beim HTTP-Server einige zusätzliche Optionen, die beim FTP-Server nicht vorhanden sind. Die Option *Skriptzugriff* legt fest, ob Skripts, also Miniprogramme, die zum Beispiel dem dynamischen Generieren von Webseiten dienen können, ausgeführt werden dürfen. Wenn Ihr Server als öffentlicher Saugserver dient, sollten Sie diese Option dringend ausstellen, um Ihr System vor unerwünschten Angriffen zu schützen. Die Optionen der Protokollierung sind auch etwas anders verpackt. Sie haben lediglich eine Option, um sie zu aktivieren

bzw. zu deaktivieren. Das Format kann hier nicht gewählt werden, was aber nicht weiter tragisch ist, da das verwendete Format von praktisch allen Log-File-Analyse-programmen unterstützt wird.

Zusätzlich gibt es so genannte Anwendungseinstellungen. Der IIS betrachtet jede Webseite als eine eigene „Anwendung", die mit verschiedenen Rechten ausgeführt werden kann. In der Grafik sind die Ausführberechtigungen auf *Keine* gesetzt, was verhindert, dass durch den Webserver Programme auf Ihrem Server ausgeführt werden können. Wenn Sie nicht sicher sind, ob Sie Ausführberechtigungen vergeben müssen, sollten Sie diese immer ausstellen, um Sicherheitslücken zu vermeiden.

3 Anschließend müssen Sie noch den Server starten. Das geschieht ebenso wie beim FTP-Server durch Klicken auf den Pfeil in der Symbolleiste bei ausgewählter *Standardwebsite*.

Alle weiteren Einstellungen können Sie vorerst so lassen, wie sie automatisch eingestellt werden. Eine Erklärung dieser Funktionen würde den Rahmen des Buches deutlich sprengen, sodass wir hier darauf verzichten müssen.

Zum Testen des HTTP-Servers gehen Sie wie beim Test des FTP-Servers vor, abgesehen davon, dass Sie nicht auf *ftp://localhost/*, sondern auf *http://localhost/* zugreifen. Sollte der Zugang nicht funktionieren, prüfen Sie auch hier, ob der Server gestartet und das Basisverzeichnis korrekt eingestellt wurde.

11.2 Portforwards für den Server einrichten

Nachdem HTTP- sowie FTP-Server eingerichet sind, müssen nun die Portforwards eingerichtet werden, damit von außerhalb auf den Server zugegriffen werden kann. Zusätzlich zum HTTP- und FTP-Server berücksichtigen wir auch eventuell vorhandene SSH- und Telnet-Dienste.

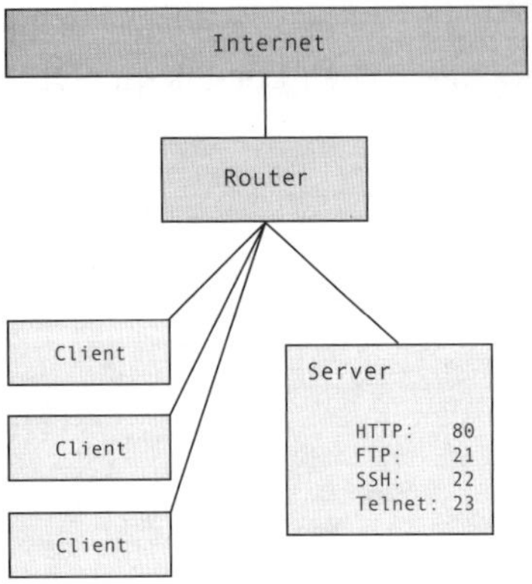

Typische Netzwerkkonfiguration, die Portforwardings erfordert.

Die Clients sind für uns vorerst unwichtig. Entscheidend sind erst einmal nur der Router sowie der Server, der dahinter angebunden werden soll. Den FTP- sowie HTTP-Dienst des Servers haben Sie im vorherigen Abschnitt konfiguriert.

Telnet und SSH beschreiben wir hier nicht näher, wenn Sie keinen solchen Server betreiben möchten, können Sie die Einstellungen bezüglich SSH und Telnet ignorieren.

Der Router sollte bereits so weit funktionsfähig sein, dass Sie von den Clients im Internet surfen können und lediglich die Konfiguration der Zugriffsrechte von außen zum Abschluss der Konfiguration fehlt.

Um für die gewünschten Dienste erreichbar zu sein, müssen Pakete an die Ports 80, 21, 22 sowie 23 an den Server weitergeleitet werden. Zu Beginn werden wir alle ankommenden Pakete ohne zusätzliche Filter weiterleiten.

Das sollte von allen Routern problemlos unterstützt werden. Anschließend werden wir den Zugriff auf SSH und Telnet zusätzlich beschränken, um die Sicherheit zusätzlich zu erhöhen.

Leider sind Portforwards bei den verschiedenen Routern unter vielen unterschiedlichen Bezeichnungen anzutreffen und müssen oftmals auch unterschiedlich konfiguriert werden.

Auch die Möglichkeiten der Rechtekonfiguration unterscheidet sich von Router zu Router recht erheblich.

In dem Webinterface der D-Link-Router, finden Sie die Konfiguration von Portforwards im Abschnitt *Advanced Settings* und *Virtual Server Settings*.

Für die grundlegende Konfiguration genügt es, die IP des Servers sowie den zu verwendenden Port zu kennen.

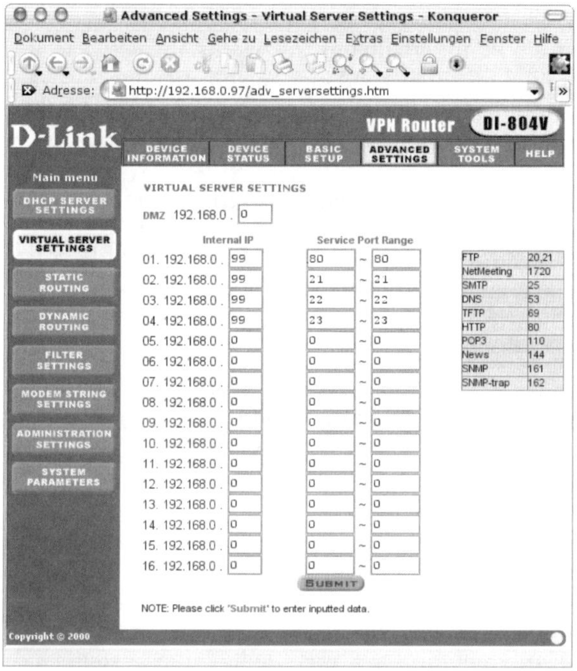

Portforwarding-Konfiguration eines D-Link-Routers per Webinterface im Konqueror.

Die ersten vier Abschnitte der internen IP-Adresse, an die die Pakete weitergeleitet werden sollen, können nicht verändert werden und werden im Interface entsprechend der Routerkonfiguration angezeigt.

In den meisten Fällen ist das kein Problem, da die IPs innerhalb eines Netzwerks in der Regel nur im letzten Segment unterschiedlich sein sollten, außer wenn das Netzwerk aus mehr als 255 Computern besteht. (In diesem Fall würde das Netzwerk allerdings besser mit einem leistungsfähigeren Router angebunden).

Wenn Sie jedoch trotzdem Ports an einen Rechner mit einer anderen IP weiterleiten möchten, bleibt Ihnen nichts anderes übrig, als entweder die IP des betreffenden Computers oder die des Routers zu ändern. Das D-Link-Interface akzeptiert keine einzelnen Ports als Angaben, sondern erwartet die Angabe einer Port Range, also eines Portbereichs.

In unserem Fall sollen aber lediglich einzelne nicht zusammenhängende Ports weitergeleitet werden. Natürlich geht auch das, Sie müssen dazu lediglich sowohl als Anfangs- als auch als Endport denselben Port angeben.

11.3 Dynamische IP-Adressen

Sie haben bereits einiges über DynDNS-Dienste gelernt, Sie haben auch gelernt, wie Sie einen solchen Dienst einsetzen, wenn Ihr Router einen DynDNS-Dienst direkt unterstützt.

Viele Router verfügen aber nicht über diese Funktionalität, sodass Sie die IP-Adresse anders aktualisieren müssen. Dafür muss ein PC innerhalb des Netzwerks, idealerweise der Server, auf den Sie hauptsächlich zugreifen möchten, mit einer entsprechenden Software ausgestattet werden. Passende Software bieten praktisch alle Anbieter von Haus aus sowohl für Windows als auch für Linux und UNIX sowie teilweise auch für MacOS an.

Damit die IP aktualisiert wird, muss der entsprechende Rechner natürlich immer an sein.

Wenn es sich um einen Server handelt, der von außen erreichbar sein soll, würde er das vermutlich sowieso sein, sodass dies kein großes Problem darstellen sollte. Die nachfolgende Liste enthält die bekanntesten Dienste, die von diversen Routern bereits von Haus aus unterstützt werden.

Name, Adresse	Windows-Client	Linux-Client	MacOS-Client	Preis
ddns.nu, *http://www.ddns.nu*	Ja	Ja	Nein	Kostenlos
DHS, *http://www.dhs.org*	Ja	Ja	Ja	Kostenlos
DNS2Go, *http://dns2go.deerfield.com*	Ja	Ja	Nein	Ab 20 $ pro Jahr
DtDNS, *http://www.dtdns.com*	Ja	Ja	Ja	Kostenlos
DynDNS, *http://www.dyndns.corg*	Ja	Ja	Ja	Kostenlos
DynIP.de, *http://www.dynip.de*	Ja	Ja	Nein	Kostenlos
HN.org, *http://www.hn.org*	Ja	Ja	Ja	Kostenlos
No-IP, *http://www.no-ip.com*	Ja	Ja	Ja	Kostenlos
StaticIP, *http://www.staticip.de*	Ja	Ja	Nein	Kostenlos

Es gibt noch viele weitere Dienste, die zum Teil kostenlos und zum Teil kostenpflichtig sind. Allerdings sollten Sie mit mindestens einem der Provider in der obigen Liste zufrieden sein können.

Die Angaben über Windows-, Linux- und MacOS-Clients brauchen Sie lediglich zu berücksichtigen, wenn der Dienst nicht von Haus aus von Ihrem Provider unterstützt wird.

Wenn Ihr Router keinen solchen Dienst unterstützt, müssen Sie auf einem PC im Netz, wie bereits erläutert, einen Client einrichten. In der nachfolgenden Schritt-für-Schritt-Anleitung werden wir einen Account bei dem Dienst No-IP einrichten und diesen erst von einem Windows- und dann von einem Linux- sowie einem MacOS X-Client updaten.

1 Gehen Sie mit dem Browser Ihrer Wahl auf *http://www.no-ip.com* und wählen Sie den Punkt *Sign up for free!* am linken Bildrand, neben dem Login-Schalter.

2 Anschließend müssen Sie ein Formular ausfüllen, damit Ihr Account eingerichtet werden kann. Beachten Sie, dass Sie lediglich die Felder, deren Beschriftung fett gedruckt sind, ausfüllen müssen. Geben Sie eine korrekte E-Mail-Adresse an. Ansonsten kann Ihnen das Passwort nicht zugesandt werden.

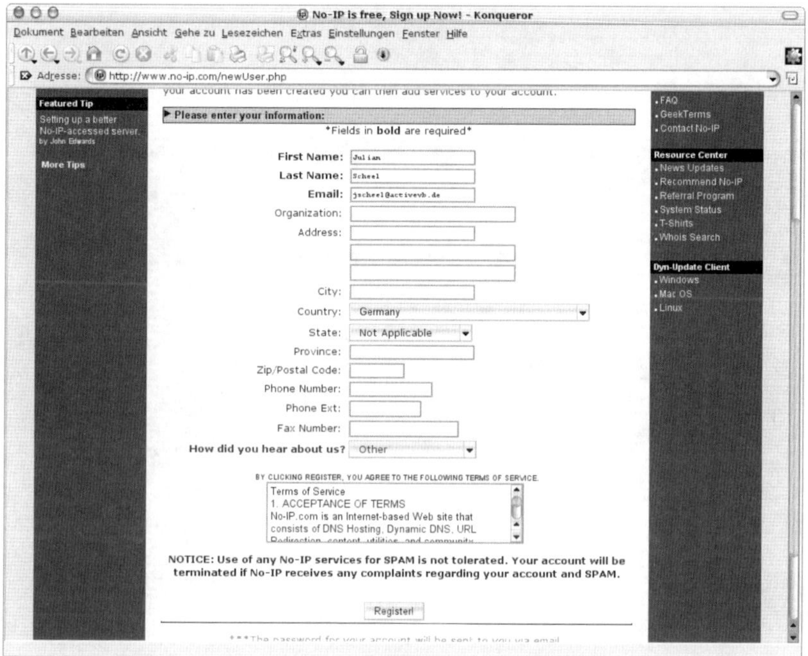

3 Nachdem Sie die Registrierung durchgeführt haben, wird Ihnen ein automatisch generiertes Passwort per E-Mail zugesandt. Mit diesem Passwort sowie der von Ihnen angegeben E-Mail-Adresse können Sie sich auf der No-IP-Webseite einloggen.

Im nächsten Schritt müssen Sie eine Domain anlegen. Bis zu fünf Stück dürfen Sie kostenfrei verwalten. Klicken Sie dazu in der linken Spalte auf *Add*.

Es erscheint ein weiteres Formular, in dem Sie die gewünscht Domain sowie den Typ und die aktuelle IP-Adresse angeben können. Der erste Teil der Domain ist frei wählbar, darf aber keine Umlaute und Sonderzeichen außer dem Bindestrich enthalten.

Der zweite Teil der Domain kann aus einer Liste ausgewählt werden. Als *Host Type* müssen Sie *DNS Host* einstellen, da Sie die Domain auf eine bestimmte IP zeigen lassen möchten.

Das Feld *IP Address* wird automatisch ausgefüllt, es stört auch nicht weiter, wen dort vorerst eine falsche Adresse steht, diese wird später so oder so durch den Client ersetzt.

Das Feld *Mail Options* können Sie vorerst ebenfalls ignorieren.

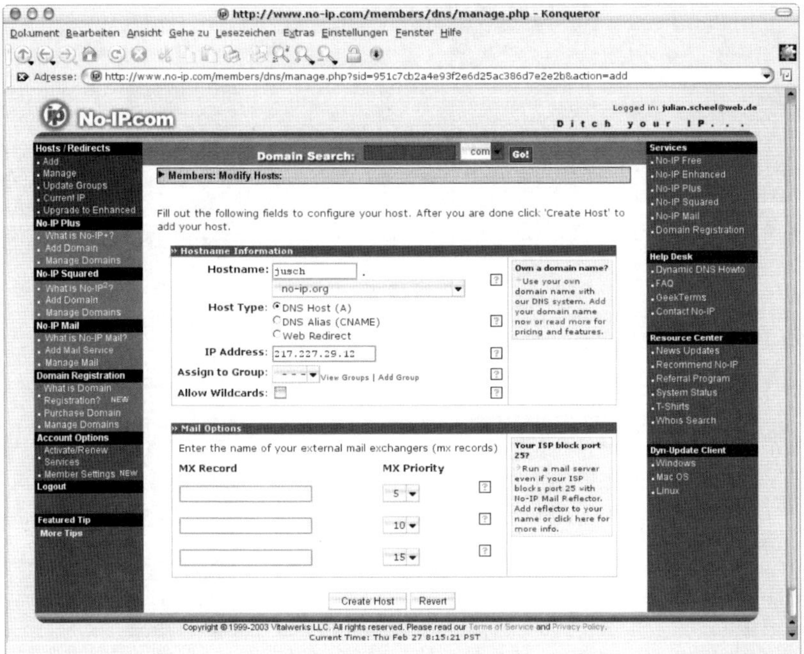

4 Im nächsten Schritt müssen Sie die Clientsoftware herunterladen. Wählen Sie in der rechten Spalte unter *DynUpdate Client Windows*. Daraufhin können Sie die den *No-IP DUC* herunterladen. Wenn der Download abgeschlossen ist, können Sie die Installation durch einen Doppelklick auf die Datei starten. Nach dem Abschluss der Installation startet automatisch der No-IP DUC und fragt Sie nach ihrer E-Mail-Adresse sowie dem dazugehörigen Passwort. Dieselben Daten, die Sie auch auf der Webseite zum Einloggen verwenden.

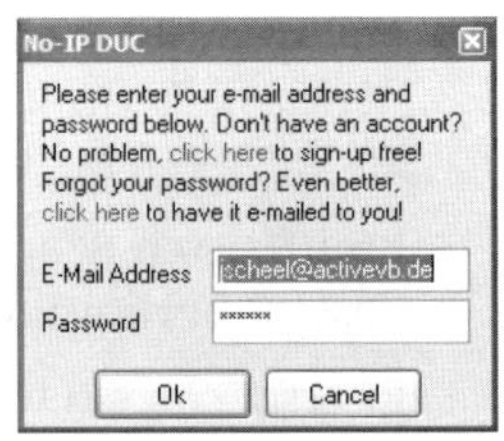

5 Wenn der Client erfolgreich mit dem Server verbunden ist, erscheint das Hauptfenster, in dem Sie alle Ihre Domains angezeigt bekommen. Setzen Sie einfach einen Haken in das Kästchen vor der Domain, die Sie aktualisieren möchten.

Das Programm aktualisiert die IP dann automatisch und prüft in regelmäßigen Intervallen, ob die IP noch korrekt ist.

Damit ist die Konfiguration des Windows-Clients bereits abgeschlossen. Da Linux als Serverbetriebssystem mittlerweile eine sehr große Verbreitung hat, beschreiben wir nachfolgend die Konfiguration des Linux-Clients für No-IP.

1 Laden Sie sich den Linux-Client für No-IP von *www.no-ip.com* herunter. Sie finden den Download in der rechten Spalte unter *DynUpdate Client* und *Linux*. Nachdem Sie die Datei gesichert haben, können Sie sie mit folgenden Kommandos in der Konsole entpacken und in das erzeugte Verzeichnis wechseln:

```
tar xzvf noip-2.0.7.tar.gz
cd noip-2.0.7
```

Unter Umständen müssen Sie die Versionsnummer an die von Ihnen heruntergeladene Version anpassen.

2 Nachdem Sie in das Verzeichnis gewechselt sind, können Sie das Programm kompilieren und installieren. Zum Installieren benötigen Sie Administratorrechte. Diese erlangen Sie durch Aufruf des Befehls *su* und der Eingabe des Passwortes.

```
make
su                          // Nur falls Sie nicht als ‚root' eingeloggt sind!
make install
```

Nach der Eingabe von „make install" werden Sie nach den Logindaten, bestehend aus E-Mail-Adresse und Passwort, sowie einem Update-Intervall gefragt. Das vorgeschlagene Update-Intervall von 30 Sekunden ist ein guter Kompromiss aus schnellem Update und Performance-Schonung. Zusätzlich können Sie bei erfolgreichem Update ein Programm ausführen lassen. In unserer Beispielkonfiguration, die Sie auf dem Screenshot sehen können, wird ein Programm namens notify-update ausgeführt, dass zum Beispiel eine E-Mail an Sie senden könnte, damit Sie von dem Update in Kenntnis gesetzt werden.

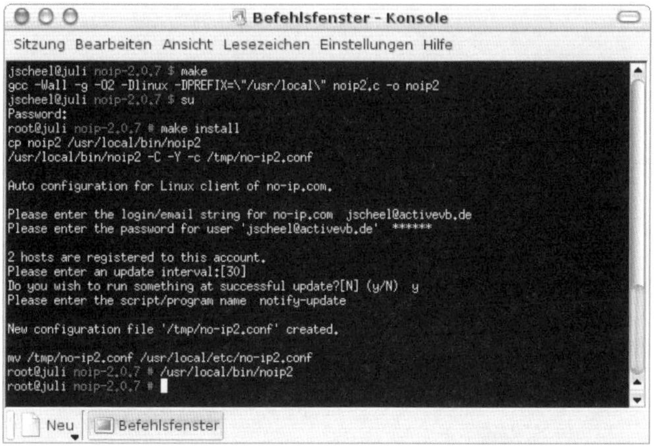

3 Ausführen können Sie das Programm dann durch Eingabe von „noip2". Unter Umständen ist der Installationspfad */usr/local/bin* bei Ihrer Distribution kein regulärer Binary-Pfad, sodass das Programm nicht gefunden wird. In diesem Fall müssen Sie, wie auf dem Screenshot zu sehen, das Programm über seinen gesamten Pfad */usr/local/bin/noip2* aufrufen.

Damit ist die Konfiguration des Linux-Clients abgeschlossen. Die nächste Anleitung beschreibt die Installtion der MacOS X-Software.

1 Laden Sie die Software wie gewohnt von *http://www.no-ip.com* herunter, diesmal jedoch die Mac-Variante. Wir setzen für diese Anleitung die Beta 8 der 3.0-Version ein. Wenn der Download abgeschlossen ist, sollte die SIT-Datei automatisch geöffnet und entpackt werden. Sollte das nicht der Fall sein, öffnen Sie sie durch einen Doppelklick.

2 Nach dem Entpacken haben Sie einen neuen Ordner auf dem Desktop, *mNo-IP OSX*. In diesem Ordner finden Sie eine Versionshistorie sowie das Binary-File, das Sie durch Drag & Drop in den *Programme*-Ordner installieren können.

3 Starten Sie das Programm durch einen Doppelklick. Es erscheint ein Assistent, der Sie nach der verwendeten E-Mail-Adresse sowie Ihrem Passwort fragt. Außerdem können Sie einstellen, von wo der Client die zu verwendende IP-Adresse beziehen soll.

Belassen Sie den Wert auf der Standardeinstellung, *Remote IP retrieved by the server*. Außerdem sollten Sie die Option *Check for changes every minute* aktivieren mit dem darunter liegenden Schieberegler können Sie die Update-Frequenz reduzieren, beispielsweise auf fünf oder zehn Minuten.

Nachdem Sie die Einstellungen getätigt haben, können Sie durch einen Klick auf *Reload Hosts* die Anmeldung am Server durchführen und die Liste der verwalteten Domains herunterladen.

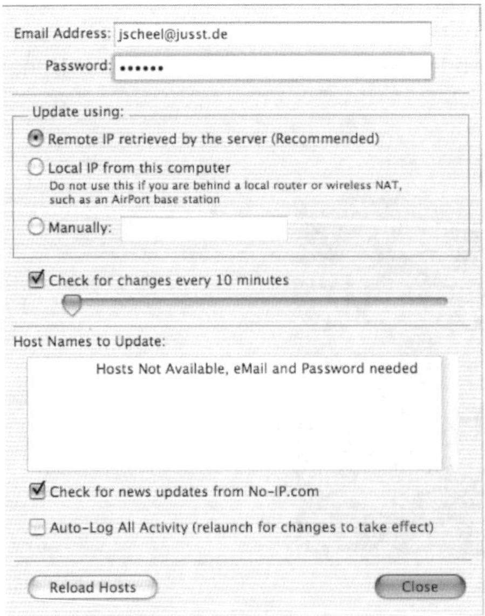

4 Setzen Sie vor die Domain, die Sie updaten lassen möchten, einen Haken, dann wird die Domain automatisch aktualisiert. Anschließend können Sie das Fenster mit *Close* schließen. Dann beginnt der Client automatisch, die IP zu aktualisieren.

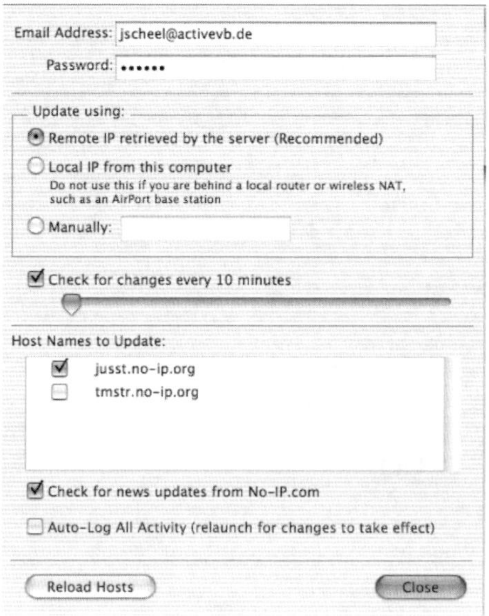

Damit ist die Konfiguration des MacOS-Clients abgeschlossen.

Sie sind nun in der Lage, einen DynDNS-Service einzusetzen, vollkommen unabhängig von dem verwendeten Router sowie dem eingesetzten Betriebssystem auf Server bzw. Clients.

12. Nie wieder Strippen ziehen – WLAN-Router im Einsatz

Der Boom von Wireless LAN hat begonnen. Öffentliche Hotspots findet man immer öfter. Und die Hardware ist mittlerweile so günstig, dass auch daheim das lästige Strippenziehen für den Aufbau eines eigenen Netzwerks überflüssig ist. WLAN ist auch vom Laien beherrschbar und kein Buch mit sieben Siegeln, wie das folgende Kapitel beweisen soll.

Quelle: Netgear

12.1 Wireless LAN-Netzwerk per Funk

Wireless LAN steht für das drahtlose **L**ocal **A**rea **N**etwork. Gebräuchlich ist die Abkürzung WLAN. Ob Sie zur Miete wohnen oder einfach keine Kabelschlitze in Ihre Wände „kloppen" wollen, ob Sie keinen festen Arbeitsplatz-PC haben, sondern mit Ihrem Notebook überall im Haus oder Büro vernetzt arbeiten wollen – ein drahtloses Netz bietet sich mittlerweile auch preislich als Alternative zu verkabelten Netzen an. Auch wenn die Hardware etwas teurer ist, so sparen Sie doch die Kosten für Kabelmaterial und Installationsarbeiten, wodurch der Aufpreis gegenüber dem normalen LAN kleiner wird.

Das WLAN braucht nicht allzu viele Komponenten. Sie brauchen Funknetzwerkkarten für die Clients und können diese dann schon im so genannten Ad Hoc-Mode direkt miteinander verbinden. In WLAN-Netzen, die mehr als zwei Rechner verbinden sollen, lohnt sich schnell ein Infrastrukturgerät wie beispielsweise ein WLAN-Access-Point. Dann spricht man vom Infrastruktur-Mode oder einem Infrastrukturnetz. Und sobald alle „Funker" gemeinsam an das WWW angebunden werden sollen und noch kein kabelbasierter Breitbandrouter vorhanden ist, ist ein WLAN-Access-Router die beste Wahl.

Und in diesem Kapitel dreht sich alles um WLAN-Infrastrukturnetze mit WLAN-Breitbandrouter. Wenn es um WLAN geht, werden Sie über diverse Begriffe stolpern. Neben WLAN ist oft von WiFi und IEEE 802.11 die Rede.

WiFi und die Wireless Ethernet Compatibility Alliance

WiFi steht für **Wi**reless **Fi**delity. Urheber des Begriffs ist die **W**ireless **E**thernet **C**ompatibility **A**lliance (WECA), ein Zusammenschluss etlicher Firmen, die sich im Bereich der Funknetzwerke engagieren. Die WECA hat sich auf die Fahnen geschrieben, WLAN-Produkte nach dem IEEE 802.11-Standard kompatibel zu machen und die Verbreitung zu fördern. Die Begriffe WiFi oder WiFi-kompatibel auf einer Packung bürgen also dafür, dass das Produkt kompatibel zu einem oder mehreren der IEEE 802.11-Standards ist

IEEE 802.11a, b und g – die Basisstandards für WLAN

Zunächst bildet die IEEE 802.11-Standardgruppe das wesentliche Fundament der WE-LAN-Technologie. Dieser Standard wurde 1997 vom amerikanischen **I**nstitute of **E**lectrical and **E**lectronics **E**ngineers (abgekürzt IEEE) erfunden. Dieses „Institut der Ingenieure" hat unter anderem die Aufgabe, Standards im Bereich der Elektrotechnik zu definieren und festzulegen. Unter die IEEE hat auch die Standards festgelegt, die für WLAN gelten. In der Gruppe der IEEE 802.11-Standards gibt es drei wesentliche Standards, die für uns als WLAN-Nutzer maßgeblich sind. Es sind die Varianten IEEE 802.11a, b und g.

Der wesentliche Unterschied zwischen IEEE 802.11a sowie b und g ist, dass a auf dem Funkfrequenzband 5 GHz arbeitet, während die Varianten b und g den Frequenzbereich von 2,4 GHz benutzen. Dieses 2,4 GHz-Band wird auch ISM-Band genannt und genau das ist wichtig! ISM ist die Abkürzung für **I**ndustrial **S**cientific and **M**edicine.

Die IEEE bietet aktuelle Informationen auf ihrer Webseite http://www.ieee.org.

ISM-Frequenzen dürfen somit von der Industrie, der Wissenschaft und der Medizin genutzt werden, und das vor allem lizenzfrei.

Lizenzfrei heißt, dass für die Nutzung dieser Frequenzen auf privatem Grund und Boden keine Gebühren bezahlt werden müssen. Funkfrequenzen unterstehen in den meisten Staaten dem Hoheitsrecht, gehören also rechtlich dem Staat.

Was ist ein Frequenzband?
Ein Frequenzband ist ein zusammengefasster Bereich mehrerer Einzelfrequenzen. Das für WLAN genutzte 2,4-GHz-Band erstreckt sich über die Einzelfrequenzen von 2,400 bis 2,4835 GHz. In diesem Bereich werden 79 Kanäle mit jeweils 1 MHz Bandbreite definiert.

Der kann Lizenzgebühren für die Nutzung von Funkfrequenzen kassieren. Der ISM-Frequenzbereich ist weltweit als lizenzfrei anerkannt.

IEEE 802.11a, b und g im Detail

In Europa ist IEEE 802.11b schon lange verfügbar. Erst Ende 2002 wurde auch der Frequenzbereich von 5 GHz und damit IEEE 802.11a hier zur Nutzung frei gegeben. Ganz neu ist IEEE 802.11g. Neu aber eigentlich wieder nicht, denn g baut auf b auf und ermöglicht deutlich höhere Übertragungsraten als b. Worin, außer im Frequenzbereich, liegen die Unterschiede zwischen diesen a sowie b und g?

Der wesentliche Unterschied zwischen a und b liegt in der Geschwindigkeit. Der a-Standard bietet eine Übertragungsrate von 56 MBit/s, während der b-Standard nur 11 MBit/s schafft. Doch seit es IEEE 802.11g gibt, können auch im 2,4-GHz-ISM-Band bis zu 54 MBit/s übertragen werden. Außerdem ist g abwärtskompatibel zu b. Wer also eine WLAN-Karte mit dem IEEE 802.11g-Standard hat, kann auch in Netzen unter IEEE 802.11b arbeiten.

Zur Planung eines WLAN-Netzes ist es wichtig zu wissen, dass die Übertragungsgeschwindigkeit technisch zwar die oben angegebenen Geschwindigkeiten hat, praktisch aber langsamer ist, weil ein Teil der Kapazität für autonome technische Vorgänge verbraucht wird. Außerdem sinkt die Transferleistung bei größer werdender Reichweite und zunehmender Anzahl von Clients im WLAN. Nimmt die Entfernung zu, nimmt die Netto-Übertragungsleistung ab. Rein rechnerisch würden diese Zahlen gelten: Bei 11 MBit/s kann IEEE 802.11b eine Strecke von 30 Metern überbrücken. Müssen 70 Meter per Funk überwunden werden, sinkt die Transferrate auf 5,5 MBit/s. Bei einer Funkstrecke von 100 Metern bleiben noch kaum 2 MBit/s übrig. Alle Funkstandards nach IEEE 802.11 sind von diesem „Schwund" betroffen. Praktisch bleibt, wie schon erwähnt, weniger Leistung übrig, weil die „technischen Höchstgeschwindigkeiten" nicht zu 100 % für den Datentransfer genutzt werden können, sondern ein Teil davon von der Abwicklung der Verbindungen verbraucht wird.

Handy, Mikrowelle und andere Hochfrequenzfunker

Handys funken ebenfalls im Gigahertz-Bereich, nutzen aber niedrigere Frequenzen, nämlich 900 MHz, 1800 MHz (1,8 GHz) und 1900 MHz (1,9 GHz) in den USA. Mikrowellenöfen in der häuslichen Küchen arbeiten im 2,4 GHz-Frequenzband. Doch sie ballern mit einer viel höheren Leistung, das aber in einem hochfrequenzdicht abgeschirmten Gehäuse, damit keine Strahlung nach außen dringt. Zudem findet bei Mikrowellen keine Signalmodulation wie bei WLAN statt. Sie müssen keine Angst vor „Erhitzung" wie bei der Mikrowelle haben, wenn Sie an einem Computer mit WLAN-Hardware arbeiten, denn wo die Mikrowellenherde mit mehreren hundert Watt heizen, funkt WLAN im Milliwattbereich, sprich mit einem Tausendstel der Leistung des „Strahlenofens". Für das WLAN aber kann ein Mikrowellenofen eventuell ein Störsender sein.

Es gibt weitere IEEE 802.11-Standards, die eigene Buchstaben haben. Die meisten sind „Substandards", die bestimmte Details regeln und die derzeit noch in der Erarbeitung sind.

Hier an dieser Stelle ein ganz kurzer Einblick in die physikalischen Grundlagen. Bei einem Telefonat sind Sie am einen Ende der Telefonleitung und Ihr Gesprächspartner am anderen. Diese Telefonleitung kann in der Zeit kein anderer mehr benutzen. WLAN funktioniert anders, damit mehr als nur zwei Clients Daten übertragen können. WLAN geht deshalb den folgenden Weg.

Signalspreizung per FHSS und DSSS

WLAN benutzt eine so genannte Signalspreizung (Spread Spectrum). Darunter wird verstanden, dass im Prinzip ein größerer Frequenzbereich genutzt wird, als eigentlich für den Versand der Daten nötig wäre.

Während der Datenübertragung werden die einzelnen Frequenzen innerhalb des ganzen Frequenzbandes immer wieder gewechselt. Damit ist keine Frequenz dauerhaft belegt. Die Daten werden also Päckchenweise über verschiedene Frequenzen vom Sender an den Empfänger übertragen. Weil keine Frequenz dauerhaft belegt ist, können andere Netzwerkteilnehmer die frei bleibenden Sendefenster für ihre Übertragungen nutzen.

Das genutzte Verfahren nennt sich **F**requency **H**opping **S**pread **S**pectrum, kurz FHSS. Eine Schemadarstellung soll das verdeutlichen.

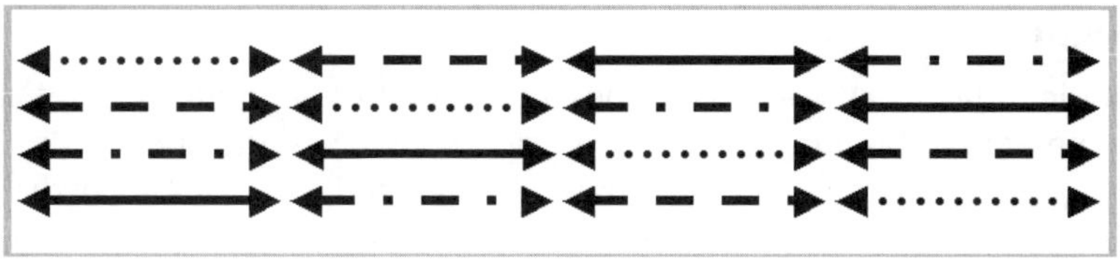

Frequency Hopping – die Daten der verschiedenen Übertragungen (hier als unterschiedliche Pfeile dargestellt) werden in kleinen Paketen in unterschiedlichen Frequenzbereichen übertragen.

Für die Übertragung stehen 79 Kanäle im 2,4-GHz-Band zur Verfügung. Zwischen beiden an der Übertragung teilnehmenden Stellen wird eine „Hopping-Sequence" festgelegt, nach deren Maßgabe die Kanäle gewechselt werden. Sollte die Übertragung auf einem Kanal zufällig mit einer anderen Übertragung kollidieren, weil unerwartet zwei andere Clients im WLAN gleichzeitig auf diesen Kanal wechselten, wird das kollisionsbedingt verlorene Datenpaket erneut angefordert und übertragen. FHSS hat jedoch den Nachteil, dass sich damit bei IEEE 802.11b nur maximal 2 MBit/s erreichen lassen. Deshalb kommt in heutigen WLAN-Netzen DSSS zum Einsatz, was für **D**irect **S**equence **S**pread **S**pectrum steht. DSSS verteilt die Datenübertragung nicht durch das „Frequenzhüpfen" auf die 79 schmalbandigen Kanäle (Frequenzen). Stattdessen werden mehrere der 79 Frequenzen zu einem breitbandigen Kanal zusammengefasst. Aus den 79 „kleinen Kanälen" werden damit 13 „große".

Was ist eine WLAN-Zelle?

In Sachen WLAN finden Sie oft den Begriff „Zelle" oder „Funkzelle". Als Zelle bezeichnet man alle Geräte bzw. Clients, die zueinander in Reichweite stehen und auch in einem gemeinsamen Funknetz Verbindung zueinander haben. Die Clients in einer Zelle teilen sich einen dieser 13 Kanäle und dessen Kapazität. Soll ein WLAN ein größeres Gebiet abdecken, als eine Zelle technisch „ausleuchten" kann, müssen Sie mehrere Zellen nebeneinander einrichten, die sich an ihren Rändern überlappen. Zu Hause oder in kleinen Büros reicht in der Regel ein Einzeller, also ein WLAN mit einer Funkzelle völlig aus.

WLAN-Infrastrukturhardware

WLAN-Hardware wird vor allem nach dem Einsatzzweck unterschieden. Die wesentliche Unterscheidung definiert zwei Gruppen. Zunächst gibt es die Netzwerkadapter, also die Geräte, die in die Clients eingebaut oder an diese angeschlossen werden, um sie WLAN-tauglich zu machen. Dann gibt es die WLAN-Infrastrukturgeräte. Sollen nur zwei oder drei Clients sporadisch per WLAN vernetzt werden, reichen die WLAN-Netzwerkadapter, mit denen ein Ad Hoc-Netz aufgebaut wird. Größere Funknetzwerke und solche WLANs, die auch an ein LAN oder das Internet angebunden werden sollen, benötigen die erwähnten Infrastrukturgeräten. Infrastrukturgeräte sind in der Regel frei stehende Geräte ohne direkten PC-Anschluss. Sie bauen einerseits eine geordnete Infrastruktur innerhalb des WLAN auf und sorgen andererseits für die Anbindung an kabelbasierte LANs und an das Internet. Infrastrukturgeräte verwalten die angeschlossenen WLAN-Clients, bereiten die Daten für die Übergabe an ein LAN auf und sorgen mit integrierten Breitbandroutern für die vernetzte Anbindung an das Internet. Bei den WLAN-Infrastrukturgeräten unterteilt man in zwei wesentliche Arten.

WLAN-Access-Point

Ein Access-Point hat die Aufgabe, zum einen drahtlos vernetzte Rechner miteinander zur verbinden und eventuell die Anbindung an ein vorhandenes kabelbasiertes LAN zu bewerkstelligen. Der Access-Point bietet über die Infrastruktur auch die im WLAN nutzbaren Schutzmechanismen wie die WEP-Verschlüsselung.

Ist in Ihrer Firma, oder auch bei Ihnen zu Hause, bereits ein fest verkabeltes LAN vorhanden, das eventuell sogar schon mit einem Breitbandrouter am WWW hängt, dann dient der Access-Point als Verbindungsglied, um das WLAN an das existierende LAN anzubinden. Er schlägt quasi die Brücke zwischen dem Funknetz und dem „Drahtnetz".

WLAN-Access-Router

Diese Geräte stellen eine Kombination aus einem WLAN-Access-Point und einem Breitbandrouter dar. Sie kümmern sich also um den Aufbau der Infrastruktur auf der einen und den Internetzugang auf der anderen Seite.

Diese Geräte sind die beste Wahl, wenn bisher noch gar kein Netz vorhanden ist und ein WLAN aufgebaut werden soll. Da diese WLAN-Access-Router in der Regel auch LAN-tauglich sind, können ebenso die per Kabel verbundenen Clients eingebunden werden.

Mit einem solchen Gerät können also alle WLAN- und LAN-Clients untereinander kommunizieren und auch auf das WWW zugreifen.

WLAN-Hardware mischen?

Da IEEE 802.11a, b und g weltweit vereinheitlichte und anerkannte Standards sind, können Sie die Geräte der verschiedenen Hersteller ohne Probleme miteinander „mischen", solange dies innerhalb des Standards geschieht. Sie können also nicht eine Netzwerkkarte nach IEEE 802.11a mit einem Access-Router nach IEEE 802.11b verbinden, wohl aber die IEEE 802.11b-Hardware verschiedener Hersteller. Der g-Standard ist zu b abwärtskompatibel. Eine Netzwerkkarte nach IEEE 802.11g kann daher einen Access-Router nach IEEE 802.11b nutzen. Mehr und mehr Hersteller bieten mittlerweile Kombigeräte an. Seit der CeBIT 2003 sind beispielsweise Netzwerkkarten am Markt, die IEEE 802.11 a, b und g in sich vereinen.

Vor- und Nachteile von WLAN

Natürlich bietet WLAN viele Vorteile. Das Verlegen von Kabeln und aufwendige Installationsarbeiten entfallen. Der Aufbau beschränkt sich auf den Einbau oder die Aufstellung der Hardware. Das WLAN bietet ein hohes Maß an Flexibilität und Mobilität, ist man doch nicht an eine „Strippe gefesselt", sondern nur durch die Funkreichweite eingeschränkt.

In vielen Metropolen, Hotels, Flughäfen, Bahnhöfen etc. entstehen so genannte Hotspots, die öffentliche WLAN-Zugänge bieten. Natürlich hat aber auch das WLAN seine Kehr- und Schattenseiten. Zunächst ist WLAN-Hardware immer noch etwas teurer als normale LAN-Hardware wie Router oder auch Netzwerkkarten. WLAN ermöglicht je nach IEEE 802.11-Standard maximal 54 MBit/s, während Kabel-LAN-Netze schon als Gigabyte-Netz mit 1.000 MBit/s betrieben werden können.

In einem LAN sind 100 MBit/s heutzutage überall gebräuchlich. Außerdem ist die maximale Leistung im WLAN nur unter optimalen Bedingungen nutzbar. In den Kabeln eines LAN steht immer die volle Leistung zur Verfügung. Störungen des Funkverkehrs bremsen die Leistung eines WLAN spürbar ab. Während Kabelnetze sehr stabil sind, können Störungen einer Funkverbindung das WLAN-Netz instabil machen oder gar unterbrechen. Mit der zu überbrückenden Entfernung wächst die Störanfälligkeit.

Ein weiterer erheblicher Nachteil ist bei der Sicherheit zu finden. In einem Kabelnetz kann ein unbefugter Eindringling im Prinzip nur zwei Stellen nutzen, um ins Netz einzudringen. Es sind dies quasi die beiden Kabelenden. Wenn er dazwischen hinein will, muss er erst an das Kabel heran, dieses auftrennen und sich mechanisch ankoppeln.

Mit anderen Worten, die Daten „unterwegs" aus dem Kabel zu klauen ist zwar möglich, aber sehr schwer. Das WLAN funkt die Daten innerhalb seiner Reichweite wild in alle Richtungen zwischen Clients im Funknetz hin und her. Ihre Befürchtung ist richtig:

Jeder, der einen Computer mit WLAN-Karte hat, kann technisch gesehen diese Daten empfangen, sobald er sich in Reichweite des WLAN befindet. Ist das WLAN nicht mit speziellen Maßnahmen gesichert, kann jeder Daten klauen, sich ins Netz einklinken und kostenlos surfen oder Schaden verursachen. Die Chance, dabei unentdeckt zu bleiben, sind gut.

So genannte Wardriver sitzen im Auto vor einem mit WLAN ausgestatteten Firmengebäude. Wenn es brenzlig wird, sind sie schnell verschwunden. Der wesentliche Vorteil der WLAN-Technologie, die „Luftschnittstelle", ist demnach auch gleichzeitig die Achillesferse.

Aus diesen Vor- und Nachteilen ergeben sich verschiedene Nutzungsmöglichkeiten, für die sich WLAN gut oder nicht gut eignet. Hier eine tabellarische Übersicht:

Pro WLAN	**Contra WLAN**
Aufbau kleiner und mittlerer Netze zu Hause oder in kleinen Firmen, wo keine Kabel verlegt werden können oder dürfen.	Aufbau sehr großer und verteilter Netze mit vielen Clients oder Vernetzung von einer größeren Zahl von Power-Usern.
Internetanbindung über Kabel/DSL oder Modem/ISDN für mehrere Clients^.	Internetanbindung über schnelle Standleitungen (z. B. 2 MBit/s) für sehr viele Clients.
Gemeinsame Nutzung von Peripheriegeräten wie Scanner, Drucker etc.	Komplexe und auf Servern zentralisierte Netzwerkdateisysteme mit hohem Datentransfervolumen.
Bedingt spieletauglich, wenn diese Spiele nicht zu viel Netzwerkpower brauchen und nur wenige Teilnehmer verbunden sind.	Große LAN-Partys mit vielen Teilnehmern, die intensiv das Netzwerk auslasten, um in großen Gruppen Spiele zu zocken oder Daten zu tauschen.
Ergänzung von LANs ohne „Bauarbeiten" oder Anbindung von mobilen Usern an bestehende LANs.	Alleinige Infrastruktur für Servernetze oder die direkte Anbindung an Server.
Netze, die wenig oder eine mittlere Sicherheit benötigen und auch mal mit funkstörungs-bedingten Stabilitätsschwankungen leben können.	Netze, die auf eine maximale Sicherheit von sehr sensiblen Daten vor Unbefugten und Fremdeinflüssen angewiesen sind und höchstmögliche Stabilität benötigen.

Sie werden sich, wenn Sie die Nutzung eines Funknetzes planen, auf einer der beiden Seiten dieser Tabelle wiederfinden. Die Übergänge sind an manchen Stellen fließend. Auf jeden Fall ist es wichtig, gründliche Vorüberlegungen anzustellen. Dabei sollten Sie auch die bauliche Umgebung berücksichtigen, in der das WLAN zum Einsatz kommen soll. Warum, das lesen Sie im folgenden Abschnitt vor allem unter dem Stichwort Dämpfung.

12.2 WLAN optimieren und Störungen minimieren

Heute gilt für viele die Erkenntnis: „Dank Computer müssen wir uns um Probleme kümmern, die wir ohne ihn überhaupt nicht hätten!“ Da ist viel Wahres dran, doch Computer eröffnen uns auch Möglichkeiten, von denen wir vor kaum zehn Jahren noch nicht einmal zu träumen wagten. Natürlich gilt das Gleiche auch für WLAN. Es bietet zahlreiche nützliche Vorteile, bringt aber auch Probleme mit sich, die es zu lösen gilt. Und genau diesen Problemen wollen wir jetzt unsere Aufmerksamkeit widmen.

Diese Probleme entstehen, das ahnen Sie sicher schon, vor allem weil die Daten als Funkwellen über die Luftschnittstelle transportiert werden. Um Abhilfe zu schaffen, muss das Problem zunächst erkannt werden, um es dann zu analysieren und zu beseitigen.

Ursachen für Probleme und Leistungseinbußen

WLAN ist abhängig von der funktechnischen Reichweite und auch der Dämpfung der Funkwellen, beispielsweise durch Baustoffe und Hindernisse. Außerdem hat ein Funknetz Kapazitätsgrenzen, was die Zahl der integrierbaren Clients betrifft. Die begrenzte Reichweite schrumpft zusätzlich, je höher die Dämpfung ist. In freier Natur kann WLAN deutlich weiter funken als in einem Stahlbetonbau. Hier eine kleine Reichweitentabelle für das derzeit am weitesten verbreitete IEEE 802.11b. „Frei“ steht für ungehinderte Ausbreitung der Funkwellen.

„Eingeschränkt“ bedeutet eine teilweise Behinderung und unter „geschlossen“ wollen wir eine komplett geschlossene Bausubstanz verstehen, die die Funkwellen quasi nicht raus lässt.

Geschwindigkeit	frei	eingeschränkt	geschlossen
11 MBit/s	150 Meter	40 Meter	25 Meter
5,5 MBit/s	250 Meter	80 Meter	35 Meter
2 MBit/s	400 Meter	100 Meter	45 Meter
1 MBit/s	500 Meter	120 Meter	55 Meter

Wie schon gesagt, mindert die Dämpfung durch bestimmte Baustoffe die Reichweite eines WLAN. Unterschiedliche Materialien haben unterschiedliche Dämpfungen, was die folgende Tabelle verdeutlichen soll:

Baumaterial	Enthalten z. B. in	Dämpfung der Funkwellen
Pflanzen wie Büsche, Bäume etc.	Garten, freie Natur	sehr gering
Holz, Gips,	Zwischenwände, Geschossdecken, Dachkonstruktionen	gering
Glas	Fenster	gering
Wasser	Aquarium, nasse Materialien, aber auch intensiver Regen	mittel
Hohlblocksteine, Kalksandsteine, Mauerziegelsteine	Wände	mittel
Beton und Stahlbetonwände	Wände großer Bauten	hoch
Panzerglas	Sicherheitsbereiche z. B. Kassenzone bei Banken, schusssichere PKW-Scheiben	hoch
Massives Metall	Armierung in Stahlbetonwänden, tragende Teile hoher Bauwerke, Großfahrzeuge wie Schiffe	sehr hoch

Erkennen und analysieren

Wenn die Ursache für Störungen oder Performanceverlust nicht offensichtlich ist, dann muss man diese erkennen und analysieren. Nehmen wir ein einzelliges WLAN als Beispiel. Einer der Clients zeigt sich in Sachen Netzverkehr spürbar langsamer als die anderen Clients. Es darf ein Reichweitenproblem wegen der Dämpfung durch die Bausubstanz vermutet werden. Damit haben Sie das Problem bereits grob erkannt. Jetzt sollte eine genauere Analyse folgen.

Erster primitiver Test per Ping

Als Alternative zu dieser manuellen Methode bietet sich der Ping-Befehl an, den Sie bereits kennen gelernt haben und der über den *Start*-Schalter und dann die Funktion *Ausführen* gestartet wird. Er liefert Ihnen die Laufzeit der zum Test gesendeten Datenpakete. Wie gehen Sie am besten vor? Pingen Sie zuerst einen guten Client im WLAN an, sprich einen Computer, der eine optimale Verbindung zum Infrastrukturgerät hat. Notieren Sie sich die Laufzeit der Datenpakete als Referenzwert. Nun pingen Sie den problembehafteten Client an und vergleichen die Laufzeit mit dem Referenzwert.

Wären diese jetzt genauso gut, dann erhärtet sich der Verdacht auf Reichweitenproblem und Dämpfung nicht. Sind die Laufzeiten jedoch deutlich schlechter, haben Sie Reichweite und Dämpfung als Problem identifiziert. Aber der *ping*-Befehl ist noch nicht allzu aussagekräftig. Es gibt bessere Tools, beispielsweise im Internet.

NetIO auch für WLAN-Tests

Ein solches Tool haben Sie bereits in diesem Buch kennen gelernt. Es handelt sich um NetIO, dessen Anwendung in Kapitel 6.1 besprochen wurde. Problemlos nutzen Sie NetIO auch für die Messung von Laufzeiten über WLAN. Wie aber sind die Werte, die Sie erhalten werden, zu interpretieren?

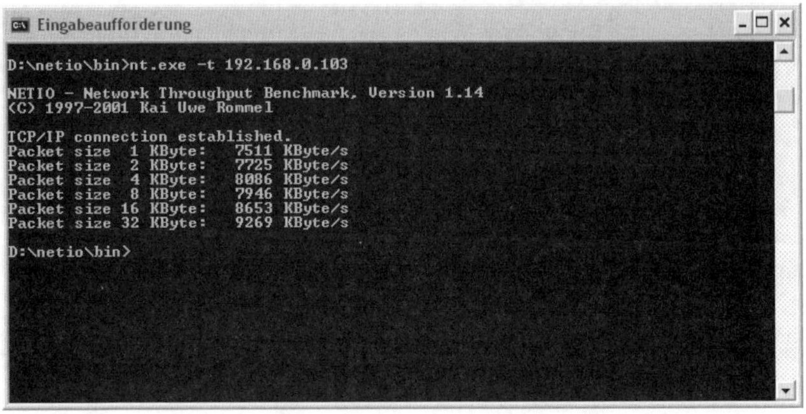

Natürlich können Sie NetIO auch ohne Probleme für WLAN-Analysen einsetzen.

Wenn die 11 MBit/s, die ein WLAN nach IEEE 802.11b unter Idealbedingungen technisch schafft, voll und ganz nutzbar durchkommen, dann läge der Datendurchsatz zwischen den beiden Testrechnern rechnerisch bei 1.408 KByte/s. Wie bereits erwähnt, geht ein Teil der Übertragungsrate für technische Abläufe, wie Kontrollanfragen und anderes, verloren und wird demnach nicht für denn reinen Datentransport genutzt. Daher haben sich folgende Erfahrungswerte etabliert: Ein Datendurchsatz von 600 KByte/s wird als hervorragender Wert betrachtet. Alles über 400 KByte/s zählt immer noch als sehr gut. Mit diesen Prämissen können Sie jetzt die Ergebnisse, die der NetIO-Test bei der Diagnose Ihres WLAN-Patienten liefert, bewerten.

So könnte eine NetIO-Testreihe aussehen

Wir haben für Sie einmal eine exemplarische Testreihe praktisch durchgeprüft. Es kam folgende Testkonfiguration zum Einsatz. Der NetIO-Server wurde auf einem PC gestartet, der per LAN-Kabel direkt an einen Access-Point angeschlossen war. Der NetIO-Client hingegen wurde auf einem Notebook gestartet, das mit einer WLAN-Karte (Cisco Aironet 350 Wireless LAN Adapter) ausgestattet war. Es wurden keine anderen Komponenten und Clients in das Netz integriert. Die dämpfende Bausubstanz lieferte ein massiv gemauertes Einfamilienhaus mit hölzernen Zwischendecken.

Mit dem Notebook wurden nacheinander diverse Standorte innerhalb und außerhalb des Gebäudes aufgesucht, an denen dann eine Messung durchgeführt wurde:

Standort 1:	Gleiches Stockwerk wie der Access-Point, zwei Wände dazwischen. Distanz zum Access-Point: vier Meter
Standort 2:	Ein Stockwerk tiefer, Geschossdecke und drei Wände dazwischen. Distanz zum Access-Point: fünf Meter
Standort 3:	Terrasse direkt am Haus, eine Wand und Außenwand mit Fenster dazwischen. Distanz zum Access-Point: acht Meter
Standort 4:	Im Garten, eine Wand und Außenwand mit Fenster dazwischen. Distanz zum Access-Point: 20 Meter
Standort 5:	Weiter weg auf der Straße, Außenwand mit Fenster dazwischen. Distanz zum Access-Point: 50 Meter

Die Ergebnisse dieser Messungen mit NetIO sehen Sie in der folgenden Tabelle. Neben den einzelnen Messergebnissen pro Paketgröße wurde ein Mittelwert über alle sechs gemessenen Pakete gebildet, um eine Art Gesamtwert zu bekommen.

Standort	1-KByte-Paket	2-KByte-Paket	4-KByte-Paket	8-KByte-Paket	16-KByte-Paket	32-KByte-Paket	Mittelwert
1	506 KByte/s	507 KByte/s	546 KByte/s	583 KByte/s	603 KByte/s	610 KByte/s	559 KByte/s
2	494 KByte/s	489 KByte/s	581 KByte/s	542 KByte/s	583 KByte/s	605 KByte/s	549 KByte/s
3	462 KByte/s	494 KByte/s	580 KByte/s	586 KByte/s	590 KByte/s	613 KByte/s	554 KByte/s
4	489 KByte/s	488 KByte/s	563 KByte/s	568 KByte/s	571 KByte/s	553 KByte/s	539 KByte/s
5	340 KByte/s	287 KByte/s	312 KByte/s	390 KByte/s	275 KByte/s	86 KByte/s	282 KByte/s

Wie Sie in der Tabelle erkennen können, weisen die ersten drei Standorte innerhalb und direkt am Gebäude alle einen Messwert um die 550 KByte/s aus. Die WLAN-Versorgung ist hier also sehr gut. Der vierte Standort ist der erste Messpunkt deutlich außerhalb des Gebäudes. Auch hier ist die WLAN-Leistung fast genauso gut wie bei den drei ersten Standorten. Erst der letzte Standort im Freien und in großer Distanz zum Haus zeigt einen deutlich schwächeren Wert an. Auch hier ist die Nutzung des WLAN noch problemlos möglich, nur steht eine geringere Leistung zur Verfügung. Was bedeuten diese Ergebnisse? Für das gemessene WLAN scheint die Dämpfung durch die Bausubstanz relativ unbedeutend zu sein. Erst wenn man näher an die Reichweitengrenzen des WLAN geht, sackt die Performance ab.

Würde es sich nicht um ein normales Wohnhaus handeln, sondern um einen massiven Stahlbetonbau, dann sähen diese Werte anders aus. Die Dämpfung würde sich in Leistungseinbußen auch bei den nahen Standorten bemerkbar machen. Außerdem fand die Beispielmessung nur bei zwei aktiven WLAN-Clients statt. Sind in einem Funknetz mehr Clients eingebunden, die entsprechend Ressourcen schlucken, dann wird die Leistung etwas absinken.

Im Auto ist Sendeschluss!

Im Rahmen dieser Beispielmessung wurde auch in einem geschlossenen PKW gemessen, der direkt vor dem Fenster des Raums (im ersten Stock) stand, in dem der Access-Point aufgestellt war. Die Distanz zwischen Notebook im PKW und dem Access-Point betrug rund zehn Meter. Der Testzyklus endete erfolglos! Der Grund leuchtet ein: Der PKW ist vollständig aus Metall und hat damit eine sehr hohe Dämpfung, ja eher Abschirmung. Die Funkwellen drangen nicht oder zu schwach aus dem Wagen heraus, sodass kein Kontakt zum Access-Point aufgebaut werden konnte.

NetIO liefert, wie Sie sehen, bereits sehr aussagekräftige Messergebnisse, um die Standortqualität eines Clients zu ermitteln. Zudem ist die Bedienung recht simpel und das Tool ist kostenlos. Wie Sie gleich sehen werden, gibt es aber auch weitere Möglichkeiten, Messungen in Funknetzwerken durchzuführen.

Messtools der WLAN-Hardare

Oft geben die Hersteller von WLAN-Hardware ihren Produkten neben den nötigen Treibern und Installationstools auch Messtools bei. Mit anderen Worten, der Hersteller spendiert Ihnen Messwerkzeuge. Oft können diese auch von den Webseiten der Hersteller heruntergeladen werden.

Ein solches Tool stellen wir Ihnen hier genauer vor. Es ist Cisco Aironet Client Utility V5.01. Dieses Tool hat brauchbare Messwerkzeuge an Bord, die bei der Performancemessung und der Fehlersuche im WLAN nutzen und die sehr aussagekräftige Ergebnisse liefern.

Wir gehen davon aus, dass neben der WLAN-Karte von Cisco auch das Tool installiert ist.

1 In der Navigationsleiste des Cisco Aironet Client Utility V5.01 finden Sie einen Schalter, der sich *Link Test* nennt, auf den Sie klicken.

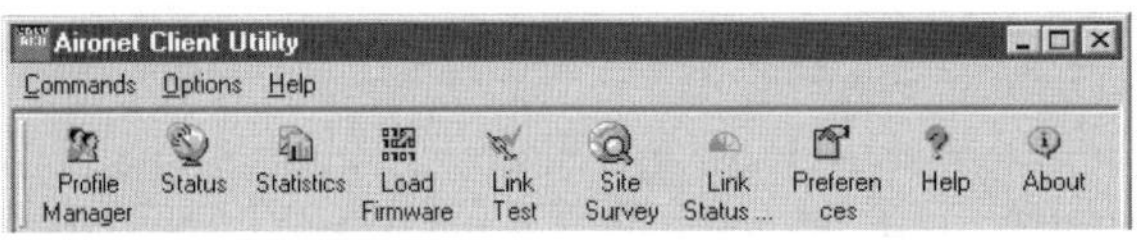

2 Bei *IP Adress of Access-Point* geben Sie die IP-Adresse des Testempfängers an, also beispielsweise Ihres WLAN-Routers oder eines anderen WLAN-Clients.

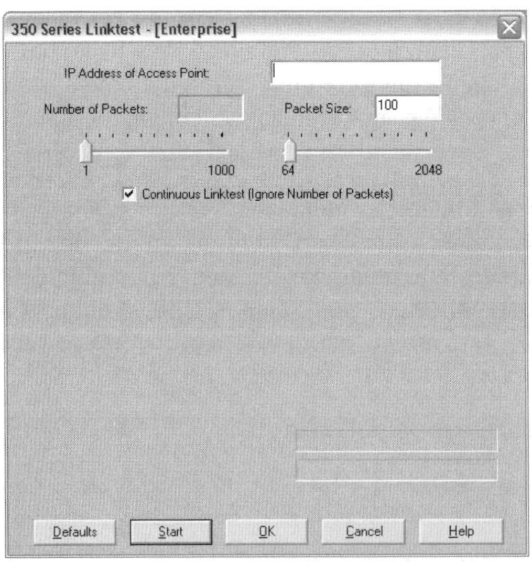

3 Legen Sie die Anzahl der zu sendenden Testpakete mit dem linken Schieberegler fest, oder aktivieren Sie mit dem Häkchen bei *Continuous Linktest (Ignore Number of Packets)* einen Dauertest.

Die Größe der zum Test verschickten Datenpakete stellen Sie mit dem rechten Schieberegler ein. Klicken Sie auf *Start* und der Test beginnt.

4 Auch während des laufenden Tests können Sie die Paketgröße verstellen und sogar andere IP-Adresse eingeben.

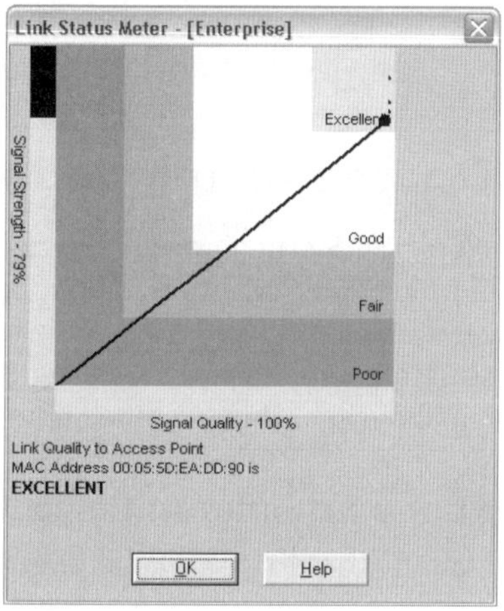

Die Ergebnisse des Tests werden zum einen in Balkenform mit Prozentangaben angezeigt. Sie können aber auch die nebenstehende Abbildung in einem zweidimensionalen Koordinatensystem nutzen. Die Signalstärke finden Sie bei *Current Signal Strength*. Die Angabe *Current Signal Quality* gibt hingegen an, welche Qualität das Signal hat. Die Signalqualität sagt aus, ob das Signal hochwertig und damit fehlerarm ist oder nicht. Je weniger Störeinflüsse vorhanden sind und je sauberer das Signal übertragen wird, um so höher ist die Signalqualität. In dieser Darstellung ist das Signal besser, je weiter die Anzeige nach oben rechts ausschlägt. Würde der Anzeigebalken ganz oben sein, aber dafür sehr weit links liegen, dann hätten Sie eine sehr hohe Signalstärke, jedoch ein qualitativ sehr schlechtes Funksignal.

Liegt der Balken sehr weit unten und rechts, ist es genau umgekehrt und Sie haben ein hochwertiges Signal, das nicht sehr weit reicht.

Standort von Access-Points oder Clients optimieren

Um schlechte Signalreichweiten und Dämpfungswirkungen zu kompensieren und die Funkbandbreite zu verbessern, können Sie zunächst den Standort entweder der Clients oder des Infrastrukturgeräts optimieren. Wenn der WLAN-Access-Router an einen Raum gebunden ist, weil dort der Internetanschluss liegt, dann können Sie beispielsweise die Position im Raum oder auch die Höhe im Raum ändern, um eine Verbesserung zu erreichen. Sind diese Möglichkeiten ausgereizt, bleibt noch die Änderung des Standortes des Clients. Ein Notebook mit WLAN-Karte ist natürlich leichter an einen besseren Standort zu bringen als ein fest installierter PC mit Funknetzkarte. Machen Sie das Ganze am besten bei kontinuierlich laufendem Test, um sofort die Wirkung prüfen zu können. Am besten geht das zu zweit. Ein Helfer probiert diverse Standortänderungen aus, der andere prüft dabei die Änderung der Anzeige der Testsoftware. Mit mehreren Helfern können Sie für mehrere Clientstandorte gleichzeitig einen solchen Test laufen lassen und damit den für alle Clients optimalen Standort des Infrastrukturgeräts erarbeiten. Hier einige Regeln für eine bestmögliche Aufstellung vor allem von Access-Points und -Routern.

Access-Router Aufstellungsregeln

1. Geräte nicht in einer entfernten Zimmerecke aufstellen, sondern nahe der Tür, da diese weniger Dämpfung hat als eine dicke Wand.
2. Antennen möglichst senkrecht und so hoch wie möglich anbringen. Viele WLAN-Router sind für die Wand- oder Deckenmontage geeignet.
3. Zentrale Räume im Gebäude sind Räumen in Randbereichen vorzuziehen, damit das Infrastrukturgerät möglichst mittig in der Funkzelle steht.
4. Besser ist ein Standort bei dünnen anstatt dicken, tragenden Wänden, da dünne Wände eine geringere Dämpfung haben.

5. Der Standort sollte weit weg von möglichen Störquellen wie Mikrowellenherden und anderen Quellen elektromagnetischer Strahlung sein.

Optimieren mit anderen Antennen

Wenn die Störung oder die Performanceschwäche sehr groß ist, wird es wenig nützen, den Standort von Infrastrukturgerät oder Clients zu ändern, zumal man beide ja nicht sehr weit umsetzen kann oder will. Dann kann eine andere Maßnahme helfen. Infrastrukturgeräte haben werkseitig Standardantennen, die für den allgemeinen Einsatz allemal reichen, aber eventuell optimierbar sind.

Range Extender-Antenne

Statt den Access-Point anderenorts aufzustellen, bietet sich der Wechsel auf eine optimierte Antenne an.

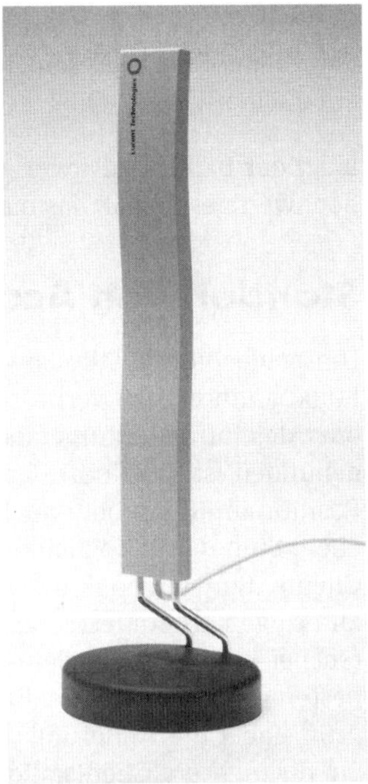

Hier ist eine so genannte Range Extender-Antenne anzuraten.

Das bedeutet, dass diese Antenne dafür optimiert ist, eine größere Reichweite abzudecken.

Damit reicht das Funknetz nicht nur weiter, auch Signalstärke und -qualität in der bestehenden Zelle können verbessert werden.

Viele gute WLAN-Router haben Antennen, die außen am Gehäuse mit einer standardisierten Schraubbuchse befestigt sind und damit sehr einfach ausgetauscht werden können.

Den Erfolg dieser Maßnahme können Sie ebenfalls mit den beschriebenen Messtools ermitteln.

Außerdem bietet sich diese Schraubanschlussbuchse auch dazu an, nicht den Standort des Infrastrukturgeräts zu ändern, sondern nur den seiner Antenne.

Der WLAN-Access-Router beispielsweise bleibt hinter dem Schreibtisch beim DSL-Anschluss stehen, aber seine Antenne wird per Verlängerungskabel unter die Zimmerdecke verlegt.

Eine Range Extender-Antenne kostet circa 100 Euro, was zugegebenermaßen nicht billig ist, und kann bis zu 20 % mehr Reichweite bringen. Wenn Sie eine solche Antenne kaufen wollen, dann sollten Sie nicht auf die wortreichen Versprechungen mancher Hersteller hören, die gern von 50 % mehr Reichweite schwärmen. Das ist nicht mehr als ein Marketing-Gag.

Antennen mit Richtwirkung

Eine weitere Möglichkeit bietet sich über Richtantennen. Wenn Ihr WLAN nur in einem bestimmten Bereich schwächelt, die anderen Zonen aber sehr gut versorgt sind, können Sie die schwach „ausgeleuchtete“ Zone mit einer zielgerichteten Antenne besser versorgen. Während die üblichen Antennen an WLAN-Infrastrukturgeräten so genannte Rundstrahler sind - sie haben eine rundherum gleichmäßige Leistungsentfaltung - haben Richtantennen eine so genannte Keulencharakteristik.

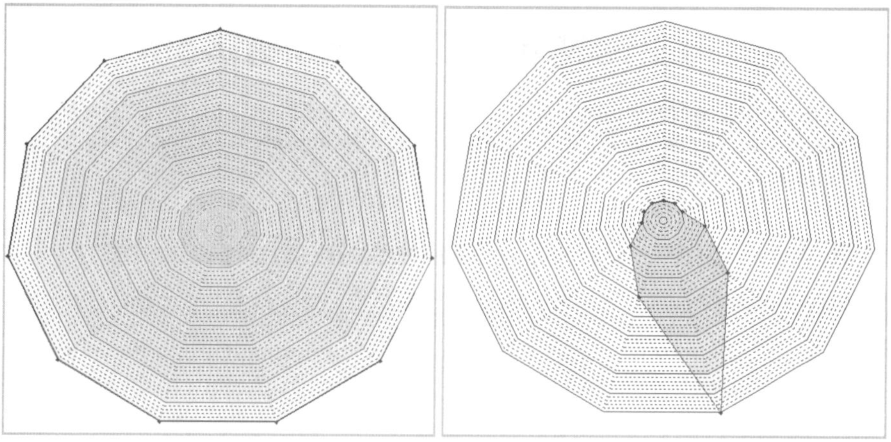

Links ein Rundstrahler, rechts die Antenne mit Keulencharakteristik.

Diese Antenne wird so montiert, dass die Keule in die Richtung zeigt, in der die Versorgung verbessert werden soll. So können Sie beispielsweise an einem WLAN Access-Router mit zwei Antennen eine der Standardantennen stehen lassen, um mit diesem Rundstrahler die allgemeine Versorgung zu gewährleisten, und am anderen Anschluss die Richtantenne anschließen, die auf das schwach versorgte Gebiet zielt. Diese Richtantennen haben oft auch eine keulenartige Optik. Oder sie sind als Flachantennen, die nur in eine Richtung strahlen, ausgelegt. Freaks basteln sich solche Antennen auch aus Metalldosen selbst. So erfreuen sich die Chipsdosen der Marke Pringels hoher Beliebtheit, weil diese aus Aluminium sind und nicht aus Pappe.

Wenn nichts hilft, hilft eine weitere Funkzelle

Wenn Sie das Pech haben, Ihr WLAN in einem Gebäude betreiben zu müssen, das eine hohe Dämpfung aufweist, dann kann es sein, dass die Standort- und Antennenoptimierung nicht das gewünschte Ergebnis bringt.

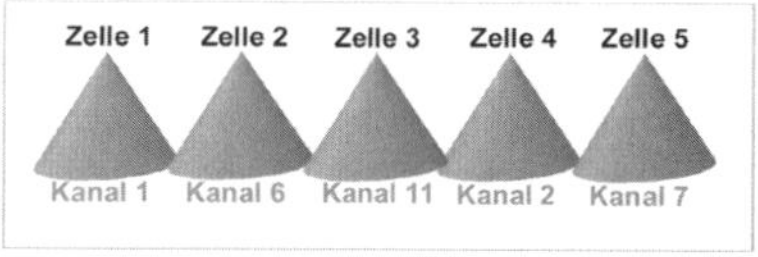

Dann hilft nur noch eines. Sie müssen das Leben Ihres WLAN als Einzeller beenden und eine zusätzliche Funkzelle einrichten, indem Sie einen weiteren Access-Point aufbauen und diesen mit dem ersten Infrastrukturgerät verbinden. Dabei müssen Sie immer darauf achten, dass die Kanäle von zwei benachbarten Funkzellen einen Abstand von 5 haben. Neben Zelle 1 mit Kanal 1 muss Zelle 2 dann mit Kanal 6 betrieben werden.

Ein kleinerer Abstand führt zu Überschneidungen und damit zu Störungen. So bietet es sich in einem Bürogebäude beispielsweise an, pro Etage eine Funkzelle einzurichten. Durch solche mehrzellige Netze lassen sich viele schwierige „Bau- und Bollwerke" meistern. Zwei separate WLAN-Zellen bieten sich auch dann an, wenn zwei entfernte Bereiche vernetzt werden sollen, ohne dass in dem Bereich dazwischen eine Funkabdeckung nötig ist. Für die Verbindung von mehreren Access-Points ist aber dann ein LAN-Kabel nötig.

12.3 WLAN und LAN nutzen und koppeln

Natürlich ist es relativ problemlos, die Vorteile beider Welten zu nutzen, also sowohl LAN als auch WLAN einzusetzen. Ob es um deren Kopplung oder um den Wechsel zwischen Funk und Kabel geht, beides ist simpel.

Mal mit, mal ohne Draht – Wechseln Sie zwischen WLAN und LAN

Nehmen wir den leitenden Angestellten als Beispiel. Seine Firma hat ihm ein Notebook zur Verfügung gestellt, das er auch zu Hause benutzen kann. Im Büro nutzt er das vorhandene LAN, daheim richtet er sich ein WLAN mit DSL-Zugang ein. Doch wie vollzieht sich der Wechseln zwischen dem LAN in der Firma und dem heimischen WLAN?

Wenn er sowohl einen LAN- als auch einen WLAN-Netzwerkadapter in das Notebook einbaut, geschieht der Wechsel im Prinzip automatisch. WLAN- und LAN-Karte werden parallel betrieben und für beide wird eine separate Netzwerkverbindung auf dem Notebook eingerichtet. Schließt man das LAN-Kabel an, erkennt das Notebook das Netzwerk und umgekehrt, eine Verbindung wird aufgebaut. Begibt man sich daheim in die Reichweite seines Funknetzes, wird die WLAN-Verbindung hergestellt.

Es muss nur dafür gesorgt werden, dass der Rechner für die jeweiligen Netze konfiguriert ist. Vergibt das LAN in der Firma die IP-Adresse per DHCP, muss das ebenso eingestellt werden wie eine feste IP-Adresse für das heimische WLAN, das auf DHCP verzichtet.

USB-WLAN

Viele Notebooks haben heute serienmäßig eine LAN-Schnittstelle eingebaut, sodass in der Regel mindestens eine PCMCIA-Schnittstelle für eine WLAN-Karte frei bleibt. Ist aber kein PCMCIA-Steckplatz mehr frei, dann besorgen Sie sich einfach einen USB-WLAN-Adapter, die Sie für bezahlbares Geld im Fachhandel bekommen. Auch für LAN gibt es solche USB to LAN-Adapter.

Wenn auf dem Notebook WLAN- und LAN-Hardware korrekt installiert und die jeweilige Netzwerkverbindung eingerichtet ist, dann sehen Sie, wenn Sie über den *Start*-Schalter das Fenster für die Netzwerkverbindungen öffnen, Folgendes:

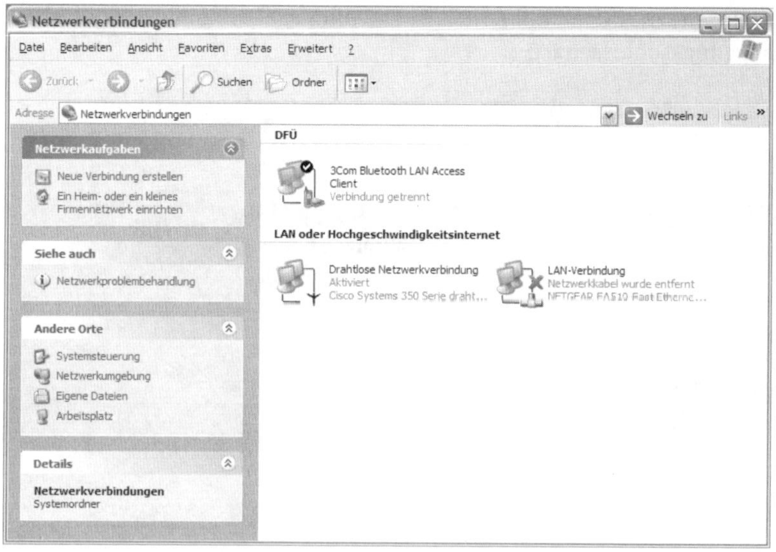

Wie Sie sehen, zeigt die Funktion Netzwerkverbindungen WLAN und LAN an und gibt auch an, mit welchem von beiden Sie gerade verbunden sind.

Beide Netzwerkverbindungen werden angezeigt. Sie sehen, welche Verbindung gerade aktiv ist und welche nicht. Wenn sowohl das LAN-Kabel angeschlossen als auch die Funkzelle erreichbar ist, können sogar beide Netze genutzt werden. Wie Sie sehen, ist der Wechsel zwischen WLAN und LAN mehr als einfach. Sind beide Netzwerkadapter korrekt installiert und konfiguriert, dann geschieht der Wechsel zwischen LAN und WLAN automatisch ohne Ihr Zutun. Der Rechner erkennt automatisch, dass eine Netzwerkverbindung möglich ist, und baut diese selbstständig auf. Eventuell sind Benutzernamen und Passwort anzugeben.

WLAN und LAN koppeln

Dank eines WLAN-Access-Points oder -Routers ist auch die Anbindung von WLAN an ein LAN ein Kinderspiel. Nur wenn Sie ein Infrastrukturgerät erwischt haben sollten, das keine LAN-Anschlussbuchse hat, haben Sie Pech. Solche Geräte sind heute aber sehr selten. Sie verbinden die LAN-Buchse per Kabel mit Ihrer LAN-Infrastruktur, also beispielsweise einem Switch oder Hub. Dabei muss dessen Uplink-Port benutzt werden, wie bereits in Kapitel 2 beschrieben. Dann ist noch ein klein wenig Konfigurationsarbeit nötig.

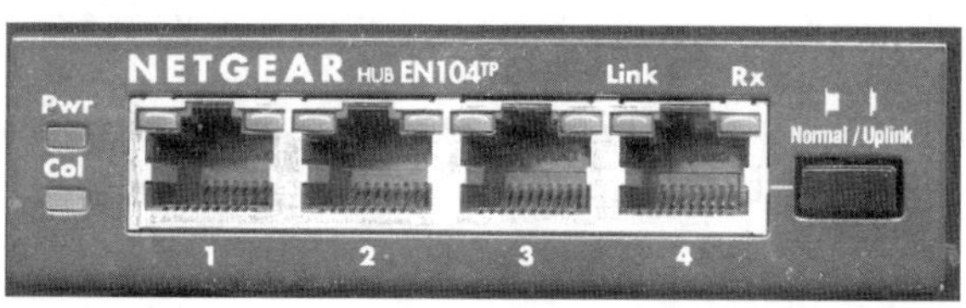

An den Uplink-Port eines Switches oder Hubs im bestehenden LAN schließen Sie das WLAN-Infrastrukturgerät an.

1. Wenn in dem bestehenden LAN bereits ein DHCP-Server vorhanden ist, dann müssen Sie den DHCP im WLAN-Infrastrukturgerät – falls vorhanden – deaktivieren, damit die Clients im Funknetz Ihre IP-Adresse von dem DHCP-Server im LAN und damit aus der gleichen IP-Range beziehen. Ist im LAN noch keine DHCP-Instanz vorhanden, dann können Sie die DHCP-Funktion des WLAN-Infrastrukturgeräts für das

gesamte Netzwerk nutzen, denn dem DHCP ist es völlig egal, ob ein Client über Kabel oder Funknetz angeschlossen ist.

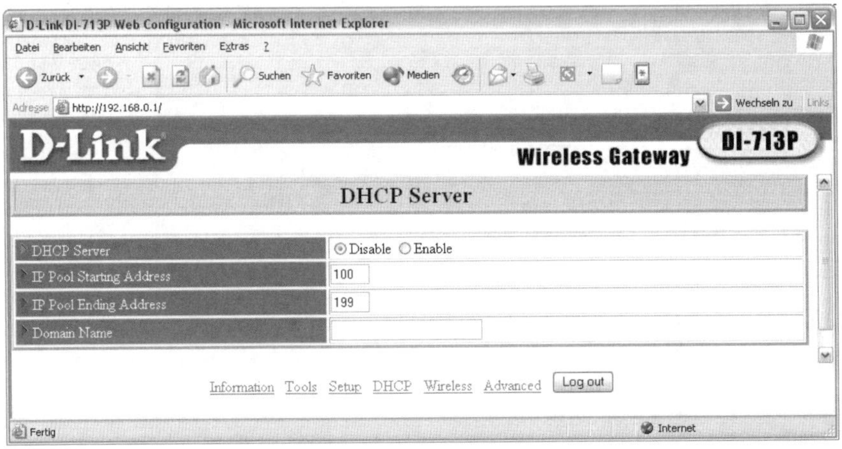

Gibt es im vorhandenen LAN bereits einen DHCP-Server, sollten Sie diese Funktion im WLAN-Infrastrukturgerät deaktivieren, damit die Clients im WLAN aus der gleichen IP-Range versorgt werden wie die im LAN.

2. Dem WLAN-Infrastrukturgerät sollten Sie eine feste IP-Adresse zuweisen, die ebenfalls aus der IP-Range des LAN stammt. Denn wenn das ALN IP-Adressen mit kurzer IP-Leasezeit vergibt, würde auch das WLAN-Access-Gerät immer wieder eine neue bekommen, sodass Sie diese ständig erneut ermitteln müssen, wenn Sie sich in das Webinterface einloggen wollen.

Damit sollte der Kopplung von WLAN und LAN und auch der gemeinsamen Nutzung aller Ressourcen nichts mehr im Wege stehen. Noch einfacher ist die LAN-Kopplung, wenn Ihr WLAN-Infrastrukturgerät einen Switch integriert hat, an den verkabelte Clients angeschlossen werden können.

12.4 Sicherheit im WLAN – Wired Equivalent Privacy

Einer der großen Nachteile von WLAN ist, dass Funkwellen sich überall verbreiten und somit von jedem abgefangen werden können. Zum Schutz, oder besser zur Verschlüsselung des Datenverkehrs, gibt es in WLAN eine zentrale Schutzvorrichtung namens **Wi**red **E**quivalent **P**rivacy (WEP), was in etwa drahtähnliche Privatsphäre heißt.

Was bedeutet das nun wieder? WEP soll sozusagen eine Sicherheit bieten, die mit der in drahtgebundenen Netzen vergleichbar ist.

Die Daten werden, bevor Sie durch den WLAN-Adapter auf die Reise durch den Äther geschickt werden, mit einem Schlüssel codiert. Aus dem Klartext wird sozusagen ein unverständliches Kauderwelsch gemacht, mit dem ein Spion nichts anfangen kann.

Erst auf der Empfängerseite erfolgt die Decodierung zurück in den Klartext. Natürlich müssen beide beteiligten Clients, oder besser deren WLAN-Adapter, den verwendeten Codeschlüssel kennen.

WEP ist mittlerweile umstritten und wird in Sachen Effizienz der Schutzwirkung kritisiert. WEP bietet keinen hundertprozentigen Schutz und kann geknackt werden. Doch das ist mit einem gewissen Aufwand verbunden, den der Hacker betreiben muss. Sein Angriff wird somit verzögert. Der Hacker braucht also mehr Zeit für seine Attacke.

Und da WEP heutzutage in allen Geräten serienmäßig vorhanden ist, sollte man es auch nutzen, denn das ist auf alle Fälle besser als der Datenfunk ohne jede Verschlüsselung.

Die Qualität der Verschlüsselung hängt natürlich auch von der Qualität des benutzten Kennwortes ab!

WEP-Kennwort auswählen

Da beide Stationen den gleichen Schlüssel verwenden, nennt man das Ganze Shared Key. Diesen Schlüssel legen Sie als Anwender fest, wobei Sie in der Regel zwischen zwei Schlüsselqualitäten wählen können. Es gibt einen 40-Bit-Schlüssel und einen 104-Bit-Schlüssel, wobei letzterer der bessere ist, da er länger und damit schwerer zu knacken ist. Bei der Nutzung des 40-Bit-Schlüssels müssen Sie ein Kennwort mit fünf alphanumerischen Zeichen festlegen, aus dem dann der eigentliche Schlüssel generiert wird.

Verschiedene Bezeichnungen für WEP-Schlüssel

In vielen Geräten werden Sie bei der Konfiguration statt der 40 Bit 64 Bit finden und statt der 104 Bit 128 Bit. Es sind dennoch die gleichen Schlüsselverfahren. Die 40 Bit werden hardwareintern durch einen Initialisierungsvektor auf 64 Bit erweitert und analog die 104 Bit auf 128 Bit.

Für den 104-Bit-Schlüssel müssen Sie 13 alphanumerische Zeichen als Kennwortlänge benutzen. Manche Geräte akzeptieren auch nur Hexadezimalzahlen als Kennwort.

In diesem Fall sind beide Schlüssel jeweils doppelt so lang, da eine Hexadezimalzahl immer aus zwei Zeichen besteht. Nehmen Sie kein Kennwort, das leicht zu merken und damit zu erraten ist! Sie sollten daher wie bei jedem Passwort ein Kennwort auswählen, das nur sehr schwer zu ermitteln ist und am besten aus einer zufälligen Kombination von Buchstaben und Zahlen besteht.

Das so gewählte Kennwort müssen Sie jetzt auf alle im Netz beteiligten WLAN-Geräten, also den WLAN-Netzwerkadaptern in den Clients, den WLAN-Access-Points und -Routern einrichten. Das geht recht schnell, wie Sie gleich sehen werden.

Sie müssen zum einen das WLAN-Infrastrukturgerät konfigurieren und zum anderen den WLAN-Netzwerkadapter im Client.

Mit Letzterem fangen wir an.

1 Öffnen Sie die Eigenschaften Ihres WLAN-Netzwerkadapters, indem Sie die *Netzwerkverbindungen* öffnen und mit der rechten Maustaste auf den Eintrag für das WLAN-Netz klicken.

In dem erscheinenden Kontextmenü klicken Sie auf *Eigenschaften*, dann auf *Drahtlose Netzwerke*.

Nun markieren Sie das genutzte WLAN durch einen Klick mit der linken Maustaste, wonach Sie dann auf *Konfigurieren* klicken.

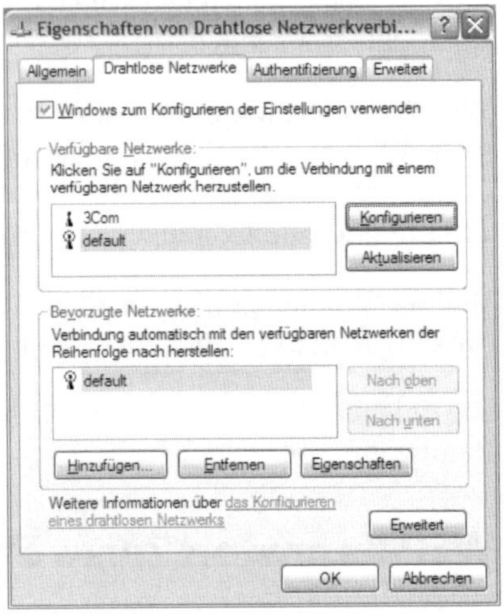

2 In diesem Fenster aktivieren Sie zunächst die *Datenverschlüsselung (WEP aktiviert)*, mit dem Häkchen.

Das Gleiche machen Sie mit der *Netzwerkauthentifizierung (gemeinsamer Modus)*.

Bei *Schlüssel wird automatisch bereitgestellt* darf kein Häkchen sein, da der Schlüssel ja manuell eingetragen werden soll.

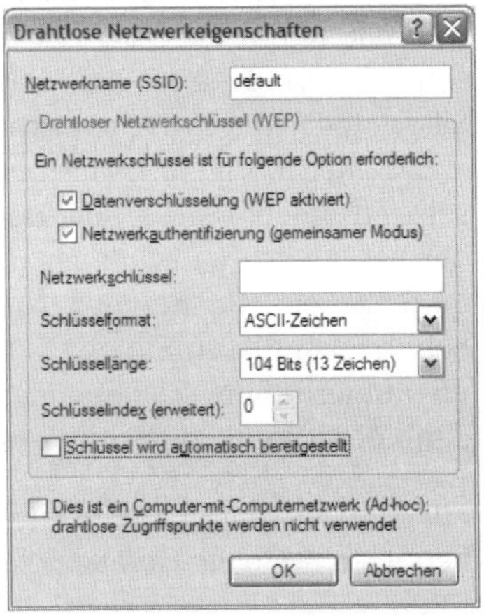

3 Jetzt müssen Sie das *Schlüsselformat* festlegen. In unserem Fall nehmen wir *ASCII-Zeichen*, weil ein alphanumerischer Schlüssel verwendet werden soll. Ist eines der Geräte im WLAN nur in der Lage, Hexadezimalziffern als Schlüssel zu nutzen, müssen Sie in allen beteiligten Geräten einen Hex-Schlüssel verwenden.

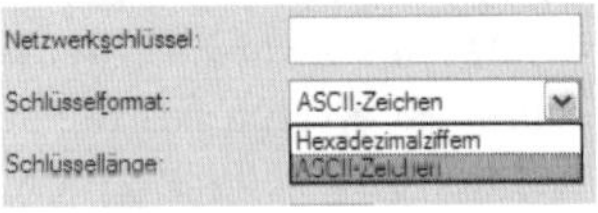

4 Wählen Sie die *Schlüssellänge* und damit auch die Schlüsselqualität aus. Auch hier gilt, dass Sie alle Geräte in Ihrem WLAN mit dem kleinen 40-Bit-Schlüssel konfigurieren müssen, wenn ein Gerät den großen nicht beherrschen sollte.

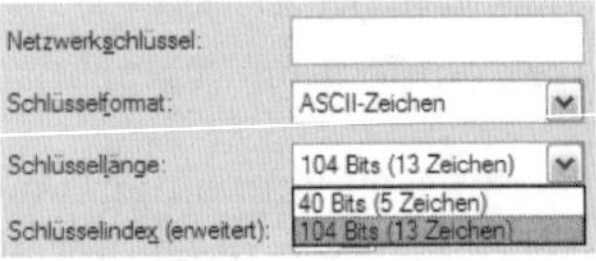

5 Geben Sie nun bei *Netzwerkschlüssel* das fünfstellige Kennwort ein, das Sie sich erdacht haben. Wie bereits erwähnt, sollten Sie eines nehmen, das nur schwer nachvollzogen oder erraten werden kann.

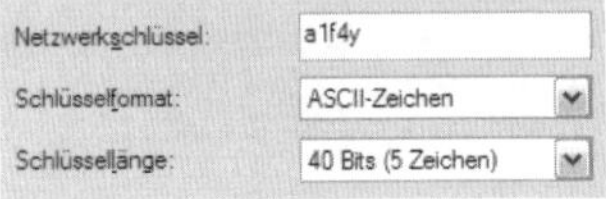

Klicken Sie abschließend auf den *OK*-Schalter und danach im Hauptfenster der Eigenschaften Ihres WLAN-Netzwerkadapters abermals auf *OK*.

Damit ist der WEP-Schlüssel für Ihren Client festgelegt. Das wiederholen Sie jetzt für alle Clients in Ihrem WLAN. Danach müssen Sie die WEP-Funktionalität auf dem WLAN-Access-Point oder -Router konfigurieren.

Die Konfiguration läuft bei allen Geräten sehr ähnlich ab, nur dass sich die Webinterfaces wie immer von Hersteller zu Hersteller unterscheiden.

1 Wie schon so oft, rufen Sie das Webinterface des Routers auf. Nun rufen Sie die Seite für die Konfiguration der WLAN-Funktionen auf, indem Sie hier in diesem Fall auf *Wireless* klicken.

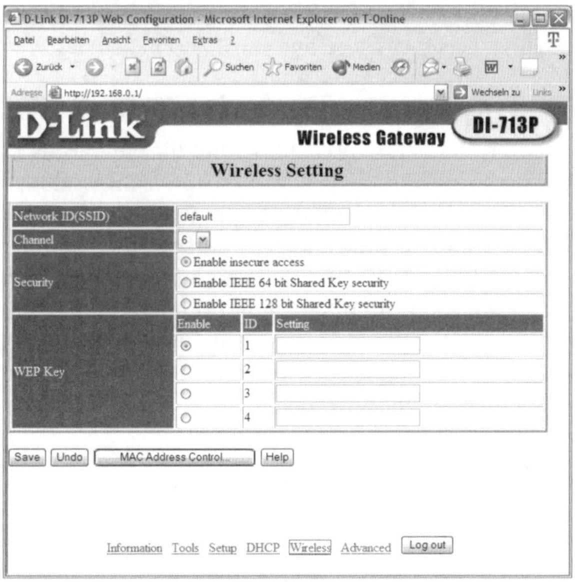

2 Zunächst stellen Sie in der Zeile *Security* die Verwendung des richtigen Schlüssels ein. Hier sehen Sie *Enable IEEE 64 bit Shared Key Security* und *Enable IEEE 128 bit Shared Key Security*. Das entspricht den 40 bzw. 104 Bit aus den vorangegangenen Schritten. Sie müssen auch hier die gleiche Schlüsselgröße verwenden, die auf den anderen beteiligten Geräten eingestellt ist.

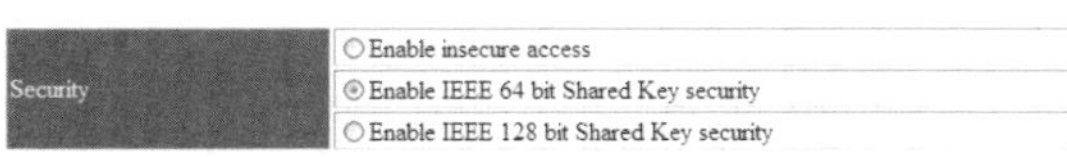

3 Nun geben Sie hier bei *WEP Key* hinter der *ID 1* den gleichen Schlüssel ein, den Sie zuvor bei den anderen Geräten eingestellt haben. Noch einmal sei daran erinnert, dass vor allem manche WLAN-Infrastrukturgeräte nur hexadezimale Schlüssel akzeptieren und Sie dann alle Geräte mit einem Hex-Schlüssel ausstatten müssen.

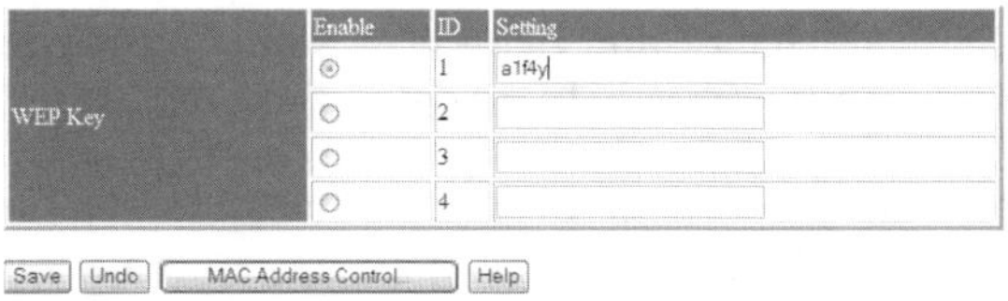

4 Klicken Sie jetzt auf den Schalter *Save* und danach auf den erscheinenden Schalter *Reboot*. Damit ist die Konfiguration beendet.

Mehrere WEP-Keys für verschiedene PCs festlegen

Wie Sie hier an diesem WLAN-Router sehen, können Sie bei einigen Geräten mehr als nur einen WEP-Keys (ID 1 bis ID 4) einrichten. Damit bietet sich die Möglichkeit, vier unterschiedliche Schlüsselpaare zu vergeben. Das können Sie nutzen, um beispielsweise Ihr WLAN in vier eigenständig geschützte Teile zu zerlegen. Wenn Sie beispielsweise nur vier Clientrechner im Netz haben, könnten Sie jedem einen eigenen Schlüssel geben und diesen in der Konfiguration des WLAN-Routers hinterlegen.

Wie Sie sehen, ist es nicht allzu schwer, die WEP-Verschlüsselung für ein WLAN einzurichten und die Datenübertragung besser zu schützen. Von dieser Verschlüsselung merken Sie nichts, während Sie Ihr WLAN benutzen. Wenn ein Client jedoch auf einmal keine Verbindung mehr im WLAN aufbaut, dann liegt das höchstwahrscheinlich daran, dass Sie sich irgendwo bei der Eingabe des Schlüssels vertippt haben oder bei einem Gerät eine andere Schlüssellänge konfiguriert wurde. Prüfen Sie dann, ob überall die Schlüsseleinstellungen identisch sind. Betreiben Sie WEP mit dem großen 104-(128-)Bit-Schlüssel und es klappt nicht, obwohl alle Einstellungen korrekt sind, dann haben Sie vermutlich ein Gerät im Netz, das den großen Schlüssel nicht nutzen kann.

Der große Schlüssel war früher nicht vollständig standardisiert

Der 40-(64-)Bit-Schlüssel ist ein allgemein gültiger und anerkannter Standard. Der große 104-(128-)Bit-Schlüssel jedoch war bis vor einer Weile noch nicht vollständig als Standard vereinheitlicht. Manche Hersteller implementierten diesen Schlüssel etwas anders als andere in ihre Geräte. Trifft das zu, hilft nur die Umstellung auf den 40-Bit-Schlüssel. Das kann bei älteren Geräten noch zutreffen. Neue Hardware sollte auch hier einheitlichen Standards folgen

Auch wenn WEP heute in jeder WLAN-Hardware nutzbar ist und Sie diese Sicherheitsfeatures deshalb verwenden sollten, darf nicht die Illusion aufkommen, dass WEP in Sachen Sicherheit der Weisheit letzter Schluss ist. WEP ist durch im Internet erhältliche Hackertools nicht allzu schwer zu knacken. Solche Tools müssen zwischen 100 und 1000 MByte an gefunkten Daten abhören und analysieren, um den Schlüssel ermitteln zu können. Entsprechende Tools, wie beispielsweise AirSnort, sind als OpenSource-Software frei verfügbar. Wenn Sie noch keine WLAN-Hardware haben, sollten Sie auf alle Fälle nur solche kaufen, die den großen 104-(128-)Bit-Schlüssel unterstützt. Eine deutlich bessere Sicherheit erzielen Sie, wenn Sie zusätzlich zu WEP die WLAN-Verbindungen als **V**irtual **P**rivate **N**etwork (VPN) aufsetzen. Wenn Sie sich intensiver in das Thema WLAN einarbeiten wollen, lohnt sich die Lektüre des Buches „Das große Buch Wireless LAN" (ISBN 3-8158-2500-8) aus dem DATA BECKER-Verlag. Darin wird auch das Thema WLAN-Sicherheit per VPN intensiv behandelt.

WEPplus verbessert WEP

Eine neue Entwicklung in Sachen WEP hält langsam Einzug in aktuelle Router. Die Schwäche von WEP liegt darin, dass bestimmte Initialisierungsvektoren, die zudem unverschlüsselt übertragen werden, Schwächen haben, die einen Einbruch in den WEP-Schlüssel erleichtern. Das Ganze ist als Weak Keys bekannt. Eine neue Technik, die Weak Key Avoidance heißt und unter der Produktbezeichnung WEPplus firmiert, vermeidet, dass diese schwachen Initialisierungsvektoren für eine WEP-Verbindung verwendet werden. Neue WLAN-Router sollten Sie nur kaufen, wenn diese WEPplus bieten.

Bluetooth als Alternative zu WLAN?

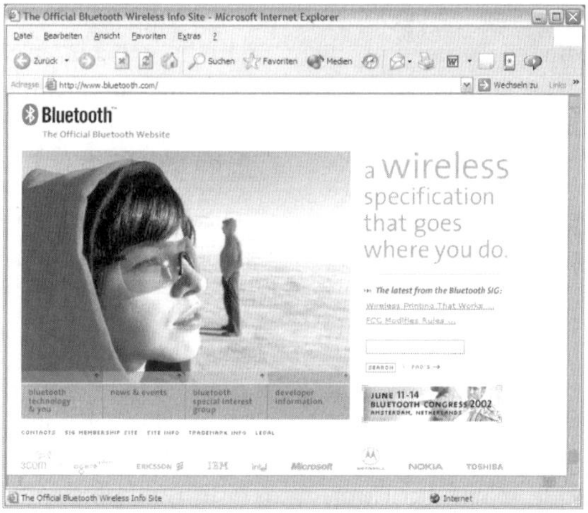

Bluetooth hat nach einigen Startschwierigkeiten seit knapp zwei Jahren am Markt Fuß gefasst und beginnt derzeit zu boomen. Könnte Bluetooth eine Alternative zu Wireless LAN sein?

Die Antwort auf diese Frage lautet ganz entschieden „jein“! Warum?

Nun, es kommt darauf an, was genau Sie erreichen wollen. Wenn Sie nur ohne Strippenziehen ins Internet wollen und ein internes Netzwerk für Sie keine große Rolle spielt, dann kann Bluetooth durchaus eine Alternative sein.

Wenn aber der Aufbau eines Netzwerks mit Internetanschluss im Vordergrund steht und mehrere Clients vernetzt arbeiten und gemeinsame Ressourcen nutzen sollen, dann ist ein WLAN die erste Wahl. Sollte Bluetooth für Sie in die engere Wahl kommen, dann gibt es am Markt durchaus Lösungen, mit denen mehrere Rechner drahtlos das Internet nutzen können. Eine solche Lösung wollen wir Ihnen hier exemplarisch Vorstellen!

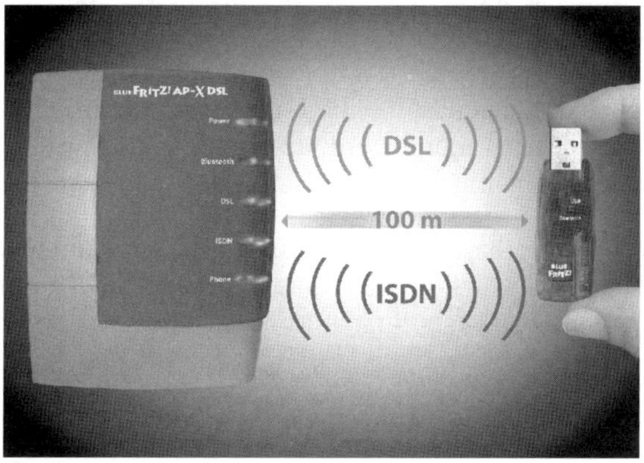

Fritz! AP-X DSL ist eine auf Bluetooth aufbauende Lösung, die aus einem ISDN-/DSL-Access-Point mit Bluetooth-Verbindung zu den Clients und den entsprechenden „Bluetooth-Stöpseln“ für die Clientrechner besteht.

Quelle: www.avm.de

Die für seine Fritz!-ISDN-Produkte bekannt gewordene Berliner Firma AVM bietet brandneu Fritz! AP-X DSL an. Dabei handelt es sich um einen Access-Point mit ISDN- und DSl-Hardware, Bluetooth und der Funktionalität einer Telefonanlage. Mit anderen Worten, Sie können mit mehreren PCs, die über Bluetooth angebunden werden, per ISDN oder DSL online gehen und mittels normalen Telefonapparaten auch Telefongespräche über das Gerät führen. Für die Clientrechner brauchen Sie die Blue Fritz-Adapter, dass sind kleine „Bluetooth-Stöpsel", die an den USB-Anschluss kommen und die Verbindung zum zentralen Access-Point aufbauen.

Dabei setzt AVM eine reichweitenoptimierte Bluetooth-Technik ein, die unter günstigen Bedingungen bis zu 100 Meter überbrücken können soll, während das „normale" Bluetooth nur für zehn Meter Distanz gut ist.

Der Vorteil dieser Bluetooth-Stöpsel für die Clients ist, dass Sie auch andere Bluetooth-Geräte anbinden können. Das Notebook könnte so unterwegs über ein Bluetooth-taugliches Handy online gehen. Sie können entsprechend ausgestattete Drucker und Peripheiregeräte ansteuern oder auch die Synchronisation mit einem Bluetooth-tauglichen PDA durchführen.

Nachteil ist, dass Sie nicht die Möglichkeiten des „echten" vernetzten Arbeitens haben, die WLAN bietet. Bluetooth ist deutlich langsamer als WLAN und benutzt nicht das standardisierte TCP/IP-Protokoll. Für die Datenübertragung ins Internet per ISDN und DSL reicht die Transferrate von Bluetooth allemal, aber wenn Sie zwischen den Clients Daten austauschen wollen, was zwar geht, aber recht umständlich ist, ist WLAN selbst mit „nur" 11 MBit/s deutlich schneller.

12.5 Heterogene Funknetze mit Apple AirPort

Apple bietet mit seiner Funk-LAN-Lösung AirPort eine einfach zu konfigurierende, mit den wichtigen Standards kompatible und leistungsfähige Lösung für Funk-LANs an. Mittlerweile auch mit 54 MBit/s entsprechend dem 802.11g-Standard.

Dabei haben Sie aber trotzdem die Möglichkeit, einen Kompatibilitätsmodus für 802.11b-Netzwerke zu nutzen, sodass auch Rechner angebunden werden können, die noch über eine etwas ältere 11- oder 22-MBit/s-Karte verfügen.

Dann können Sie allerdings nicht mehr die volle Bandbreite des AirPort-Extreme nutzen, sondern müssen sich mit den 22 MBit/s zufrieden geben. Das ist aber sicherlich ein guter Kompromiss aus neuster Technik und Leistung sowie optimaler Kompatibilität.

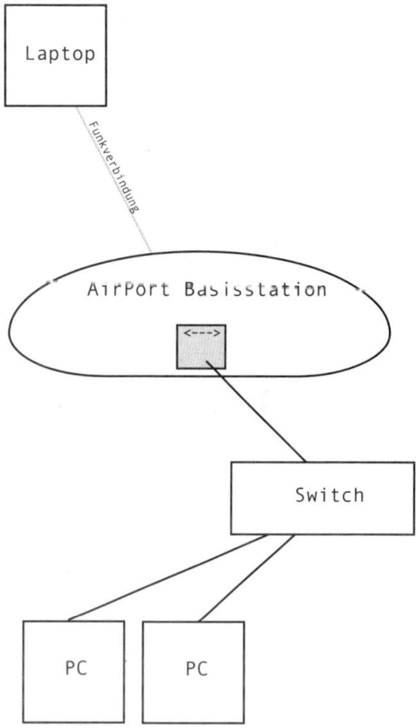

In diesem Kapitel werden wir Ihnen eine recht verbreitete Konfiguration vorstellen, in die sich ein AirPort-Netzwerk wunderbar integrieren lässt. Die Situation ist die folgende: Es existiert bereits ein Netzwerk, bestehend aus Windows- und Linux-PCs. Das Netzwerk ist fest verlegt und über einen 10-/100-MBit/s-Switch verbunden. Nun möchten Sie beispielsweise einen Laptop oder einen PC, der sich per Kabel nur schlecht erreichen lässt, anbinden. Dazu installieren Sie eine AirPort-(Extreme-)Basisstation sowie AirPort-(Extreme)-, bzw. kompatible Funk-LAN-Karten. Der Internetzugang wird wahlweise über einen DSL-Zugang direkt über die AirPort-Basistation genutzt oder über einen beliebigen externen Router für einen beliebigen Verbindungstyp.

Der erste Schritt zum funktionierenden Netzwerk ist natürlich die Verkabelung. Verbinden Sie den LAN-Port (<···>) mit einem freien Port an dem Switch. Zusätzlich muss die AirPort-Basisstation mittels des beiliegenden Netzkabels mit Strom versorgt werden. Damit ist die Basisstation einsatzbereit.

Die Rechner, die per AirPort verbunden werden sollen, müssen über eine eingerichtete Funk-LAN-Karte verfügen. Sie sollten nun bereits ein Funknetzwerk finden. Als Nächstes muss die Basisstation für dieses Netzwerk konfiguriert werden. Dazu verwenden Sie, falls ein Mac vorhanden ist, das AirPort Admin-Dienstprogramm bzw. unter Windows das AirPort Admin Utility for Windows, das derzeit nur in Englisch verfügbar ist und offiziell keine Unterstützung für AirPort Extreme bietet. Allerdings lässt sich eine AirPort Extreme-Basisstation trotzdem mit diesem Werkzeug konfigurieren. Sie können das Windows-Programm von *www.apple.de* in der Kategorie *Support* herunterladen.

Die Installation starten Sie durch einen Doppelklick auf die *Setup.exe*, die sich in der ZIP-Datei befindet. Wenn die Installation abgeschlossen ist, haben Sie einen neuen Eintrag, *AirPort Admin Utility* in der Programmliste. Starten Sie das Programm. Es sucht automatisch nach vorhandenen AirPort-Stationen. Sie werden in einer Liste angezeigt. Wählen Sie die Station, die Sie konfigurieren möchten.

Unter MacOS X finden Sie das AirPort Admin-Dienstprogramm nach der Installation der AirPort-Software unter Programme/Dienstprogramme. Das Interface der Windows- sowie der Mac-Version ist praktisch identisch, abgesehen davon, dass natürlich die systemspezifischen Interface-Stile verwendet werden.

Wir gehen davon aus, dass das vorhandene Netzwerk keinen DHCP-Server verwendet und alle stationären Rechner fest vergebene IP-Adressen haben. Die per Funk angebundenen Rechner werden ihre IP-Adressen später per DHCP von der AirPort-Station zugeteilt bekommen.

Folgen Sie der nachfolgenden Anleitung.

1 Starten Sie das Konfigurationsprogramm für Windows bzw. MacOS. Wählen Sie in der Liste Ihre Basisstation und klicken Sie auf *Konfigurieren*. Falls die Basisstation bereits über eine Konfiguration verfügt, werden Sie nach dem Passwort gefragt. Geben Sie es ein und bestätigen Sie die Eingabe. Sollten Sie das Passwort nicht kennen, müssen Sie die Reset-Taste an der Basisstation ca. eine Sekunde lang gedrückt halten, um das Passwort zu löschen. Sie werden dann beim Starten der Konfiguration nach einem neuen Passwort gefragt.

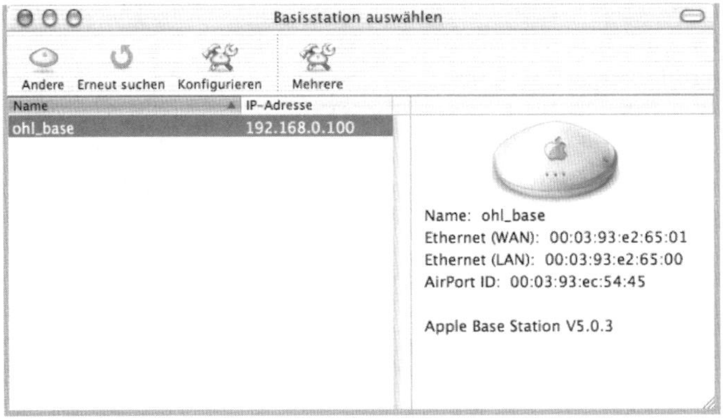

2 Anschließend erscheint der Konfigurationsdialog. Bei dem Mac-Programm müssen Sie erst auf *Alle Einstellungen* klicken, damit Sie eine Übersicht der verfügbaren Optionen bekommen. Unter dem Register *AirPort* vergeben Sie einen Namen für das Netzwerk und die Station und aktivieren die Option zur WEP-Verschlüsselung, um ein Mindestmaß an Sicherheit zu erlangen. Außerdem können Sie unter diesem Punkt Passwörter vergeben, eines für den Netzwerkzugang und eines für den Konfigurationszugang auf der Basisstation.

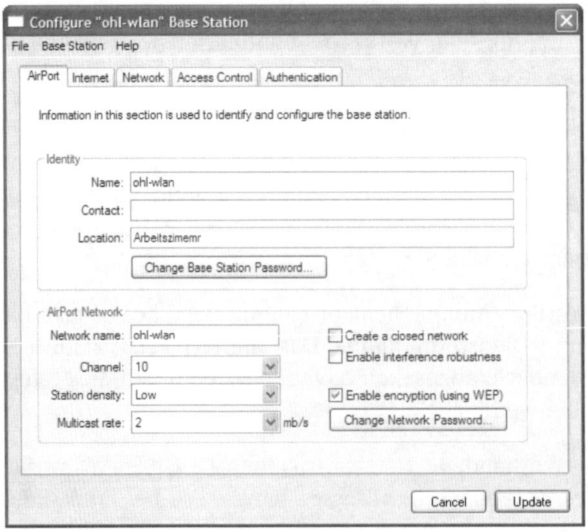

3 Das Register *Internet* verbirgt die Konfiguration der Routingfunktionalität. Wir beschreiben hier zuerst die Verbindung über ein LAN. Die Konfiguration eines DSL-Zugangs folgt später in diesem Kapitel. Für den Verbindungstyp wählen Sie *Ethernet*, da innerhalb des bestehenden Netzwerks ein Router arbeitet. Da das Netzwerk, wie besprochen noch keinen DHCP-Server enthält, müssen Sie die TCP/IP-Konfiguration manuell machen. Wählen Sie eine IP, die Ihrem restlichen Netzwerk entspricht, beispielsweise 192.168.0.100. Als Router und DNS-Server geben Sie die IP des Routers an. Als Teilnetzmaske geben Sie 255.255.255.0 an. Die Angaben des Routers sowie des Gateways werden auch von der im nächsten Schritt konfigurierten DHCP-Fähigkeit der Basisstation genutzt.

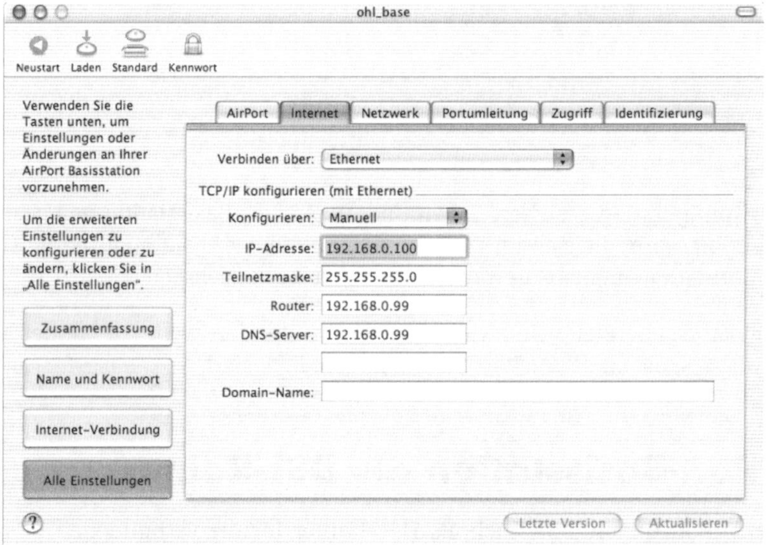

4 Unter dem Register *Netzwerk* wird die Vergabe der IP-Adressen an die AirPort-Clients über DHCP konfiguriert. Aktivieren Sie die Option zum gemeinsamen Verwenden von Netzwerkadressen bzw. *Distribute IP addresses* in der Windows-Version. Die Bezeichnung in der deutschen Mac-Software ist etwas irreführend, da die IPs nicht geteilt, sondern verteilt werden sollen. Wenn Sie diesen Punkt aktiviert haben, können Sie wählen, ob die Clients hinter einer IP „versteckt" werden sollen, was der Fall ist, wenn Sie über einen DSL-Zugang verbinden möchten, oder ob die Clients alle über ihre eigene Adresse im Netzwerk ansprechbar sein sollen, was eingestellt werden muss, wenn die Clients in ein vorhandenes Netzwerk eingebunden werden sollen. Aktivieren Sie also die zweite Option und legen Sie einen Adressraum fest, aus dem der Router IPs verteilen soll. Beachten Sie dabei, dass ausreichend IP-Adressen bereitstehen müssen. Außerdem müssen Sie eine Zeit angeben, die eine IP-Adresse gültig bleibt. Das dient dazu, dass keine Datenleichen entstehen, weil eine IP-Adresse nicht explizit freigegeben wurde.

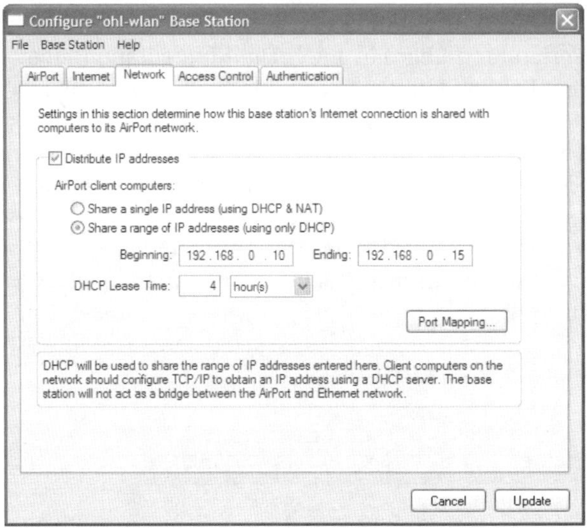

Wenn Sie diese Konfiguration gesichert haben und die AirPort-Basisstation neu gestartet wurde, werden Computern, die sich im Funk-LAN neu anmelden, automatisch IP-Adressen sowie die Informationen über Gateway und DNS-Server zugewiesen.

Das bestehende, kabelgebundene Netzwerk arbeitet unverändert weiter, es findet lediglich zusätzlich die PCs, die an der AirPort-Station angemeldet sind.

12.6 AirPort-Basisstation als DSL-Router

Sie können die AirPort-Basisstation auch als DSL-Router für die verbundenen PCs verwenden.

Dazu müssen Sie das DSL-Modem mit der WAN-Buchse der Baisstation verbinden, die sich direkt neben der LAN-Buchse befindet und durch einen Kreis bestehend aus kleinen Punkten gekennzeichnet ist.

Anschließend können Sie den DSL-Zugang mittels des AirPort Admin-Dienstprogramms einrichten.

1 Öffnen Sie das AirPort Admin-Dienstprogramm, wählen Sie Ihre Basisstation aus und klicken Sie auf *Konfigurieren*. Nachdem Sie Ihr Passwort eingegeben haben, klicken Sie auf *Alle Einstellungen* (nur unter MacOS erforderlich). Anschließend wählen Sie das Register *Internet*. Wählen Sie in dem Feld *Verbinden über PPPoE*. Damit wird der Basisstation signalisiert, dass es sich um einen DSL-Anschluss handelt.

2 Es erscheint ein Formular, in dem Sie die Zugangsdaten Ihres Providers eintragen müssen. Geben Sie den Benutzernamen ein und klicken Sie auf *Passwort ändern*, um das Passwort einzustellen. Das Feld *Dienstname* bleibt leer.

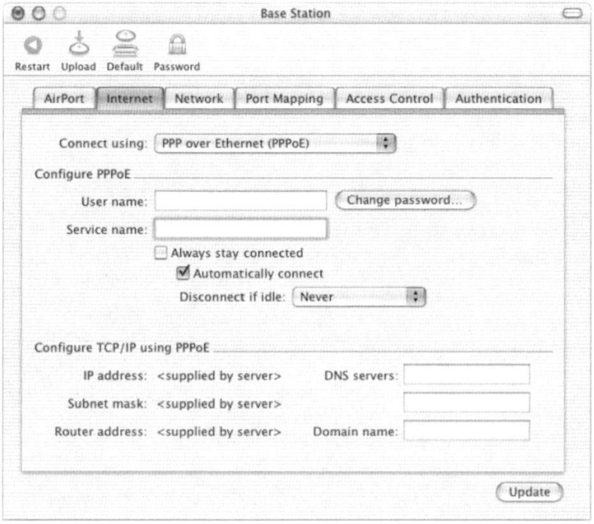

3 Die AirPort-Station kann den DNS-Server nicht automatisch vom Provider ermitteln, daher müssen Sie im Feld *DNS Servers* manuell einen DNS-Server angeben.

4 Wechseln Sie auf das Register *Netzwerk*. Dort müssen Sie die Option *IP-Adressen gemeinsam nutzen* aktivieren. Wenn Sie sich per DSL ins Internet einwählen, wird Ihnen in der Regel nur eine IP-Adresse zugeteilt. Sie möchten aber mit mehreren PCs im Internet surfen. Dazu müssen alle PCs hinter dieser einen IP-Adresse versteckt werden. Das geschieht durch so genanntes **N**etwork **A**ddress **T**ranslating (NAT). Wählen Sie also die Option *Eine einzige IP-Adresse gemeinsam nutzen (über DHCP und NAT)*.

Damit ist die Konfiguration der Basisstation abgeschlossen. Stellen Sie an den Clients die Adressvergabe durch DHCP ein, damit sie alle Einstellungen erhalten, die benötigt werden, um auf den Internetzugang zuzugreifen.

13. Softwarerouter vorbereiten

In den vorherigen Kapiteln haben Sie gelernt, mit Hardwareroutern umzugehen, und haben die wichtigsten Technologien im Routingbereich kennen gelernt. In diesem und den folgenden Kapiteln werden Sie nun eine Alternative zu Hardwareroutern kennen lernen, die sich vor allem dann anbietet, wenn Sie noch einen alten PC übrig haben, der normalerweise auf dem Müll landen würde. Softwarerouter sind zudem als Fallback-Lösung bestens geeignet, wenn Ihr Hardwarerouter den Geist aufgegeben hat und Sie plötzlich ganz ohne Router dastehen.

13.1 Die Software

Softwareseitig werden die Router prinzipiell in zwei Kategorien unterteilt. Einmal die Linux-Router, die sich in der Regel durch ihre Kompaktheit in der Software auszeichnen, und zum anderen die Windows-Router, die ein nicht gerade Platz- und Ressourcen sparendes Windows als Basis verwenden und zusätzlich eine Anwendung installiert haben, die sich um das eigentliche Routing kümmert.

Wir beschränken und auf die Linux-Lösung, da die Windows-Variante praktisch keinerlei Vorteile mit sich bringt und lediglich erhöhte Kosten verursacht. Außerdem können Sie mit einer Windows-Installation keinen wirklich alten PC zu neuem Leben erwecken. Mit Linux dagegen klappt das wunderbar, selbst aus einem PC der 486er-Generation einen voll ausgestatteten Router zu machen.

Unter Linux wird keine zusätzliche Software benötigt. Alles, was für den Betrieb eines Routers notwendig ist, ist bereits im Kernel, dem Hauptprogramm, enthalten. Der Kernel ist quasi das eigentliche Betriebssystem. Der Kernel kümmert sich um alle hardwarenahen Ereignisse vom Initialisieren der Hardware bis zum Verwalten des Speichers. Der Kernel zeichnet sich, trotz des enormen Funktionsumfangs, durch seine Kompaktheit aus, die es möglich macht, das gesamte Betriebssystem des Routers, inklusive aller notwendigen Dateien, auf nur einer Diskette unterzubringen.

13.2 Die unterschiedlichen Routertypen

Damit sind wir auch schon beim nächsten Abschnitt angelangt. Es gibt mehrere Typen von Softwareroutern. Der am einfachsten zu konfigurierende ist zweifelsfrei der eben angesprochene Diskettenrouter. Sie können mithilfe einfacher Konfigurationssoftware bzw. durch das Editieren simpler ASCII-Konfigurationsdateien einen kompletten Router erstellen, der mit einem Klick auf Diskette geschrieben wird. Diese Diskette können Sie dann in den vorgesehenen PC einlegen und den Rechner starten. Das war's, so schnell können Sie einen funktionstüchtigen Router erstellen.

Diskettenrouter

Natürlich hat ein Diskettenrouter nicht nur Vorteile. Der größte Nachteil ist sicherlich die geringe Speicherkapazität der Diskette. Obwohl die Daten in komprimierter Form auf die Diskette geschrieben werden, müssen Sie sich in der Auswahl der Pakete an vielen Stellen sehr genau überlegen, was Sie wirklich benötigen. Fortgeschrittene Funktionen wie Anrufbeantworter oder Faxserver sind mit Diskettenroutern praktisch nicht umzusetzen. Denn die Tondaten eines Anrufsbeantworters, der über einige Wochen läuft, beispielweise weil Sie im Urlaub sind, können einige hundert MByte belegen. Ähnliches gilt auch für Faxserver. Ein weiterer Nachteil ist die lange Bootzeit, die je nach Ausstattung des Routers bei mehreren Minuten liegt. Wenn der Router sowieso 24 Stunden am Tag läuft, stört das sicherlich nicht so enorm, dass man nicht damit leben könnte. Wenn der Router aber öfter neu gestartet wird, kann es ziemlich nervig werden, immer einige Minuten zu warten.

Festplattenrouter

Beiden Nachteilen wirkt die Festplatteninstallation effektiv entgegen. Speicher ist je nach verwendeter Platte in überwältigendem Überfluss vorhanden (haben Sie schon einmal versucht, 120 GByte mit einem kleinen Betriebssystem und ein paar Sprachaufnahmen guter Qualität zu füllen?), und die Bootzeit wird zum einen durch den sowieso deutlich schnelleren Datendurchsatz und zum anderen durch das Weglassen der Kompression stark verkürzt.

Perfekt ist aber auch diese Methode nicht, denn Festplatten haben im Vergleich zu Diskettenlaufwerken einen deutlich höheren Stromverbrauch und die Geräuschkulisse, die bei manch einer Festplatte entsteht, gleicht eher einer Bohrmaschine als einem leisen Gerät zum In-der-Ecke-Verstecken.

Compact Flash-Router

Einen vielversprechenden Lösungsansatz für die Geräusch- und Stromproblematik bei Festplatten bieten Compact-Flash-Medien. Compact-Flash wird in zahlreichen Digitalkameras und MP3-Playern als Speichermedium eingesetzt. Es zeichnet sich durch enorme Kompaktheit, geringen Stromverbrauch und ansehnliches Volumen aus. Mittlerweile sind bis zu 1 GByte als Karte in etwa der halben Größe einer Scheckkarte möglich. Da Compact-Flash-Medien unter Linux über den IDE-Bus angesteuert werden, können Sie problemlos als Eins-zu-eins-Ersatz für Festplatten genutzt werden.

Man könnte meinen, wir haben das perfekte Medium gefunden, allerdings kommt auch Compact-Flash nicht ohne Nachteile davon. Leider ist der Einsatz nicht immer so problemlos, wie man es erwarten kann, wenn es doch über den IDE-Bus die Festplatte ersetzen können soll. Außerdem stört der immer noch vergleichsweise sehr hohe Preis, der für eine Compact-Flash-Karte zu zahlen ist.

Die Qual der Wahl

Letztendlich sind Sie es, der eine Entscheidung treffen muss, womit Sie die berühmte Qual der Wahl in voller Härte zu spüren bekommen. Denn oftmals fällt die Entscheidung aufgrund fehlender Erfahrung sehr schwer. Im Allgemeinen raten wir Ihnen, die ersten Schritte mit einem Diskettenrouter zu machen, da dieser die einfachsten Einstiegsbedingungen bietet. Wenn Sie erste Erfahrungen mit dem Diskettenrouter gesammelt haben, können Sie den Schritt zu einer Festplatten- oder Compact-Flash-Installation machen. Dabei können Sie ohne Probleme auf ihrem bis dahin verwendeten Diskettenrouter aufbauen, sodass nicht allzu viel doppelte Arbeit entsteht.

13.3 Hardwareanforderungen

Wie bereits angesprochen sind die Hardwareanforderungen eines Softwarerouters auf Linux-Basis äußerst gering. Bereits ein 486-Prozessor mit 66 MHz kann als Router für kleine Netze dienen. Die Anforderungen stehen in direktem Zusammenhang mit der Anzahl der verwendeten Clients, der genutzten Internetanbindung sowie der zusätzlich bereitgestellten Dienste. So ist für ein Proxy-Server für wenige Clients bereits ein PC der

Pentium-1-Generation mit 100 oder mehr MHz nötig, um nicht einen Großteil der verfügbaren Geschwindigkeit zu verschenken.

Die Anforderungen an den Hauptspeicher hängen zusätzlich stark von der verwendeten Installationsmöglichkeit ab. Ein Diskettenrouter benötigt prinzipbedingt mehr Arbeitsspeicher als ein Festplattenrouter mit derselben Softwareausstattung. Das ist darauf zurückzuführen, dass die Programm-Daten, die in komprimierter Form auf der Diskette liegen, entpackt und im entpackten Zustand gespeichert werden müssen. Dazu wird eine so genannte Ram-Disk erzeugt. Eine Ram-Disk ist praktisch eine virtuelle Festplatte, die im Hauptspeicher liegt. Das heißt, dass dieser Teil des Hauptspeichers für das System als Festplatte auftritt und dementsprechend nicht mehr für die Laufzeitdaten einer Anwendung genutzt werden kann.

Bei einer Festplatteninstallation können die entpackten Dateien auf der Festplatte abgelegt werden, da genügend Speicherplatz vorhanden ist. Damit ist der gesamte Hauptspeicher für die Laufzeitdaten der Anwendungen verfügbar. Gleiches gilt natürlich auch für die Compact-Flash-Installation. Allerdings sollten Sie beachten, dass bei einer größeren Menge installierter Software auch mehr Arbeitsspeicher von dieser Software beansprucht wird, sodass Sie dementsprechend auch mehr Hauptspeicher zur Verfügung stellen müssen.

Netzwerk- und ISDN-Karten

Abgesehen von den Anforderungen an CPU und Speicher werden natürlich Netzwerkkarten und je nach Zugangsmethode zum Internet auch ISDN-Karten benötigt.

Die Unterstützung von Netzwerkkarten ist recht problemlos. Wenn Sie wissen, von welchem Hersteller ihre Karte stammt, und am besten, welcher Chip verbaut wurde, sollten Sie kein Problem haben, später den korrekten Treiber auszuwählen.

Etwas komplizierter gestaltet sich die Sache bei ISDN-Karten. Hier werden die meisten weit verbreiteten Karten zwar auch problemlos unterstützt, allerdings könnten Sie Probleme bekommen, wenn in Ihrem Rechner eine exotische Karte installiert ist. Vor allem bei ISA-Karten haben Sie hier oftmals Pech. Den besten Support haben Sie, wenn Sie die seit langem marktführenden Karten von AVM einsetzen. Ob Sie dabei eine Classic- oder eine PCI-Variante einsetzen, ist relativ egal.

ISDN-Karten von der Telekom

In der Hochzeit der ISDN-Anschlüsse hat die Telekom sehr günstig ISDN-Karten verkauft. Diese trugen den Namen Teledat ISDN-Controller. Wenn Sie eine solche Karte besitzen, können Sie sie getrost verwenden, da es sich lediglich um umbenannte AVM-Karten handelt.

13.4 Netzwerk- und ISDN-Karten einbauen

Falls in dem als Router vorgesehenen PC nicht bereits eine Netzwerk- und optional ISDN-Karte eingebaut ist, müssen Sie diese Arbeit wohl oder übel selbst verrichten. Zuerst sollten Sie prüfen, ob ausreichend freie PCI-, bzw. ISA-Steckplätze vorhanden sind. Je nach

Alter des Rechners werden auch gar keine PCI-, sondern ausschließlich ISA-Steckplätze vorhanden sein, sodass Sie dementsprechend auch nur ISA-Karten verbauen können.

Bevor Sie das Gehäuse des PCs öffnen, sollten Sie sich beispielsweise an einer Heizung entladen, um Beschädigungen der Hardware zu vermeiden.

Wenn ausreichend freie Steckplätze vorhanden sind, können Sie die Steckkarten möglichst parallel in den Slot einführen, um ein Verkanten zu vermeiden, was sonst eine Beschädigung von Karte und Slot zur Folge haben könnte. Wenn die Karte korrekt eingesteckt wurde, sollten Sie sie ohne Verbiegen der Slotbleche am Gehäuse festschrauben können. Sollte das nicht funktionieren, ist die Karte noch nicht korrekt im Steckplatz verankert.

Sollten Sie ISA-Netzwerk- oder ISDN-Karten verwenden, müssen Sie unter Umständen mittels Jumper auf der Steckkarte IRQ- und IO-Port einstellen. In der Regel sind die Jumper auf der Platine beschriftet, andernfalls ziehen Sie das Handbuch der Karte zu Rate. Sie müssen beachten, dass alle Karten unterschiedliche Einstellungen haben, falls mehrere vorhanden sind, um Konflikte zu vermeiden. Schreiben Sie sich die eingestellten Werte am besten auf, um sie später korrekt einstellen zu können.

13.5 Bootsequenz einstellen

Damit Sie, wenn Sie Ihre Bootmedien erstellt haben, auch problemlos von diesen Booten können, müssen Sie im BIOS die richtige Bootsequenz einstellen. Das bedeutet, Sie müssen dem Computer sagen, wo er nach Startinformationen suchen soll. Wenn Sie von Diskette booten möchten, sollte Diskette bzw. Laufwerk A: an erster Stelle stehen, damit der Rechner gar nicht erst die Möglichkeit hat, von der Festplatte oder dem CD-ROM-Laufwerk zu booten.

Wenn auf der Festplatte bzw. CD keine Bootinformationen abgelegt sind, würde er zwar nicht von ihnen booten, der Bootvorgang würde aber unnötig verlängert. Sollten auf der Festplatte bzw. der CD jedoch Bootinformationen abgelegt sein, würde der Rechner von dort und nicht wie gewünscht von der Diskette booten, was natürlich nicht in Ihrem Interesse ist.

Deshalb sollten Sie immer die korrekte Bootsequenz einstellen.

1 Zum Einstellen der Bootsequenz müssen Sie zuerst einmal das BIOS aufrufen. Je nachdem, welches BIOS auf Ihrem Board installiert ist (es gibt zahlreiche Hersteller), gelangen Sie mit unterschiedlichen Tasten in das BIOS. Am verbreitetsten sind Award-BIOSe, bei denen Sie durch Drücken der Taste [Entf] ins BIOS gelangen. Ebenfalls sehr verbreitet ist der Hersteller Phoenix, bei dem Sie in der Regel durch Drücken von [F2] ins BIOS kommen. Bei einigen Herstellern müssen Sie auch die Taste [Esc] drücken. Sollten Sie keines der genannten BIOSe verwenden, müssen Sie, während der Rechner den Arbeitsspeicher zählt und die Laufwerke erkennt, auf dem Bildschirm nach einer Beschreibung, wie Sie ins BIOS gelangen, suchen. In der Regel wird es am unteren Bildschirmrand angezeigt.

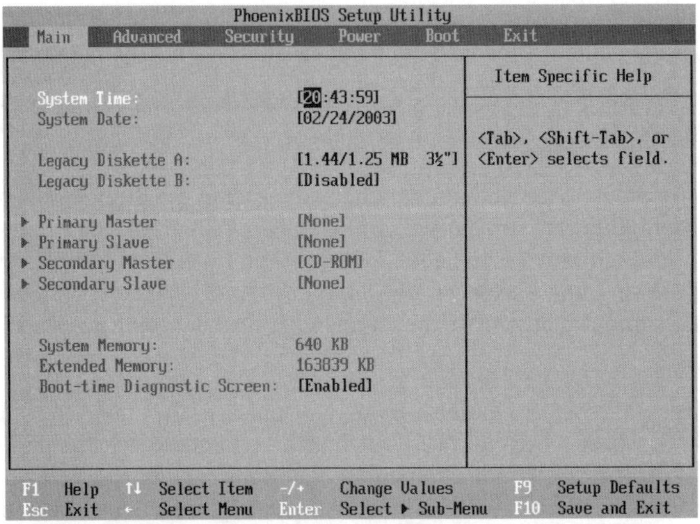

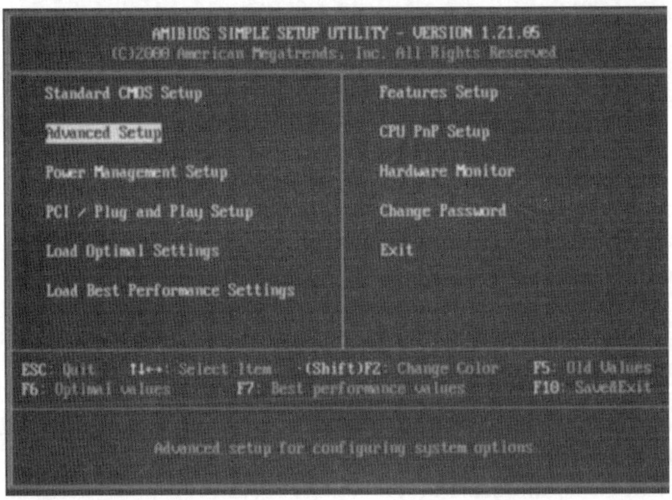

2 Wenn Sie im BIOS angelangt sind, müssen Sie je nach BIOS-Hersteller in unterschiedliche Menüs.

Bei Award-BIOSen müssen Sie nach einem Punkt *Advanced System Setup* o. Ä. suchen.

Im hier abgebildeten Phoenix-BIOS können Sie mit den Pfeiltasten direkt die Menüs wechseln, sodass Sie durch vierfaches Drücken auf den linken Pfeil ins Bootmenü gelangen sollten.

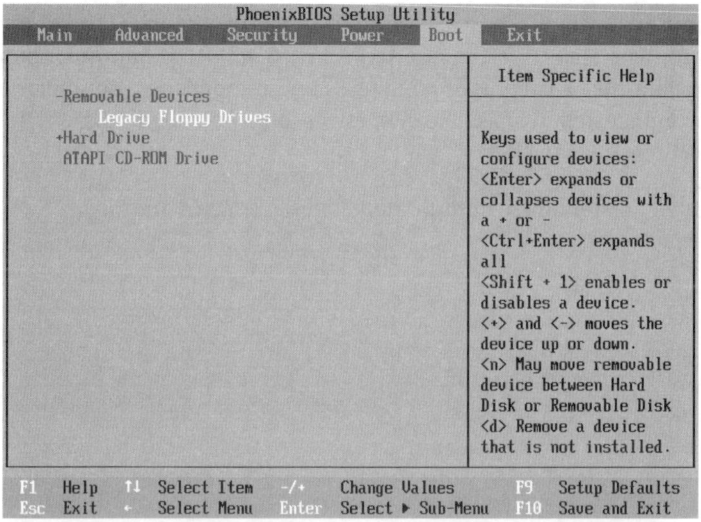

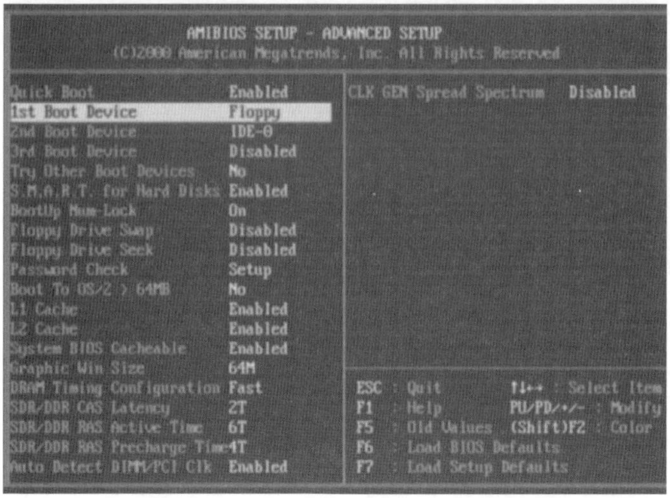

3 Im Phoenix-BIOS können Sie Einträge mithilfe der Tasten [+] und [-] verschieben. Wählen Sie den Punkt *Removable Devices* und drücken Sie so lange auf [+], bis er an erster Stelle der Liste steht. Anschließend öffnen Sie die Kategorie *Removable Devices* mit der Taste [Enter]. So können Sie prüfen, falls mehrere Einträge in der Sektion sind, ob *Legacy Floppy Drives* an erster Stelle steht. Sollte das nicht der Fall sein, können Sie wie zuvor die Einträge verschieben. Wenn Sie von Festplatte anstatt Diskette booten möchten, müssen Sie natürlich die Kategorie *Hard Drive* an die erste Stelle bringen und innerhalb dieser Kategorie die verwendete Festplatte nach vorn schieben.

Im Award-BIOS können Sie die Tasten [Bild↑] und [Bild↓] zum Verschieben der Elemente verwenden. Der Aufbau des Menüs sieht im Award-BIOS etwas anders aus. In der Regel finden Sie innerhalb einer langen Liste von Einstellungen die Einträge *1st Boot Device* bis *3rd Boot Device*. Die Werte, die hinter diesen Einstellungen stehen, können unabhängig voneinander eingestellt werden, sodass Sie theoretisch auch für alle drei das Diskettenlaufwerk eintragen könnten, was natürlich sinnlos ist.

Eine weitere Variante, die ebenfalls in Award-BIOSen verwendet wird, besteht lediglich aus einer Option, die einen Wert in der Art von *A, C, CD-ROM* hat. Auch hier ändern Sie den Wert mit den Tasten [Bild↑] und [Bild↓]. Alle möglichen Kombinationen sind hier bereits voreingestellt, sodass Sie evtl. etwas länger scrollen müssen, um die gewünschte Einstellung zu erreichen.

Damit sollten die nötigen Einstellungen zum Booten abgeschlossen sein.

14. Router mit Linux

Wir möchten Ihnen nun das fli4l-Projekt vorstellen, das das derzeit führende Linux-Router-Projekt ist. fli4l war ursprünglich als ISDN-Diskettenrouter konzipiert. Den Anfang dieses Projekts machte Frank Meyer, der sich im Mai 2000 aus einem alter AMD-486-DX4-100-PC mit 16 MByte Hauptspeicher einen Ein-Diskettenrouter baute.

Der Router unterstützte isdn4linux, IP-Masquerading, bot einen DNS-Server sowie eine Möglichkeit zur Kontrolle des Status durch einen netzwerkfähigen imon-Clone.

Als Linux-Kernel kam damals die Version 2.0.35 zum Einsatz. Nachdem er diese Meldung in der deutschen isdn4linux-Mailingliste gepostet hatte, bekam er zahlreiche Anfragen von Leuten, die an einer Veröffentlichung interessiert waren. So kam es dann auch und Frank Meyer veröffentlichte die erste Version von fli4l, floppy-isdn4linux.

14.1 Einführung in fli4l

Heute liest sich die Feature-Liste des mittlerweile bei Version 2.0.7 angelangten Projekts im Vergleich zu damals mit einer atemberaubenden Vielfalt an Möglichkeiten. Der Kernel wurde mittlerweile auf 2.2.19 umgestellt, ein Paketfilter wurde integriert, Portforwarding wird mittlerweile ebenso unterstützt wie Least-Cost-Routing und die Auswertung der Verbindungszeiten.

Zusätzlich unterstützt fli4l so genannte OPT-Pakete. Dabei handelt es sich um optionale Programmpakete, die sich bei Bedarf einbinden lassen, um keinen unnötigen Platz auf der Diskette, CD oder Festplatte zu verschwenden.

Um nur die wichtigsten zu nennen, sind das DNS-, DHCP- und SSH-Server, FTP-Dienst, Unterstützung für eine Statusausgabe auf LCD-Displays, ein Mini-Webserver zur DSL-Überwachung, zusätzliche Zugriffskontrollen für externe Netzwerke, Notfallsystem zur Fernwartung, SAMBA-Druckserver, Synchronisation der Uhrzeit mit Timeservern im Internet und vieles mehr.

So kann man sich aus einem alten PC einen Router bauen, der sich im Funktionsumfang keinesfalls vor hochwertigen Hardwareroutern zu verstecken braucht. Ganz im Gegenteil, die meisten Router steckt fli4l im Bereich der Features locker in die Tasche.

Allerdings unterscheidet sich die Konfiguration eines fli4l-Routers in gewissem Maße von der eines Hardwarerouters. Sie administrieren den Router nicht über ein Webinterface, sondern über verschiedene Konfigurationsdateien im Textformat.

Es gibt allerdings auch ein Konfigurationsprogramm, das die Konfigurationsdateien automatisch anhand Ihrer Angaben erstellt.

14.2 Einen ISDN-Router bauen

Wir werden Ihnen nun Anhand eines ISDN-Diskettenrouters den Einstieg in die Arbeit mit fli4l zeigen. Später widmen wir uns dann der Festplatteninstallation sowie der speziellen Konfiguration einzelner OPT-Pakete.

1. Zuerst müssen Sie sich die erforderlichen Pakete von der Webseite des Projekt, *http://www.fli4l.de*, herunterladen. Dazu gehen Sie im Bereich *fli4l* auf *Download.*

   Als Erstes laden Sie sich das Paket fli4l-x.x.x, die Basis Ihres Routers, wobei x.x.x für die aktuelle Versionsnummer steht, herunter. Zusätzlich benötigen Sie das Paket isdn.

2. Entpacken Sie das fli4l-x.x.x mit einem beliebigen Packer, zum Beispiel WinZip unter Windows oder tar bzw. einem der zahlreichen tar-Frontends unter Linux.

   Beachten Sie, dass bei WinZip die Option *Umwandlung LF zu CR/LF bei TAR-Archiv* unter *Optionen/Konfiguration/Verschiedenes* deaktiviert werden muss.

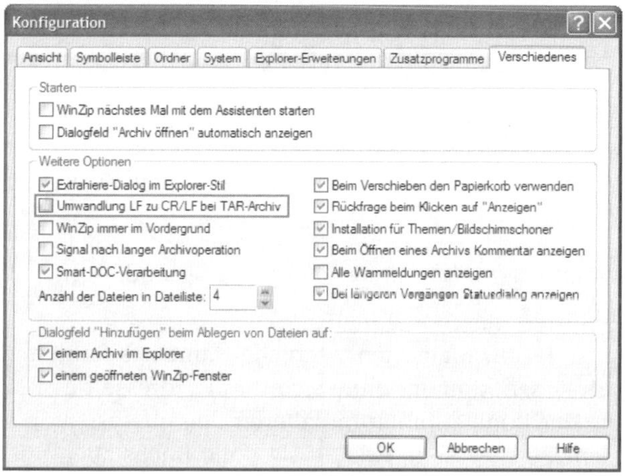

3 Zum Entpacken des Archivs klicken Sie auf den *Extrahieren*-Schalter in der WinZip-Symbolleiste. Der Extrahieren-Dialog erscheint. Dort müssen Sie darauf achten, dass die Option *Pfadangaben verwenden* aktiviert ist, ansonsten würde WinZip alle Dateien des Archivs in einen Ordner packen, was zur Folge hätte, dass Sie mit den Dateien nicht viel anfangen könnten.

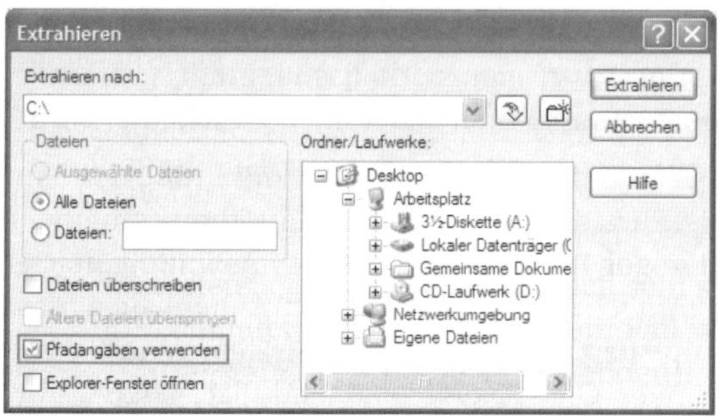

4 Nachdem Sie auf *Extrahieren* geklickt haben, wird an der von Ihnen ausgewählten Position der Ordner *fli4l-x.x.x* erzeugt. Dieser enthält alle von fli4l benötigten Dateien, in einer Ordnerstruktur verpackt.

5 Als Nächstes müssen Sie das isdn-Paket entpacken. Dabei gehen Sie wie bei dem Basispaket fli4l-x.x.x vor, wählen als Zielverzeichnis aber das zuvor angelegte *fli4l-x.x.x*-Verzeichnis. Die neuen Dateien werden automatisch in die korrekten Unterordner entpackt.

Den Router konfigurieren

Nun können Sie mit der Konfiguration des Routers beginnen. Dazu müssen Sie lediglich die Konfigurationsdateien, die sich im Unterverzeichnis *config* im *fli4l-x.x.x*-Verzeichnis befinden, editieren.

Dazu können Sie einen beliebigen ASCII-Editor, wie das NotePad unter Windows, KWrite, GEdit, nano, vi oder einen der zahlreichen anderen Editoren unter Linux verwenden.

Nicht verwenden können Sie Textverarbeitungen wie Microsoft Word oder Open Office.org Writer, da diese keine ASCII-Texte, sondern Texte mit Formatierungsanweisungen schreiben.

Im *config*-Verzeichnis sollten Sie zwei Dateien finden, *base.txt* und *isdn.txt*. *base.txt* enthält die Basiskonfiguration des Routers, *isdn.txt* die ISDN-spezifischen Einstellungen. Beginnen Sie mit der *base.txt*.

Der erste Abschnitt der Datei *General settings* definiert einige sehr grundlegende Optionen:

- HOSTNAME: Der Hostname ist der für Menschen leserliche Name des Routers, über den Sie den Router später erreichen können, ohne sich die IP-Adresse des Routers merken zu können. Im Sinne der Kompatibilität mit älteren Betriebssystemen sollte der Name nicht länger als acht Zeichen sein. Erlaubt sind alle Buchstaben und Ziffern sowie Unterstriche (_). Umlaute sind nicht erlaubt.
- PASSWORD: Hier können Sie ein Passwort angeben, mit dem Sie sich später auf dem Router anmelden können. Das Passwort gilt für den Benutzer root. Der root ist in Linux-Systemen traditionell der Administrator, der alle Rechte auf dem PC besitzt.
- MOUNT_BOOT: Diese Variable legt fest, ob das Bootmedium mit Schreibzugriffsrechten gemountet werden soll. Setzen Sie diese Option auf *rw* (Lesen und Schreiben), wenn der Router Log-Dateien schreiben soll. Wenn Sie keine Log-Dateien erstellen möchten, sollten Sie die Option auf *ro* stellen, da das verhindert, dass die Diskette zum Beispiel durch ein abruptes Ausschalten des Routers beschädigt wird.
- RAMSIZE: Hier müssen Sie einen Wert in KByte angeben, der die Größe der Ramdisk festlegt. Die Ramdisk wird benötigt, um die Programme, die in komprimierter Form auf der Diskette vorliegen, in entpackter Form für ihren Aufruf bereitzuhalten. Dabei agiert die Ramdisk wie eine herkömmliche Festplatte, mit dem Unterschied, dass sie, wie der Name schon sagt, im Hauptspeicher liegt. Die Größe der Ramdisk muss so gewählt werden, dass alle verwendeten OPT-Pakete genügend Platz haben. Für eine Basiskonfiguration sind 2 MByte, also „2048“, ein angemessener Wert.
- PART_OPT: Dieser Wert gibt an, wo fli4l die OPT-Pakete findet. Diese Einstellung ist allerdings nur für Festplatteninstallationen nötig und wird ignoriert, wenn RAMSIZE ungleich „“ ist. Diesen Parameter werden Sie im Abschnitt zur Festplatteninstallation von fli4l naher kennen lernen.
- UPDATE_MODE: Dieser Wert ist lediglich für Festplatteninstallationen von Bedeutung und wird wie der vorherige Wert erst im Abschnitt zur Festplatteninstallation näher erläutert (Kap. 14.5).

Im nächsten Abschnitt müssen Sie die Treiber für Ihre Netzwerkkarten wählen. Dazu müssen folgende Optionen gesetzt werden:

- ETH_DRV_N: Hier geben Sie die Anzahl der verwendeten Netzwerkkarten an. Bei ISDN-Routern wird in der Regel nur eine Netzwerkkarte verwendet, also müssen Sie „1“ als Wert eintragen. Für DSL-Router bietet sich der Einsatz einer zweiten Netzwerkkarte an, dazu aber später mehr.

- ETH_DRV_x: x steht jeweils für die Nummer der Netzwerkkarte. In unserem Falle also ETH_DRV_1. Als Wert müssen Sie den Namen des zu ladenden Treibers einsetzen. Für eine NE2000-ISA-Karte setzen Sie zum Beispiel „ne“ ein. Eine Liste der unterstützen Chipsätze finden Sie im Anhang. Wir sagen bewusst Chipsätze, da es nicht für jede existierende Netzwerkkarte Treiber gibt, sondern viel mehr für die auf den verschiedenen Karten verwendeten Chipsätze. Das macht Sinn, da es sehr viel weniger Chipsätze als Netzwerkkarten gibt, die sich höchstens durch ihr Platinenlayout unterschieden. So werden auf nahezu allen derzeit vertriebenen Billig-Netzwerkkarten Chipsätze der Firma Realtek verwendet, meistens handelt es sich um die RTL-8139-Serie.
- ETH_DRV_x_OPTION: x steht auch hier für die Nummer der Netzwerkkarte. Mit dieser Option können Sie zusätzliche Parameter an den Treiber senden. Diese Parameter sind meistens die io-Adressen, die alte ISA-Karten verwenden. In den meisten Fällen kann die io-Adresse auf der ISA-Netzwerkkarte per Jumper umgestellt werden. Beachten Sie dazu auch die Tabelle der Netzwerkkarten im Anhang. Bei PCI-Karten brauchen Sie keine io-Adressen festzulegen, da diese nicht manuell an der Karte eingestellt werden müssen, wie es bei ISA-Karten der Fall ist.

Als Nächstes gilt es, die für das TCP/IP-Protokoll notwendigen Optionen festzulegen. Hierbei müssen Sie entsprechend der Einstellungen der anderen PCs in Ihrem Netzwerk die passenden Einstellungen wählen.

- IP_ETH_N: Anzahl der Netzwerkkarten, die an ein LAN angeschlossen sind. In den meisten Fällen ist das nur eine.
- IP_ETH_x_NAME: x steht wie immer für die Nummer der Netzwerkkarte. Diese Option benötigen Sie nur, wenn Ihr Router über mehrere Netzwerkkarten verfügt und sich die Angabe zum Beispiel auf die zweite Karte beziehen soll, obwohl x auf 1 steht. Der Standardwert bei IP_ETH_1 wäre also eth0, wenn eth0 aber für den DSL-Anschluss zuständig sein soll, geben Sie hier „eth1“ an, um auf die zweite Karte zurückzugreifen.
- IP_ETH_x_IPADDR: Setzen Sie hier die IP-Adresse ein, über die der Router später in dem LAN erreichbar sein soll.
- IP_ETH_x_NETWORK: Hier setzen Sie den gewählten Netzwerkbereich Ihres LANs ein. Wenn Ihr Router zum Beispiel die Adresse 192.168.0.99 erhält, wäre hier der korrekte Eintrag „192.168.0.0“. Beachten Sie hierzu auch den Abschnitt zur Hardwarerouterkonfiguration, Kap. 3.

Gerät-Nummerierungen

Sie werden bei der Arbeit mit fli4l-Routern oftmals feststellen, dass die in der Konfiguration verwendeten Nummern von den im System verwendeten abweichen. Ärgerlich wird das, wenn Sie aus der Konfiguration auf Systemwerte zugreifen, zum Beispiel die Device-Namen der Netzwerkkarten. Unter UNIX/Linux ist es allgemein üblich, das Zählen mit 0 zu beginnen. Das heißt, das erste Gerät trägt immer die Nummer 0. Das ist für viele Leute, die das nicht gewöhnt sind, sehr verwirrend, weshalb in der fli4l-Konfiguration normalerweise mit 1 zu zählen begonnen wird.

- IP_ETH_x_NETMASK: Setzen Sie hier die verwendete Netzmaske ein. In den allermeisten Fällen ist das 255.255.255.0

Den nächsten Abschnitt können Sie vorerst ignorieren. Er wird lediglich benötigt, wenn Sie weitere Netzwerke auf Ihr Netzwerk routen möchten.

Masquerading einsetzen

Danach folgt der Masquerading-Abschnitt. Hier können Sie einstellen, welche Masquerading-Module fli4l laden soll. Masquerading-Module setzen bestimmte Regeln, die der Router beachtet, um bestimmte Pakete weiterzuleiten. Nehmen wir als Beispiel das sehr beliebte Instant-Messaging-Programm ICQ. Ihr Client nimmt Kontakt mit dem zentralen ICQ-Server auf. Das geschieht in Form von versendeten Paketen, die Informationen wie ICQ-Nummer und Passwort enthalten. Der Server wird antworten, die Anmeldung bestätigen und die für die Statusanzeige der Kontakte nötigen Informationen übermitteln. Hierbei kommen wir zu dem Problem, dass der Rechner, der mit dem Internet verbunden ist und mit dem der ICQ-Server zu kommunizieren versucht, der Router ist, also gar nicht weiß, was er mit all den Paketen vom ICQ-Server anfangen soll, schließlich sollen sie ja zu Ihrem PC.

An dieser Stelle kommt das so genannten Masquerading ins Spiel. Ihr Netzwerk wird quasi maskiert. Nach außen hin treten Sie weiterhin wie ein einzelner PC auf, intern werden die Pakete vom Router aber an den korrekten Rechner weitergeleitet. Wie das im Detail funktioniert, können wir hier nicht näher erläutern, da es den Rahmen dieses Buches deutlich sprengen würde. Gesagt sei aber, dass Sie für eben solche Programme wie ICQ oder auch Real Media-Daten spezielle Masquerading-Regeln benötigen, die von diesen Modulen gesetzt werden.

- MASQ_NETWORK: Dieser Parameter legt das Netzwerk fest, für das die Masquerading-Einstellungen gelten sollten. Wenn wir wieder von der IP-Adresse 192.168.0.99 ausgehen, müssen Sie hier „192.168.0.0/24“ einsetzen. Die 24 steht für die Anzahl der gesetzten Bits der Netzwerkmaske. In unserem Fall wäre das 192.168.0. Alles, was dahinter kommt, kann ein beliebiger Wert sein.
- MASQ_MODULE_M: Hier stellen Sie die Anzahl der zu ladenden Masquerading-Module ein.
- MASQ_MODULE_x: Gibt den Namen des xten zu ladenden Masquerading-Moduls an. Eine Liste, der vorhandenen Masquerading-Module finden Sie bereits in der *base.txt*.

Der nächste Punkt ist das Portforwarding. Diese Einstellungen können Sie vorerst ignorieren, Sie werden sie später im Detail kennen lernen. Danach folgen drei Abschnitte, die sich auf das Zulassen sowie Beschränken von Netzwerkzugriffen und das Konfigurieren grundlegender Firewall-Regeln beziehen. Auch diese werden wir später noch im Detail besprechen.

Domain Name Server konfigurieren

Der nächste Abschnitt ist die Konfiguration eines Domain Name Servers. Dieser ist vor allem dann sinnvoll, wenn Sie Windows-PCs hinter dem Router stehen haben, da Windows Unmengen an sinnlosen DNS-Anfragen absendet, die viel Traffic verursachen. Ein Domain Name Server ist dafür zuständig, Namen in dazugehörige Netzwerkadressen umzuwandeln. So wird, wenn Sie die Domain *www.ihredomain.de* aufrufen, eine Anfrage an Ihren DNS-Server gesandt, in der die dazugehörige IP-Adresse erfragt wird. Erst wenn Sie diese Adresse erhalten haben, können Sie Kontakt mit dem eigentlichen Zielserver aufnehmen.

Leider übt sich vor allem Windows darin alle Nase lang viele DNS-Anfragen abzusenden, die eigentlich gar nicht notwendig sind. Das resultiert vor allem aus Diensten wie der Netzwerkumgebung, die ihren Inhalt durch minütliches Senden von Anfragen ins Netzwerk erhält. Wenn Sie fli4l als DNS-Forwarder verwenden, holt sich fli4l einmal die DNS-Daten von einem anderen DNS-Server und beantwortet die Anfragen der Windows-Clients direkt, ohne unnötigen Traffic zu verursachen. Zusätzlich übernimmt der fli4l-DNS die Namensauflösung für das lokale Netzwerk.

- START_DNS: Legt fest, ob der DNS-Server gestartet werden soll. Setzen Sie diesen Wert auf *yes*.
- DNS_FORWARDERS: Hier können Sie eine Liste von DNS-Servern eintragen, von denen Ihr DNS-Server später die Informationen beziehen wird, die Sie nicht selbst definiert haben. In der Regel bietet Ihr Provider eine Liste von DNS-Servern an, von denen Sie sich einige aussuchen können. Sie können beliebig viele DNS-Server, jeweils getrennt durch ein Leerzeichen, eintragen. Eine Liste der wichtigsten DNS-Server finden Sie in der fli4l-Dokumentation, allerdings ändern sich die DNS-Adressen der Provider oft und der eine oder andere Server ist aus Wartungsgründen offline. Daher sollten Sie die von fast allen Providern unterstützte Möglichkeit, den DNS-Server des Providers automatisch zu beziehen, nutzen. Wie Sie diese Funktion nutzen, erfahren Sie im Abschnitt zur Konfiguration von ISDN-/DSL-Zugängen.
- DNS_VERBOSE: Diese Option legt fest, ob die Anfragen, die der DNS-Server erhält, mitgeschrieben werden sollen. Wenn Sie nicht kontrollieren müssen, wer bestimmte Anfragen gesendet hat, sollten Sie den Wert auf *no* setzen, da ansonsten viel Platz auf der Diskette durch die Log-Dateien belegt wird.
- DOMAIN_NAME: Geben Sie hier den Namen der Domäne an, in der sich ihr Netzwerk befindet. Zum Beispiel *heim.netz*.
- DNS_FORBIDDEN_N: Anzahl an Domains, die nicht aufgelöst werden sollen. Diese Option bietet Ihnen die Möglichkeit, die Nutzer des Routers davon abzuhalten, bestimmte Seiten aufzurufen.
- DNS_FORBIDDEN_x: Nummerieren Sie alle Domains, die verboten werden, durch und legen jeweils einen DNS_FORBIDDEN-Eintrag für sie an.
- HOSTS_N: Die Anzahl der PCs in ihrem Netzwerk, die der DNS-Server des Routers kennen und auflösen können soll.
- HOST_x: IP-Adresse sowie Name des x-ten PCs im Lan. Zum Beispiel 192.168.0.99 fli4l für Ihren Router. Wenn Sie einen PC hier nicht eintragen, kann dieser später nicht über seinen Namen, sondern lediglich über seine IP-Adresse angesprochen werden.

Nachfolgend kommt ein zusätzlicher Abschnitt zur erweiterten DNS-Konfiguration, der es ermöglicht, Anfragen nach bestimmten Domains an bestimmte DNS-Server weiterzuleiten. Sie können dabei nach dem bekannten Schema der Nummerierung der Einträge vorgehen.

Der Monitoring-Server

Anschließend bleibt noch die Konfiguration von imond. imond ist ein Monitoring-Server, der es Ihnen ermöglicht, diverse Informationen über den Status des Routers von den Clients aus abzurufen. Das können Sie über ein komfortables Programm sowohl unter Windows als auch unter Linux machen.

- START_IMOND: Dieser Wert legt fest, ob der imond gestartet werden soll. Sie sollten diesen Wert auf *yes* setzen, da imond Ihnen viele grundlegende Möglichkeiten zum Kontrollieren des Routers bietet.
- IMOND_PORT: Legt fest, auf welchem Port der imond arbeitet. Die Standardeinstellung ist 5000 und sollte in der Regel unverändert bleiben. Sie müssen beachten, dass Zugriffe auf Port 5000 von der Firewall zugelassen werden.

...Ds und ...Cs

Wenn Sie mit Linux-Software arbeiten, die aus einem Server und einem Client besteht, werden Sie oftmals auf zwei identische Namen treffen, jedoch einmal mit einem d und einmal einem c am Ende. Dabei steht das d für Daemon, das ist die Serverapplikation. Das c steht für Client, die Applikation, mit der der Benutzer arbeitet.

- IMOND_PASS: Sie können ein getrenntes Passwort für imond angeben. Wenn in Ihrem Netzwerk nur Personen sind, die über den Onlinestatus informiert werden dürfen und den Router trennen sowie verbinden dürfen, können Sie dieses Feld leer lassen.
- IMOND_ADMIN_PASS: Das hier eingestellte Passwort beschränkt die Zugriffsrechte für tiefer greifende imond-Optionen wie das Neustarten des Routers.
- IMOND_LED: imond bietet Ihnen die Möglichkeit, den Onlinestatus über eine LED am Parallel- oder seriellen Port anzuzeigen. Hierzu müssen Sie den verwendeten COM-Port (*com1 - com4*) angeben.
- IMOND_BEEP: Wenn Sie diesen Wert auf *yes* setzen, wird bei jedem Verbindungsauf- sowie Verbindungsabbau ein kurzer Piepton ausgelöst.
- IMOND_LOG: Wie die meisten anderen Dienste kann auch imond Log-Dateien schreiben. Diese benötigen Sie nur, wenn Sie später nachvollziehen wollen, welcher Nutzer wann welche Aktion auf dem Router per imond durchgeführt hat.
- IMOND_LOGDIR: Diese Variable legt das Verzeichnis fest, in das imond die Log-Dateien schreibt. Der Standardwert ist */var/log* und sollte in der Regel nicht verändert werden. Dieser Wert hat natürlich nur Auswirkungen, wenn IMOND_LOG auf *yes* steht.
- IMOND_ENABLE: Legt fest, ob der Routingdienst und die Auto-Dial-Funktion über imond ein- und ausgeschaltet werden dürfen.
- IMOND_DIAL: Legt fest, ob über imond eine Verbindung auf- und abgebaut werden darf.
- IMOND_ROUTE: Wenn diese Variable auf *yes* steht, kann die Default-Route über imond umgestellt werden.
- IMOND_REBOOT: Mit diesem Wert legen Sie fest, ob der Router über imond neu gestartet werden darf.

Das ISDN-Paket installieren

Damit ist die Konfiguration des Basissystems abgeschlossen. Nun muss das ISDN-Paket konfiguriert werden, damit ein Zugriff auf das Internet möglich wird. Dazu öffnen Sie die *isdn.txt* im *config*-Ordner.

- OPT_ISDN: Setzen Sie diesen Wert auf *yes*, damit das isdn-Modul geladen wird.
- ISDN_TYPE: Hier müssen Sie ihre ISDN-Karte eintragen. Jede unterstützte Karte hat eine Nummer, eine AVM Fritz!PCI hat zum Beispiel die Nummer 27. Eine Auflistung aller unterstützten ISDN-Karten finden Sie im Anhang.
- ISDN_IO: Dieser Parameter ist nur bei bestimmten (ISA-)Karten erforderlichen und legt die io-Adresse der Karte fest.
- ISDN_IRQ: Dieser Parameter ist ebenfalls nur für einige, vornehmlich ältere Karten nötig.
- ISDN_DEBUG_LEVEL: Dieser Wert legt fest, wie viel an Informationen über evtl. Fehler vom Treiber geliefert werden sollen. Diesen Wert sollten Sie in der Regel unverändert lassen.
- ISDN_VERBOSE_LEVEL: Diesen Wert sollten Sie ebenfalls unverändert lassen, er legt fest, wie viele zusätzliche Informationen die ISDN-Karte liefert, dabei kann es sich um Informationen wie eingehende Anrufe etc. handeln.

Anschließend können Sie das optionale Paket ISDN_COMP aktivieren und konfigurieren. Dieses Paket ermöglicht die komprimierte Übertragung von Daten über die ISDN-Leitung. Das führt, vorrausgesetzt der Provider unterstützt es und es werden größere Datenmengen übertragen, zu einer höheren Geschwindigkeit.

Die Zugangsdaten eintragen

Im nächsten Schritt müssen Sie die Zugangsdaten Ihres Providers eintragen. Dabei müssen Sie sich nicht zwangsweise auf einen Zugang beschränken, sondern können beliebig viele verschiedene eintragen, zwischen denen Sie wahlweise manuell oder automatisch nach Uhrzeit auswählen können. Jeder Zugang wird als so genannter *Circuit* bezeichnet. Wie gewöhnlich müssen Sie angeben, wie viele Circuits Sie einrichten möchten. Danach müssen Sie für jeden Circuit folgende Parameter setzen:

- ISDN_CIRC_x_NAME: Vergeben Sie für jeden Circuit einen eindeutigen Namen, über den Sie den Circuit später identifizieren können. Der Name darf eine beliebige Länge haben, zum besseren Einprägen empfiehlt sich jedoch ein kurzer und prägnanter Name. Sonderzeichen sind erlaubt.
- ISDN_CIRC_x_USEPEERDNS: Dies ist der schon im DNS-Serverabschnitt angesprochene Parameter, der den Router anweist, den DNS-Server, der als Forwarder verwandt wird, vom Provider zu beziehen. Es empfiehlt sich, diese Option zu aktivieren.
- ISDN_CIRC_x_TYPE: Mit dieser Option können Sie das Protokoll einstellen, über das der Router mit dem Provider kommuniziert. In der Regel wird das *ppp*-Protokoll verwendet, weil es dem Provider das Kontrollieren von Anmeldungen durch Benutzername und Passwort erlaubt. Alternativ können Sie *raw* eintragen. Wenn die Verbindung im raw-Modus läuft, entfällt einiges an Overhead, der von ppp produziert

wird, jedoch ist über raw keine Authentifizierung möglich, was zur Folge hat, dass raw-Verbindungen für kaum einen Home-User-Provider in Frage kommen.

- ISDN_CIRC_x_BUNDLING: Aktivieren Sie diese Option, wenn Sie zwei ISDN-Leitungen gebündelt verwenden möchten, um die doppelte Bandbreite zu erlangen. Der zweite Kanal kann wahlweise nach Bedarf automatisch zugeschaltet werden, oder auch manuell über imonc.
- ISDN_CIRC_x_BANDWITH: Hier können Sie die Bandbreite festlegen, ab der, bei aktivierter Kanalbündelung, der zweite Kanal hinzugeschaltet wird. Wenn Sie diesen Wert leer lassen, wird der zweite Kanal nicht automatisch hinzugeschaltet, sondern muss immer manuell über imonc aktiviert werden.

Die Parameter ISDN_CIRC_x_LOCAL, ISDN_CIRC_x_REMOTE und ISDN_CIRC_x_NETMASK können Sie ignorieren.

Bei diesen Parametern handelt es sich lediglich um Platzhalter. Sobald eine ISDN-Verbindung aufgebaut wird, werden die vom Provider übermittelten Werte eingetragen.

- ISDN_CIRC_x_MTU: Dieser Wert gibt die größtmögliche Einheit an Daten an, die in einem Paket gesendet werden darf. 1500 hat sich hier als guter Wert gezeigt.
- ISDN_CIRC_x_MRU: Identisch mit dem vorherigen Wert, allerdings im Empfangsrichtung.
- ISDN_CIRC_x_COMPRESSION: Wenn Sie diesen Wert auf *yes* setzen, werden die zu versendenden Header komprimiert. Diese Methode wird nicht von allen Providern unterstützt. Sollte es bei aktivierter Komprimierung zu Einwahlproblemen kommen, deaktivieren Sie die Komprimierung wieder.

Die Bootdiskette erstellen

Nachdem die Konfiguration nun abgeschlossen ist, kann die Bootdiskette erstellt werden. Hierzu benötigen Sie eine frisch formatierte Diskette.

1 Öffnen Sie eine Eingabeaufforderung (*Start/Programme/Zubehör/Eingabeaufforderung*) und wechseln Sie in das Verzeichnis, in das Sie fli4l entpackt haben. Geben Sie danach „mkfloppy.bat" ein.

2 Nachdem Sie die Eingabe mit [Enter] bestätigt haben, beginnt die Batch-Datei, die Dateien entsprechend Ihren Einstellungen anzupassen. Nach einem Moment erscheint eine Nachfrage, ob Fehler zu sehen waren, wenn nicht, müssen Sie, wenn noch nicht geschehen, die formatierte Diskette einlegen.

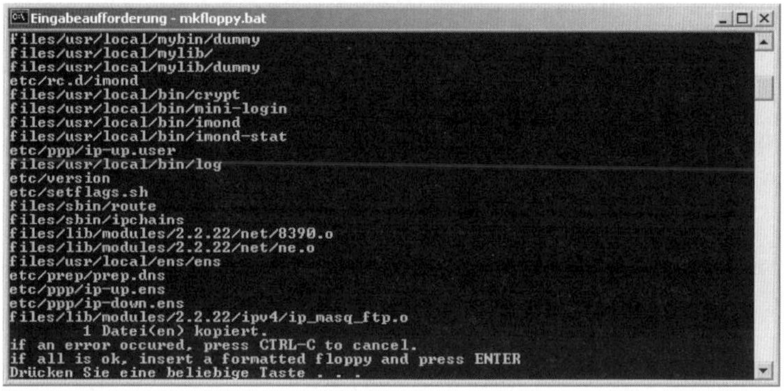

3 Wenn Sie auch diese Nachfrage mit [Enter] bestätigt haben, werden die Dateien auf die Diskette kopiert.

Probleme mit Windows 2000

Wenn Sie Ihre Bootdiskette unter Windows 2000 erstellen, kann es vorkommen, dass beim Kopieren der Dateien eine Fehlermeldung auftritt.

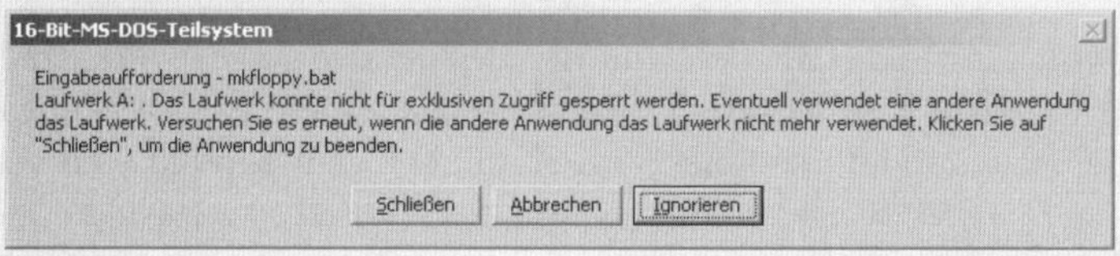

Die Fehlermeldung kommt daher, dass die Batch-Datei exklusive Schreibrechte auf der Diskette haben möchte, damit keine andere Anwendung Daten auf die Diskette schreiben kann, dies von Windows aber nicht gewährt wird, da die Diskette kurz zuvor im Explorer o. Ä. geöffnet war. Sie können diese Fehlermeldung durch einen Klick auf *Ignorieren* schließen und ignorieren. In der Regel hat es keine Auswirkungen auf die Diskette.

Wenn keine weiteren Fehler aufgetreten sind, ist die Diskette erfolgreich erstellt und kann verwendet werden.

Den Router booten

Nun werden Sie erstmals Ihren neuen Router booten.

Stellen Sie sicher, dass das BIOS korrekt konfiguriert wurde und alle Kabel korrekt angeschlossen sind.

Legen Sie die Diskette ein und schalten Sie den Rechner ein.

Nachdem das BIOS die Laufwerke initialisiert und den Hauptspeicher überprüft hat, beginnt der eigentliche Bootvorgang von fli4l.

Der Bootvorgang des fli4l-Routers sieht im Vergleich zu dem Bootvorgang eines Windows-PCs recht spektakulär aus.

Bootzeit der fli4l-Diskette
Das Booten des fli4l-Routers kann einige Zeit in Anspruch nehmen, da alle Daten in komprimierter Form auf der, sowieso nicht gerade schnellen, Diskette vorliegen und erst entpackt werden müssen.

Die auf den ersten Blick komplizierten Ausgaben bieten erfahrenen Nutzern aber wichtige Informationen über eventuell aufgetretene Fehler beim Bootvorgang. Als Faustregel können Sie beachten: Solange während des Bootens kein *ERROR* erscheint, sollte alles funktionieren.

Die Verbindung des Routers überprüfen

Der nächste Schritt besteht darin zu überprüfen, ob der Router korrekt im Netzwerk angemeldet ist und die Internetverbindung aufbaut. Die einfachste Möglichkeit besteht darin, über einen der zahlreichen imond-Clients für Windows oder Linux Verbindung aufzunehmen. Wir beschreiben diesen Vorgang anhand des offiziellen Windows-Clients sowie TrayImonc für Linux.

1 Der Windows-imonc ist bereits im fli4l-Basispaket enthalten. Gehen Sie in das Unterverzeichnis *Windows\imonc* im *fli4l-x.x.x*-Verzeichnis. Dort befindet sich die Datei *imonc.exe*.

2 Wenn Sie kein Passwort eingerichtet haben und der Router den Namen *fli4l* trägt, reicht ein einfacher Doppelklick zum Starten. Wenn Sie jedoch ein Passwort eingestellt oder dem Router einen anderen Namen gegeben haben, müssen Sie eine Verknüpfung auf die Datei erstellen. Klicken Sie dazu mit der rechten Maustaste auf die *imonc.exe* und wählen Sie *Verknüpfung erstellen*. Danach sollte ein neues Element, *Verknüpfung mit imonc.exe*, erscheinen.

3 Um imonc nun die erforderlichen Parameter zu übergeben, klicken Sie mit der rechten Maustaste auf die Verknüpfung und wählen Eigenschaften.

4 Fügen Sie im Eingabefeld *Ziel* am Zeilenende Folgendes hinzu:

```
/s:router /p:passwort
```

Dabei ersetzen Sie *router* durch den Namen oder die IP Ihres Routers sowie *passwort* durch das von Ihnen eingestellte Passwort.

Passwort übergeben
Sie können wahlweise das normale i-mond-Passwort oder das Administratorpasswort übergeben. Wenn Sie das Administratorpasswort übergeben, startet imonc automatisch im Administrator-Modus.

5 Starten Sie imonc nun durch einen Doppelklick auf die Verknüpfung. Es sollte das i-monc-Hauptfenster erscheinen.

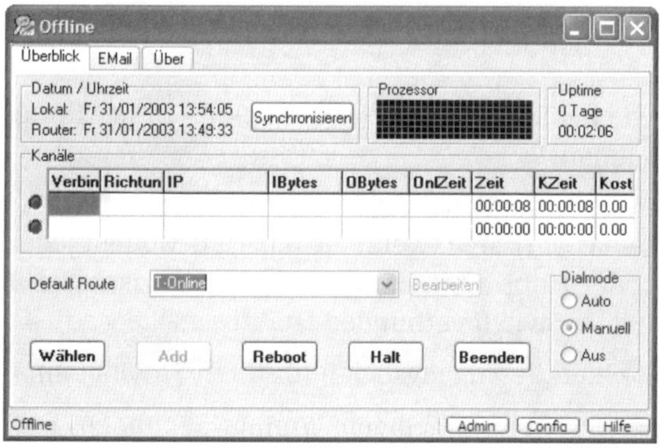

Wenn dieses Fenster erscheint, ist der Router im Netzwerk und imond funktioniert. Je nachdem, wie Sie Ihren Router konfiguriert haben, wird er automatisch eine Verbindung zu Ihrem Standard-Circuit aufbauen oder darauf warten, dass Sie manuell verbinden. Sie können das Einwahlverhalten des Routers in dem Kasten *Dialmode* umstellen.

Clients konfigurieren

Nachdem Sie überprüft haben, ob der Router funktioniert, müssen Sie, falls noch nicht geschehen, die Clients einrichten. Dazu tragen Sie den Router als Gateway sowie DNS-Server in der Netzwerkkonfiguration ein, wie wir es im Hardwarerouter-Teil beschrieben haben.

14.3 Optionale Pakete installieren

Wir haben bereits am Anfang dieses Kapitels darauf hingewiesen, dass Sie fli4l mit verschiedenen OPT-Paketen erweitern können. In diesem Abschnitt werden Sie die gängigsten OPT-Pakete vorgestellt bekommen.

DSL

Das derzeit wohl am häufigsten verwendete OPT-Paket ist das DSL-Paket. Mit diesem Paket lernt fli4l die Kommunikation über ein DSL-Modem. Dabei unterstützt das Paket nicht nur das in Deutschland verwendete A-DSL, welches das PPPoE Protokoll nutzt, sondern auch den in Österreich verwendeten PPTP-Standard.

Gehen Sie wie zuvor beim ISDN-Paket vor und entpacken Sie das Archiv in Ihr *fli4l-x.x.x*-Verzeichnis. Nachdem das Archiv entpackt ist, befindet sich im *config*-Ordner eine neue Konfigurationsdatei, *dsl.txt*. In dieser Datei können Sie den DSL-Zugang konfigurieren.

Nachfolgend werden die wichtigsten Parameter erläutert.

- OPT_PPPOE: Dieser Wert legt fest, ob die Unterstützung für DSL geladen werden soll. Setzen Sie den Wert auf *yes*.
- PPPOE_NAME: Geben Sie hier einen Namen an, über den Sie den DSL-Circuit später erkennen können.
- PPPOE_USEPEERDNS: Ebenso wie bei ISDN-Verbindungen kann sich der Router die DNS-Serveradressen vom Server holen.
- PPPOE_ETH: Hier müssen Sie die Netzwerkkarte angeben, die mit dem DSL-Modem verbunden ist. In der Regel sollte das *eth1* sein, wenn Sie das DSL-Modem jedoch an den Uplink-Port Ihres Switches oder Hubs angeschlossen haben, müssen Sie in der Regel *eth0* angeben, da diese mit dem Switch verbunden ist.
- PPPOE_USER & _PASS: Geben Sie hier die Zugangsdaten für Ihren Provider an.
- PPPOE_HUP_TIMEOUT: Sie können einen beliebigen Wert in Sekunden angeben, nach dem die Verbindung automatisch getrennt werden soll.

DSL als billige Standleitung

Für viele Privatpersonen und kleine Unternehmen bietet ein DSL-Zugang mit einer Flatrate eine kostengünstige Alternative zu sehr viel kostspieligeren Standleitungen. Prinzipiell können Sie so etwas auch mit fli4l problemlos bewerkstelligen. Stellen Sie dazu eine möglichst hohe Timeout-Zeit ein, damit sich Ihre IP möglichst selten ändert. Dazu setzen Sie entweder direkt am Router oder an einem der Clients einen *ping* auf eine beliebige Seite. (Linux: *ping -i 60 www.ihredomain.de*, Windows: *ping -t www.ihredomain.de*). Sie sollten, wenn möglich, einen Linux-Rechner zum Pingen verwenden, da der *ping*-Befehl unter Windows keine Unterstützung für Intervalle hat und so unnötig viel Traffic verursacht.

Zusätzlich benötigen Sie einen Account bei einem der zahlreichen dynamischen DNS-Provider.

Wenn Sie das österreichische DSL verwenden möchten, müssen Sie anstatt OPT_PPPOE OPT_PPTP verwenden. Die Parameter sind größtenteils dieselben, lediglich der Parameter PPTP_MODEM_TYPE ist zusätzlich zu beachten. Da es in Österreich zwei verschiedene Typen von DSL-Modems gibt, müssen Sie hier den passenden Eintragen. Entweder *bbaa* oder *bcaa*.

Proxy-Server

Vor allen in kleinen Betrieben erfreuen sich Proxy-Server-Lösungen wie das verbreitete AVM KEN! immer noch großer Beliebtheit. Auch fli4l bietet die Möglichkeit, einen Proxy-Server einzurichten. Der größte Vorteil eines Proxy-Servers ist für die meisten das Caching. Seiten, die vor kurzem abgerufen wurden, werden zwischengespeichert.

So müssen sie bei einem erneuten Abrufen nicht ein zweites Mal über das Internet geladen werden, sondern können, traffic- und zeitsparend, aus dem Cache des Proxy-Servers geladen werden. Zusätzlich bieten Proxy-Server oftmals zusätzliche Optionen, wie das Abblocken von Werbebannern und Cookies an.

Wenn Sie einen fli4l-Diskettenrouter einsetzen, werden Sie kein Caching nutzen können, da die Kapazitäten einer Diskette für sinnvolles Caching viel zu gering sind.

Wenn Sie jedoch eine Festplatteninstallation verwenden, können Sie mit anderen optionalen Proxy-Paketen, wie OPT_SQUID, einen Caching-Proxy in Ihr fli4l-System integrieren.

Das fli4l-Projekt unterstützt den freien Proxy-Server Junkbuster als OPT-Paket. Junkbuster ist mit 50 KByte für einen ausgewachsenen Proxy-Server recht klein und bietet sich daher besonders für den Einsatz auf Diskettenroutern an.

Allerdings sollten Sie Junkbuster nur auf etwas schnelleren Rechnern (etwa ab Pentium 75 MHz) einsetzen, da ansonsten die CPU den Datendurchsatz blockieren kann.

Um Junkbuster zu verwenden, laden Sie das Paket proxy von der fli4l-Webseite herunter und entpacken es wie gewohnt.

Die Basiskonfiguration erfolgt wie gewohnt über die *proxy.txt* im *config*-Verzeichnis.

Der Startparameter entspricht denen der vorherigen OPT-Pakete und sollte auf *yes* gesetzt werden.

Folgende Parameter sind zusätzlich einzustellen:

- PROXY_ACCESS: Geben Sie hier das Netzwerk (oder die Netzwerke, getrennt durch Leerstellen) an, das (oder die) Zugriff auf den Proxy-Server erhalten sollen. Verwenden Sie dazu das bereits bekannte Format, im Stile von 192.168.0.0/24.
- PROXY_PORT: Stellen Sie hier den Port ein, auf dem der Proxy-Server lauschen soll. Die Standardeinstellung 8000 sollte in der Regel nicht verändert werden.
- PROXY_FORWARD: Junkbuster bietet die Möglichkeit, zusätzlich einen externen Proxy, z. B. den Ihres Providers, zwischenzuschalten. So können Sie einen doppelten Proxy laufen lassen. Der Parameter wird im Format *ihr-proxy.de:8000* angegeben. Wobei 8000 evtl. durch die korrekte Portnummer ihres Providers ausgetauscht werden muss.

Junkbuster für effektives Filtern konfigurieren

Junkbuster bietet noch deutlich mehr Konfigurationsmöglichkeiten. Diese können jedoch nicht mehr über die *fli4l-config* verändert werden, sondern müssen direkt in den jeweiligen Konfigurationsdateien angepasst werden.

Besonders interessant ist die Möglichkeit, die Filter anzupassen, die Junkbuster nutzt, um Werbebanner zu filtern. Hierzu öffnen Sie die Datei *opt\etc\junkbuster\blocklist*. Auf den ersten Blick wirkt die Datei recht kompliziert. Sehen wir uns die Datei näher an.

Sie ist in mehrere Abschnitte unterteilt. Diese Unterteilung ist lediglich aus Gründen der besseren Lesbarkeit der Datei eingefügt und muss nicht zwangsweise befolgt werden.

Allerdings ermöglicht diese Unterteilung schnelleres Auffinden bestimmter Regeln, falls diese angepasst, gelöscht oder anderweitig verarbeitet werden müssen.

Nach einigen Zeilen Kommentar beginnt der erste Abschnitt, *generic paths*. Danach folgen eine Reihe von Zeilen, ähnlich dieser:

```
/*.*/abanners/
```

Bei diesen Angaben handelt es sich um Pfadangaben. Wird von einem beliebigen Server eine Datei im Verzeichnis */*.*/abanners* aufgerufen, wird diese abgeblockt. *.* ist dabei ein Platzhalter für beliebige Verzeichnisnamen. Durch den Punkt sowie zweiten Stern wird dieser Platzhalter rekursiv. Das heißt, dass sowohl das Verzeichnis */files/abanners* als auch das Verzeichnis */files/more_files/abanners* geblockt werden.

In dieser Liste können Sie beliebige Unterverzeichnisse eintragen, von denen Sie wissen, dass sie lediglich Werbung enthalten. Sie dürfen, und das gilt auch für alle weiteren Abschnitte der Konfigurationsdatei, reguläre Ausdrücke verwenden, dazu gehört unter anderem der Platzhalter Stern (*).

Der zweite Abschnitt nennt sich *specific servers* und hält eine lange Reihe von IP-Adressen und Domainnamen. Dieser Abschnitt ist dafür vorgesehen, absolute Domainnamen einzutragen, also ohne Platzhalter o. Ä.

Der nachfolgende Abschnitt, *generic hosts*, gilt gemeinhin als der effektivste. In diesem Abschnitt werden (Sub-)Domains mit Platzhaltern eingetragen, sodass eine Domain auf bestimmte Zeichenfolgen untersucht wird.

Denn in den meisten Fällen wird Werbung über eine Subdomain wie *ads.mydomain.de* übertragen.

Der vierte und letzte Abschnitt enthält eine Liste von (Grafik-)Dateien. Hier können einzelne Dateien von bestimmten Servern blockiert werden.

Das Pflegen dieser Listen ist natürlich mit einem enormen Aufwand verbunden, den sicherlich nicht jeder haben möchte. Stattdessen können Sie sich einfach von anderen Usern entwickelte Listen aus dem Internet herunterladen und installieren. Eine gute Quelle für „Blocklisten" ist *http://www.waldherr.org/junkbuster/*.

Junkbuster blockt Cookies normalerweise rigoros ab. Viele Webseiten, vor allem Foren, benötigen jedoch zwingend Cookies. Um diese Webseiten problemlos über Junkbuster nutzen zu können, müssen Sie Junkbuster die Server als Vertrauenswürdig melden.

Dazu müssen Sie lediglich die Domain, z. B. *ihr-forum.de*, in der Datei *cookiefile* eintragen.

Druckserver mit fli4l

Zwei weitere sehr interessante OPT-Pakete sind lpdsrv und samba_lpd. Diese Pakete ermöglichen es, Ihren fli4l-Router in einen vollwertigen Printserver zu verwandeln.

Dabei wird wahlweise das SMB-Protokoll verwendet, das unter Windows für die gesamte Netzwerkkommunikation zwischen PCs verwendet wird (Dateifreigaben, Drucken etc.), oder das LPR/LPD-Protokoll. LPR/LPD ist ein Protokoll, das einzig für Druckserver dient, und ist dementsprechend deutlich kleiner als SMB. Das spart Platz auf der Diskette.

Allerdings wird das LPR/LPD-Protokoll nur von UNIX-, Linux- und Windows NT-, 2000-, XP-Clients unterstützt. Wenn Sie noch ältere Rechner mit Windows 9x/ME verwenden, müssen Sie auf zusätzliche Software zurückgreifen, die oftmals Schwierigkeiten macht.

Die SMB-Lösung hat den Vorteil, dass Sie den Router mit Samba, der freien SMB-Implementierung, auch zum Dateiserver machen können.

Schauen wir uns zunächst die LPD/LPR-Lösung an. Sie benötigen das Paket lpdsrv, das Sie wie gewohnt von der fli4l-Webseite beziehen und im *fli4l-x.x.x*-Verzeichnis entpacken. Die zu editierende Konfigurationsdatei heißt *lpdsrv.txt*.

Die Konfiguration ist sehr einfach, allerdings werden lediglich über LPT angeschlossene Drucker unterstützt.

Folgende Parameter müssen gesetzt werden:

- OPT_LPDSRV: Wie immer muss dieser Wert auf *yes* gesetzt werden, damit das Paket geladen wird.
- LPDSRV_NETWORK: Hier muss das Netzwerk, von dem Druckaufträge akzeptiert werden sollen, eingetragen werden. Die Form ist etwas anders als in den letzten Netzwerkwerten und sieht so aus: 192.168.0. Der letzte Punkt sowie die letzte Zahl werden weggelassen.
- LPDSRV_PORT_N: Tragen Sie die Anzahl der zu installierenden Drucker hier ein. In der Regel werden Sie nicht über mehr als zwei LPT-Ports verfügen, sodass Sie auch nicht mehr als zwei (meistens nur einen) Drucker anschließen können.
- LPDSRV_PORT_x: Hier müssen Sie die io-Adresse des jeweiligen LPT-Anschlusses eintragen. Diese können Sie im BIOS des Rechners nachlesen bzw. verändern. Der Standardwert ist *0x378*.

Windows NT-/2000-/XP-Client konfigurieren

Die Konfiguration der Clients ist schon etwas komplizierter, sollte jedoch mit ein wenig PC-Verständnis schnell erledigt sein. Wenn Sie Windows NT/2000/XP einsetzen, gehen Sie wie folgt vor:

1 Stellen Sie sicher, dass die Druckdienste für Unix installiert sind. Gehen Sie dazu in die Systemsteuerung und dann in die Softwareverwaltung. Danach wählen Sie *Windows-Komponenten hinzufügen/entfernen* und prüfen, ob in der Kategorie *Weitere Datei- und Druckdienste für das Netzwerk* die *Druckdienste für Unix* aktiviert sind.

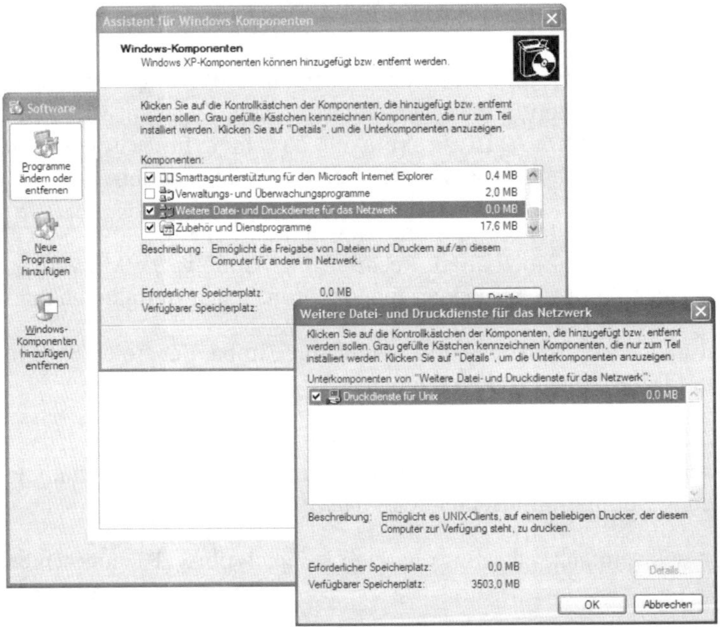

2 Öffnen Sie in der Systemsteuerung den Eintrag *Drucker* und fügen Sie einen neuen Drucker hinzu. Der Assistent zum Einrichten des Druckers startet. Bestätigen Sie mit *Weiter* und wählen Sie im nächsten Schritt *Lokaler Drucker*. Deaktivieren Sie die automatische Plug & Play-Erkennung.

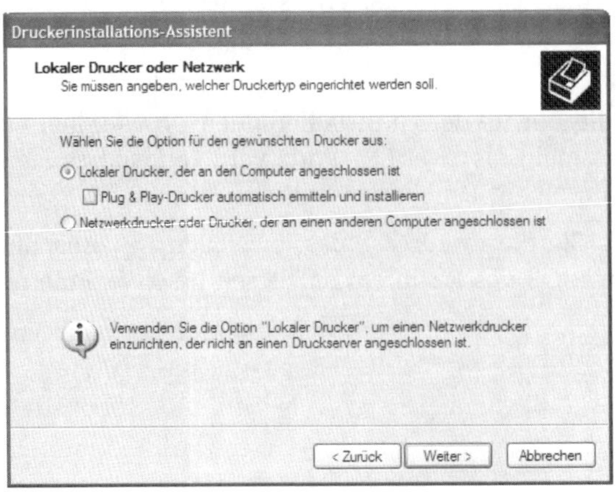

3 Nachdem Sie mit *Weiter* bestätigt haben, müssen Sie auf *Einen neuen Anschluss erstellen* umschalten und als Anschlusstyp *LPR-Port* auswählen.

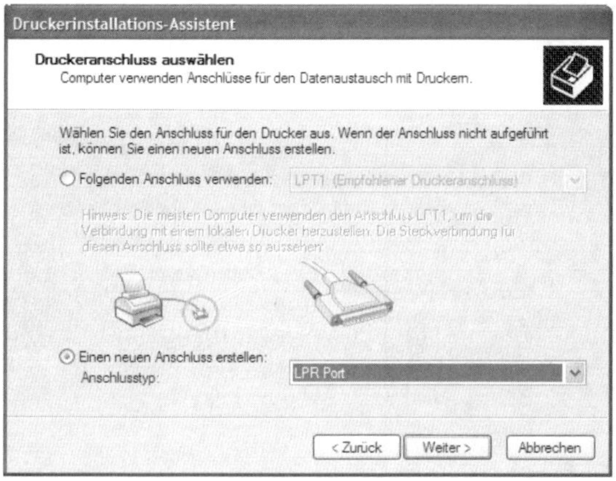

4 Nachdem Sie erneut mit *Weiter* bestätigt haben, müssen Sie den Namen oder die IP-Adresse des Routers sowie den Namen der Druckerwarteschlange eingeben. Der Name Ihres Routers sollte Ihnen noch von der Basiskonfiguration bekannt sein. Der Warteschlangenname lautet *prX*, wobei Sie X durch die Nummer des Drucker, also zum Beispiel 1, sodass Sie *pr1* erhalten, ersetzen müssen.

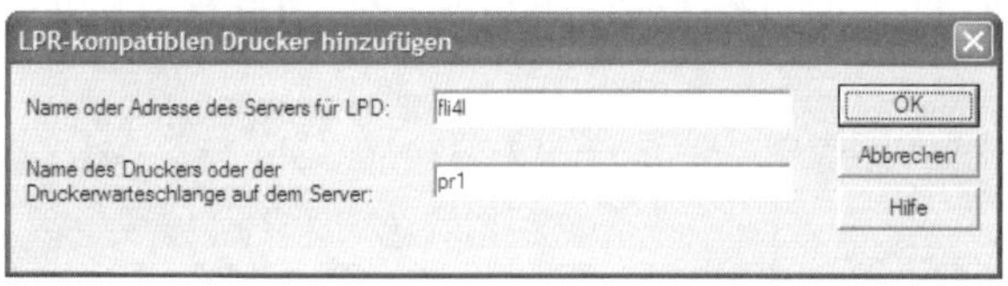

5 Anschließend müssen Sie noch den passenden Treiber einstellen. Wählen Sie dazu in der linken Spalte den Hersteller Ihres Druckers und danach in der rechten Spalte das passende Modell. Wenn kein passender Treiber angeboten wird, müssen Sie diesen vom Hersteller Ihres Druckers direkt beziehen. Nähere Informationen finden Sie auf den Webseiten Ihres Druckerherstellers.

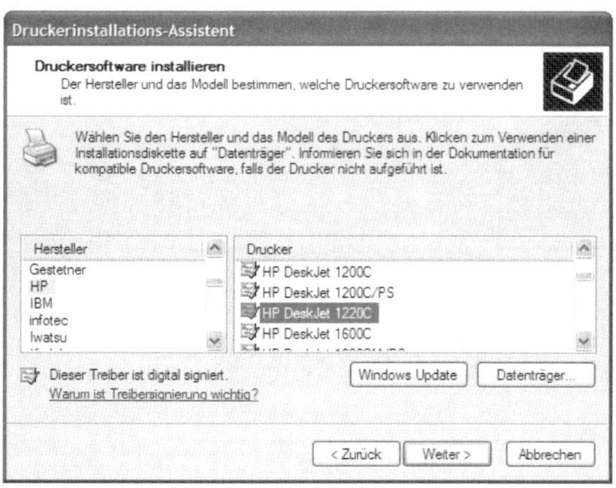

6 Nachdem Sie den Treiber gewählt haben, müssen Sie dem Drucker noch einen Namen geben.

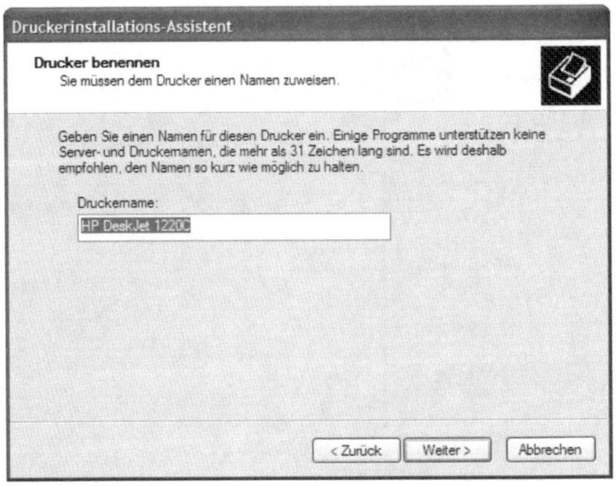

7 Abschließend werden Sie gefragt, ob Sie eine Testseite drucken möchten. Wählen Sie *Nein*. Sie müssen zuvor noch einige weitere Einstellungen machen.

8 Wenn Sie die abschließende Zusammenfassung der Daten mit *Fertig stellen* bestätigt haben, erscheint ein neuer Eintrag in der Druckerübersicht. Klicken Sie mit der rechten Maustaste auf das Symbol und wählen Sie *Eigenschaften*. Öffnen Sie das Register *Anschlüsse* und stellen Sie sicher, dass die Option *Bidirektionale Unterstützung aktivieren* abgeschaltet ist.

9 Anschließend müssen Sie unter dem Register *Erweitert* die Schaltfläche *Druckprozessor* anklicken und in dem erscheinenden Dialog in der Spalte *Druckprozessor WinPrint* auswählen sowie den *Standarddatentyp* auf *RAW* einstellen.

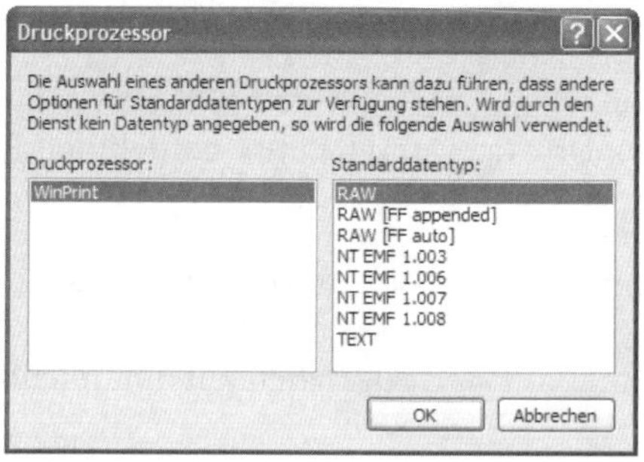

10 Nachdem Sie mit *OK* bestätigt haben, aktivieren Sie die Option *Über Spooler drucken, um Druckvorgänge schneller abzuschließen* und wählen *Drucken beginnen, nachdem letzte Seite gespoolt wurde*. Abschließend müssen Sie noch die Option *Erweitere Druckfunktionen aktivieren* abschalten. Damit ist ihr Drucker vollständig konfiguriert und sollte in Windows-Anwendungen zum Drucken bereitstehen.

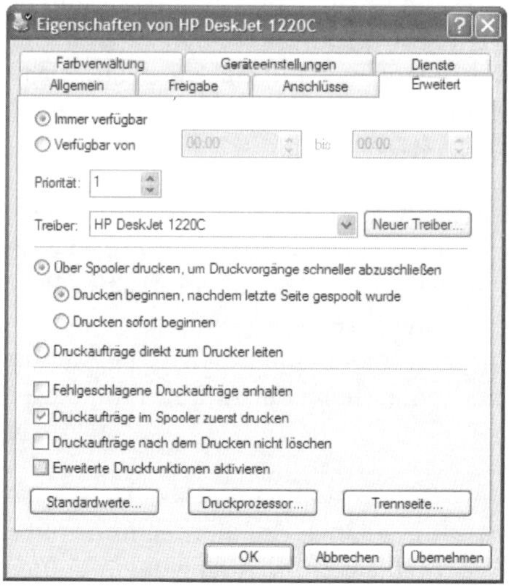

Windows 9x-/ME-Client konfigurieren

Die Konfiguration eines Windows 9x-/ME-PCs als Client gestaltet sich wie angekündigt etwas komplizierter, da beide keine integrierte LPR-Unterstützung besitzen. Sie können diese Unterstützung aber durch Zusatzsoftware nachrüsten. Leider ist der vom fli4l-Projekt empfohlene LPR-Client, ACITS LPR Remote Printing, nicht mehr frei verfügbar.

Es gibt jedoch eine kostenlose Testversion, die 30 Tage lauffähig ist. Sie können Sie von der Webseite des Projekts, *http://www.utexas.edi/academic/otl/software/lpr/*, herunterladen.

Weitere Instruktionen zum Konfigurieren des Windows 9x-/ME-Clients finden Sie in der Dokumentation des fli4l-Projekts auf *http://www.fli4l.de*.

Linux-Client konfigurieren

Auch von Linux aus können Sie ohne große Schwierigkeiten auf den LPD-Server zugreifen. Nähere Informationen zum Einrichten des Druckers unter Linux entnehmen Sie ebenfalls der fli4l-Dokumentation.

Nachdem Sie nun bereits einige OPT-Pakete konfiguriert haben, dürfte Ihnen das Einrichten zusätzlicher, hier nicht vorgestellter OPT-Pakete deutlich einfacher fallen. Viele Parameter ähneln sich von Paket zu Paket sehr stark und sind zusätzlich gut dokumentiert.

14.4 Firewall-Regel konfigurieren

Was wäre ein Router ohne eine integrierte Firewall? Spätestens, wenn Sie sich diese Frage stellen, wird Ihnen auffallen, dass quasi jeder Router, sei es nun das Billig-Angebot des nächsten Supermarktes oder der High-tech-Router aus dem Fachgeschäft, mit Sicherheit mit der integrierten Firewall werben. Dabei ist die Frage, was denn nun eigentlich wirklich eine Firewall ist, seit langer Zeit ein sehr brisantes Thema. Ursprünglich bezeichnet die Firewall ein individuelles Sicherheitskonzept für ein Netzwerk, das nicht nur aus einem einfachen Paket-Filter, sondern aus einer Vielzahl von Komponenten, vom Virenscanner bis zur Rechteverteilung an den Clients, besteht.

Wie aber kann eine Standard-Firewall, wie sie bei einem Router dabei ist, nun ein solches Sicherheitskonzept sein? Die Antwort ist: gar nicht! Was heutzutage im Allgemeinen als Firewall gilt, ist nichts weiter als ein einfacher Paketfilter, der unautorisierte Personen bzw. Software davon abhalten soll, Kontakt zu Ihrem Netzwerk aufzunehmen, um womöglich Schaden anzurichten. Eben diese Funktion bietet auch fli4l. Dabei können Sie im Allgemeinen beliebige Ports komplett abblocken, öffnen oder Anfragen an diese Ports einfach ignorieren.

fli4l blockt prinzipiell nur Pakete, die vom WAN-Device kommen. Aus dem LAN besteht kein Schutz, das sollte nicht weiter schlimm sein, solange der Router nur von einem kleinen Kreis vertrauenswürdiger Personen genutzt wird. Im Allgemeinen sollten alle Ports gesperrt werden, auf denen der Router Dienste anbietet, die Sie nicht von außen erreichen möchten. Die Basiskonfiguration schließt bereits die meisten Ports. Sie können manuell Regeln konfigurieren.

14.5 fli4l auf Festplatte installieren

Sie haben, wie bereits erwähnt, die Möglichkeit, fli4l auf einer Festplatte zu installieren. Das hat den Vorteil, dass Sie deutlich mehr optionale Pakete verwenden können. Einige Pakete, wie der Anrufbeantworter vbox, benötigen, damit ihr Einsatz Sinn macht, ohnehin mehr Speicherplatz, als eine Diskette bieten kann. Denn wer möchte schon seine Anrufer mit maximalen Sprechzeiten von wenigen Sekunden bedrängen.

Allerdings gestaltet sich die Installation auf Festplatte etwas komplizierter als die eines einfachen Diskettenrouters. Es gibt drei verschiedene Basisvarianten der Festplatteninstallation. Die erste, Variante A, erzeugt eine Fat-Partition auf der Festplatte, auf die alle

Dateien der Diskette kopiert werden. Beim Booten wird, genauso wie bei der Disketten-Version, eine Ramdisk erzeugt, in die die Programmpakete geladen werden. Die zweite Variante, B, ist ein wenig interessanter, da zwei Partitionen erzeugt werden. Eine mit dem Fat-Dateisystem und eine im ext2-Dateisystem, die die Ramdisk ersetzt. Beim Starten des Routers werden die Daten dann nicht mehr in eine Ramdisk geladen, sondern auf die zweite Festplatte entpackt. Das hat den Vorteil, dass Sie mit deutlich weniger Hauptspeicher auskommen. Allerdings erhöht sich bei dieser Lösung die Aktivität der Festplatte und damit auch die Geräuschentwicklung deutlich. Als dritte Lösung bietet sich das manuelle Partitionieren an. Dazu sollten Sie jedoch ausreichend Erfahrung im Umgang mit fdisk, dem Partitionierungstool, sowie Partitionen im Allgemeinen haben. Wir werden uns hier auf Typ B beschränken.

Als Basis für die Festplatteninstallation dient eine lauffähige Diskettenversion. Benötigt werden folgende Pakete:

- base - das Grundpaket
- dsl oder isdn - je nach verwendetem Internetzugang
- imond - der Statusmonitor
- ftp - FTP-Server zum hinaufladen weitere Dateien
- hdinstall - das Paket zur Festplatteninstallation.

Die Installation der ersten drei Pakete ist bereits in den vorherigen Abschnitten erläutert und wird hier nicht weiter beschrieben. Das Paket FTP haben wir jedoch noch nicht beschrieben. Das Paket ist ein Teil der OPT-Sammlung inet. Sie können inet wie alle bisher vorgestellten OPT-Pakete von *http://www.fli4l.de* herunterladen und in das *fli4l-x.x.x*-Verzeichnis entpacken. In der Konfigurationsdatei, *config/inet.txt*, aktivieren Sie OPT_FTPD. Zusätzlich können Sie, falls Sie die Festplatteninstallation nicht direkt am Router ausführen möchten das Paket OPT_SSHD aktivieren. Es erlaubt den Zugriff auf den Router über einen SSH-Client (zum Beispiel putty unter Windows oder ssh unter Linux).

Das Paket hdinstall ist ebenfalls ein Teil einer OPT-Sammlung. Sie finden die Sammlung, hd, ebenfalls auf der fli4l-Webseite und können sie wie gewohnt entpacken. In der dazugehörigen Konfigurationsdatei, *config/hd.txt*, müssen Sie die Variable OPT_HDINSTALL auf *yes* setzen.

Anschließend können Sie die Diskette erstellen.

1. Wenn die Diskette erstellt ist, können Sie den Router von der Diskette booten. Wenn Sie die Installation direkt am Router durchführen möchten, geben Sie ihr Passwort ein, um sich einzuloggen. Wenn Sie die Installation von einem anderen PC über eine SSH-Verbindung durchführen möchten, ist nun der Zeitpunkt, sich mit dem Router zu verbinden. Unter Windows können Sie das Programm putty benutzen. Sie können putty von *http://www.chiark.greenend.org.uk/* herunterladen. Geben Sie den Namen oder die IP des Routers an und wählen Sie als Protokoll SSH. Danach können Sie die Verbindung mit *Open* aufbauen. Geben Sie als Benutzernamen „root" und als Passwort das Passwort, das Sie in der *base.txt* eingestellt haben, an. Unter Linux können Sie den Router mit folgendem Befehl erreichen: *ssh -l root fli4l*. fli4l müssen Sie ge-

gebenenfalls durch den korrekten Namen bzw. die korrekte IP ersetzen. Sollte das SSH-Tool nicht installiert sein, sollten Sie auf den CDs Ihrer Distribution fündig werden.

2 Sind Sie auf dem Router eingeloggt, können Sie die Installation durch Eingabe von „setup“ starten. Als Erstes können Sie zwischen deutscher oder englischer Benutzerführung wählen. Geben Sie [D] für Deutsch an und bestätigen Sie mit [Enter].

3 Im nächsten Schritt müssen Sie sich für eine der vorgestellten Installationsvarianten entscheiden. Wählen Sie [B] und bestätigen Sie erneut mit [Enter].

4 Nachfolgend müssen Sie angeben, auf welcher Festplatte die Installation geschehen soll. Wenn Sie nur eine Festplatte angeschlossen haben, sollte diese in der Regel als Primary Master angeschlossen sein. Das heißt so viel wie erste Festplatte am ersten Anschluss. Geben Sie für diesen Anschluss *hda* an. Sollte die Festplatte an einem anderen Anschluss angeschlossen sein, müssen Sie entsprechend *hdb*, *hdc* oder *hde* wählen. Wenn Sie mehr Controller haben, zum Beispiel einen ergänzenden PCI-Controller, kann der letzte Buchstabe auch noch weiter variieren.

5 Anschließend werden Sie nach der Größe der DOS-Partition, die Partition, die mit der Diskette zu vergleichen ist, gefragt. Die maximale Größe beträgt 32 MByte, die minimale 2 MByte. Je nach Anzahl der OPT-Pakete werden Sie unterschiedlich viel Speicherplatz benötigen. Wenn Sie eine ausreichend große Festplatte verwenden, können Sie bedenkenlos die maximale Größe von 32 MByte einstellen.

6 Die Größe der ext2-Partition, die mit der Ramdisk bei einer Disketteninstallation zu vergleichen ist, sollte ausreichend dimensioniert gewählt werden. Am einfachsten ist es, den gesamten Rest der Festplatte zu verwenden. Dazu geben Sie [1] an.

7 Zusätzlich können Sie eine SWAP-Partition anlegen. In diese können Daten ausgelagert werden, wenn der Hauptspeicher nicht ausreicht. Wenn Sie sehr viele OPT-Pakete verwenden und nicht allzu viel RAM im Router haben, macht der Einsatz einer SWAP-Partition Sinn.

8 Sie können, wenn Sie möchten, eine zusätzliche Datenpartition einrichten. Diese benötigen Sie nur, wenn Sie den Server zum Beispiel als Dateiserver mit Samba verwenden möchten. In unserem Beispiel haben wir das nicht vor und lassen das Setup also keine Partition erstellen, dazu geben wir [0] an und bestätigen wie gewöhnlich mit [Enter].

9 Abschließend werden Sie aufgefordert, das Neupartitionieren zu bestätigen. Das geschieht durch Eingabe von „JA“. Anschließend legt das Setup Partitionen und Dateisysteme an.

10 Bevor das Setup-Programm die Daten kopiert und die Installation abgeschlossen ist, fragt das Setup, ob eine Notfalldiskette angelegt werden soll. Diese Notfalldiskette kann je nach Variante die gesamten Bootdaten oder nur Teile davon enthalten, sodass je nach Intensität des Ausfalls der Betrieb mit der Diskette fortgesetzt werden kann, ohne dass eine erneute Konfiguration nötig wird.

11 Wenn Sie eine Diskette angelegt bzw. diese Option ausgelassen haben, müssen Sie noch einmal durch ein Drücken von [Enter] bestätigen, dass die Daten auf die Partition */dev/hda1*, bzw. je nach gewählter Festplatte auch andere Partitionen, kopiert werden sollen.

Damit ist das Setup abgeschlossen und Sie werden aufgefordert, die Diskette zu entnehmen und den Rechner neu zu starten.

Konfiguration an die Festplatteninstallation anpassen

Wenn Sie die Diskette entnommen haben, wird der Router automatisch von Festplatte booten, da er auf der Diskette keine Bootsequenz findet. Sie sollten allerdings, um versehentliches Booten von Diskette zu vermeiden, die Bootsequenz im BIOS umstellen.

Wenn der Router dann von Festplatte bootet, sollte er direkt funktionsfähig sein. Allerdings haben wir uns bei der Konfiguration für die Installationsdiskette ja auf das Nötigste beschränkt, sodass alle zusätzlichen Optionen erst jetzt konfiguriert und installiert werden. Die Konfiguration nehmen Sie genauso vor, als wenn Sie eine Bootdiskette erstellen würden. Allerdings benutzen Sie, wenn die Konfiguration abgeschlossen ist, nicht das mkfloppy-Script, sondern das mktgz-Script, das die Pakete entsprechend Ihrer Konfiguration erstellt, allerdings nicht auf Diskette kopiert, sondern nur auf der Festplatte ablegt. Die erstellten Pakete können dann mit imonc oder FTP auf den Router übertragen werden.

Damit der Router die Festplatte auch tatsächlich nutzt und letztendlich nicht doch auf die Diskette zurückgreift, um die OPT-Pakete auszulesen, müssen Sie die RAMSIZE auf ,' einstellen. Das führt dazu, dass der Wert PART_OPT berücksichtigt wird. Dieser Wert wiederum legt fest, auf welcher Partition der Router die optionalen Pakete findet. Bei der vorgeschlagenen Konfiguration ist es die zweite Partition auf der Festplatte. Die erste enthält lediglich die Bootinformationen. Vorrausgesetzt, Sie haben fli4l auf die erste (Primary Master) Festplatte installiert, ist der Wert hier *hda2*.

Wenn Sie eine zusätzliche Datenpartition eingerichtet haben, müssen Sie fli4l dazu veranlassen, diese auch zu mounten, also in das Dateisystem einzubinden, um sie nutzen zu können. Dazu aktivieren Sie die Option OPT_MOUNT in der *hd.txt*. Anschließend setzen Sie MOUNT_N auf 1 und geben als MOUNT_1_DEV die Partition an, die die Daten enthält. Wenn Sie unserem Vorschlag gefolgt sind, sollte das hda4 sein, bzw. je nach gewählter Festplatte auch hdx4. Als Dateisystem geben Sie „ext2" an. Falls Sie die Partitionen manuell erstellt haben und ein anderes System verwendet haben, geben Sie natürlich das verwendete Dateisystem an. Als MOUNT_1_POINT können Sie beispielsweise */usr/local/data* oder */mnt/data* angeben.

Der Mount-Point ist die Stelle im Dateisystem, an dem Sie die auf der Platte gespeicherten Daten später finden werden. Im Gegensatz zu Windows-System kennt Linux keine Laufwerkbuchstaben, sondern arbeitet mit einem großen Verzeichnisbaum, ausgehend von / (root = Wurzel). Unter / ist dabei die Hauptpartition eingebunden; alle weiteren Partitionen für persönliche Daten etc. sind an Unterpunkten von root zu finden. Die Option MOUNT_1_CHECK sollten Sie aktivieren, damit das Dateisystem beim Booten automatisch auf Datenkorruption überprüft wird.

Abschließend bleibt noch MOUNT_1_OPTION. Dort stellen Sie ein, ob die Partition mit oder ohne Schreibrechten eingebunden wird. In der Regel werden Sie Schreibrechte benötigen, da Sie die Partition für Möglichkeiten wie den Anrufbeantworter nutzen, die Daten auf die Platte schreiben. Setzen Sie also *rw* als Wert.

Das HDINSTALL-Paket können Sie wieder deaktivieren, da die Installation bereits abgeschlossen ist und Sie es nicht mehr benötigen, um den Router zu betreiben.

Interessant im Zusammenhang mit Festplattenroutern ist auch das das HDTUNE-Paket, das Ihnen die Möglichkeit gibt, die Festplatte nach einiger Zeit Inaktivität in den Ruhemodus zu schicken. Das spart Strom und senkt den Geräuschpegel, wenn der Router nicht benötigt wird. Für den Standy-Modus sind dabei die Optionen HDTUNE_SLEEP_x (x steht für die Festplatte, die zuvor als HDTUNE_DISK_x eingerichtet wurde) sowie HDTUNE_SLEEPTIME_x. Der erste Wert wird genutzt, um den Standy-Modus zu aktivieren. Der zweite Wert legt die Zeit in Minuten fest, die bei Inaktivität gewartet wird, bevor die Platte abgeschaltet wird. Für optimale Performance können Sie die Option HDTUNE_DMA_x aktivieren, was von älteren Mainboards und Festplatten allerdings noch nicht unterstützt wird.

Neue Konfiguration auf den Router laden

Nachfolgend beschreiben wir, wie Sie mithilfe des imonc-Clients Ihre neue Konfiguration auf den Router laden können. Voraussetzung dafür ist, dass Sie imond auf dem Router installiert haben.

1 Zuerst müssen Sie fli4l die neue Konfiguration erstellen lassen. Rufen Sie dazu das mktgz-Script aus dem *fli4l*-Verzeichnis auf.

2 Wenn das Script fertig ist, starten Sie den imonc-Client, klicken auf die Schaltfläche *Admin* am unteren Rand und geben Ihr Passwort ein, um in den Administrationsmodus zu kommen.

3 Wechseln Sie auf das Register *Admin*, von dem aus Sie die Aktualisierungen durchführen können. Dazu müssen Sie in das Feld *fli4l-Verzeichnis* den Pfad Ihres fli4l-Basisverzeichnisses eintragen. Die Option *Router anschließend neu booten* sollten Sie aktivieren, damit die neue Konfiguration gleich aktiviert wird. Aktivieren Sie die Felder *Kernel*, *Root-Dateisystem*, *Opt-Datei* und *rc.cfg*. Das veranlasst imonc dazu, dass gesamte System neu hochzuladen. So stellen Sie sicher, dass die einzelnen Komponenten zusammen passen. Starten Sie den Aktualisierungsvorgang durch einen Klick auf *Start*.

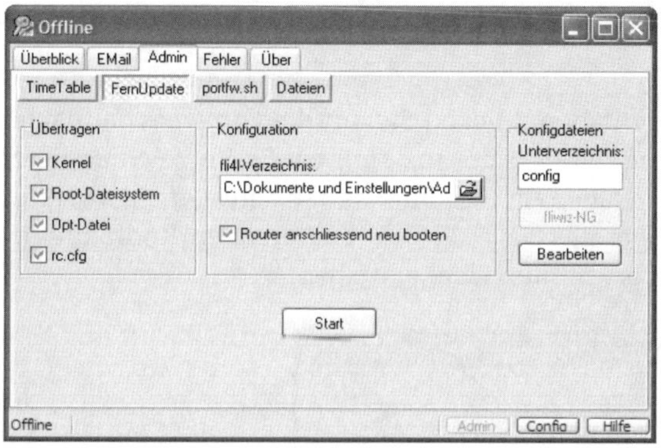

Das Übertragen der Daten kann einige Zeit in Anspruch nehmen. Wenn das Update abgeschlossen ist, wird der Router automatisch neu gestartet. Dadurch ist der Router für einen Moment natürlich nicht erreichbar. Anschließend ist die neue Konfiguration allerdings sofort aktiviert.

Im weiteren Betrieb verhält sich der Festplattenrouter identisch mit der Diskettenversion. Sie brauchen keine weiteren Details zu beachten.

14.6 Den Router mit FliwizNG konfigurieren

Sie haben alternativ zur manuellen Konfiguration die Möglichkeit, FliwizNG, einen Konfigurationsassistenten für Windows, zu benutzen, um Ihre fli4l-Konfiguration durchzuführen. Vielleicht sind Sie jetzt ein wenig entsetzt, warum wir Ihnen das erst jetzt sagen, nachdem Sie sich bereits stundenlang mit der manuellen Konfiguration herumgeschlagen haben.

Die Antwort ist ganz einfach. Dadurch, dass Sie zumindest eine Grundkonfiguration manuell durchgeführt haben, haben Sie einiges an Basiswissen erlangt, das für die weitere Arbeit mit fli4l äußert hilfreich sein wird.

Bei FliwizNG handelt es sich um ein kleines Programm, das, entgegen dem fli4l-Basispaket, lediglich unter Windows funktioniert. Sie können es in der neusten Version von der fli4l-Webseite, *http://www.fli4l.de,* beziehen.

Eine Installation ist nicht notwendig. Sie brauchen lediglich die Datei *FliwizNG.exe* aus dem ZIP-Archiv auszuführen. Es erscheint der Hauptbildschirm, in dem Sie zuerst eine Basiskonfigurationsdatei auswählen müssen.

Alle optionalen Pakete sollte das Programm automatisch erkennen und in der Liste *Folgende .txt-Dateien werden bearbeitet* eintragen.

Installieren müssen Sie die Pakete jedoch zuvor manuell, wie Sie es in den vorherigen Abschnitten gelernt haben.

Um ein fli4l mithilfe von FliwizNG zu konfigurieren, folgen Sie der nachstehenden Schritt-für-Schritt-Anleitung.

1 Nachdem Sie FliwizNG gestartet haben, klicken Sie auf die *Öffnen*-Schaltfläche und wählen im erscheinenden Dialog die *base.txt* aus dem config-Verzeichnis innerhalb Ihres *fli4l-x.x.x*-Verzeichnisses. Nachdem Sie die Auswahl mit *Öffnen* bestätigt haben, sollte FliwizNG automatisch alle zusätzlich zu editierenden Konfigurationsdateien erkennen und in der oben erwähnten Liste eintragen.

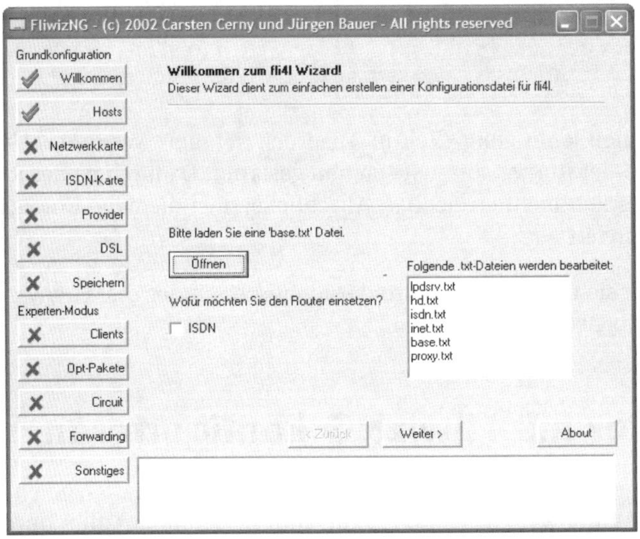

2 Falls der Router als ISDN-Router dienen soll, müssen Sie einen Haken in der Box *ISDN* unter *Wofür möchten Sie den Router einsetzen* machen. Gleiches gilt, wenn Sie DSL verwenden möchten.

Die Haken für DSL und ISDN erscheinen nur, wenn die jeweiligen OPT-Pakete installiert sind. Danach klicken Sie auf *Weiter*, um zum nächsten Schritt, der Host-Konfiguration, zu gelangen.

3 Unter dem Punkt *Hosts* verbirgt sich die Grundkonfiguration, die der Router benötigt, um sich und Ihre Netzwerk zu identifizieren. Sie müssen angeben, wie viele Rechner sich in Ihrem Netzwerk befinden. Dabei müssen Sie auch den Router mitzählen. Zusätzlich geben Sie das Netzwerk an, in dem Sie sich befinden.

Wenn Ihre PCs IP-Nummern in der Art von 192.168.0.10 nutzen, geben Sie in die drei Felder „192“, „168“ und „0“ ein. Anstatt der 10 ist eine 0 fest eingetragen, sie dient als Platzhalter für einen beliebigen Wert zwischen 1 und 254.

Anschließend vergeben Sie noch einen Namen und ein Passwort für Ihren Router. Und zu letzt müssen Sie noch einen Domänennamen angeben, unter dem alle Ihre PCs später gelistet werden. Das kann zum Beispiel *home.netz* oder eine beliebige Top-Level-Domain sein.

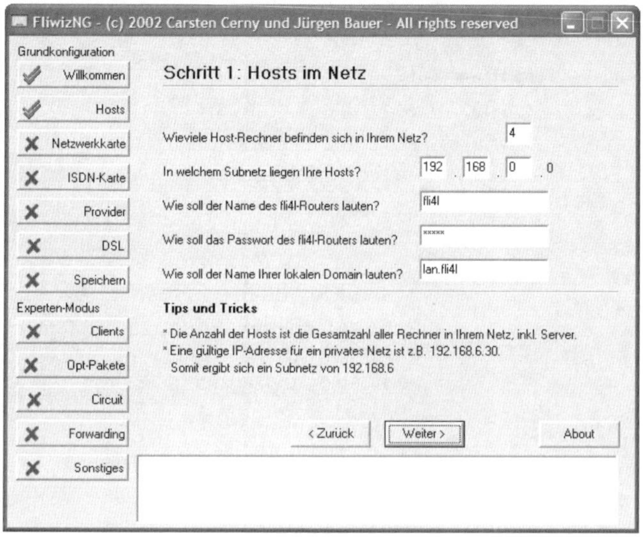

4 Als Nächstes gilt es, die Netzwerkkarten zu konfigurieren. Wenn Sie lediglich eine Karte verwenden, oder zwei Karten desselben Typs, reicht es, einmal den Treiber zu wählen. Als Treiber bzw. Netzwerkkartentyp geben Sie, falls aufgelistet, Ihre Netzwerkkarte an.

Sollte Ihre Karte nicht aufgelistet sein, müssen Sie einen Treiber für den passenden Chipsatz eintragen. Je nach Karte müssen Sie zusätzliche Parameter angeben.

Vertauschte Netzwerkkarten

Es kann vorkommen, dass fli4l, wenn Sie zwei Netzwerkkarten gleichen Typs verwenden, die Reihenfolge der Karten intern anders vergibt, als sie am PCI-Bus ist. Sollte Ihr Router später nicht zu erreichen sein, versuchen Sie einfach mal, die Kabel der beiden Netzwerkkarten zu vertauschen.

Weitere Informationen dazu finden Sie im entsprechenden Abschnitt der manuellen Konfigurationsbeschreibung. Zusätzlich müssen Sie eine IP-Adresse angeben, über die Sie den Router später erreichen möchten.

Wenn Sie eine zweite Karte verwenden, die einen anderen Treiber verwendet als die erste, müssen Sie die Option dafür aktivieren.

Nachdem Sie die Option eingeschaltet haben, sollte automatisch ein zusätzliches Auswahlfeld für einen zweiten Treiber erscheinen. Tragen Sie dort den Treiber für die zweite Karte ein.

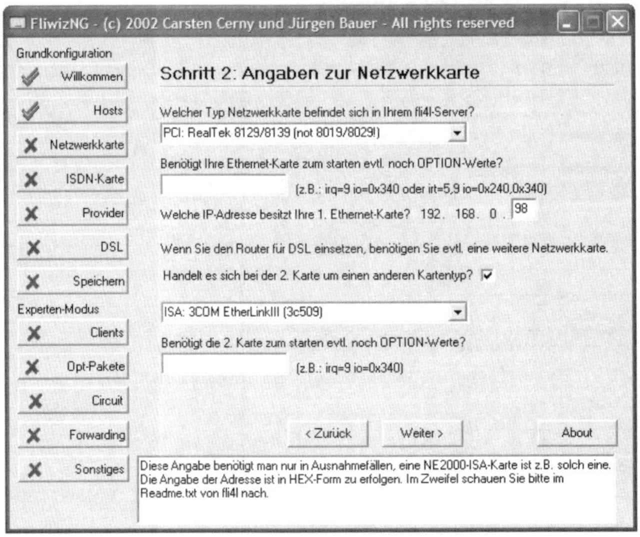

5 Wenn Sie die Netwerkkartenkonfiguration abgeschlossen haben, werden Sie gefragt, ob Sie eine ISDN-Karte konfigurieren möchten. Soll der Router lediglich als DSL-Router dienen, brauchen Sie das nicht. Ansonsten aktivieren Sie den Haken, wodurch wieder einige zusätzliche Optionen erscheinen. Wählen Sie in dem Auswahlfeld Ihre ISDN-Karte aus. Handelt es sich um eine ISA-Karte, sind eventuell zusätzliche Parameter erforderlich.

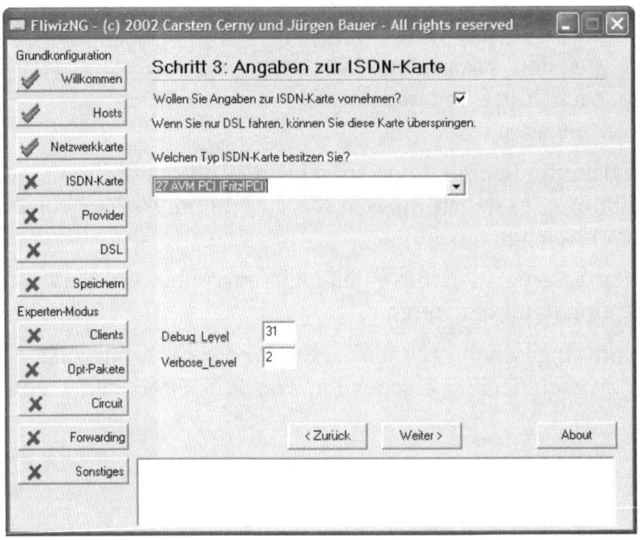

6 Im nächsten Schritt folgt die Auswahl des Providers, über den Sie sich ins Internet einwählen möchten. fli4l bringt bereits einige vorkonfigurierte Provider mit. Wenn Sie Ihren eigenen Provider nutzen möchten, können Sie diesen im Experten-Modus unter *Circuits* konfigurieren. Zusätzlich müssen Sie die MSN eintragen, über die Sie sich einwählen möchten, damit auf ihrer Telefonrechnung die Onlinekosten korrekt verbucht werden können.

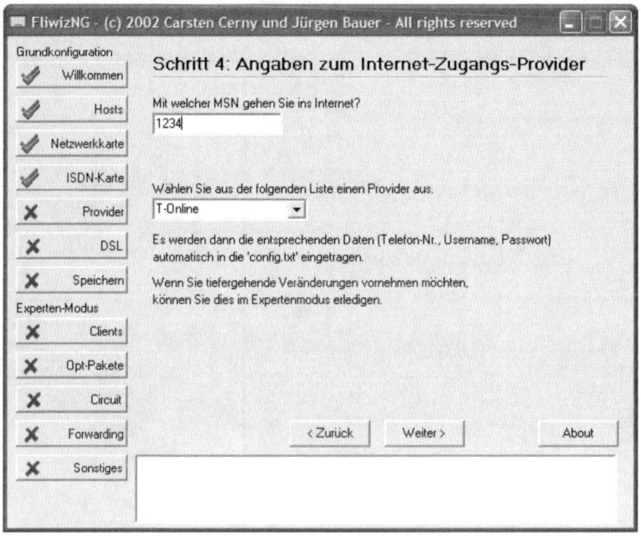

7 Wenn Sie zu Beginn die Konfiguration von DSL aktiviert haben, werden Sie nun nach DSL-Verbindungstyp und Zugangsdaten gefragt. In Deutschland wählen Sie als Verbindungstyp *PPPOE,* während Sie in Österreich *PPTP* wählen müssen. Als Zugangsdaten tragen Sie die Daten Ihres Providers ein. Wenn Sie T-Online-Kunde sind, dann setzen Sie den Benutzernamen aus Ihrer Anschlusskennung, gefolgt durch die T-Online-Nummer sowie der Mitbenutzerkennung (falls Sie nicht wissen, was Ihre Mitbenutzerkennung ist, tragen Sie „0001" als Mitbenutzerkennung ein) und abschließend „@t-online.de" zusammen.

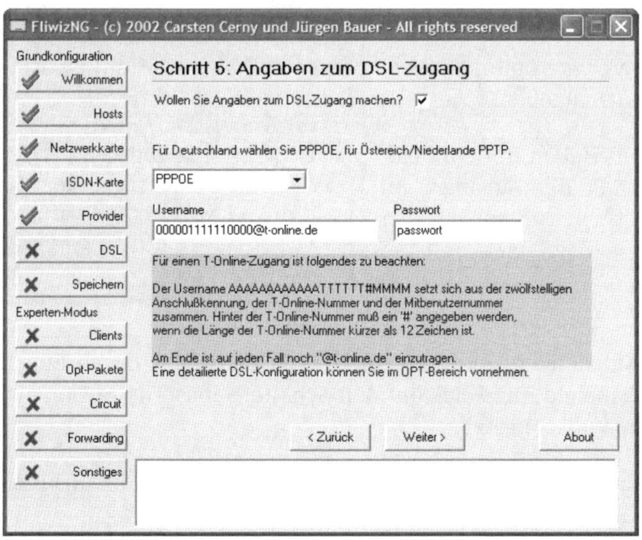

8 Abschließend müssen Sie die Konfigurationsdatei speichern, eine Diskette formatieren und durch Klick auf *Diskette erstellen* die Daten auf die Diskette schreiben. Wenn dieser Vorgang fehlerfrei abgeschlossen ist, können Sie die Diskette entnehmen und Ihren Router booten.

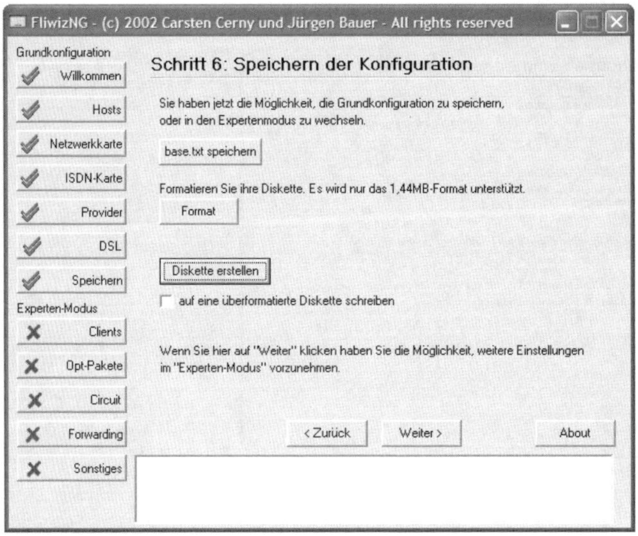

Zusätzlich zur Grundkonfiguration können Sie mit FliwizNG einige speziellere Optionen und sogar jedes OPT-Paket konfigurieren.

Wobei die Konfiguration der OPT-Pakete gegenüber der manuellen Konfiguration nicht vereinfacht wird, da Sie lediglich die Werte direkt, wie in der jeweiligen Konfigurationsdatei, ändern können.

Der erste Punkt der Expertenkonfiguration sind die Einstellungen für den lokalen DNS Server in fli4l.

Sie müssen Sie IP-Adressen sowie optional auch die MAC-Adressen der Clients angeben.

Zusätzlich können Sie einen Haken in dem Feld *Deny Host* machen, um dem PC den Zugang zum Internet zu verbieten.

Sichere Domainsperre

Die DNS_FORBIDDEN-Einstellung bietet Ihnen eine sehr einfache Sperre bestimmter Domains. Allerdings ist diese Sperre nicht allzu sicher, da es möglich ist, an einem Client einfach einen anderen DNS-Server einzutragen, der die Domain auflöst. Stattdessen sollten Sie einen Proxy verwenden und das einfache Routing deaktivieren, um Domains effektiv zu sperren.

Außerdem haben Sie die Möglichkeit, in dem Feld DNS_FORBIDDEN durch Eingabe in das darunter stehende Eingabefeld und Klick auf den Schalter + bestimmte Domains auf die Liste der verbotenen Domains zu setzen.

Das hat zur Folge, dass eine Anfrage nach der IP-Adresse einer dieser Domains nicht beantwortet wird, der Client diese Domain also nicht aufrufen kann.

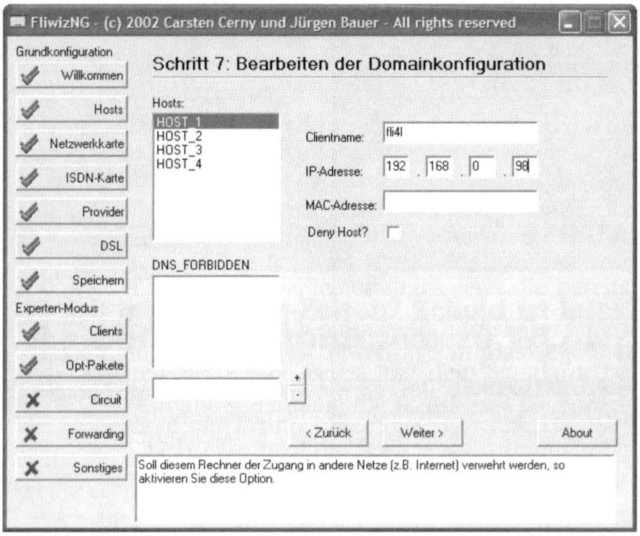

Die Clients-Konfiguration in FliwizNG.

Die zweite Option der Expertenkonfiguration ist die OPT-Paket-Konfiguration. Sie bekommen eine Liste aller installierten OPT-Pakete angezeigt.

Wenn Sie aus dieser ein Paket auswählen, werden in der zweiten Liste die zu setzenden Parameter und ihre aktuellen Werte eingetragen.

Diese Werte können Sie manuell verändern, als würden Sie direkt in der Konfigurationsdatei arbeiten.

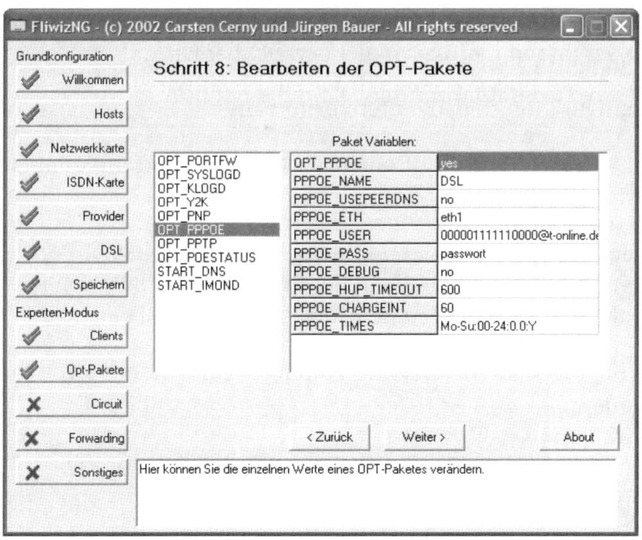

OPT-Pakete mit FliwiNG konfigurieren.

In der Circuit-Konfiguration können Sie verschiedene Zugänge für einen ISDN-Router konfigurieren. Dabei müssen Sie die Parameter ebenfalls manuell einstellen.

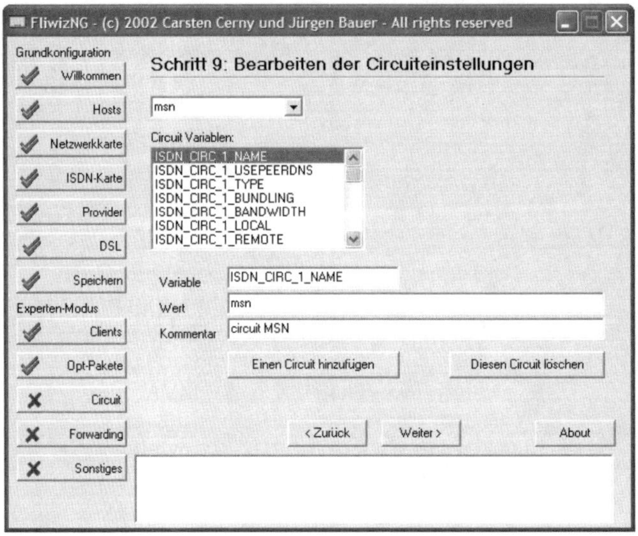

ISDN-Circuit-Konfiguration mit FliwizNG.

Im nächsten Schritt können Sie Portforwards, nicht zu routende Ports und nach außen abzublockende Ports einrichten.

In der Tabelle links oben können Sie Ports einrichten, die nicht weitergeleitet werden sollen.

Wenn Sie hier beispielweise Port 80 eintragen, wird das Surfen von den Clients nicht mehr möglich sein.

In der rechten oberen Tabelle können Sie Ports eintragen, die der Router abblocken soll, beispielsweise Port 5001, damit der imond von außen nicht erreichbar ist.

Die untere Tabelle dient zur Konfiguration so genannter Portforwards.

Mit einem Portforward werden alle Pakete, die auf einem bestimmten Port ankommen, an den von Ihnen angegeben PC weitergeleitet.

Portforwards sind oftmals für Software wie NetMeeting nötig. Um zum Beispiel Port 80 an den Rechner 192.168.0.1 weiterzuleiten, geben Sie in der linken Spalte „80“, den Port, in der mittleren „192.168.0.1“, die IP, und in der rechten „tcp“, das Protokoll ein.

Mit der Option DENY_FIREWALL_ICMP können Sie das Anpingen Ihres Routers von außerhalb des Netzwerks unterbinden.

Die Option FIREWALL_LOG aktiviert das Mitschreiben von abgeblockten Anfragen an die Firewall.

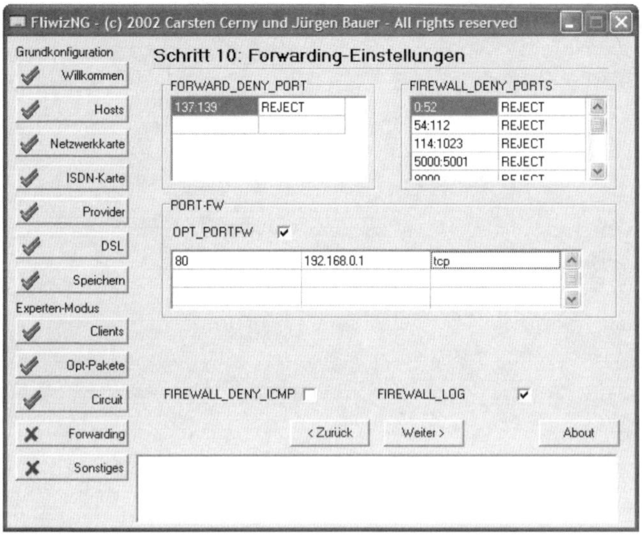

FliwizNG bei der Firewall- und Portforwarding-Konfiguration.

Abschließend bleibt noch der Punkt *Sonstiges*. Hier ist alles abgelegt, was nirgends anders einen Platz gefunden hat. Sprich es war zu wenig bzw. zu unwichtig, um eine eigene Kategorie zu bekommen, aber dann doch zu entscheidend, um es ganz wegzulassen.

Sie können in dieser Kategorie die verfügbaren Masquerading-Module aktivieren, um zum Beispiel ICQ hinter dem Router verwenden zu können.

Außerdem können Sie einstellen, in welchem Netzwerk sich der Router befindet, wie groß die Ramdisk sein soll und ob die Diskette schreibgeschützt eingebunden werden soll.

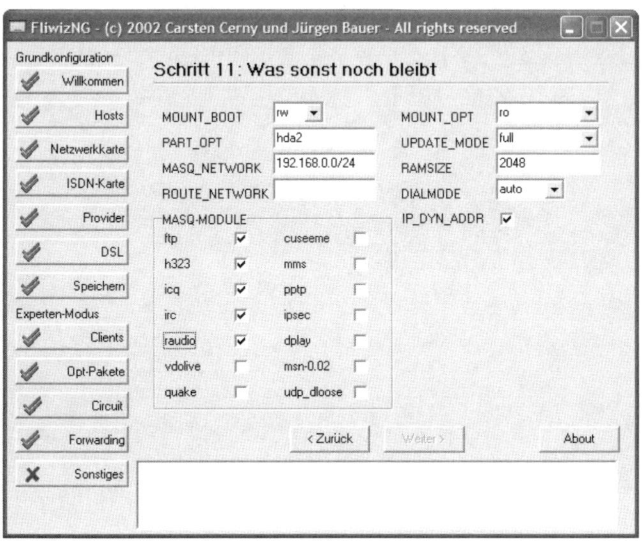

Konfiguration diverser Optionen mit FliwizNG.

15. Schneller im Web mit SQUID

Bereits im vorherigen Kapitel sind wir kurz auf den Einsatz von Proxy-Servern mit fli4l eingegangen. Dort haben wir den zum Basispaket von fli4l gehörenden Junkbuster-Proxy verwendet. In diesem Kapitel möchten wir Ihnen zeigen, wie Sie mit zusätzlichen Paketen in den Genuss von Proxys mit Caching-Support kommen können. Mit Caching-Proxys können Sie Traffic sparen, da doppelt aufgerufene Seiten nicht erneut heruntergeladen werden müssen, sowie bereits besuchte Seiten auch ohne Internetverbindung aufrufen.

Quelle: www.squid-cache.org

Das macht Proxy-Server vor allem für Netzwerke mit vielen Nutzern sinnvoll sowie für Personen, die lange auf einer einzigen Seite surfen und viel vor- und zurückspringen.

15.1 Proxy-Server – Einführung

Im vorherigen Kapitel haben wir die Funktionen und Arbeitsweise eines Proxy-Servers nur sehr kurz angerissen. An dieser Stelle werden wir nun die Einsatzgebiete, Arbeitsweisen, Vorteile sowie Nachteile eines Proxy-Servers näher ergründen.

Bevor wir auf den Proxy-Server selbst eingehen, sollte noch einmal kurz die Funktionsweise des Internet betrachtet werden. Jeder, der über einen Internetzugang besitzt, kann mit den Begriffen „surfen“ und „browsen“ etwas anfangen. Beide Begriffe sind letztendlich andere Bezeichnungen für das Abrufen von Informationen aus dem Internet über einen Browser. Für den Benutzer sieht der Ablauf folgendermaßen aus:

- Gewünschte Adresse im Browser eingeben und bestätigen.
- Inhalte lesen.

Aus technischer Sicht geschieht einiges mehr. Vorerst betrachten wir den Vorgang ohne einen Proxy-Server, also mit einer direkten Verbindung in das Internet.

- Nutzer gibt URL im Browser ein.
- Der Browser generiert aus der URL sowie zusätzlichen Daten wie Informationen über sich selbst, eine Anfrage, die er an die URL sendet. Bevor das eigentliche Senden stattfindet, muss der Browser die Adresse des Webservers, also einen Teil der gesamten URL, in eine IP-Adresse übersetzen lassen. Dazu sendet er eine Anfrage an einen DNS-Server.
- Wenn die Anfrage des Browsers am Server angekommen ist, generiert dieser eine Antwort, die dem Browser alle Daten übermittelt, die er benötigt, um die gewünschte Seite darzustellen. Das ist einmal der HTML-Code der Webseite und zusätzlich Informationen über weitere Objekte wie Bilder, die benötigt werden.
- Der Browser wiederum interpretiert diese Antwort und lädt alle weiteren Objekte herunter, um dann die gewünschte Seite zu generieren und anzuzeigen.

Diese, immer noch recht schematische Darstellung, ist schon deutlich komplizierter als die erste, eher intuitive. Nun aber zum Proxy-Server. Ohne einen Proxy-Server werden Anfragen wie gesagt direkt an den Server gesendet. Stellen Sie sich folgende Situation vor: Sie surfen auf einer Webseite, die aus zahlreichen Artikeln besteht, die auf einer Hauptseite zusammengefasst sind. Von dort aus navigieren Sie zu einem Artikel. Nachdem Sie den Artikel gelesen haben, benutzen Sie die *Zurück*-Schaltfläche des Browsers, um wieder zur Übersicht zu gelangen.

An dieser Stelle wird es interessant. Der Browser muss die Hauptseite erneut vom Webserver anfordern, um sie darstellen zu können. Das heißt, der gesamte Vorgang von Anfrage bis Darstellung wird erneut durchgeführt, obwohl er erst vor wenigen Minuten zuletzt durchgeführt wurde. Dies lässt sich sehr eingeschränkt bereits durch die Cache-Funktionen eines Browsers verbessern, eine wirkliche Lösung ist das aber nicht. Eine gute Lösung bieten aber Proxy-Server mit Caching-Funktion.

Ein Proxy-Server mit Cache legt abgerufene Webseiten unter bestimmten Bedingungen, die wir später näher erläutern werden, auf der Festplatte ab, um sie bei der nächsten Anfrage direkt „auf Lager“ zu haben, ohne eine erneute Anfrage festzuhalten.

Erweitern wir unser Schema also um einen Proxy-Server:

- Nutzer gibt URL im Browser ein.
- Der Browser generiert aus der URL sowie zusätzlichen Daten wie Informationen über sich selbst, eine Anfrage, die er nicht wie zuvor direkt an den Webserver sendet, sondern an seinen Proxy-Server.
- Der Proxy-Server bearbeitet die Anfrage und prüft, ob die geforderte Webseite bereits im Cache abgelegt wurde. Findet der Proxy die Seite in seinem Cache, sendet er sie an den Client zurück, ohne eine Anfrage an den eigentlichen Server stellen zu müssen. Findet der Proxy die Informationen nicht in seinem Cache, leitet er die Anfrage, unter Umständen leicht verändert, an den Webserver und legt die dann erhaltene Seite, soweit möglich, in seinem Cache ab. Danach leitet er die Seite an den Browser weiter.
- Der Browser wiederum interpretiert die Antwort des Proxys, wie zuvor die des eigentlichen Servers, und lädt alle weiteren Objekte herunter, um dann die gewünschte Seite zu generieren und anzuzeigen.

In der Kette hat sich nun ein weiterer Punkt „eingeschlichen". Der Proxy-Server stellt eine neue Anlaufstelle für die Anfrage des Browsers dar. Dadurch wird der Weg zum Webserver zwar verlängert, allerdings soll dieser Weg im Idealfall ja nur selten beschritten werden, sondern die Daten sollen aus dem Cache kommen. Dass die Antwort des Proxys, vorausgesetzt die Daten sind in seinem Cache, schneller ist als die des Webservers, ist leicht nachvollziehbar, da der Proxy meist im eigenen Netz steht und somit deutlich schneller mit dem eigenen Rechner verbunden ist als der Webserver. Zusätzlich kommt noch dazu, dass Webserver im Internet gelegentlich stark belastet sind, sodass die Anfragen von dort nur sehr langsam beantwortet werden. Der Proxy-Server hat sich nur um sehr viel weniger Anfragen zu kümmern, sodass er deutlich schneller arbeitet als der eigentliche Webserver.

Weitere Funktionen von Proxy-Servern

Natürlich ist das eben erläuterte Caching nicht die einzige Funktion, die Proxy-Server bieten. Die nachfolgende Liste zeigt die wichtigsten weiteren Funktionen eines Proxy-Servers.

- Zugriffsschutz: Der Proxy kann sehr genau kontrollieren, welcher Client welche Informationen bekommen soll. So kann der Zugriff bestimmter Clients auf bestimmte Webseiten begrenzt werden. Das ist zum Beispiel für Firmen nützlich, die ihre Mitarbeiter vom ungewünschten privaten Surfen abhalten möchten. Auch ist es möglich, nur einzelne Webseiten zu sperren bzw. zu filtern. So kann ein Proxy-Server als „Kindersicherung" dienen, indem er pornografische und andere für Kinder nicht geeignete Informationen herausfiltert.
- Sicherung des Clients: Dadurch, dass der Client die Anfragen nicht mehr selbst an den Webserver stellt, sinkt für ihn das Sicherheitsrisiko und er hinterlässt keine bzw. nur eingeschränkte Spuren auf den Webservern. Dieser Teil wird dem Proxy überlassen, der durch eine gute Konfiguration sehr viel geschickter im Web auftreten kann, als die meisten „herkömmlichen" Clients es tun.

- Protokollführung: Der Proxy ermöglicht es, über jede einzelne Anfrage sehr genau Buch zu führen. Diese Informationen können später ausgewertet werden, so können beispielweise Abrechnungen deutlich leichter erstellt werden als bei einer herkömmlichen Verbindung.

Diese Möglichkeiten machen einen Proxy für sehr viele Einsatzgebiete interessant.

Pro und kontra Proxy-Server

Nachfolgend fassen wir die Vor- sowie Nachteile von Proxy-Servern zusammen, um Ihnen einen kurzen Überblick zu gewähren, ob ein Proxy für Sie Sinn macht.

Pro

- Erreichbarkeit: Ein Proxy ermöglicht Ihnen den Zugriff auf bereits besuchte Webseiten auch dann, wenn die Internetverbindung nicht funktioniert oder der Webserver, der die Seite hostet, nicht erreichbar ist.
- Traffic: Dadurch, dass der Proxy eine Anfrage nach einer Seite nur dann stellen muss, wenn er sie nicht bereits im Cache abgelegt hat, kann im Idealfall eine enorme Menge an Traffic gespart werden. Das führt je nach Verbindungstyp zu deutlich geringeren Kosten für den Internetzugang.
- Geschwindigkeit: Nicht zuletzt ist die erhöhte Zugriffsgeschwindigkeit auf häufig besuchte Webseiten ein wichtiger Aspekt für den Einsatz eines Proxy-Servers. Es sind im Idealfall Geschwindigkeitssteigerungen im Bereich des Hundertfachen möglich.

Kontra

- Aktualität: Unter Umständen können im Cache abgelegte Webseiten nicht immer aktuell sein. Das hängt stark von der Webseite selbst, aber auch von den Einstellungen des Proxy-Servers ab. Dazu später mehr.
- Kosten: Ein Cache kann je nach Anzahl der zu versorgenden Clients und Menge der abgerufenen Informationen enorme Plattenkapazitäten erfordern, die hohe Kosten mit sich bringen. Für kleine Privatnetze mit Rechnerzahlen zwischen zwei und einem Dutzend ist dieses Problem jedoch nicht akut.
- Rechtliche Aspekte: Der Einsatz von Proxy-Servern ist nach wie vor rechtlich umstritten. Denn das Cachen von Webseiten bedeutet ja nichts anderes, als dass eine Kopie der Webseite lokal abgelegt werden. Da auch Webseiten dem Urheberrecht unterliegen, darf dies genau genommen nur mit schriftlicher Genehmigung des Autors geschehen. Da solch eine Überprüfung allerdings in der Praxis vollkommen unrealistisch ist, könnte man meinen, Proxy-Server könnten nicht mehr mit reinem gewissen eingesetzt werden. Außerdem könnte hier auch das Strafrecht greifen, falls über den Proxy pornografische, rechtsradikale etc. Inhalte abgerufen und auf dem Proxy-Server gespeichert werden. In Deutschland ist die Lage zum aktuellen Zeitpunkt jedoch nicht ganz so kritisch, da das Ablegen der Daten im Cache nicht „bewusst" durchgeführt wird.

Nachdem Sie nun einen ungefähren Überblick über die wichtigsten Vor- und Nachteile eines Proxy-Servers haben, sollten Sie sorgfältig überlegen, ob der Einsatz eines Proxys für Sie Sinn macht. In den nächsten Abschnitten dieses Kapitels werden allerdings noch einige Faktoren dazukommen, die Ihre Entscheidung beeinflussen könnten.

Dynamisch generierte Webseiten und Proxys

In der Auflistung der Vor- und Nachteile eines Proxy-Servers haben wir bereits die unter Umständen nicht immer gegebene Aktualität der angezeigten Seiten erwähnt. Nun werden wir näher auf diese Problematik, speziell im Zusammenhang mit dynamisch generierten Webseiten, wie sie heutzutage gang und gäbe sind, eingehen. Im klassischen Internet, als die Webseiten aus reinem HTML bestanden und lediglich der sachlichen Information dienten, war das Cachen von Webseiten sehr viel einfacher, da Seiten in der Regel ihren Inhalt behielten und diejenigen, die regelmäßig aktualisiert wurden, über entsprechende Header-Informationen verfügten, die dem Proxy signalisierten, wann er sie zu aktualisieren hatte. Nun, mittlerweile ist das Internet Massenmedium Nummer eins und wird von Informationen nur so überflutet. Dabei werden alle Themenbereiche abgedeckt.

Die so entstandene Vielfalt hat allerdings einige Änderungen mit sich gebracht. Zum einen mit Sicherheit sehr viel Farbe und Leben und zum anderen: dynamische Webseiten. Keine etwas größere Webseite setzt noch auf manuell gepflegte HTML-Dateien. In der Regel arbeiten so genannte **C**ontent **M**anagement **S**ystems (CMS) hinter den Webseiten, die den Inhabern einfaches Pflegen der Daten ermöglichen und die Ausgaben letzen Endes zu Großteilen dynamisch aus Datenbanken generieren. Das hat vor allem für den Seitenbetreiber deutliche Vorteile. Nicht aber für Proxy-Server. Denn bei dynamisch generierten Webseiten ist die Aktualität schwer zu prüfen und Änderungen geschehen oft sehr schnell, ohne dass der Proxy etwas davon mitbekommt.

Heute beinhaltet kaum eine Seite Informationen über die „Cachebarkeit" der Webseite, die dem Proxy-Server helfen, sie einzuordnen. Und wenn dann doch mal Header-Informationen vorhanden sind, sagen sie dem Proxy in der Regel, er soll sie gar nicht cachen. Meistens jedoch ohne wirkliche Berechtigung. Denn cachen unterbinden sollte man eigentlich nur bei hochdynamischen Seiten, die sich mit jedem Aufruf ändern. Nicht aber bei, zwar ebenfalls dynamischen, aber nur durch den Seitenbetreiber veränderbaren Webseiten. Auf diesen Webseiten finden höchstens ein- bis zweimal pro Stunde Aktualisierungen statt, die beispielweise durch eine Cache-Haltbarkeit von 30 Minuten sehr gut abgedeckt werden können. Das spart, vorausgesetzt die Seite wird oft aufgerufen, bereits einiges an Bandbreite. Sowohl beim Client als auch beim Server.

Da es aber leider so ist, dass die wenigsten Webentwickler Rücksicht auf Proxy-Server nehmen, muss man sich als Proxy-Betreiber damit abfinden, dass 30 bis 50 % der Webseiten überhaupt nicht mehr gecached werden können. Diese Tendenz ist weiterhin steigend, sodass manch einer an der Zukunft von Proxy-Servern zweifeln mag. Derzeit können Proxy-Server, vorausgesetzt, sie sind gut konfiguriert und werden, sinnvoll eingesetzt, deutliche Gewinne bringen. Aus diesem Grund werden wir Ihnen im nächsten Abschnitt auch zeigen, wie Sie mit fli4l einen Proxy-Server für ein kleines Netzwerk einrichten können.

15.2 Verschiedene Proxy-Pakete für fli4l

Es gibt zahlreiche verschiedene Proxy-Server, die mit fli4l eingesetzt werden können. Eines haben wir Ihnen bereits vorgestellt, den Junkbuster-Proxy. Die verschiedenen Pakete unterscheiden sich hauptsächlich in ihrem Funktionsumfang. Junkbuster verfügt über keine Cache-Möglichkeit, wie wir sie eben besprochen haben. Er dient lediglich als Webfilter. Anders sieht es bei den Paketen WWWOFFLINE und SQUID aus. Beide unterstützen Caching und bieten einen vollwertigen Proxy-Dienst. Vorausgesetzt wird für Caching jedoch eine Festplatteninstallation, da es praktisch vollkommen sinnlos ist, auf einer Diskette Cache-Informationen abzulegen.

Zum einen liegt das daran, dass die Zugriffszeiten auf die Daten der Diskette sehr langsam sind, sodass das Surfen eher langsamer als schneller wird, und zum anderen sind die 1,44 MByte einer Diskette schnell gefüllt. Zumal dem Proxy von den 1,44 MByte in der Regel kaum mehr als 300 KByte zur Verfügung stehen.

Das WWWOFFLINE-Paket ist noch recht jung und basiert auf dem freien wwwoffle-Proxy (*http://www.gedanken.demon.co.uk/wwwoffle/*). Allerdings macht dieses Paket beim Einrichten oftmals noch Schwierigkeiten.

Wir werden uns hier auf das SQUID-Paket konzentrieren. Dieses Paket basiert, wie der Name schon sagt, auf dem ebenfalls freien SQUID-Proxy. SQUID erfreut sich sehr großer Beliebtheit, da es sich als ein schneller und komplett ausgestatteter Proxy-Server bewährt hat.

Außerdem hat der Aspekt der Open Source-Umsetzung von SQUID sicherlich zu seiner Popularität beigetragen, da SQUID so kostenlos für jedermann zugänglich ist und jeder, gemäß den Bedingungen der GNU General Public License (GPL) in Version 2, Veränderungen an dem Programm vornehmen darf.

15.3 OPT_SQUID einrichten

Die wichtigsten Optionen des SQUID-Proxys lassen sich in der Konfigurationsdatei im *fli4l*-Vezeichnis einstellen, sodass es vorerst nicht nötig ist, dass wir uns mit der SQUID-Konfiguration im */etc*-Verzeichnis auseinander setzen. Wir werden erst einmal nur die Parameter erläutern, die Sie zum Betrieb gegenüber der Standardkonfiguration anpassen müssen, um den Proxy-Server in Betrieb zu nehmen.

1 Laden Sie das Paket OPT_SQUID von der fli4l-Webseite herunter und entpacken es in das Hauptverzeichnis Ihrer fli4l-Installation. Dabei ist zu beachten, dass die Verzeichnisse innerhalb der Archivs vom Packer berücksichtigt werden und, vor allem bei WinZip, keine Konvertierung von LF zur CR/LF vorgenommen wird.

2 Öffnen Sie die Datei *config/squid.txt* im Editor und aktivieren Sie den Proxy-Server durch Ändern des Wertes OPT_SQUID auf *yes*.

3 Stellen Sie sicher, dass die Angabe SQUID_ACCESS Ihrem Netzwerk entspricht, wenn Ihre IPs z. B. mit 192.168.1. beginnen, muss die Einstellung „192.168.1.0/24“ sein. Dementsprechend für Netzwerke beginnend mit 192.168.0. „192.168.0.0/24“.

Die 24 stellt dabei die Anzahl der variablen Bits in der IP dar. Die 24 Bit entsprechen dabei der letzten 0, sodass alle Rechner die bis eine IP aufweisen, die lediglich an der letzten Stelle von der Angabe abweichen akzeptiert werden.

4 Merken Sie sich den SQUID_HTTP_PORT. Diesen müssen Sie später im Browser angeben. Sie können den Wert auch umstellen. Verbreitet sind 8080 sowie der voreingestellte Wert 3128. Sie können allerdings auch fast jeden anderen Port nutzen. Voraussetzung ist, dass er von keinem anderen Dienst, wie imond oder dem FTP-Server, belegt wird.

5 Der nächste wichtige Wert ist das SQUID_WORK_DIR. In dieses Verzeichnis schreibt SQUID alle im Betrieb anfallenden Daten, wie Log-Files etc. nicht jedoch die gecacheten Werte.

Diese werden in das SQUID_CACHE_1_DIR geschrieben. Beide Verzeichnisse sollten auf einer ausreichend dimensionierten Festplatte liegen.

Wenn diese Werte korrekt eingestellt sind, können Sie die Systemdateien mit *mktgz* neu generieren lassen und per FTP oder imonc auf Ihren Router laden. Nach einem Neustart des Routers sollte der Proxy bereits laufen und benutzt werden können.

15.4 Browser für den Einsatz von SQUID konfigurieren

Die nächste Anleitung zeigt Ihnen, wie Sie den Internet Explorer konfigurieren müssen, um den Proxy-Server zu nutzen. Anschließend beschreiben wir auch noch die Konfiguration von Mozilla/Netscape.

1 Starten Sie den Internet Explorer und wählen Sie den Menüpunkt *Extras/Internetoptionen*. Wechseln Sie dort auf das Register *Verbindungen* und klicken Sie auf *Einstellungen* im Abschnitt *LAN-Einstellungen*.

2 Aktivieren Sie die Option *Proxyserver für LAN verwenden (diese Einstellungen gelten nicht für DFÜ- oder VPN-Vebrindungen)* im Kasten *Proxyserver*. Als Adresse geben Sie die IP-Adresse Ihres Routers, in diesem Beispiel 192.168.0.98, und als Port den in der SQUID-Konfiguration eingestellten HTTP-Port ein. Außerdem sollten Sie die Option *Proxyserver für lokale Adressen umgehen* deaktivieren, da die Nutzung des Proxy-Servers hier keine Vorteile bringt und oft zu Problemen führt.

Anschließend sollten Sie wie gewohnt mit Internet Explorer surfen können, allerdings wird nun der Proxy-Server genutzt.

Natürlich können auch Mozilla- bzw. Netscape-Nutzer auf den Proxy zugreifen, dazu muss folgende Schritt-für-Schritt-Anleitung befolgt werden.

1 Starten Sie den Mozilla-Browser und öffnen Sie den Menüpunkt *Bearbeiten/Einstellungen*. Im erscheinenden Fenster klicken Sie auf den kleinen Pfeil neben *Erweitert*, wodurch sich eine Liste weiterer Einträge öffnet. Klicken Sie dort auf *Proxies*.

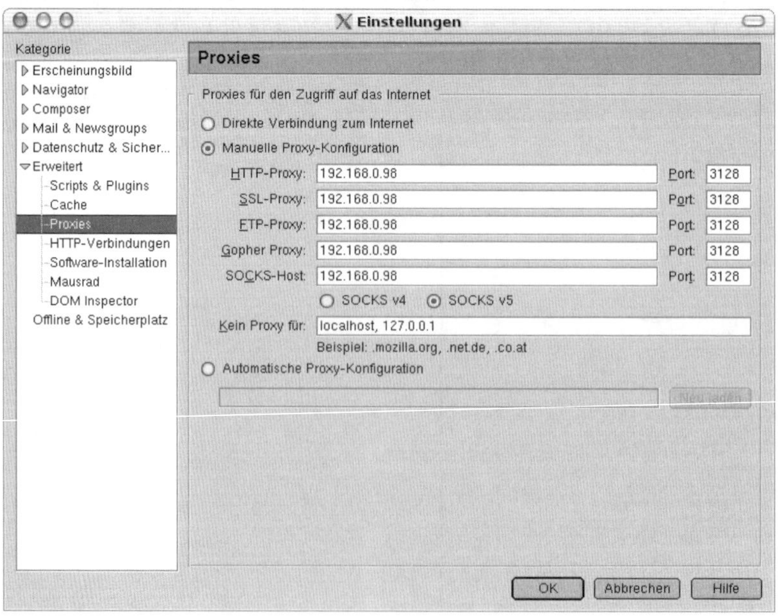

2 Geben Sie in den Feldern *HTTP-Proxy*, *SSL-Proxy*, *FTP-Proxy*, *Gopher Proxy* sowie *SOCKS-Host* die IP Ihres Routers an, sowie in allen *Port*-Feldern den in der SQUID-Konfiguration gewählten Port.

   Wählen Sie *SOCKS v5* aus und fügen Sie in die Zeile *Kein Proxy für* „localhost" und „127.0.0.1" getrennt durch ein Komma ein.

Damit sollte das Surfen auch im Mozilla über den Proxy funktionieren.

Fehlersuche

Sollte das Surfen nach der Konfiguration noch nicht wie gewünscht funktionieren, gilt es, zuerst den Fehler zu lokalisieren, bevor Sie ihn beheben können. Um den Fehler zu lokalisieren, müssen Sie erst einmal die Fehlermeldung betrachten. Wenn Sie einen Fehler *Verbindung zu Gegenstelle wurde unterbrochen* oder ähnlich erhalten, gibt es zwei wahrscheinliche Quellen: Entweder Sie haben beim Konfigurieren des Browsers einen Fehler gemacht, beispielsweise eine falsche IP oder einen falschen Port angegeben. Oder in der SQUID-Konfiguration stimmen die Einstellungen für die zugelassenen Hosts nicht. Prüfen Sie beide Einstellungen.

15.5 Weiterführende Optionen von OPT_SQUID

Nachdem Sie nun bereits einen laufenden Proxy-Server mit den wichtigsten Funktionen zum Surfen, unter anderem HTTP(S)-, FTP- und SSL-Caching und -Browsing, haben, werden wir Ihnen nun einige der weiteren Möglichkeiten von SQUID zeigen.

SQUID zeichnet sich, wie anfangs erwähnt, durch seine hohe Anzahl von Features aus. Alle Funktionen können wir hier beim besten Willen nicht beschreiben, dafür müsste ein eigenes Buch her. Die Funktionen, die wir Ihnen nun vorstellen werden, halten wir für sehr interessant, speziell auch im Zusammenhang mit kleinen (Privat-) Netzwerken.

Transparentes Caching

Als transparentes Caching bezeichnet man die Möglichkeit, den Proxy-Server auch für Nutzer zu aktivieren, die den Proxy in ihrem Browser nicht manuell konfiguriert haben. Das funktioniert wie folgt:

Wenn der Browser im normalen Betrieb mit Router eine Anfrage direkt an einen Webserver sendet, sendet er sie genau genommen doch nicht direkt an den Webserver, sondern an den Router. Der Router leitet das Paket dann weiter. Beim transparenten Caching fängt der Proxy aber alle Pakete, die an den entsprechenden Ports (80 für HTTP, 21 für FTP etc.) ankommen, ab und leitet sie an den Proxy-Port weiter.

So benutzen automatisch alle Clients unabhängig von ihrer Browserkonfiguration den Proxy-Server und haben auch keine Möglichkeit, diesen zu umgehen. Dabei übernimmt der Browser jedoch etwas mehr Arbeit, als im manuell konfigurierten Proxy-Betrieb.

Denn er löst wie im normalen Modus ganz ohne Proxy den Domain-Namen selbst auf, sodass der Router bereits die IP des Servers erhält. Das kann vor allem auch dann hilfreich sein, wenn genaue Statistiken über das Surfverhalten der einzelnen Nutzer erstellt werden sollen. Um transparentes Caching zu verwenden, müssen Sie lediglich die Option SQUID_TRANSPARENT_CACHING in der *Squid.txt* auf *yes* setzen. Anschließend werden alle Clients automatisch über SQUID als Proxy surfen.

SQUID-Cache auf mehrere Verzeichnisse verteilen

Eine sehr interessante Option, wenn Sie in Ihrem Router mehrere zusätzliche Festplatten eingebaut haben, um die Kapazität zu erhöhen, ist die Möglichkeit, den Cache-Inhalt auf mehrere Verzeichnisse und damit Festplatten zu verteilen.

Dabei verteilt SQUID die geschriebenen Daten gleichmäßig auf alle Verzeichnisse, sodass eine optimale Geschwindigkeit bei parallelen Zugriffen erreicht werden kann.

Das Verwenden mehrerer Verzeichnisse kann ebenfalls über die *Squid.txt* im *fli4l*-Konfigurationsverzeichnis konfiguriert werden. Bevor Sie jedoch SQUID konfigurieren, müssen Sie in der *hd.txt* Mount-Points für alle zu verwendenden Festplatten setzen. Beispielsweise: */usr/local/data1*, */usr/local/data2 ...*

Wie Sie Festplatten in der *hd.txt* konfigurieren, können Sie ab Seite 305 nachlesen.

Wenn Sie die Festplatten konfiguriert haben, können Sie der nachfolgenden Schritt-Anleitung folgen, um SQUID für mehrere Festplatten zu konfigurieren.

1. Öffnen Sie die *Squid.txt* im Editor und setzen Sie den Wert SQUID_CACHE_DIR_N auf die Anzahl der zu verwendenden Cache-Verzeichnisse. Wenn Sie nur ein Verzeichnis verwenden möchten, setzen Sie diesen Wert auf 0 und stellen das Verzeichnis mittels SQUID_WORK_DIR ein.
2. Anschließend müssen Sie für jedes Verzeichnis einen SQUID_CACHE_x_DIR- und einen SQUID_CACHE_x_SIZE-Eintrag erstellen. Dabei steht x wie gehabt für das x-te Verzeichnis. Die Variable SQUID_CACHE_x_DIR muss dabei den Pfad des jeweiligen Verzeichnisses, entsprechend unserem Beispiel also */usr/local/data1*, */usr/local/data2* usw. enthalten. *SQUID_CACHE_x_SIZE* legt dabei den maximal zu verwendenden Platz im jeweiligen Verzeichnis fest. Wird die jeweilige Festplatte ausschließlich für den SQUID-Cache verwendet, können Sie hier die volle Größe der Platte angeben.

Damit ist die Konfiguration mehrerer Verzeichnisse als Cache bereits abgeschlossen und wird mit dem nächsten Update der fli4l-Installation aktiv.

Feintuning

Die *Squid.txt* stellt einige weitere Optionen zur Verfügung, die hauptsächlich zum Feintuning des Proxy-Verhaltens dienen.

Die nachfolgende Liste erklärt einige dieser Optionen.

> **DoS-Attacke**
> DoS steht für Denial of Service und bezeichnet einen Angriffstyp auf Webserver, der daraus besteht, dass ein Webserver binnen weniger Sekunden mit enorm vielen sinnlosen, großen Anfragen überhäuft wird.

- SQUID_HEADER_MAX_SIZE ermöglicht es, eine maximale Größe der verarbeiteten Header anzugeben. Ein Header einer normalen HTTP-Datei ist in der Regel einige Byte groß. Größere Header deuten auf eine fehlerhafte Clientsoftware oder eine DoS-Attacke hin. Ein guter Wert sind hier 10 KByte, also 10.
- Mit SQUID_BODY_MAX_SIZE können Sie auch die maximale Größe des Inhaltsteils von Webseiten festlegen. Weil Webseiten wegen ihrer multimedialen Inhalte mittlerweile oftmals sehr groß sind, macht eine Einschränkung dieses Wertes wenig Sinn. Sie sollten ihn also, wenn Sie sich nicht sicher sind, auf „" belassen.
- Sicher kennen Sie es auch: Wenn Sie im Internet surfen und einen Link anklicken, sehen Sie einen kurzen Moment auf derselben Seite einen noch interessanteren Link, den Sie zuerst besuchen möchten. Sie klicken also, bevor die erste Seite geladen ist, auf den zweiten Link, wodurch der Ladevorgang der ersten Seite abgebrochen wird. Mit SQUID_QUICK_ABORT_SIZE können Sie nun eine Größe in KByte angeben, die der Proxy maximal zusätzlich runterlädt, nachdem Sie das Laden abgebrochen haben. Fehlten also weniger als 16 KByte beim Abbruch, bis die Seite fertig geladen wäre, setzt der Proxy das Laden der Seite fort, um sie im Cache abzulegen und beim nächsten Abrufen bereits parat zu haben.
- SQUID_CONNECT_TIMEOUT legt die Zeit in Sekunden fest, die SQUID auf eine Verbindung zum gewünschten Server wartet, bevor eine Fehlermeldung zurückgeliefert und das Laden abgebrochen wird.
- SQUID_REQUEST_TIMEOUT legt die Zeit in Sekunden fest, die SQUID auf eine erste Antwort des gewünschten Server wartet, bevor eine Fehlermeldung ausgegeben und der Vorgang abgebrochen wird.

Das sind die wichtigsten Optionen, die Sie in der *Squid.txt* direkt einstellen können. Allerdings ist das bei weitem nicht alles, was SQUID kann.

Für weitere Optionen müssen Sie die Konfiguration direkt in der */etc/squid.conf* vornehmen. Dazu mehr im nächsten Abschnitt.

Zugriffskontrolle mit SQUID

In diesem Abschnitt werden wir Ihnen zeigen, wie man mit SQUID sehr genau steuern kann, welcher Nutzer wann, worauf und unter welchen Bedingungen Zugriff in das Internet bekommt. So können Sie beispielweise bestimmten Rechnern den Zugriff nur auf Webseiten einer bestimmten Domain oder nur zu bestimmen Zeiten erlauben.

Um diese Kontrollen zu ermöglichen, nutzt SQUID ein relativ simples, aber effektives Konzept. Die Zugriffskontrolle basiert auf zwei Komponenten. Den **A**ccess **C**ontrol **L**ists (ACL) und den Access-Regeln. Die ACLs dienen dazu, Bedingungen zu definieren, die später mittels Access-Regel angewandt werden.

Access Control Lists

Um ACLs zu definieren, gibt es eine Reiher von so genannten ACL-Typen. Ein ACL-Typ legt den Inhalt der ACL fest. So gibt es ACL-Typen für Webseiten und ACL-Typen für Client-IPs. Eine ACL kann beispielsweise folgender Bedingung festlegen:

- Entweder ist die IP aus dem Adressraum 192.168.0.0/24 oder die Zieladresse ist innerhalb des LANs, 192.168.1.0/24.

Diese Regel als ACL ausgeschrieben sieht wie folgt aus:

```
acl local_access src 192.168.0.0/24 dst 192.168.1.0/24
```

Die ACL setzt sich wie folgt zusammen:

- *acl* signalisiert, dass es sich bei dieser Zeile um eine ACL handelt.
- *local_access* ist der Name, über den die ACL später angesprochen wird.
- *src* ist ein ACL-Typ. Er bedeutet, dass die nachfolgende Angabe eine IP-Adresse bzw. ein Adressraum ist, die der Client besitzen muss, damit diese Bedingung wahr ist. *192.168.0.0/24* legt diesen Adressraum im Beispiel fest.
- *dst* ist ebenfalls ein ACL-Typ. Er entspricht *src*, mit dem Unterschied, dass er für die Zieladresse gilt. Der Wert ist im Beispiel auf *192.168.1.0/24* gesetzt.

Diese ACL besteht aus zwei Bedingungen. Sie ist immer dann wahr, wenn mindestens eine der beiden erfüllt ist. Sollten beide erfüllt sein, ist sie natürlich auch wahr. Es handelt sich also um eine ODER-Verknüpfung. Sie können also keine ACL definieren, wenn zwei Bedingungen wahr sind.

Dazu müssten Sie für beide Bedingungen jeweils eine ACL definieren und diese später in einer Access-Regel zusammenfassen. Dort werden Bedingungen mit UND verknüpft.

Access-Regeln

Mit einer Access-Regel wenden Sie die ACLs auf bestimmte Ereignisse an. Zu diesen Ereignissen gehört beispielsweise der HTTP-Zugriff. Eine Access-Regel kann eine Aktion entweder erlauben oder verbieten, wenn die per ACL gesetzten Bedingungen wahr sind.

Wenn Sie also den HTTP-Zugriff verbieten, falls Bedingung A wahr ist, wird er erlaubt, wenn die Bedingung nicht wahr ist.

Alle gesetzten Access-Regeln werden bei jedem Zugriff von SQUID von oben nach unten durchlaufen.

Sobald eine Regel zutrifft, wird die Bearbeitung der Regeln abgebrochen. Sollte keine der Regeln zutreffen, gilt die jeweils zuletzt bearbeitete Regel.

Wenn wir unsere eben erstellte ACL nun in eine Access-Regel für den HTTP-Zugriff verpacken, haben wir folgende Bedingung:

- Gewähre Zugriff, wenn die IP aus dem Adressraum 192.168.0.0/24 ist oder die Zieladresse innerhalb des LANs 192.168.1.0/24 ist.

In eine Access-Regel umgesetzt sieht das dann wie folgt aus:

```
http_access allow local_access
```

Diese Regel setzt sich wie folgt zusammen:

- *http_access* ist der Typ der Access-Regel. Es handelt sich hierbei um den Zugriff auf Daten im Internet, also letztendlich um die Erlaubnis bzw. das Verbot zu surfen. Der Name ist leicht verwirrend, da man annehmen könnte, es handle sich lediglich um die Zugriffserlaubnis auf Daten, die über das HTTP-Protokoll übertragen wurden. Es handelt sich aber um einen allgemeinen Zugriff auf Daten im Internet, unabhängig vom verwendeten Protokoll.
- *allow* legt fest, ob diese Regel, wenn sie zutrifft, den Zugang erlaubt oder verbietet. In diesem Fall wird er erlaubt. Zum Verbieten nutzen Sie das Schlüsselwort *deny*.
- *local_access* zeigt auf die ACL, die Berücksichtigt werden soll. Damit es hier zu keinen Problemen kommt, sollten Sie immer beachten, dass jede ACL einen eindeutigen Namen haben muss. Haben zwei ACLs denselben Namen, wird jedoch kein Fehler erzeugt, sondern die beiden ACLs werden zu einer zusammengefasst. Das heißt, die Bedingungen der zweiten ACL werden mit der ersten ACL zusammengefügt. Geschieht das ungewollt, kann es zu schwer zu findenden Fehlern führen.

Mit diesen Grundlagen sind Sie bereits im Stande, den Zugriff auf Ihren Proxy-Server einzuschränken. Nachfolgend finden Sie die wichtigsten ACL-Typen sowie anschließend Access-Regel-Typen.

- *src*: Bedingung ist wahr, wenn die IP-Adresse des Clients mit dem hier angegebenen Wert übereinstimmt oder in den hier angegebenen Adressraum gehört.

  ```
  acl regel src 192.168.0.0/24
  acl regel src 192.168.0.10
  acl regel src 192.168.0.1-192.168.0.10/255.255.255.0
  ```

- *dst*: Entspricht *src*, jedoch wird hier nicht die Client-, sondern die Serveradresse geprüft.
- *srcdomain*: Bedingung ist wahr, wenn der Client aus der angegeben Domain stammt.

  ```
  acl regel srcdomain .home.lan
  ```

- *dstdomain*: Entspricht *srcdomain*, mit dem Unterschied, dass die Domain des Servers geprüft wird.
- *time*: Mit *time* können Sie ein Zeitfenster definieren, in dem die Bedingung wahr ist. Dabei gilt folgendes Schema:

  ```
  acl regel time [tag] hhBegin:mmBegin-hhEnd:mmEnd
  acl regel time M 08:00-16:00   # jeden Montag von 8-16 Uhr
  ```

- *maxconn*: Sie können die Anzahl der pro IP maximal geöffneten Verbindungen begrenzen. Sollten bereits mehr Verbindungen geöffnet sein, als *maxconn* zulässt, wird der Zugriff verweigert.

  ```
  acl regel maxconn 10   # Maximal 10 Verbindungen pro Client
  ```

Nachfolgend nun die wichtigsten Access-Regeln:

- *http_access*: Erlaubt bzw. verbietet den Zugriff auf das Internet über alle von SQUID unterstützten Protokolle.
- *always_direct*: Wenn diese Regel mit *allow* angewandt wird, wird die Anfrage direkt an den Zielserver weitergeleitet, ohne vorher eine Suche im Cache durchzuführen.
- *no_cache*: Legt fest, welche Objekte (Server, einzelne Seiten ...) nicht im Cache abgelegt werden dürfen.

Es gibt noch zahlreiche weitere ACL- und Access-Regel-Typen, die wir hier nicht erwähnt haben, da das den Umfang dieses Buches sprengen würde. Sie können diese Typen in der Dokumentation des SQUID-Projekts unter *http://www.squid-cache.org* nachschlagen.

Sie wissen nun zwar, wie Sie neue ACLs und Access-Regeln erstellen, wo Sie diese einfügen müssen, damit sie eingesetzt werden, wissen Sie jedoch noch nicht.

Da es sich bei ACLs und Access-Regeln bereits um ein weit fortgeschrittenes Thema im Zusammenhang mit SQUID handelt, können Sie diese nicht über die *Squid.txt* konfigurieren, sondern müssen auf die eigentliche Konfigurationsdatei von SQUID zurückgreifen, die aus der *Squid.txt* generiert wird. Sie finden diese Datei unter *opt/files/usr/local/squid/etc/squid.conf* ausgehend vom fli4l-Hauptverzeichnis.

Öffnen Sie diese Datei ebenso wie die **.txt*s im Konfigurationsverzeichnis mit einem ASCII-Editor Ihrer Wahl. Neue ACLs und Access-Regeln sollten Sie an das Ende der Datei anfügen, damit Sie den Proxy-Server nicht unter Umständen verlangsamen, weil andere Regeln erst später bearbeitet werden.

Einer der großen Nachteile von WLAN ist, dass Funkwellen sich überall verbreiten und somit von jedem abgefangen werden können. Zum Schutz, oder besser zur Verschlüsselung des Datenverkehrs, gibt es in WLAN eine zentrale Schutzvorrichtung mit Namen **W**ired **E**quivalent **P**rivacy (WEP), was in etwa drahtähnliche Privatsphäre heißt. Was bedeutet das nun wieder? WEP soll sozusagen eine Sicherheit bieten, die mit der in drahtgebundenen Netzen vergleichbar ist.

Die Daten werden, bevor Sie durch den WLAN-Adapter auf die Reise durch den Äther geschickt werden, mit einem Schlüssel codiert. Aus dem Klartext wird sozusagen ein unverständlicher Kauderwelsch gemacht, mit dem ein Spion nichts anfangen kann. Erst auf der Empfängerseite erfolgt die Decodierung zurück in den Klartext. Natürlich müssen beide beteiligten Clients, oder besser deren WLAN-Adapter, den verwendeten Codeschlüssel kennen.

WEP ist mittlerweile umstritten und wird in Sachen Effizienz der Schutzwirkung kritisiert. WEP bietet keinen hundertprozentigen Schutz und kann geknackt werden. Doch das ist mit einem gewissen Aufwand verbunden, den der Hacker betreiben muss. Sein Angriff wird somit verzögert. Der Hacker braucht also mehr Zeit für seine Attacke. Und da WEP heutzutage in allen Geräten serienmäßig vorhanden ist, sollte man es auch nutzen, denn das ist auf alle Fälle besser als der Datenfunk ohne jede Verschlüsselung. Die Qualität der Verschlüsselung hängt natürlich auch von der Qualität des benutzten Kennwortes ab!

Stichwortverzeichnis

G

H

I

K

L